DEUTSCHLAND extra

LEIPZIG
musikalisch

Glanzvolle Vergangenheit
und spannende Gegenwart
einer lebendigen Musikszene

Edition Gallas

Im Auftrag des Fördervereins BlickPunktBuch e.V., Leipzig,
herausgegeben von Renate Florstedt.

Wissenschaftliche Leitung: Werner Wolf, Leipzig
Redaktionelle Mitarbeit: Irene und Gunter Hempel,
Hagen Kunze, Annegret Köhler, Leipzig
Bildredaktion: Brigitte Richter, Leipzig

Gestaltung: SK Kassler, Leipzig
Umschlag: Birgit Baude, München
Karte: Annelie Nau, München
Gesamtherstellung: Offizin Andersen Nexö, Zwenkau bei Leipzig

Printed in Germany
ISBN: 3-933573-09-2

Vorwort

Leipzig ist eine der traditionsreichsten Musikstädte der Welt: Namen wie Johann Sebastian Bach, Felix Mendelssohn Bartholdy, Robert Schumann und Clara Wieck, Richard Wagner, Max Reger und Hanns Eisler stehen dafür, ebenso die über 300 Jahre alte Oper, der auf eine 800-jährige Geschichte zurückblickende Thomanerchor und vor allem das Gewandhausorchester, das mit über 250 Jahren älteste und mit fast 190 Musikern auch größte bürgerliche Orchester Deutschlands. Nicht zu vergessen sind die von Mendelssohn gegründete Hochschule für Musik und Theater sowie die Klangkörper des Mitteldeutschen Rundfunks (MDR) mit dem ältesten Rundfunkorchester Deutschlands.

Der Stadtführer »Leipzig musikalisch« lädt Sie ein, auf den Spuren dieser großen Vergangenheit zu wandeln und zugleich die Gegenwart zu erfahren. Die ist nicht nur durch Gewandhaus und Oper geprägt, nicht nur durch eine Vielzahl junger Künstler und Ensembles im Bereich der Klassik, sondern ebenso durch eine breitgefächerte Jazz-, Rock- und Clubszene, kaum zu zählende Chor- und Laienmusikverbindungen und viele Festivals: Die renommierten Leipziger Jazztage zählen ebenso dazu wie das Straßenmusikfestival, das Festival für Vokalmusik »a cappella«, das Bach-Fest und der gleichnamige internationale Wettbewerb.

27 Jahre lang wirkte Johann Sebastian Bach als Thomaskantor und Director musices in Leipzig. Hier schrieb er bedeutende Werke: die Johannes- und die Matthäus-Passion, die h-Moll-Messe, das Weihnachtsoratorium und die Kunst der Fuge. An Bachs authentischen Wirkungsstätten können Sie den Thomanerchor hören, einen der ältesten und berühmtesten Knabenchöre der Welt, der - einst von Bach selbst geleitet - auch heute noch die traditionsreichen Motetten und Kantaten singt.

Erleben Sie also »Leipzig musikalisch« und lassen Sie sich einfangen von der einzigartigen Atmosphäre dieser Stadt, in der Musik nicht nur gespielt sondern gelebt wird.

Wolfgang Tiefensee
Oberbürgermeister

Vom Turm des
Alten Rathauses
bliesen einst
die Stadtpfeifer.

Türmer, Stadtpfeifer und Collegia musica

Zur ältesten Leipziger Stadtmusik

Töne hat der Mensch seit Urzeiten produziert. Aber seit wann kann man diese als Musik bezeichnen? War der Stadthirt, der Flöte spielend seine Schafe durch die Leipziger Straßen trieb, der erste städtische Musiker? Oder die rufenden und Fanfare blasenden Wächter auf den Türmen der Thomas- und Nikolaikirche? Mit ihnen und mit den ersten Laiengruppen beginnt jedenfalls die Musikgeschichte Leipzigs.

Die Zunft der Musikanten

Zwei Minuten vor Mitternacht sendet MDR-Kultur täglich »mitteldeutsche Turmmusik«, solistisch geblasene, mehrstimmige kurze Stücke aus dem 16. und 17. Jahrhundert. Der Sender greift damit die alte Tradition des »Abblasens« auf, die einst von den Stadtpfeifern begründet wurde. Bei Volksfesten und Weihnachtsmärkten erinnern auch heute noch historisch kostümierte Bläser gelegentlich an den alten Brauch.

Stadtpfeiferjubiläum: 1979 feierte Leipzig die erste Anstellung dreier städtischer Musiker 1479

Die ersten festangestellten Musiker

In geregelte Bahnen kam das städtische Musizieren Ausgang des 15. Jahrhunderts.

1479 wurden Hans Nagel und zwei seiner Söhne vom Leipziger Rat als Stadtpfeifer angestellt. Pfeifer – so hießen damals die Spieler von Blasinstrumenten. Sieben bis acht Instrumente musste ein jeder von ihnen beherrschen.

Das Jahresgehalt der Stadtpfeifer war nicht üppig, aber Hochzeiten und andere Familienfeste boten willkommene Nebeneinnahmen.

Querpfeife, Flöte, Fagott, Posaune, Trompete, verschiedene Vorläufer der Oboe wie Schalmey und Bomhard sowie der trompetenähnliche Zink gehörten dazu. Dass die Pfeifer auch geigen konnten, wurde als selbstverständlich vorausgesetzt. Der Rat kaufte die Instrumente und sorgte für Reparatur und Pflege. Virtuose Leistungen erwartete niemand, es genügte, wenn durch die Blasmusik eine gehobene Stimmung erzeugt wurde, ähnlich der an fürstlichen Orten. Hierin liegt auch die höhere Wertschätzung der

Sänger und Posaunisten, Titel der Motettensammlung v. J. H. Schein, 1623

Bläser begründet. Die Streicher wurden stets mit Tanzboden und Bürgerhaus in Verbindung gebracht. Musiker sind ein unruhiges Völkchen. Dabei gab sich der Rat wirklich Mühe, sie zu halten. Jeder bekam ein Sommer- und ein Wintergewand. Freie Wohnung erhielten sie in der nach ihnen genannten Stadtpfeifergasse, der heutigen Magazingasse. Die Unterkünfte waren winzig, aber der Rat sorgte für ein Mindestmaß an Komfort, baute 1559 eine gemeinsame Badestube ein und stellte in die Stuben Öfen »auf steinernen Füßlein«.

Ihr Arbeitsplatz: der Pfeiferstuhl

1595 hatten drei Kunstgeiger die Stadt um Schutz gegen unliebsame Konkurrenz gebeten; als Gegenleistung für ihren unentgeltlichen Einsatz bei der Kirchenmusik. Daraufhin wurden sie als erste städtische Streicher in der kleinen Kantorei fest angestellt.

Pfeiferstuhl im Festsaal des Alten Rathauses, errichtet 1557

Für die Stadt mussten die Musiker sowohl bei offiziellen Festlichkeiten aufwarten (der noch heute vorhandene Pfeiferstuhl im Alten Rathaus war ihr Arbeitsplatz) als auch die Kirchenmusik bestreiten. Sie gehörten zur sogenannten großen Kantorei der Thomaner. Die kleine Kantorei wurde von Geigern begleitet. Der Thomaskantor war ihr Vorgesetzter, er entschied auch über die Anstellung. Verstärken konnten sie sich durch das Trommler- und Pfeiferpaar des Bürgeraufgebots, das seit 1550 bei Hochzeiten, Konvivien und Umzügen spielen durfte. 1587 gründeten sie eine Innung und besaßen jetzt das Privileg für die Theatermusik.

Seit 1618: Mit Pauken und Trompeten

Bläserbalkon von 1599 und Turmuhr am Alten Rathaus

1599 hatte die Stadt den Rathausturm mit einem »Gänglein« ausgestattet, von dort bliesen die Stadtpfeifer auf eigenen Wunsch täglich einige Stücke mit Zinken und Posaunen. Ein Traum erfüllte sich für sie 1618: Thomaskantor Johann Hermann Schein wagte den Einsatz von Trompeten und Kesselpauken. Vor allem die Pauken waren ausschließlich dem fürstlichen Gepränge vorbehalten. Die Angelegenheit wurde sofort beim Kurfürsten in Dresden anhängig, und der Leipziger Rat musste sich zwar rechtfertigen, doch Schein wagte es übers Jahr ein zweites Mal. Von nun an war das Eis gebrochen. Auch die Stadtpfeifer durften die Trompeten schmettern und die Pauken dröhnen lassen.

Stadtmusiker einig gegen Eindringlinge

So sehr die Herren Ratsmusiker sich untereinander befehdeten und darauf achteten, dass alles nach Recht und Gesetz ablief, so standen sie doch wie ein Mann zusammen, wenn es galt, das Eindringen von Nichtprivilegierten abzuwehren. Natürlich zog das vergnügungssüchtige Leipzig, zumal während der Messen, Musiker aller Couleur an. »Bierfiedler, Stöhrer, Pfuscher, Hümpler und Stümpler« wagten es immer wieder, bei Hochzeiten, Gastereien und Kindtaufen aufzuwarten.

1667 betätigten sich in Leipzig 28 solcher Musikanten. Eine offenbar sehr befähigte Truppe unter Leitung von Christoph Stephan Scheinhardt erhielt zum Entsetzen der Ratsmusiker vom Kurfürsten die Zustimmung zu Haus- und Hochzeitsmusiken, spielte sogar 1698 beim Besuch Zar Peters I. in Leipzig zur Mittagstafel auf.

Für die Stadtpfeifer wurde es immer schwieriger, althergebrachte Privilegien aufrechtzuerhalten. Erst Bach gelang es 1729, alle Kräfte in seiner Hand zu vereinen. Ihm standen neben den sieben Ratsmusikern auch das ehemals Telemannsche Collegium musicum zur Verfügung, mit dem an hohen Festtagen und zur Messe in der Neukirche musiziert wurde. Unter den Stadtpfeifern befand sich mit Gottfried Reiche ein Spitzenmusiker. Auf ihn ist Bachs Urteil, sie seien »in keinem solchen exercitio, wie es wohl sein sollte« nicht anzuwenden. Für ihn waren die virtuosen Partien in den Kantaten und Instrumentalkonzerten des Thomaskantors kein Problem.

Seit 1989 erinnert Leipzig jedes Jahr im Juni mit einem Festival der Straßenmusik an die Traditionen der fahrenden Sänger und Bierfiedler. Ein Wochenende lang spielen dann Hunderte von Musikern in der Innenstadt, tanzen, jonglieren und trommeln.
(siehe S. 245ff.)

Johann Gottfried Reiche, Senior der Leipziger Stadtpfeifer, Gemälde von E. G. Haussmann, 1727

Im 19. Jahrhundert: Keine Zukunft für die Musikerzunft

Doch mit dem Höhepunkt begann der Abstieg. Die zu wenig spezialisiert ausgebildeten Musiker waren der aufkommenden klassischen Musik nicht gewachsen. Um die Qualität zu heben, wurde 1803 ein Stadtmusikus eingesetzt, der Gesellen und Lehrjungen halten sollte. Diese Position hob man 1849 wieder auf und erteilte zunächst sieben gleichberechtigten Musikchören eine Konzession. Die endete 1862 mit der neuen Gewerbeordnung und damit auch alles zunftmäßig privilegierte Musizieren.

Ein auch heute noch beeindruckendes musikalisches Dokument hinterließ Stadtpfeifer Johann Pezel mit seiner 1670 im Druck erschienenen Sammlung die »Hora decima musicorum Lipsiensium«, zu deutsch »Musikalische Arbeit zum Abblasen um 10 Uhr Vormittage in Leipzig«.

Johann Pezel, Hora decima musicorum Lipsiensium, Titelblatt, Leipzig 1670

Die vierzig fünfstimmigen Sonaten zeigen die Fähigkeiten der Stadtpfeifer, die sicher unterschiedlich waren, aber mitunter auch hohen künstlerischen Ansprüchen genügen konnten.

Die Collegia musica

Leipzig zog musikalische Begabungen an, auch wenn viele das Musizieren nicht zum Beruf machen wollten. Ohne die Konzerte der akademischen Jugend wäre Leipzigs frühe Musikgeschichte wesentlich ärmer geblieben.

Historische Stadtansicht, Leipzig um 1615

Musizierende Akademiker

Wenige Jahre nach Ende des Dreißigjährigen Krieges, genau im Jahre 1657, fanden sich Musizierlustige in einem Collegium musicum zusammen. Es stand zunächst unter Leitung des Nikolaiorganisten Krieger, ab 1673 unter der von Stadtpfeifer Johann Pezel. Ihm folgte ab 1682 Johann Kuhnau, damals noch als Advokat tätig, in dieser Ehre.

Ein- oder zweimal in der Woche musizierten sie das Neueste vom Musikalienmarkt. Kuhnau lobte später den Einfluss dieser Betätigung auf die jungen Menschen. Es sei »gar ein löbliches Werk«, weil die »angenehme Harmonie eine gleichmäßig wohlklingende Übereinstimmung derer Gemüter, welche bei dergleichen Leuten bisweilen am allermeisten unter einander dissonieren, lernen sollen«[1].

Bald aber genügte den Studenten die musikalische Selbstbetätigung nicht mehr. Sie spielten bei akademischen Feierlichkeiten, veranstalteten Nachtmusiken mit Beleuchtung für prominente Gäste oder Standespersonen der Stadt.

»Extra Lipsiam vivere est miserime vivere!« Außerhalb Leipzigs leben heißt erbärmlich leben!
Spruch aus dem 17. Jh., einem Leipziger Studenten ins Stammbuch geschrieben

Ihre Darbietungen wurden immer aufwändiger und gipfelten schließlich in einem Spektakel, dessen Schauplatz die ganze Innenstadt war. Anlässe dazu boten akademische Feste, beispielsweise eine Rektorenwahl. Am Abend nach der Beglückwünschung bildeten die Studenten zwei Chöre, die musizierend über den Markt, dann durch die Katharinenstraße und den Brühl, andere über die Petersstraße und den Neumarkt zogen. Nach mehrstündigem Musizieren traf man auf dem Markt wieder zusammen. Dabei huldigten die Studenten nicht nur dem Instrumentalspiel. Es ist erwiesen, dass zu den Collegia musica fast immer Gesangsquartette gehörten.

Eine große Zahl in Leipzig entstandener Studentenlieder weist auf diese Sangesfreude hin. Gelegentlich schlugen sie über die Stränge: Wenn die Herren Akademiker außerhalb der Stadt geschmaust hatten und spät heimkehrten, sollen sie »bis in die späte Nacht hinein grässlich geschrieen, geplöcket und tumultieret, auch wohl gar Schand-Lieder nach der Geistlichen Lieder Melodeyen gesungen«[2] haben.

Eine große Anzahl in Leipzig entstandener Studentenlieder weist auf die Sangesfreude der akademischen Jugend hin.

Das Telemann'sche Collegium an der Neukirche

Natürlich waren diese Collegia musica nicht sehr stabil, sondern abhängig von einem begeisterungsfähigen Leiter und einer konkreten Aufgabe. Um 1702 gründeten der Student Georg Philipp Telemann und um 1708 Johann Friedrich Fasch je ein neues Ensemble. Besonders das Telemannsche wurde wichtig, denn es gelang ihm, dieses bei der Neukirche zu institutionalisieren. Thomaskantor Kuhnau war beleidigt, musste die Einschränkung seiner Verfügung über alle von der Stadt bezahlten Musiker aber hinnehmen. Da Telemann gleichzeitig Musikdirektor der 1693 gegründeten Oper geworden war, konnte er seinen Musikern auch dort noch einen beträchtlichen Verdienst zuschanzen.

Nach Telemanns Weggang im Jahre 1705 übernahm der jeweilige Organist der Neukirche weiterhin die Leitung des Collegium musicums. So baute sich hier im Laufe der Jahre eine stabile Musikorganisation auf, unabhängig von der städtischen an den beiden Hauptkirchen.

Neue Freiheiten im Kaffeegarten

1729, die Oper war längst eingegangen, Telemann in Hamburg Musikdirektor geworden, übernahm Bach – man möchte fast sagen endlich – die Leitung des Collegium musicums. Damit tat er einen Schritt aus der reglementierten Enge des Schul- und Kirchensystems in Richtung freie Künstlerschaft. Statt mit unwilligen Schülern konnte er mit leistungsorientierten Akademikern arbeiten, die von ihm etwas lernen wollten. Im Gegenzug wurden sie an Spitzenleistungen der Weltmusik herangeführt. Vielleicht hat der eine oder andere es geahnt.

Für Bach ergaben sich mehrere Aspekte, die ihn diese zusätzliche Aufgabe mit Elan und Freude angehen ließen.

Das Bach'sche Collegium musicum musizierte im Winter jeden Freitag von 20 - 22 Uhr im Zimmermann'schen Kaffeehaus in der Katharinenstraße und im Sommer am Mittwoch Nachmittag von 16 - 18 Uhr im Kaffeegarten vor dem »Grimmischen Thore«.

Seit 1733 wurden Bachs Kaffeehauskonzerte in der Presse angekündigt, insofern tat er mit ihnen einen weiteren Schritt in die Öffentlichkeit.

Die Veranstaltungen (siehe S. 80ff.) ließen ihm alle Freiheiten, eigene und fremde Werke aufzuführen: Seine Konzerte, Suiten und weltlichen Kantaten werden erklungen sein, aber auch manches der Italiener Locatelli und Vivaldi sowie Werke von Telemann und Händel. Seine Söhne wird Bach herangezogen haben, um mit ihnen Konzerte für ein und mehrere Cembali aufzuführen, hier konnten sie sich bewähren, aber auch bekannt machen. Sicher sind auch auswärtige Musiker aufgetreten, vor allem Kollegen von der Dresdner Hofkapelle wie Hasse, Benda, Weiss, Graun oder Zelenka, die eigene Werke spielten.

Das Leipziger Stadtwappen

Schon bei der Wahl Bachs hatte der Rat darauf hingewiesen: »Es wäre nötig, auf einen berühmten Mann bedacht zu seyn, damit die Herren Studiosi animiret werden möchten«[3]. Das bedeutet doch nichts anderes, als dass man mit der – mehr oder weniger kostenlosen – Mitarbeit der Studenten bei der Kirchenmusik rechnete, und die war am besten gegeben, wenn der Thomaskantor gleichzeitig eines der Collegia musica leitete.

Freude am Probieren, am Experiment ...

Im Collegium musicum konnte Bach manches Neue ausprobieren, ohne um Erlaubnis zu fragen. 1733 kündigte er die Mitwirkung »eines neuen Clavicymbel, dergleichen allhier noch nicht gehört«[4] an (s. S. 131). Und wenig später, im Jahre 1738, wird Bach bescheinigt, er habe eine Kantate vorgestellt, die »vollkommen nach dem neuesten Geschmack eingerichtet gewesen und von jedermann gebilligt worden.«[5]

Glanzpunkte der Tätigkeit Bachs dürften die zahlreichen Festmusiken für Bürger und Professoren und vor allem die Huldigungsmusiken für das sächsische Herrscherhaus gewesen sein. Diese waren ohne Hilfe des Collegium musicums undenkbar. Ausführlich berichtet der Chronist Riemer über die Feier zum Jahrestag der Thronbesteigung des sächsischen Kurfürsten und polnischen Königs Friedrich August II. am 5. Oktober 1734, wo die Kantate »Preise dein Glücke, gesegnetes Sachsen« erklang. Studenten waren die Hauptakteure des klingenden Fackelzuges durch die Innenstadt. Majestät samt Frau Gemahlin und dem königlichen Prinzen seien »so lange die Musik gedauert, nicht vom Fenster weggegangen, sondern haben solche gnädigst angehöret und Ihrer Majestät herzlich wohlgefallen«.[6]

»Es ist jedem Musico vergönnet, sich in diesen Musikalischen Concerten öffentlich hören zu lassen, und sind auch mehrentheils solche Zuhörer vorhanden, die den Werth eines geschickten Musici zu beurtheilen wissen.«
Aus: Mizler, Lorenz, Musikalische Bibliothek, Leipzig 1736

Klingender Fackelzug auf dem Marktplatz. Vom Balkon des Königshauses hörte der Landesfürst der Huldigungsmusik »gnädigst« zu. Kupferstich von J. E. Scheffer, 1749.

Die Studenten liebten Bach

Bisweilen mussten die Studenten regelrecht darum kämpfen, mit dem Thomaskantor und Director musices Bach zusammenarbeiten zu dürfen. So geschehen, als 1727 der 23-jährige Herr von Kirchbach eine Trauerfeier für die allseits beliebte Kurfürstin Christiane Eberhardine in der Universitätskirche ausrichten wollte. Universitätsmusikdirektor Görner erhob Einspruch. Kirchbach blieb hart, er wollte Bachs Kantate, oder er sage alles ab. Man gab nach, die Kantate wurde aufgeführt, aber Görner erhielt eine finanzielle Abfindung – fürs Nichtstun.

Bei aller Belastung musizierte Bach gern mit dem Collegium musicum; von 1729 bis 1737 und nochmals zwei Jahre zwischen 1739 und 1741 hat er es geleitet. Dann starb der Cafetier Gottfried Zimmermann und Bach scheint die innere Bindung zu dem Unternehmen verloren zu haben. Jedenfalls gab es nach 1741 einen gleitenden Übergang zu Gotthelf Gerlach, dem Musikdirektor der Neukirche, bis der Siebenjährige Krieg 1756 dem Ganzen ein vorläufiges Ende bereitete. Inzwischen war 1743 seitens der Kaufmannschaft ein straff organisiertes Konzertunternehmen geschaffen worden, in dem natürlich die besten Musiker der Stadt mitwirkten. Wir stehen am Beginn der Gewandhauskonzerte.

Irene und Gunter Hempel

1 Kuhnau, Johann: *Der musikalische Quacksalber,* Dresden 1700

2 Zitiert nach Schering, Arnold: *Musikgeschichte Leipzigs, Bd. 2,* Leipzig 1926

3 Ratsprotokoll vom 22. 4. 1723

4 Nachricht auch Frag- und Anzeiger, Leipzig, 16. 6. 1733

5 Mizler, Lorenz: *Musikalische Bibliothek, Leipzig, Anfang 1739*

6 Riemer, Johann Salomon: *Handschriftliche Stadtchronik, Leipzig, 5. 10. 1734 Stadtarchiv*

»Ansicht der St. Thomas Kirche«
um 1785, Stich von C. B. Schwarze

Reine Knabenstimmen zur Lobpreisung des Herrn

Thomaner und Thomaskantoren

Thomanerchor und Johann Sebastian Bach. Beide Namen scheinen untrennbar miteinander verbunden zu sein. Dabei wird leicht vergessen, dass der Chor bereits eine mehrhundertjährige Geschichte durchlaufen hatte, bevor Bach sein Kantor wurde. 1212 wurde das Thomaskloster gestiftet, 1254 erstmalig die Thomasschule urkundlich erwähnt.

Ein lebendiger Chor mit großer Geschichte

Schon in frühen Zeiten müssen Knaben zur Gottesdienstgestaltung herangezogen worden sein. Erstmalig werden sie 1383 erwähnt. Ihre Aufgabe beschränkte sich auf die Liturgie, den Wechsel zwischen Vorsänger und Chor. Doch mit der Reformation erweiterten sich die Aufgaben der Schule: Sie sollte künftige Kantoren, Schullehrer oder evangelische Pfarrer ausbilden. Ihre Zöglinge mussten zudem so musikalisch sein, dass sie während der Gottesdienste singen konnten. Das können und tun sie auch noch heute. Außerdem spielen die Jungen ebenso gern Fußball wie andere. Nach wie vor gestaltet der Thomanerchor die Gottesdienste der Thomaskirche aus, lädt zur Motette ein und pflegt das musikalische Erbe.

Gründungsurkunde des Augustiner Chorherren-Stiftes St. Thomas, 1212

Knaben für die Chormusik

Im 15. Jahrhundert brachte der erzgebirgische Silberbergbau Reichtum nach Sachsen. Die Bürger setzten ihn in prächtige Wohnhäuser um und bauten weiträumige gotische Hallenkirchen, die mit ihrer Größe und Schönheit der Allmacht Gottes entsprechen und die Andacht der Menschen befördern sollten. In Leipzig wurde nach vierzehnjähriger Bauzeit 1496 die neue Thomaskirche geweiht. Sie präsentierte sich damals bereits in der Gestalt, die wir heute kennen. Nur die Empore kam 1570 hinzu. Sie ist ein Werk des baukundigen Bürgermeisters Hieronymus Lotter.

Johann Sebastian Bach, Gemälde von E. G. Haussmann, 1746

Thomanerchor Leipzig
Hillerstr. 8
04109 Leipzig
Tel.: 0341/9 84 42-0
Fax: 0341/9 84 42 21
Internet: http://www./thomanerchor.de
E-Mail: info@thomanerchor.de

Veranstaltungen in der Thomaskirche
Motette:
Fr 18 Uhr,
Sa 15 Uhr
Gottesdienst:
So 9.30 Uhr/18 Uhr
(Während der Schulferien singt der Thomanerchor nicht.)

Thomaskirche
Thomaskirchhof 18
04109 Leipzig
Tel.: 0341/9 60 28 55
Fax: 0341/9 60 06 52
Internet: http://www./thomaskirche.org
Besichtigungen täglich von 9 - 18 Uhr
(außerhalb des Gottesdienstes)

Westportal der Thomaskirche

Thomaskirche und -schule im 18. Jahrhundert

Förderkreis Thomanerchor Leipzig e.V.
c/o Dr. Hans-Georg Paul
Bucksdorffstr. 18
04159 Leipzig
Tel./Fax:
0341/912 76 77

Lutherische Kirchenmusik

Die neuen Gedanken des Reformators Martin Luther drangen auch nach Leipzig vor. Veränderungswille machte sich breit, der zunächst von den in Dresden regierenden sächsischen Fürsten niedergehalten wurde. Erst als 1539 Herzog Heinrich »der Fromme« an die Macht kam, zog die Reformation in Kursachsen und damit in Leipzig ein.

Gewaltige Umwälzungen fanden statt: Alle Klöster wurden aufgelöst, deren Besitz und Liegenschaften neu verteilt. Auch dem Thomaskloster blieb dieses Schicksal nicht erspart. 1543 wurden seine Gebäude von der Stadt gekauft. Die dem Kloster angeschlossene Thomasschule nannte sich nun Lateinschule und unterstand der Stadt samt ihrem Chor und dessen Kantor.

Der Musik hatte Luther eine wichtige Funktion zugedacht. Neben die deutsch gesprochene Predigt von der Kanzel trat die gesungene Predigt des Chores. Die Motetten von Johann Walter, Johann Hermann Schein, Heinrich Schütz und Johann Sebastian Bach belegen das. Sie vertonten Bibeltexte oder Gesangbuchverse, oft Zeile für Zeile und das nur bedingt polyphon-kunstvoll, denn das Wort sollte ja gut verstanden werden.

Thomaskantor
Georg Rhau
1518 - 1520

Kurrendeumzüge und Leichensingen

Der Chor bestritt die Gottesdienste in den zwei Hauptkirchen St. Thomas und St. Nikolai und trat bei Begräbnissen, Hochzeiten und anderen Anlässen auf. Stiftungen reicher Bürger boten zusätzlichen Verdienst für Chor und

Lehrer, mussten aber durch zusätzliches Singen in Gottesdiensten oder in den Häusern der Stifter erarbeitet werden. Diese Verdienstmöglichkeiten lockten vor allem Kinder aus armen Familien, sich als Alumne zu bewerben. Sie mussten sich zu einem fünf- bis sechsjährigen Aufenthalt verpflichten. Zur Bewältigung der vielfältigen Aufgaben wurde der Chor in mehrere Gruppen aufgeteilt und nach einem festgelegten System zu Kurrendeumgängen geschickt, wobei gesungen und Geld eingesammelt wurde. Auch das Leichensingen war je nach Rang der Familie des Verstorbenen geregelt: Entweder trat die »Ganze Schule« oder die »Große halbe Schule« oder die »Kleine halbe Schule« auf. Dem entsprach auch die Bezahlung. Ohne Gesang durfte kein Bürger begraben werden. Für die Musik in den beiden Hauptkirchen bestanden zwei Kantoreien, die eine musizierte mit den Stadtpfeifern, die andere mit den Kunstgeigern. Genau geregelt war natürlich auch, zu welchem Anlass der Kantor oder einer der Präfekten welche Gruppe dirigierte. Diese genauen Kenntnisse verdanken wir der Schulordnung von 1634. Bis zu Bachs Zeit und noch darüber hinaus wurde an ihr nichts geändert.

Kirche St. Nikolai

Der Thomaskantor war für die Musik in beiden Hauptkirchen verantwortlich: St. Nikolai und St. Thomas. Beide blieben äußerlich unverändert erhalten.

Leipziger Musikanten, Buchschmuck aus der Motettensammlung von J. H. Schein

Verantwortung für die gesamte Stadtmusik

Hervorragende Musiker wirkten als Thomaskantoren in Leipzig, das Amt gewann immer mehr an Bedeutung, die Zahl der Bewerber bei Neubesetzungen wuchs. Von 1594 bis 1615 war Sethus Calvisius hier tätig; eigentlich hieß er ja Seth Kalwitz, aber Latein galt als Gelehrtensprache eben mehr. Und gelehrt war dieser Calvisius, er veröffentlichte musiktheoretische Schriften, beschäftigte sich mit Mathematik und Astronomie und komponierte. Berühmt wurde eine Sammlung von Motetten des 16. Jahrhunderts, die sein Schüler Erhard Bodenschatz 1603 als »Florilegium Portense« (Pfortaer Blütenlese) drucken ließ. Noch zu Bachs Zeiten, also 120 Jahre später, war sie in Gebrauch.

Nikolaikirche
Nikolaikirchhof 3
04109 Leipzig
Tel.: 0341/9 60 52 70
Fax: 0341/9 60 56 61
Internet: http://www.uni-leipzig.de/leipzig/kirchen/nikolai
Besichtigungen täglich 10 - 18 Uhr
(außerhalb des Gottesdienstes)

Freundeskreis Kirchenmusik St. Nikolai zu Leipzig e.V.
c/o Prof. Dr. Konrad Unger
Nikolaikirchhof 3
04109 Leipzig
Tel.: 0341/9 60 52 70
Fax: 0341/8 61 36 90

Der Dreißigjährige Krieg, der ganz Deutschland verwüstete und weite Landstriche entvölkerte, hatte auch in Leipzig verheerend gewirkt. Viele, auch wohlhabende Familien verarmten und konnten den Thomanerchor nicht mehr unterstützen. Zuweilen flohen die Jungen aufs Land um nicht zu verhungern. Man muss es den Leipziger Ratsherren hoch anrechnen, dass die Musikpflege trotzdem nicht völlig zum Erliegen kam, dass sie hochkarätige Musiker für das Amt des Thomaskantors gewannen, die eine Fülle noch heute lebendiger Motetten und Orgelwerke hinterließen.
Calvisius' Nachfolge trat Johann Hermann Schein an, der mit Heinrich Schütz und Samuel Scheidt das frühbarocke Komponistendreigestirn Mitteldeutschlands bildete.

Johann Hermann Schein

Johann Kuhnau

Nach ihm erweiterten sich die Aufgaben der vierundfünfzig Thomaner: 1699 nahmen die sogenannte Neukirche und 1712 die Peterskirche ihre Tätigkeit als Gemeindekirchen auf. Das bedeutete, dass der Chor nun in vier Sonntagskantoreien aufgeteilt werden musste. Da dem Thomaskantor außerdem die Ratsmusik, die Organisten der vier Kirchen und bis 1723 die Universitätsmusik unterstanden, war er praktisch eine Art städtischer Musikdirektor, das heißt für Qualität und Inhalt aller Musikdarbietungen verantwortlich. Selbstbewusste Männer wie Schein und Bach bezeichneten sich daher auch lieber als »Director chori Musici Lipsiensis« denn als »Cantor«. Kantor und Thomanerchor hatten also eine Fülle von Aufgaben zu bewältigen. Das war nur mit eiserner Disziplin und Konzentration auf das Wesentliche möglich. Der Chor verfügte über ein großes Repertoire an lateinischen Chorgesängen und einfachen Motetten, die, geleitet von einem Präfekten, also einem älteren, musikalisch besonders befähigten Thomaner, bei den Gottesdiensten und der Kurrende gesungen wurden. Abwechselnd in einer der beiden Hauptkirchen führte der Kantor sonntags im Hauptgottesdienst mit den Thomanern, den Ratsmusikern und Studenten eine Kantate auf. Größer war der Aufwand bei Gedenkfesten, Krönungen und Dankfesten für Friedensschlüsse. Auch die Ratswahl und das Reformationsfest wurden mit Trompeten, Pauken, Glockengeläut und Kanonendonner begangen.

Bach war nicht die erste Wahl

In dieses Amt kam der 38-jährige Johann Sebastian Bach im Sommer 1723, nachdem sich die Wahl ungewöhnlich lange hingezogen hatte. Am 5. Juni des Vorjahres hatte Johann Kuhnau das Zeitliche gesegnet. Er war ein gelehrter Mann und schriftstellerisch tätig gewesen, hatte eine eigene Rechtsanwaltspraxis unterhalten und galt als überdurchschnittlich guter Komponist, vor allem von Klaviermusik. Damit war die Messlatte für seinen Nachfolger hoch gelegt und die Stadträte glaubten wohl mit einigem Recht, Anspruch auf einen »berühmten Mann« zu haben. Daher zögerte man nicht, Georg Philipp Telemann, den inzwischen bestens bekannten Komponisten und Hamburger Stadtmusikdirektor zu wählen. Dem war bereits neunzehn Jahre zuvor, als Kuhnau schwer krank daniederlag, die Nachfolge im Thomaskantorat versprochen worden. Telemann, nunmehr auf dem Höhepunkt seiner Schaffenskraft, nahm die Wahl zunächst an. Aber nachdem man ihm in Hamburg das Gehalt erhöht und auch sonstige Zugeständnisse gemacht hatte, sagte er ab.

Auch ein weiterer Prominenter, Johann Friedrich Fasch, Hofkapellmeister in Zerbst, konnte sich für das Leipziger Amt nicht erwärmen. Der Rat war tief enttäuscht. Erst am 21. Dezember 1722 wurde über zwei neue Bewerber nachgedacht:

Carl Seffners Bachdenkmal, Ausschnitt

»Am verwichenen Sonntage [7.2.] Vormittage machte der Hochfürstliche Capellmeister zu Cöthen, Mr. Bach, allhier in der Kirchen zu St. Thomä wegen der bisher noch immer vacant stehenden Cantor-Stelle seine Probe und ist desselben damalige Music von allen ... sehr gelobet worden.«

Notiz im Hamburger Relationscourier, Leipzig 9. 2. 1723

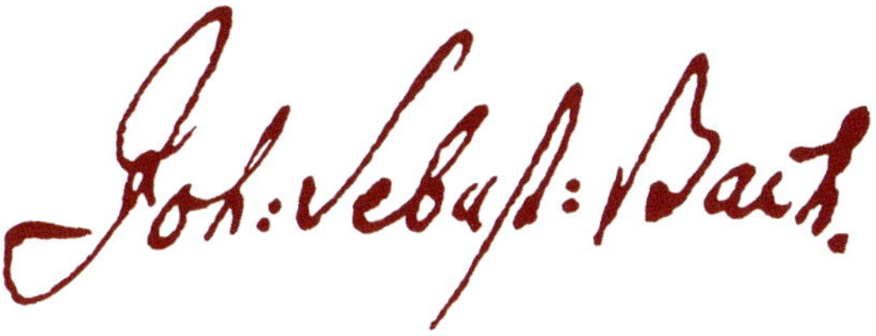

»Am vergangenen Sonnabend [22.5.] zu Mittage kamen 4 Wagen mit Haus-Rath beladen von Cöthen allhier an, so dem gewesenen dasigen Fürstl. Capellmeister... zugehörten. Um 2 Uhr kam er selbst nebst seiner Familie auf zwei Kutschen an ...«
Notiz im Hollsteinischen Correspondenten, Leipzig 29. Mai 1723

Am Tisch des Leipziger Rates unterschrieb Bach 1723 seine Anstellungsurkunde. Heute beherbergt das Alte Rathaus am Leipziger Markt einen für Konzerte genutzten Festsaal und das Stadtgeschichtliche Museum.

Stadtgeschichtliches Museum Leipzig
Altes Rathaus, Markt 1
04109 Leipzig
Tel.: 0341/9 65 13-0
Fax: 0341/9 65 13 52
Internet: www.t-online.de/home/Stadtmuseum.Leipzig
E-Mail: Stadtmuseum.Leipzig@t-online.de
Öffnungszeiten:
Di - So 10 - 18 Uhr
Mo Ruhetag

den Darmstädter Hofkapellmeister Christoph Graupner und Johann Sebastian Bach, Hofkapellmeister in Köthen. Man hoffte zunächst auf Graupner. Doch der gab den Leipzigern am 22. März 1723 einen Korb, nicht ohne Bach wärmstens empfohlen zu haben. Nun fiel die Entscheidung sofort: Da Bach bereits am 7. Februar seine Probekantate »Jesus nahm zu sich die Zwölfe« mit gutem Erfolg aufgeführt hatte, wurde er jetzt einstimmig gewählt. Eine Aktennotiz vom 5. Mai hält den historischen Augenblick seiner Verpflichtung fest.

Bachs gute Gründe

Es ist bekannt, warum Bach die relative Freizügigkeit des Köthener Hofes mit der von mehreren Dienstherren, nämlich Stadt, Schule und Kirche, reglementierten Leipziger Stelle vertauschte. Seinem Jugendfreund Georg Erdmann klagte er 1730, er habe gehofft, seine Lebenszeit in Köthen zu beschließen. Nun hatte sich aber sein Fürst neu vermählt und die Dame schien »eine amusa zu seyn«[1]. Zudem erhoffte er sich in Leipzig eine gute Ausbildung für seine Söhne. Seinem Wunsch folgend nahmen Wilhelm Friedemann, Carl Philipp Emanuel und Christoph Friedrich später auch ein Studium an der Universität auf.
Materiell gesehen war die neue Anstellung aber offensichtlich nicht so »favorable«, wie Bach vermutet hatte. Hinzu kam, im Brief an Erdmann ausdrücklich erwähnt, dass Leipzig ein »sehr theurer Orth« war und zu einer »exceßiven Lebensarth« zwang.

Unter den Leipzigern

Die Paten seiner Kinder und Dedikationen von Werken beweisen, dass Bach freundschaftlich-geselligen Umgang mit bürgerlichen Standespersonen pflegte. Ihrem Lebensstil wird er sich angepasst haben, was bei der Größe seiner Familie nicht einfach war. Zu den in Weimar und Köthen geborenen fünf Kindern kamen in Leipzig dreizehn hinzu; zehn davon überlebten das Kindesalter.
Auch zum literarischen Leben der Stadt unterhielt Bach Kontakte. Die wichtigste Person war Johann Christoph Gottsched; zwischen 1730 und 1740 beherrschte seine Theorie die gesamte zeitgenössische deutsche Literatur. Er muss Bach geschätzt haben, aber eine Zusammenarbeit der beiden ist nur in zwei Fällen nachweisbar: 1727 vertonte Bach Gottscheds Trauerode »Lass Fürstin, lass noch einen Strahl« auf das Ableben der Gemahlin Augusts des Starken und 1738 die Huldigungskantate »Willkommen,

ihr herrschenden Götter der Erde«. Wahrscheinlich waren weniger bedeutende Poeten für einen Komponisten nützlicher. Über fünfzehn Jahre hinweg bevorzugte Bach die Texte von Christian Friedrich Henrici, genannt Picander, einem Gelegenheitsdichter. Auch Marianne von Ziegler, die Tochter des unglücklichen Bürgermeisters Romanus, als Dichterin nur eine Lokalgröße, aber neben der Gottschedin die zweifellos meistbewunderte Frau Leipzigs, muss Bach gefallen haben. Er vertonte neun Texte von ihr.

Eine Kantate für jeden Sonntag

Zweifellos wird Bach die angenehmen Seiten der großen Stadt genossen haben. In erster Linie brachte sie ihm aber Arbeit: Für jeden Sonntag hatte er eine Kantate bereitzustellen. Fünf Jahrgänge habe er komponiert, schreibt sein Sohn Carl Philipp Emanuel im Nekrolog. Das bedeutet rund 300 Kantaten, von denen noch gut 200 erhalten sind. Aber sie mussten ja nicht nur erdacht und aufgeschrieben werden, auch das Stimmenmaterial war von ihm selbst,

Mehr als 100.000 Besucher erleben heutzutage jährlich die Konzerte des weltberühmten Thomanerchores.

Es gibt wenige zeitgenössische Bildnisse von Bach. Dieser Stich aus dem 18. Jh. illustriert die Musikausbildung an der Thomasschule und zeigt vielleicht Bach, der das Musizieren leitet.

Festliche Aufführung in der Thomaskirche zur Bachzeit, Stich von J. Chr. Dehne, 18. Jh.

von Thomanern, Studenten oder Familienmitgliedern zu schreiben, und sie mussten mit dem Chor und den Instrumentalisten einstudiert werden. Das war Sache des Kantors, das konnte er nicht den Präfekten überlassen. Für Weihnachten 1723 komponierte Bach das Magnificat, zu Ostern 1724 die Johannespassion, und wohl für 1727 als Abschluss dieser Werkgruppe die Matthäuspassion.

Die gewaltigen Orgelwerke, obwohl vielfach in Leipzig entstanden, wurden aber nicht für St. Thomas oder St. Nikolai geschrieben. Weder wäre hierfür Platz im Gottesdienst gewesen noch gehörte Orgelspiel zum Amt des Kantors. Bach komponierte diese Präludien und Fugen, Passacaglien und Sonaten für auswärtige Konzerte und für den Unterricht. Manches entstand auch als künstlerische Äußerung an sich.

Den Thomanerchor hatte er in einem jämmerlichen Zustand übernommen. Noch 1730 charakterisierte er die Sänger wie folgt: »17 zu gebrauchen, 20 noch nicht zu gebrauchen, 17 untüchtig« [2]. Auch die Instrumentalisten, die ihm zur Verfügung standen, waren mit der Köthener Hofkapelle nicht zu vergleichen. In Leipzig spielten Ratsmusiker und Studenten. Über erstere schrieb er, von ihren musikalischen Fertigkeiten etwas zu melden, verbiete ihm die Bescheidenheit.

J. S. Bach, 1720, Gemälde von J. J. Ihle

Wunderliche Obrigkeit

Am reichlichsten sprudeln die Quellen zu den ständigen Differenzen mit der Schule und dem Rat der Stadt. Bach schreibt in dem erwähnten Brief von einer »wunderlichen und der Musik wenig ergebenen Obrigkeit«[3]. Natürlich wird er nicht erwartet haben, dass man seine schöpferische Größe würdigte, aber er erhoffte wenigstens die Bewilligung von Mitteln für eine »wohlbestallte Kirchen Music«, wie er sie in seiner durchdacht formulierten Denkschrift an den Rat der Stadt vom August 1730 forderte. Man ignorierte seine Vorschläge, stellte auch kein Geld für Aushilfsmusiker bereit, sondern verwies ihn auf die Möglichkeit, sich die benötigten Instrumentalisten aus dem Kreis der Thomaner selbst heranzubilden.

Publikationen und Präfektenstreit

Um 1733 verstärkte Bach seine kirchenmusikalischen Aktivitäten. Hing das mit dem neuen, ihm wohl gewogenen und musikverständigen Rektor Johann Matthias Gesner zusammen? Zu Weihnachten/Neujahr 1734/35 erklang erstmals das Weihnachtsoratorium, ganze Kantatenjahr-

gänge der zwanziger Jahre wurden wiederaufgeführt. Hinzu kam eine rege Publikationstätigkeit. In einer Zeit, da nur selten gedruckte Noten veröffentlicht wurden, sind Bachs erster und zweiter Teil der »Klavierübung« mit den sechs Partiten, dem Italienischen Konzert und der Französischen Ouvertüre etwas Besonderes.
Aber bald braute sich neues Unheil zusammen. Den Rektoren musste die wissenschaftliche Bildung ihrer Schüler am Herzen liegen, Bach die musikalische. Das führte schon bei der Auswahl zu Differenzen. Ihren Höhepunkt erreichten die Streitigkeiten zwischen Bach und der Schulleitung in den Jahren 1736-1738, dem sogenannten »Präfektenstreit«. Aus Disziplingründen hatte Johann August Ernesti, seit 1734 neuer Rektor, den »Generalpräfekten« mit einer harten Strafe belegt, so dass der aus der Schule floh. Es folgte ein kleinliches und geradezu lächerliches Hickhack, indem neue Präfekten eingesetzt und wieder abgesetzt wurden. Ein langer Briefwechsel existiert darüber. Der Rat der Stadt wurde um Schlichtung gebeten, die oberste Kirchenbehörde eingeschaltet. Schließlich wandte sich Bach an den Kurfürsten. Ein Ergebnis des Streites ist nicht bekannt. Seitdem aber lebte der Thomaskantor mit seinem Rektor in keinem guten Verhältnis.

Angenommen wird, dass Bach zu Ostern 1738 eine Audienz bei dem zur Messe in Leipzig weilenden sächsischen Kurfürsten und polnischen König erhielt und von diesem weitgehend Recht bekam.
Ein Protokoll über die Niederlage in diesem unnützen Streit ließ die Stadt allerdings nicht anfertigen.

Kontakte nach Dresden und in die Welt

Trotz alledem wäre es falsch, die Leipziger Jahre Bachs als eine Folge von Ärgernissen hinzustellen. Bach hat sich stets die Bedingungen zu schaffen gewusst, die seiner Persönlichkeit und seinem Schaffen zuträglich waren. In Leipzig fand er sie in zunehmendem Maße außerhalb seiner dienstlichen Verpflichtungen. Er pflegte Kontakte zum Dresdner Hof, mit dem Kyrie und Gloria der Messe h-Moll bewarb er sich um den Titel eines »Hoff-Compositeurs«, der ihm 1736 verliehen wurde.
In den späten dreißiger und vierziger Jahren unterrichtete er in vermehrtem Maße: Man spricht von zirka achtzig Schülern, die seine Werke verbreiteten.
Für sie war das Wohltemperierte Klavier in zwei Teilen bestimmt. In Dresden gab er Orgelkonzerte, in Potsdam diskutierte er 1747 mit Friedrich dem Großen über Cembalobau und Kontrapunkt und widmete ihm das »Musikalische Opfer«, in dem er ein von diesem gestelltes Thema bearbeitet hatte. Er vervollständigte die h-Moll Messe, vielleicht, um sie zur Einweihung der Dresdner Hofkirche aufführen zu lassen. Er komponierte die »Kunst der Fuge« und, welch Kontrast, die Bauernkantate.

»Mit einem ehrfurchtsvollen Vergnügen erinnere ich mich ... bey meiner Anwesenheit in Potsdam, wie Ew. Majestät selbst ein Thema zu einer Fuge auf dem Clavier mir vorzuspielen geruheten und zugleich allergnädigst auferlegten, solches alsbald in Deroselbst höchsten Gegenwart auszuführen.«
Aus Bachs Widmung des Originaldruckes, Leipzig 7. 7. 1747

Im Spannungsfeld von Kunst und Bürokratie

Eintrag von Bachs Tod in der Johann Salomon Riemer-Stadtchronik
»Desgleichen an ebendiesem Tag abends um 8 Uhr der berühmte und in der Musik hocherfahrene Herr Joh. Sebastian Bach, Sr. Königl. Maj. in Polen und Kurf. Durchlaucht zu Sachsen wohlbestallter Hofcompositeur, hochfürstl. anhalt-köthischer und sachsen-weißenfelsischer Kapellmeister wie auch Direktor und Kantor der Schule zu St. Thom. [...] Nachdem er gelebet 65 Jahr 4 Mon.«
Stadtarchiv, S. 753ff.

Wahrscheinlich hat ihm mancher in der Stadt, der in ihm nur den Lehrer an der Thomasschule sehen wollte, diesen Ruhm verübelt. Bezeichnend sind die Worte eines Bürgermeisters nach Bachs Tod: »Herr Bach wäre zwar wohl ein großer Musikus aber kein Schulmann gewesen, müsste dahero Bey Ersetzung deßen Diensts, als Cantor in der Thomas Schule auf eine Person gesehen werden, die zu beyden geschickt sey.«[4] Dieser Gruppierung im Rat stand eine andere, kunstfreundlichere, gegenüber. Sie hatte 1723 die Wahl Bachs gegen mehrere brave Kantorenkandidaten durchgesetzt. Alle Vorgänger Bachs und auch seine Nachfolger mussten sich mit dem wechselnden Einfluss dieser beiden Strömungen auseinander setzen und – mit der Bürokratie. Die war auch schuld daran, dass Anna Magdalena Bach 1750, nach dem Tod ihres Mannes, die bisher übliche halbjährige Weiterzahlung seiner Bezüge verwehrt wurde. Er habe bei der Einstellung zu viel erhalten, hieß es. Sie starb 1760 als Almosenfrau, was aber nicht heißt, dass sie betteln musste, sondern nur, dass sie finanzielle Zuwendungen nach der Armenordnung von 1704 bekam.
Immerhin kaufte die Stadt ihr zwei Jahre nach dem Tode Bachs die Noten eines ganzen Kantatenjahrgangs ab, heute einer der kostbarsten Schätze im Bach-Archiv. Möglicherweise war das aber nicht als Hilfe für sie gedacht, sondern der Rat musste den neuen Kantor Johann Gottlob Harrer mit Noten versorgen.

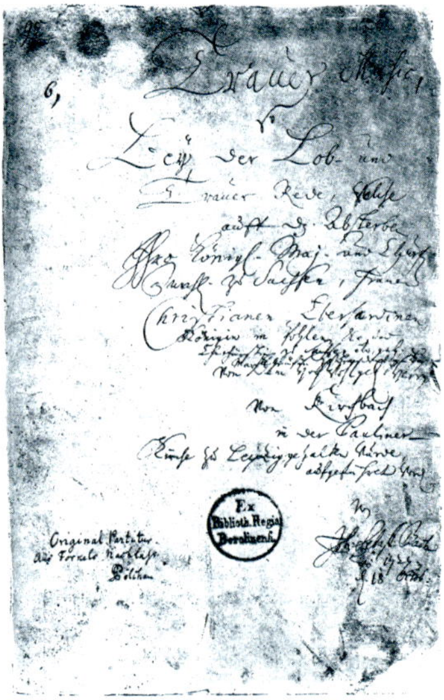

Kantate (Trauer Ode) »Lass, Fürstin, lass noch einen Strahl«, BWV 198, Titelblatt

Bachs Musik lebt weiter

In den folgenden Jahrzehnten scheint das Repertoire des Thomanerchores weiterhin Bach'sche Werke enthalten zu haben, vielleicht lag der Grund dafür im vorhandenen Notenmaterial oder im Respekt des Bach-Schülers Doles, der von 1756 bis 1789 Thomaskantor war. Als Mozart 1789 Leipzig besuchte, beeindruckten ihn die Thomaner mit dem Vortrag der Motette »Singet dem Herrn« von Bach. Mozart ließ sich sofort eine Abschrift anfertigen, und meinte, »das ist doch einmal etwas, woraus sich was lernen lässt«[5]. Kantor Doles soll auch einzelne Teile aus Bachs Kantaten und Passionen aufgeführt haben, wenngleich er Kantaten durch orchesterbegleitete Choräle, sogenannte »geistliche Oden« ersetzte. Johann Adam Hiller, der Nachfolger von Doles, habe »die Thomaner ... mit Abscheu gegen die Cruditäten Bachs zu erfüllen gesucht«[6], wie Zelter berichtete. Das war aber eine vereinzelte Ansicht. Schon sein Nachfolger, August Eberhard Müller, hat Bachs Kantaten wieder aufgeführt.

Das tägliche Leben der Thomaner wurde von alledem kaum berührt. Sie mussten wie eh und je im Sommer um fünf und im Winter um sechs Uhr aufstehen. Nach dem Dienst in den Kirchen folgte der Schulunterricht, nach dem Mittagessen die musikalische Unterweisung durch den Kantor. Danach gab es wieder Schulunterricht, öfters ausgesetzt durch die Teilnahme an Leichenbegängnissen. Nach dem Abendessen hatten sie hin und wieder bei Hochzeiten und Ehrengelagen zu singen. Aber das mögen die Jungen kaum als Belastung empfunden haben.

J. S. Bach, gemalt von Anne Johne

Städtische Zuschüsse statt der Kurrende-Einnahmen

Im beginnenden 19. Jahrhundert wurde der Kurrendegesang bei Lehrern und Bürgern zunehmend zum Ärgernis. Er vollzog sich seit Jahrhunderten in der gleichen Form: Dreimal wöchentlich liefen die Choristen, in weite schwarze Mäntel gehüllt und mit Perücke und Dreispitz angetan, singend durch die Straßen, gleichgültig, ob die Sonne schien oder Regen und Schnee sie durchnässten. Die Bürger fühlten sich belästigt. 1836 wurde die Kurrende abgeschafft. Die ausfallenden Spendengelder sollten durch Oratorienaufführungen ersetzt werden. Diese Konzerte mit abwechslungsreichen, qualitätsvollen Programmen – im ersten erklangen eine Messe von Friedrich Schneider, Doles' achtstimmige Motette »Ich will den Herrn loben allezeit« und Bachs Motette »Der Geist hilft unsrer Schwachheit auf« – fanden zwar den Beifall von Presse und Publikum, aber ihren Zweck erfüllten sie nie, so dass jetzt der Rat Gelder zuschießen musste.

Es ist bewundernswert, wie unbeirrbar der Rat die Existenz des Thomanerchores immer wieder sicherte. So überstand er als einer der wenigen im Mittelalter gegründeten deutschen Schulchöre die Säkularisierung des Musiklebens.

»Sonnabends saß ich wie gewöhnlich mit einigen Kommilitonen in der Thomaskirche, die berühmte Motette zu hören ...«
Aus: Baltzer, Eduard, Erinnerungen. Bilder aus meinem Leben, Frankfurt am Main, 1907

Instrument der Bach-Pflege

Die Bach-Renaissance im 19. Jahrhundert trug dann wesentlich dazu bei, den Chor als etwas Besonderes zu betrachten und ihn in zunehmendem Maße zu einem Instrument der Bach-Pflege werden zu lassen. Moritz Hauptmann, der 1842 in Nachfolge Christian Theodor Weinligs, des Kompositionslehrers von Richard Wagner, Thomaskantor geworden war, löste diese Aufgabe erstmalig sehr überzeugend. Hauptmann war nicht nur praktischer Musiker, sondern auch Theoretiker und Wissenschaftler. 1850 gehörte er zu den Gründern der Bach-Gesellschaft und zu den Herausgebern der Bach-Gesamtausgabe. Mit diesem großartigen Unternehmen, das in Leipzig sein Zentrum hatte und dessen musikgeschichtliche Tragweite nicht hoch genug bewertet werden kann, strömte Bachs Musik nun in ihrer ganzen Breite in die musikalische Praxis hinein. Hauptmann vor allem ist die unverfälschte Wiedergabe des Bach'schen Notentextes in der Gesamtausgabe zu danken, selbst wenn ihm nicht immer alle Quellen zur Verfügung standen. Bei Aufführungen jedoch hielt er genau wie Mendelssohn Veränderungen, hauptsächlich Uminstrumentierungen und Kürzungen, für unerlässlich. Vielleicht wäre es anders nicht möglich gewesen, den Kantaten und Passionen Bachs wieder Eingang in den Gottesdienst zu verschaffen.

»Einem Hochedeln und Hochweisen Rat der Stadt Leipzig erlaube ich mir hierdurch ergebenst anzuzeigen, dass es mein Wunsch ist, das bisher verdeckte Denkmal für Johann Sebastian Bach, welches nach den Angaben der Herren Professor Bendemann und Professor Hübner durch den Steinmetz Herrn Hiller und den Bildhauer Herrn Knaur gearbeitet ist, am nächsten Sonntag, dem 23sten d. M., in den Vormittagsstunden enthüllen zu lassen ...«
Felix Mendelssohn Bartholdy am 18.4.1843 an den Rat der Stadt, Stadtarchiv, Kapitel 26 A, Nr. 3 Bl.6

Mendelssohns »Prachtjungen«

Neben den kirchenmusikalischen Aufgaben in den beiden Hauptkirchen St. Thomas und St. Nikolai, den Konzerten zum Besten des Chores, waren ausgesuchte Thomaner an fast allen oratorischen Aufführungen in der Stadt, vor allem denen des Gewandhauses beteiligt. Schon nach seinem ersten Konzert im Herbst 1835 hatte Mendelssohn sie als »Prachtjungen« bezeichnet, die »so pünktlich eintreten und loslegen, dass ich ihnen einen Orden versprochen habe«[7].

1880 wählte der Rat den Thomasorganisten Wilhelm Rust, einen unermüdlichen Mitarbeiter der Bach-Gesamtausgabe, zum Kantor. Seiner Wahl war die Absage eines ganz Großen der Musik vorausgegangen: Oberbürgermeister Georgi hatte bei Johannes Brahms angefragt. Leipziger Musikenthusiasten wie das Ehepaar Heinrich und Elisabeth von Herzogenberg hatten sich ebenfalls stark engagiert. Aber Brahms lehnte ab. Hartnäckig hielten sich Gerüchte, die Stadt habe nicht genug um ihn geworben.

Neue Akzente setzte Karl Straube, der 1918 Thomaskantor

wurde. Mit ihm, der bereits fünfzehn Jahre als Thomasorganist in Leipzig gewirkt hatte, übernahm ein sehr gebildeter Mann das hohe Amt, der in Literatur, Kunst und den historischen Wissenschaften gleichermaßen zu Hause war. Als Interpret widmete er sich neben den alten Meistern mit gleicher Intensität jungen zeitgenössischen Komponisten (Kurt Thomas, Arnold Mendelssohn, Günter Raphael). Große Verehrung empfand er für Max Reger, dessen Orgelwerke in ihm ihren idealen Interpreten fanden.
Die Vokalwerke Bachs wurden unter Straube in ihrer Gesamtheit zum eigentlichen Mittelpunkt der Arbeit des Thomanerchores. Regelmäßig erklangen von nun an die beiden Passionen, das Weihnachtsoratorium und die Kantaten. Unter seiner Leitung gewann der Thomanerchor internationale Bedeutung, eine umfangreiche Reisetätigkeit setzte ein. Auch die technische Neuerung der Rundfunkübertragung machte den Chor weit über Leipzig hinaus bekannt. Die zyklische Sendung sämtlicher Bach-Kantaten wurde zu einem erstrangigen kulturellen Ereignis.

Nachkriegshöhepunkt: Bach-Feier 1950

Straubes Nachfolger wurde 1940 Günther Ramin. Der willigte ein, die Kirchenmusik in St. Nikolai aus dem Arbeitsbereich der Thomaner zu streichen. Nationalsozialismus und Krieg beeinträchtigten die Arbeit des Chores.

Die Thomaner unter Thomaskantor Günther Ramin, 1948

»Zweihundert Jahre vorher hatte Bach in seiner Kantate ›Ach wie flüchtig, ach wie nichtig‹ gesungen: ›An irdische Schätze das Herze zu hängen ist eine Verführung der törichten Welt. Wie leichtlich entstehen verzehrende Gluten, wie rauschen und reißen die wallenden Fluten bis alles zerschmettert in Trümmern zerfällt.‹ Noch nie waren diese Worte so gegenwartsnah gewesen wie in dieser Nacht. Es brannte alles. Rings um den Augustusplatz mit seinen stolzen öffentlichen Gebäuden stand Flamme an Flamme.
Was aber machten die Thomaner? […] St. Thomas stand, wie durch ein Wunder erhalten. Ein heimtückischer Funke, der erst im Laufe des Tages das hohe Kirchendach bedrohte, in welchem einst beim Bau ein ganzer Wald untergebracht worden war, wurde rechtzeitig entdeckt und unschädlich gemacht …«
Erinnerung an die Bombennächte 1943/44
Aus: Besch, Hans, »Bach und die letzten Dinge«, in: Bach-Gedenkschrift 1950, Zürich, 1950

Er durfte nicht mehr reisen, 1945 wurde das Alumnat beschädigt, die Schule zerstört, der Chor ins nahe gelegene Grimma ausquartiert.
Erst nach Kriegsende konnte Ramin eine rastlose Tätigkeit entfalten. Sie hatte etwas Atemloses an sich, so, als habe er gewusst, dass ihm nur wenige Jahre zur Verfügung standen. Er führte den Chor rasch wieder zur früheren Leistungshöhe und trat international als Cembalist und Organist in Erscheinung. Auch Chorreisen wurden wieder möglich. 1954 sangen die Thomaner elf Konzerte in der Sowjetunion, im darauf folgenden Jahr reiste der Chor dreieinhalb Monate nach Südamerika.

St. Thomas

Nach Thomaskantor Günther Ramins Tod erlebte der Chor eine Phase der Instabilität: Interimskantoren wechselten in rascher Folge. Eckehardt Tietze sprang für ein Jahr ein, gefolgt von Kurt Thomas, der nur drei Jahre aushielt. Erst mit dem väterlichen Kantor Erhard Mauersberger war ab 1961 wieder kontinuierliche Arbeit möglich.

Das Zentrum der Arbeit blieben aber die Leipziger Aufgaben. Ein auch international bedeutsamer Höhepunkt wurde die Bach-Feier anlässlich des 200. Todestages des Meisters im Jahre 1950. Ramin dirigierte die Johannespassion sowie eine Aufführung der h-Moll Messe mit Thomanern und Kruzianern. Eine beeindruckende Premiere! Mit gleichem Elan engagierte er sich für neue Werke. Unvergesslich bleibt die Uraufführung des »Matthäus-Berichtes« von Ernst Pepping, die der Chor nach wochenlangen, harten Proben herausbrachte.
1956 begann Ramin mit der Schallplatteneinspielung der Bach'schen Matthäuspassion. Sie konnte nur Torso bleiben. Nach kurzem Krankenlager starb er 1956. Sein Tod kam unerwartet und riss eine schwer zu schließende Lücke in das Leipziger Musikleben. Für ein Jahr leitete der Straube-Schüler und frühere Thomaner Eckehardt Tietze den Chor. Als Nachfolger wurde 1957 der 53-jährige Kurt Thomas aus Frankfurt am Main berufen. Er galt als Autorität auf dem Gebiet der Chorleitung, Straube hatte ihn in den dreißiger Jahren als Komponist gefördert. Er wurde aber in Leipzig nicht recht heimisch. Hinzu kamen politische Querelen: Der Druck, den Chor aus der Kirche zu lösen, nahm seitens der staatlichen Stellen zu. Bereits nach drei Jahren verließ Thomas die Messestadt wieder. Erneut musste eine Interimslösung gefunden werden. Thomasorganist Hannes Kästner sprang ein, Gewandhauskapellmeister Franz Konwitschny leitete eine Aufführung des Weihnachtsoratoriums.
1961 übernahm Erhard Mauersberger, der bis dahin Kirchenmusikdirektor in Eisenach gewesen war, das Thomaskantorat. Er kannte die Arbeit des Chores aus seiner eigenen Thomanerzeit, aber dazwischen lagen zwei Weltkriege. Den Jungen war er ein väterlicher Vorgesetzter.

Zwischen weltlichen und geistlichen Pflichten

1972 wurde Hans-Joachim Rotzsch zum Thomaskantor berufen. Mit ihm kam ein Musiker ins Amt, der zwar nicht Thomaner oder Thomasschüler gewesen war, aber die Arbeit des Chores und dessen Leben bestens kannte. Er hatte bei Ramin studiert und dann als Stimmbildner des Chores gearbeitet. Viele Musikfreunde schätzten seine Arbeit als vorzüglicher Oratorientenor und Leiter des Leipziger Universitätschores. Seine beschwingte Musizierweise gefiel den Hörern und der Presse. Was den instrumentalen Teil der Arbeit betraf, so profitierte er von dem durch Max Pommer gegründeten Neuen Bach'schen Collegium musicum, einem Kammermusikensemble für alte Musik.

Als erster Kantor hatte er mit einem neuen Phänomen der Knabenchöre zu kämpfen: der Verschiebung des Stimmbruchs. Noch zu Ramins Zeiten verloren die Jungen erst im sechzehnten oder gar siebzehnten Lebensjahr ihre Sopran- oder Altstimmen, wodurch ein ständiger Mangel an Tenören und Bässen herrschte. Jetzt erfolgte der Stimmbruch bereits mit 13 oder gar 12 Jahren, das führte zu einem Überwiegen der Männerstimmen gegenüber denen der Knaben. Um dies auszugleichen, wurde die Zahl der Neuaufnahmen auf neunzig erhöht.

Heute betreibt der Thomanerchor aus diesen Gründen eine intensive und aufwendige Nachwuchsarbeit. Vor der Aufnahme ins Alumnat gibt es ein Vorbereitungsjahr für talentierte Sänger, in dem sie spielerisch in ihre künftigen Aufgaben eingeführt werden. (siehe S. 32)

Ein weiteres Problem waren die immer nachdrücklicher werdenden behördlichen Versuche, den Chor weltlicher auszurichten, seine enge Bindung an die Kirche zu lockern. In Einzelheiten gelang dies: Tischgebete fanden im Alumnat nicht mehr statt, Archivalien wurden ausgelagert und gingen verloren. Das Grundsätzliche aber konnte man nicht beseitigen: Die Thomaner blieben ein Chor, dessen Hauptwirkungsstätte die Thomaskirche war und der mitten in der atheistischen DDR geistliche Musik sang. Rotzschs Versuch, kirchlichen Pflichten und staatlichen Wünschen gleichermaßen nachzukommen, scheiterte zwangsläufig. 1991 musste er sein Amt niederlegen.

Nach wie vor werden die Thomasschüler in alten Sprachen unterrichtet. Sie lernen Latein und im Wahlfach Altgriechisch. Pflichtfach aber ist Englisch, wie an anderen Schulen auch.

Der ideale Kandidat

Die Wahl des Nachfolgers wurde einer Findungskommission übertragen. Drei Kandidaten arbeiteten jeweils eine Woche lang mit dem Chor. Gewählt wurde ein erfahrener Kirchenmusiker aus dem Rheinischen, der als Spezialist für historische Aufführungspraxis bekannt war und das auch zu vermitteln suchte. Aber das barg Konfliktstoff in sich. Chor und Gewandhausorchester, die ja jede Woche eine Bach-Kantate aufführen mussten, meinten, dass in

1 Bach, J.S.: *Brief an Georg Erdmann in Danzig,* Leipzig, 28. 10. 1730

2 Bach, J. S.: *Kurtzer, iedoch höchstnöthiger Entwurff einer wohlbestallten Kirchen Music,* Leipzig, 23.8.1730

diesem Repertoire-Betrieb derartige Experimente nicht machbar seien. Der Kandidat zog sich zurück. Ein neues Auswahlverfahren begann. Gewählt wurde nun Georg Christoph Biller, Professor an der Musikhochschule in Frankfurt am Main. Er war selbst Thomaner gewesen und hatte an der Leipziger Musikhochschule studiert. Der ideale Thomaskantor, bodenständig und hoch qualifiziert, mit auswärtigen Erfahrungen. Warum war man nur nicht gleich auf ihn gekommen?

Motette des Thomanerchores im Jahre 2000

Biller ging seine Aufgabe, die für ihn natürlich die Erfüllung eines Lebenstraumes bedeutete, behutsam an. Er war und ist sich bewusst, Kinder und Jugendliche vor sich zu haben, deren geistige und körperliche Kräfte nicht überspannt werden dürfen.

Aber: Die Erwartungen an den Chor sind hoch. Klangqualität wird als selbstverständlich angesehen, Repertoire-Erweiterung gewünscht. Bisher gelang es ihm gut, beide Anforderungen zu erfüllen.

Im Vordergrund stehen für ihn die Aufgaben in der Thomaskirche: Die allwöchentliche Motette mit der Bach-Kantate am Sonnabend und die Gottesdienste.

Konzertante Unverbindlichkeit gibt es nicht, bei seiner Programmgestaltung berücksichtigt er ganz vorsätzlich den Ablauf des Kirchenjahres und sucht die Nähe zur Liturgie. Im altlutherischen Sinne versteht er Kirchenmusik als Predigt mit anderen Mitteln.

Was macht die besondere Anziehungskraft des Chores heute aus? Er bietet eine musikalische Ausbildung in der Gemeinschaft und er lässt das Gefühl aufkommen, etwas Besonderes zu sein. Der Dienst in der Kirche lenkt auf die geistigen und geistlichen Werte des Lebens, und die Schule gewährt eine gediegene humanistische Bildung. Sicher, die Jungen müssen mit beachtlicher Disziplin mehr als andere leisten. Aber man hat nicht den Eindruck, dass sie dabei unglücklich sind. *Irene und Gunter Hempel*

3 Bach, J. S.: *Brief an Georg Erdmann in Danzig,* Leipzig, 28. 10. 1730

4 Ratsprotokoll vom 8.8.1750

5 Rochlitz, Johann Friedrich: *Allgemeine musikalische Zeitung, Leipzig,* 21. 11. 1798

6 Zelter, Karl Friedrich: *Brief an Goethe,* 16. 6. 1827

7 Mendelssohn Bartholdy, Felix: *Brief an seine Familie,* Leipzig, 6. 10. 1835

Auf einen Blick: Die Thomaskantoren seit 1518

(Von den Kantoren vor und nach Georg Rhau sind nur einzelne Namen, aber keine näheren Lebensdaten bekannt)

1518 - 1520	**Georg Rhau** (1488 - 1548)
1594 - 1615	**Sethus Calvisius** (1556 - 1615)
1616 - 1630	**Johann Hermann Schein** (1586 - 1630)
1631 - 1657	**Tobias Michael** (1592 - 1657)
1657 - 1676	**Sebastian Knüpfer** (1632 - 1676)
1677 - 1701	**Johann Schelle** (1648 - 1701)
1701 - 1722	**Johann Kuhnau** (1660 - 1722)
1723 - 1750	**Johann Sebastian Bach** (1685 - 1750)
1750 - 1755	**Johann Gottlob Harrer** (1703 - 1755)
1769 - 1789	**Johann Friedrich Doles** (1715 - 1797)
1789 - 1804	**Johann Adam Hiller** (1728 - 1804)
1804 - 1810	**August Eberhard Müller** (1767 - 1817)
1810 - 1823	**Johann Gottfried Schicht** (1753 - 1823)
1823 - 1842	**Christian Theodor Weinlig** (1780 - 1842)
1842 - 1868	**Moritz Hauptmann** (1792 - 1868)
1869 - 1879	**Ernst Friedrich Richter** (1808 - 1879)
1880 - 1892	**Wilhelm Rust** (1822 - 1892)
1892 - 1918	**Gustav Schreck** (1849 - 1918)
1918 - 1939	**Karl Straube** (1873 - 1950)
1940 - 1956	**Günther Ramin** (1898 - 1956)
1957 - 1960	**Kurt Thomas** (1904 - 1973)
1961 - 1972	**Erhard Mauersberger** (1903 - 1982)
1972 - 1991	**Hans-Joachim Rotzsch** (geb. 1929)
seit 1992	**Georg Christoph Biller** (geb. 1955)

Die Thomaner und Bach

Interview mit dem Thomaskantor Prof. Georg Christoph Biller und dem Geschäftsführer des Thomanerchores Stefan Altner

- Herr Professor Biller, Herr Altner, Sie sind beide aus dem Thomanerchor hervorgegangen und stehen jetzt vor den Herausforderungen eines neuen Jahrhunderts. Wie bereiten Sie den Chor auf dieses Ereignis vor? Was gibt es Neues?

Stefan Altner: Schon der Beginn des Schuljahres 1999/2000 war für uns eine Zeitenwende. Während die Thomaner bisher mit der 4. Klasse in Schule und Chor aufgenommen wurden, haben wir jetzt ein Vorbereitungsjahr eingerichtet. Fast 30 Bewerber gab es für diese neue erste Klasse.

Prof. Georg Christoph Biller

22 von ihnen konnten wir aufnehmen. Nach dem Schulunterricht kommen die Jungs nachmittags ins Alumnat zu musikalischem Spiel: Wir singen, machen rhythmische Übungen bis hin zum Tanz, es gibt Blockflötenunterricht und wir musizieren mit dem Orff-Instrumentarium. Dann gehen die Kinder wieder nach Hause; sie wohnen noch nicht im Alumnat. Für uns ist das zwar eine zusätzliche Aufgabe, doch wir wollen neue Wege bei der Nachwuchsgewinnung gehen.

- Das sind wichtige Voraussetzungen für Ihre künftige Arbeit. Doch die wird ja auch von anderen wichtigen Ereignissen beeinflusst. Ich denke vor allem an das Bachfest und das Bachjahr 2000.

Prof. G. C. Biller: Bachs Werk steht im Zentrum unserer Arbeit. Schon vor dem Leipziger Bach-Fest stehen wir vor Herausforderungen: Im März wird der Chor die Erstfassung der Matthäuspassion mehrmals in Japan singen, später in Hannover gemeinsam mit dem dortigen Knabenchor. Im Juni führen die Thomaner mit dem Gewandhausorchester Bachs Messe h-Moll in Schaffhausen auf. Während des Bachfestes wird sie dann in Leipzig erklingen, genau am 28. Juli, dem Todestag des Meisters. Ein wichtiges Konzert, denn diesen Tag haben viele Fernsehstationen in aller Welt allein Johann Sebastian Bach gewidmet. Last not least: Im Dezember 2000 haben wir eine schöne Aufgabe in New York: Die Thomaner und die New Yorker Philharmoniker werden unter meiner Leitung Bachs Weihnachtsoratorium zu Gehör bringen.

- Sie, Herr Prof. Biller, haben auch die künstlerische Verantwortung für das Gelingen des Leipziger Bachfestes übernommen.

Prof. G. C. Biller: Wir haben bewusst verschiedenartig musizierende Ensembles eingeladen, die jedoch alle auf eine stilgerechte Aufführung bedacht sind. Die Thomaner werden nicht nur mit dem Gewandhausorchester, sondern in einem Kantatenkonzert auch mit der Akademie für Alte Musik Berlin musizieren. Die Matthäuspassion wird vom Collegium Vocale Gent und von La Chapella Royale unter Leitung von Philippe Herweghe aufgeführt. Es wird beispielsweise Kantaten-Aufführungen mit dem Amsterdam Baroque Orchestra & Choir unter Ton Koopman, mit The New York Bach Ensemble unter Joshua Rifkin, mit dem Windsbacher Knabenchor und den Deutschen Kammervirtuosen Berlin unter Karl-Friedrich Beringer geben. Das Bach-Collegium Japan kommt mit weltlichen Kantaten. Die Rheinische Kantorei und »Das kleine Konzert« führen unter Hermann Max Werke der Bach-Söhne

auf. Kammerkonzerte finden mit Ensembles wie der Kölner Musica Antiqua unter Reinhart Goebel (Die Kunst der Fuge) und The Cambridge Musick unter Robert Ehrlich statt. Selbstverständlich treten außer den Thomanern, dem Gewandhausorchester und den MDR-Klangkörpern (die Grauns »Der Tod Jesu« und Mendelssohns »Elias« aufführen werden) auch andere einheimische Ensembles wie das Bach-Orchester und das Neue Bach'sche Collegium musicum, das Concerto Vocale mit dem Sächsischen Barockorchester unter Gotthold Schwarz, die Nikolaikantorei unter Jürgen Wolf, die katholische Probsteikantorei unter Kurt Grahl sowie die von Lothar Baumgärtel geleitete Taborkantorei auf.
Spannend wird sicher, wenn alle, auf durchaus unterschiedliche Weise nach originaler Bach-Interpretation strebenden Ensembleleiter und Solisten eine Podiumsdiskussion über diesen Gegenstand bestreiten.

- Welche Stellung wird der Thomaskantor mit seinem Chor zur Bach-Interpretation beziehen?

Prof. G. C. Biller: Der Chor befindet sich ja – schon durch die jährlichen Zu- und Abgänge sowie die Wechsel innerhalb der Stimmgruppen - in ständiger Bewegung. Er muss einfach seinen eigenen Stil weiter entwickeln. Das geschieht natürlich in permanenter Auseinandersetzung mit den verschiedenen, sich auch verändernden musikästhetischen Auffassungen, den uns überlieferten charakteristischen Eigenheiten von Thomaskantoren, der in diesem Jahrhundert entstandenen Bach-Interpretation und den neu gewonnenen Einsichten in die historische Aufführungspraxis. Das Werk Bachs steht – wie schon gesagt – im Zentrum. Doch zur Tradition der Thomaner gehört ebenso das Schaffen der hervorragenden Thomaskantoren aus der Zeit vor Bach – ich erinnere hier an Johann Hermann Schein – wie das der Bach-Nachfolger, zu denen Meister des 20. Jahrhunderts wie Max Reger und Johann Nepomuk David zählen. Zudem ist der Chor ein anderer als jener zur Bach-Zeit, als 17-jährige Thomaner noch ihre Sopranstimmen hatten. Bei allem Bemühen um eine stil- und werkgerechte Interpretation bleibt zu bedenken, dass es **die** Bach-Interpretation nie gegeben hat.
Selbst in der Thomaskirche war sie von den jeweiligen Bedingungen beeinflusst, wie das schon Bachs »Kurtzer, iedoch höchst nöthiger Entwurff für eine wohlbestallte Kirchen Music« verrät.

Mit dem Thomaskantor und dem Geschäftsführer des Thomanerchors sprach Werner Wolf.

Das Leipziger Gewandhaus

Res severa verum gaudium

Vom »Großen Concert« zum weltberühmten Gewandhausorchester

Die Begründer des »Großen Concerts« waren sich bewusst, etwas Neuartiges ins Leben gerufen zu haben. Schon die genaue Aufzeichnung des Stadtchronisten Salomon Riemer im März 1743 lässt das erkennen: »Den 11. wurde von 16 Personen so wohl Adel als Bürgerlichen Standes das Große Concert angeleget, wobey iede Person jährlich zu Erhaltung deßelben 20 Thaler, und zwar vierteljährig 1 Louisdor erlegen mussten, die Anzahl der Musicirenden waren gleichfalls 16 außerlesene Personen, und wurde solches erstlich in der Grimmischen Gaße bey dem Herrn Berg Rath Schwaben, nachgehends in 4. Wochen drauf, weil bey erstern der Platz zu Enge, bey Herr Gleditzschen dem Buchführer aufgeführet und gehalten.« [1]

Res severa verum gaudium. Dieser lateinische Spruch, in allen drei Gewandhäusern zu lesen, lässt mehrdeutige Interpretationen zu: Ist es eine ernste Sache, anderen Vergnügen zu bereiten? Macht es Vergnügen, eine ernsthafte Sache zu betreiben? Wahrscheinlich ist beides richtig.

Die große Tradition der »Leipziger Concerte«

Es waren von Anbeginn Konzerte für einen festen Besucherkreis, die eine Mitgliedschaft in der Gesellschaft mit festem Beitrag voraussetzten. Als Vorbild diente offensichtlich das 1713 in Frankfurt am Main gegründete »Wöchentliche große Concert im Frauenstein«. Zur Unterscheidung wurde auf den Jahresbilletts für 1744 bereits die Bezeichnung »Leipziger Concert« gedruckt. Unter dem 9. März 1744 verzeichnete der Stadtchronist Riemer: »An eben diesem Tage wurde der Jahrs Tag des großen Musicalischen Concerts mit einer Cantata so Hr. Doles componiret mit Trompeten und Paucken gefeyert.« [2]

Doles war der erste musikalische Leiter

Der 1744 nach Freiberg gegangene, 1755 als Thomaskantor nach Leipzig zurückgeholte Bach-Schüler Johann Friedrich Doles war, wie aus seinem Bewerbungsschreiben an den Freiberger Stadtrat hervorgeht, als Cembalist der erste musikalische Leiter dieser Konzerte. Einen Dirigenten im heutigen Sinne gab es damals noch nicht. Die instrumental begleiteten Vokalwerke leitete jeweils der Cembalist von seinem Instrument aus, die Instrumentalwerke der Konzertmeister am ersten Geigenpult.

Gewandhaus zu Leipzig
Augustusplatz 8
04109 Leipzig
Tel.: 0341/1270-280
Fax: 0341/1270-22
E-Mail: ticket@gewandhaus.de
E-Mail: public-relations@gewandhaus.de
Internet: http://www.gewandhaus.de
Öffnungszeiten der Gewandhauskasse:
Mo - Fr 10 - 18 Uhr
Sa 10 - 14 Uhr

Der 19-jährige Johann Friedrich Reichardt beschrieb 1771 ein Konzert wenig schmeichelhaft: **»Übrigens ist dieses Concert wie alle anderen ... beschaffen, außer dass der Eingang etwas Mystisches hat, indem man durch eine gemeine Herberge einen Gang heraufgeführt wird, nach dem man eher ein heimliches Halsgericht vermuthen sollte als einen hellen Saal voll galanter Gesellschaft ...«** Zitiert nach: Dörffel, Alfred, Geschichte der Gewandhauskonzerte zu Leipzig, Leipzig 1884

Eine der Stadtchronik beigefügte Zeichnung Salomon Riemers gibt Auskunft über die Orchesteraufstellung und dessen namentliche Besetzung in den Jahren 1746-48: Cembalist war der Organist der Nikolaikirche Johann Schneider, Konzertmeister der auch als Geiger gerühmte Organist der Neukirche Carl Gotthelf Gerlach, übrigens beide Schüler von Johann Sebastian Bach. Das Orchester zählte zu dieser Zeit bereits 24 Musiker: 15 Streicher, 8 Bläser und ein Cembalist. Damals war selbstverständlich, dass jeder Berufsmusiker mehrere Instrumente beherrschte. An deren Seite spielten aber auch Stadtbürger und Studenten mit. Dazu gehörte 1751-54 auch der Jurastudent Johann Adam Hiller. Seiner Tatkraft war es später zu danken, dass die »Leipziger Concerte« nach dem Siebenjährigen Krieg weitergeführt werden konnten.

Die Gründerväter

Als Stifter und erster Konzertdirektor wird der im Alter von nur 27 Jahren 1744 gestorbene Buchhändler Johann Friedrich Gleditzsch, »Erb-, Lehn- und Gerichtsherr auf Neuscherbitz«[3], gerühmt. Riemer nennt insgesamt vier Direktoren. Gottfried Benedict Zehmisch war unter ihnen für das Musikalische verantwortlich, Daniel Friedrich Kreuchauff für die Finanzen. Nach Gleditzsch Tod wurde Zehmisch für 30 Jahre der führende Kopf.
In Johann Adam Hiller, der ab 1758 wieder in Leipzig lebte, gewann die Konzertgesellschaft 1763 einen aktiven und ideenreichen Musikdirektor: Am 29. September wurde das Leipziger Concert mit ihm am Cembalo im Gasthaussaal »Drey Schwanen« wieder eröffnet. Er hatte eigens dafür eine neue Kantate komponiert. Bis 1771 behielt Hiller die Leitung, ihm folgten Georg Simon Löhlein 1771-75 und Gottlob Friedrich Hertel 1775-78.

Die drei Aufgaben des Orchesters

Um Leistungsfähigkeit und Beständigkeit des Orchesters erwarb sich in den Jahren 1763-95 vor allem der Konzertmeister Johann Georg Häser große Verdienste. Er erkannte die wachsende Bedeutung der im Komödienhaus aufgeführten Singspiele. Häser formierte – gegen den Widerstand der um ihre Privilegien bangenden Ratsmusiker – 1773 aus dem Orchester des »Leipziger Concerts« ein aus 20 Musikern bestehendes Theaterorchester. Damit begründete er einen zweiten Aufgabenbereich, zu dem als dritter ab 1805 noch die instrumentale Mitwirkung an der Kir-chenmusik in der Thomaskirche kam.

Konzerte, Theater- und Kirchenmusik sind von da an bis heute die drei Aufgabenbereiche des Gewandhausorchesters geblieben.

Hauszeichen des Gasthofs »Zu den drey Schwanen«, Stätte des »Großen Concerts«, nach einem zeitgenössischen Stich, Mitte 18. Jahrhundert

Der Zusammenhalt des Orchesters blieb auch gewahrt, als das seit 1744 im Gasthof »Drey Schwanen« stattfindende »Leipziger Concert« 1778 eingestellt wurde. In dieser Situation war Johann Adam Hiller, der 1771 eine Singschule gegründet hatte, mit seiner 1775 ins Leben gerufenen »Musikübenden Gesellschaft« wieder zur Stelle. Er veranstaltete im Königshaus am Markt Konzerte mit gleichartiger Programmgestaltung und mit den (weitgehend) gleichen Musikern.

Die Programme des »Leipziger Concerts« entsprachen bereits dem 1781 für die Weiterführung im »Gewandhaus« festgelegten Aufbau. In den Jahren 1765-68 gehörten 33 Musiker zum Orchester – so der als Student dort tätig gewesene Lexikograph Ernst Ludwig Gerber.

»Das ist das große Concert, bey dem unser Hiller Director ist. Ich wünschte diesem braven, verdienstvollen Manne ein vortheilhafteres Glücke an einem Orte, wo man seine Verdienste besser erkennet und belohnte.« Johann Friedrich Reichardt in seinen »Briefen eines aufmerksamen Reisenden die Musik betreffend«, 1776

Zitiert nach: Dörffel, Alfred, Geschichte der Gewandhauskonzerte zu Leipzig, Leipzig 1884

Die ersten Jahrzehnte im Alten Gewandhaus

Im Musik liebenden Bürgermeister Carl Wilhelm Müller erwuchs dem »Leipziger Concert« ein neuer tatkräftiger Förderer. Er trat im Rat der Stadt entschieden für die Errichtung eines würdigen Konzertsaales ein. Die unter dem 31. August 1781 »nach einer Versammlung der Herren Directoren des Concerts« veröffentlichte »Nachricht von der künftigen Einrichtung des Leipziger Concerts«[4] sah vor, die Gründung von 1743 weiterzuführen. In 15 knapp gefassten Paragraphen wurden die bislang geltenden Modalitäten präzisiert und in einigen Punkten verändert festgeschrieben. Zur Programmfolge heißt es: »In den gewöhnlichen wöchentlichen Concerten wird vor der Pause eine Symphonie, Arie, ein Concert, und abwechselnd ein Duett, oder Instrumental-Quartett; nach der Pause eine Symphonie, Arie, ein Chor und eine Partie gegeben werden.«[5] Die Orchesterstärke wird wie in den 1770er Jahren mit 27 angegeben: 19 Streicher und 8 Bläser. Dazu kamen der Musikdirektor als Cembalist und vier Gesangssolisten.

Altes Gewandhaus, kolorierter Stich von C. B. Schwarz, um 1810

Dieser Programmaufbau blieb im Prinzip für das ganze 19. Jahrhundert bis in die ersten Amtsjahre Arthur Nikischs verbindlich. Nur an Stelle der Partie trat allmählich eine weitere Sinfonie.

Mit dem Einzug der Konzerte in den Saal des Gewandhauses erhielt die nun von 12 Direktoren geleitete Konzertgesellschaft ihre bis zum Ende des Zweiten Weltkriegs existierende Gestalt.

»Das Gewandhaus besteht aus drei Gebäudeflügeln. Der eine Flügel enthält den großen Saal der Stadtbibliothek und nimmt die ganze Länge des Gewandgässchens ein; der zweite Flügel mit dem Concertsaal zieht sich an der Universitätsstraße hin; der dritte Flügel … läuft parallel mit dem ersten Flügel an dem Kupfergässchen hin und enthält den Ballsaal.«
Aus: Dörffel, Alfred, Geschichte der Gewandhauskonzerte zu Leipzig, Leipzig 1884

Zutritt zu den Konzerten hatte nur, wer ein Jahresabonnement besaß oder eine der zahlenmäßig begrenzten Einzelkarten erworben hatte. Die Abonnements befanden sich oft über mehrere Generationen in den Händen wohlhabender Bürger. So wurde es auch in diesem Saal trotz zusätzlich geschaffener Sitzplätze für die wachsende Einwohnerschaft zu eng. Hatte Leipzig 1743, im Gründungsjahr des »Großen Concerts«, etwa 30.000 Einwohner, so wurden 1831 dann 41.000 gezählt und 1881 schon 150.000.

Konzertsaal im alten Gewandhaus, Holzstich um 1845

Wie einstmals üblich, erklangen in den Konzerten des 18. Jahrhunderts nur Werke zeitgenössischer Komponisten, und zwar möglichst die neuesten.

Zu Anfang dürften in »Drey Schwanen« unter Leitung der Bach-Schüler auch noch Konzerte und Suiten des Thomaskantors zu hören gewesen sein.

In den wenigen, erhalten gebliebenen Konzertprogrammen werden Sinfonien von Johann Stamitz, Joseph Haydn, Carl Ditters von Dittersdorf und dem jüngsten Bach-Sohn Johann Christian angekündigt. Von dessen Bruder Carl Philipp Emanuel wurde 1784 das Oratorium »Die Israeliten in der Wüste« aufgeführt.

Immer wieder gespielt: Haydn und Mozart

Am 24. Juli 1782 erklang erstmals eine Sinfonie von Wolfgang Amadeus Mozart im Gewandhaus. Schon unter Johann Adam Hiller, der 1781 im Gewandhaus erneut Musikdirektor wurde, erhielten die Sinfonien Haydns mit Johann Georg Häser als Konzertmeister eine Vorrangstellung. In jeder Saison waren zehn oder mehr zu hören, im Jahr 1790 und nochmals 1801 waren es sogar siebzehn.

Die Sinfonien Mozarts erklangen dagegen erst ab 1790 häufiger, nachdem der Komponist am 12. Mai 1789 in einem Extrakonzert drei von ihnen aufgeführt und außerdem zwei seiner Klavierkonzerte und eine Klavierfantasie gespielt hatte.
Auch unter Hillers Nachfolger Johann Gottfried Schicht und dem als Konzertmeister wirkenden Bartolomeo Campagnoli genossen Haydn und Mozart Vorrang. Mit der Gründung der Leipziger Singakademie schuf Schicht 1802 die Möglichkeit, große Oratorien aufzuführen. In den Jahren 1802-03 erklangen von Haydn die »Sieben Worte am Kreuz«, »Die Rückkehr des Tobias«, »Die Jahreszeiten« und »Die Schöpfung« sowie von Händel »Der Messias« in Mozarts Einrichtung. Doch außer herausragenden sinfonischen und oratorischen Werken war auch weniger Bedeutsames, heute längst Vergessenes zu hören.

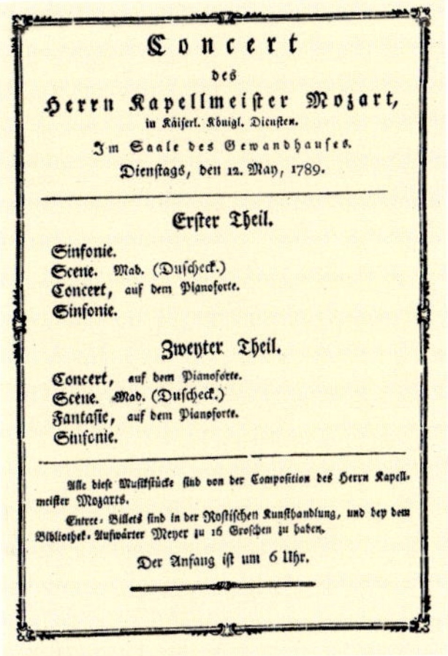

Concert
des
Herrn Kapellmeister Mozart,
in Käiserl. Königl. Diensten.
Im Saale des Gewandhauses.
Dienstags, den 12. May, 1789.

Erster Theil.

Sinfonie.
Scene. Mad. (Duscheck.)
Concert, auf dem Pianoforte.
Sinfonie.

Zweyter Theil.

Concert, auf dem Pianoforte.
Scene. Mad. (Duscheck.)
Fantasie, auf dem Pianoforte.
Sinfonie.

Alle diese Musikstücke sind von der Composition des Herrn Kapellmeister Mozarts.

Entree-Billets sind in der Rostischen Kunsthandlung, und bey dem Bibliothek-Aufwärter Meyer zu 16 Groschen zu haben.

Der Anfang ist um 6 Uhr.

Programmzettel des Leipziger Gastspiels W. A. Mozarts am 12. 5. 1789

Beethoven-Zyklus zu Lebzeiten des Meisters

Mit der Konzertarie »Ah, perfido« erklang 1799 erstmals ein Werk Ludwig van Beethovens in Leipzig. Am 26. November 1801 folgte die erste Sinfonie, die schon in der Woche darauf wiederholt werden musste. Bald rückten die Werke dieses Meisters neben die von Haydn und Mozart und damit ins Zentrum der Programme. So begann die Herausbildung eines festen Repertoires, das neue Maßstäbe setzte.
Die weiteren Sinfonien Beethovens wurden im Gewandhaus fast durchweg kurze Zeit nach dem Erscheinen des Notenmaterials aufgeführt und erhielten einen festen Platz. Das Tripelkonzert wurde 1808 noch vor der Wiener Premiere im Gewandhaus gespielt, das Klavierkonzert Es-Dur erlebte hier 1811 seine erste Aufführung. Unter Musikdirektor Johann Philipp Christian Schulz mit Heinrich August Matthäi als Konzertmeister erklangen in der Spielzeit 1825-26, also noch zu Beethovens Lebzeiten, alle neun Sinfonien als Zyklus. Das war vermutlich der erste Beethoven-Zyklus überhaupt. Weitere Beethoven-Zyklen waren in den acht Jahren des Musikdirektors Christian August Pohlenz zu hören. Nach alter Tradition leitete der Konzertmeister die Aufführungen vom ersten Geigenpult aus. Nur beim Chorfinale der »Neunten« trat der Musikdirektor dirigierend vor das Orchester.

Ludwig van Beethoven

Opernausschnitte im Konzertprogramm

Im Winter 1804/05 zählte man 321 Subskribenten im Großen Concert, davon waren »8 Damen, 34 Fremde, 17 churfürstliche Beamte, 2 Militärpersonen, 94 Gelehrte und Künstler, 166 Kaufleute.«
Aus: Dörffel, Alfred, Geschichte der Gewandhauskonzerte zu Leipzig, Leipzig 1884

Der neben Beethoven zwischen 1810 und 1840 meist gespielte zeitgenössische deutsche Komponist war Ludwig Spohr. Zwischen 1830 und 1880 hatten Spohrs dritte und vierte Sinfonie und einige seiner Violinkonzerte einen festen Platz im Repertoire.
Carl Maria von Weber führte sich am 14. Januar 1812 bei einem Extrakonzert mit seiner Ouvertüre »Beherrscher der Geister«, einem seiner Klarinettenkonzerte und als Solist seines ersten Klavierkonzertes C-Dur ins Gewandhaus ein. Am 1. Januar 1813 war er dann auch mit seinem zweiten Klavierkonzert Es-Dur zu hören. Einen festen Platz im Repertoire erhielten die Ouvertüren zu seinen drei großen Opern, auch Ausschnitte aus ihnen wurden gespielt.
Ab 1823 waren ebenfalls Ouvertüren und Szenen aus den damals erfolgreichen Opern Heinrich Marschners zu hören. Überhaupt kamen in der ersten Hälfte des 19. Jahrhunderts des öfteren Ouvertüren und Szenen aus Opern zu Gehör. So sind die Meister der italienischen Oper zwischen 1770 und 1848 in vielen Programmen vertreten: Giovanni Battista Paisiello, Domenico Cimarosa, Antonio Salieri, Ferdinando Paer, vor allem aber Gioacchino Rossini, Vincenzo Bellini und Gaetano Donizetti. Auch Werke von französischen oder vorwiegend in Frankreich wirkenden Komponisten wurden gespielt. Luigi Cherubini, Etienne Nicolas Méhul sind hier zu erwähnen, aber auch Christoph Willibald Gluck, Francois Adrien Boieldieu und Giacomo Meyerbeer.

Felix Mendelssohn Bartholdy

Über 100 Jahre lang, 1781 - 1884, war das Gewandhaus das Zentrum des Leipziger Konzertlebens. Hier wirkte zwölf Jahre lang Felix Mendelssohn Bartholdy als Gewandhauskapellmeister! Und viele berühmte Musiker legten großen Wert darauf, im Gewandhaus auftreten zu dürfen. In dieser Zeit entwickelte sich die

Nach 1830 pochte eine neue Generation an die Pforten des Gewandhauses. Schon 1827 war vom damals gerade 18-jährigen Felix Mendelssohn Bartholdy erstmals ein Werk im Gewandhaus zu hören gewesen, die mit der Nummer 1 versehene Sinfonie c-Moll op. 11. 1831 wurde der gerade 21-jährige Pole Fryderyk Chopin mit den Variationen über das Duett »Reich mir die Hand mein Leben« aus Mozarts »Don Giovanni« vorgestellt. 1833 erklangen die Sinfonie C-Dur des zu dieser Zeit 20-jährigen Richard Wagner und ein erster Satz zu einer Sinfonie des nur drei Jahre älteren Robert Schumann.
Schon Beethovens Werke hatten hohe Anforderungen an die Fertigkeiten der Orchestermusiker gestellt, die der jüngeren Komponisten verstärkten den Trend.
Die Gewandhausdirektion hielt es nun für notwendig,

Gewandhauskapellmeister
Felix Mendelssohn Bartholdy,
Stich von Reyner und Jäger

einen Dirigenten von neuer Art zu gewinnen: Felix Mendelssohn Bartholdy. Bereits während der Vorverhandlungen hatte Mendelssohn erklärt, er halte es für unerlässlich, nicht nur die Vokalwerke, sondern auch alle Instrumentalwerke selbst zu leiten. Wie Carl Maria von Weber das bereits seit 1817 in Dresden tat, dirigierte auch er mit einem Taktstock. Durch seine Arbeit wurde der Klang des Orchesters ausgewogener und geschmeidiger. Die Aufführungen der Werke von Haydn, Mozart und Beethoven gewannen an Ausdrucks- und Nuancenreichtum, auch an Präzision.

Gemeinschaft der Musiker zu einem wirklichen Orchester und dann zu einem der führenden in ganz Deutschland.

Den zunächst verblüffenden oder gar irritierenden Eindruck, einen Dirigenten mit Taktstock zu erleben, beschrieb Robert Schumann in einem seiner »Schwärmbriefe«: »Mich für meine Person störte in der Ouvertüre wie in der Sinfonie der Takticrstab ... Doch wars eine Lust, den F. Meritis (Mendelssohn. W.W.) zu sehen, wie er die Geisteswindungen der Kompositionen vom Feinsten bis zum Stärksten vorausnuancierte ...«[6]

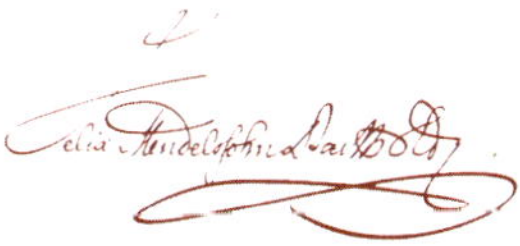

Von seinen eigenen Werken führte Mendelssohn vor allem die Konzert-Ouvertüren auf. Seine mit viel Beifall aufgenommene Schottische Sinfonie erhielt ab 1842 sofort einen festen Platz im Programm, ebenso das 1845 mit Konzertmeister Ferdinand David als Solisten uraufgeführte Violinkonzert. Mit großer Energie setzte sich Mendelssohn für Robert Schumann und den jungen Dänen Niels Wilhelm Gade ein. Hector Berlioz und Franz Liszt erhielten die Möglichkeit, im Gewandhaus zu gastieren. Als Robert Schumann von seiner Wien-Reise die Partitur der bis dahin unbekannt gebliebenen großen Sinfonie C-Dur von Franz Schubert mitbrachte, erlebte das Werk unter Mendelssohns Leitung seine glanzvolle, weithin beachtete Uraufführung.

»Nun kamen aber die Proben zum ersten Abonnementkonzert nach und nach, und vorgestern Abend fing also meine Leipziger Musikdirektorschaft an. Ich kann Euch gar nicht sagen, wie zufrieden ich mit diesem Anfang bin und mit der ganzen Art, wie sich meine Stellung hier anlässt. Es ist eine ruhig ordentliche Geschäftsstellung; man merkt, dass das Institut seit 56 Jahren besteht, und dabei scheinen die Leute mir und meiner Musik zugetan und freundlich.«
Aus einem Brief Felix Mendelssohn Bartholdys an seine Familie vom 6.10.1835

Clara Wieck, Lithografie und Autogramm von 1831

»Das Orchester ist sehr gut, tüchtig, musikalisch, und ich denke, in einem halben Jahr soll es noch besser werden, denn mit welcher Liebe und Aufmerksamkeit diese Leute meine Bemerkungen aufnehmen und augenblicklich befolgen, das war mir in den beiden Proben, die wir bis jetzt hatten, ordentlich rührend; es war immer ein Unterschied, als ob ein anderes Orchester spielte ...«
Aus einem Brief Felix Mendelssohn Bartholdys vom 6. 10. 1835

Bachs Werke klingen wieder im Konzert

Zugleich setzte sich Mendelssohn für die Wiederaufführung der Werke Johann Sebastian Bachs ein. Schon in seinem ersten Amtsjahr spielte er im November 1835 gemeinsam mit Clara Wieck, der späteren Frau Robert Schumanns, und Louis Rakemann Bachs Konzert d-Moll für drei Klaviere und Streicher. Den Höhepunkt fanden diese Bemühungen am 4. April 1841 mit der Wiederaufführung der Matthäuspassion in der Thomaskirche, der ersten Leipziger Aufführung seit Bachs Tod. In Zyklen historischer Konzerte – der erste fand in der Spielzeit 1837/38 statt – gestaltete Mendelssohn geschmacksbildende Programme »berühmter Meister von vor hundert Jahren bis auf die jetzige Zeit«.
Außerdem bemühte sich der vielseitige Künstler energisch um soziale Verbesserungen für die inzwischen 40 Mitglieder des Orchesters. Mit seinem entscheidenden Einsatz zur Gründung des Leipziger Konservatoriums (siehe S. 151 ff.) schuf er 1843 auch wesentliche Voraussetzungen für eine gründlichere Ausbildung junger Musiker. Als er 1841 einer viel versprechenden Berufung nach Berlin folgte, ließ er sich von der Gewandhausdirektion nur beurlauben und als Dirigent in der Saison 1841/42 von seinem Konzertmeister Ferdinand David, 1843/44 von Ferdinand Hiller und 1844/45 von Niels Wilhelm Gade vertreten. Nach seiner Rückkehr blieben ihm bis zu seinem frühen Tod am 4. November 1847 in Leipzig nur noch zwei Jahre vergönnt.

Wechselnde Dirigenten

Mit dem zum Freundeskreis Mendelssohns gehörenden Dänen Niels Wilhelm Gade stand dem Gewandhaus für die Saison 1847–48 wieder ein erfolgreicher junger Komponist und Dirigent zur Verfügung, der die Konzerte im Geiste Mendelssohns weiterführte. Doch die komplizierte Lage des Jahres 1848 in Deutschland und die Bedrohung seiner Heimat durch die schleswig-holsteinisch-dänischen Auseinandersetzungen veranlassten ihn, heimzukehren. Im Leipziger Opernkapellmeister Julius Rietz, der ebenfalls mit Mendelssohn befreundet gewesen war, glaubte die Gewandhausdirektion einen Kapellmeister gefunden zu haben, der die Kontinuität der Konzerte garantieren könnte. Der stand neuen Entwicklungen eher skeptisch gegenüber. Auch waren die Abonnementsinhaber nach 1848 immer weniger geneigt, kompliziertere neue Werke unvoreingenommen anzuhören. Johannes Brahms wurde 1859 als Solist mit seinem ersten Klavierkonzert d-Moll ausgezischt.

Brahms setzte sich durch

Einen Aufschwung erhoffte sich die Gewandhausdirektion, als sie 1860 den 36-jährigen Carl Reinecke als Kapellmeister berief. Er war während seines dreijährigen Leipziger Aufenthalts 1843 - 46 von Mendelssohn und Schumann gefördert worden und hatte inzwischen als Komponist, Pianist und Dirigent Ansehen gewonnen. Aber auch er stand Zeitgenossen wie Berlioz, Liszt, Wagner und Bruckner kritisch gegenüber und hatte mit den Werken von Brahms zunächst Schwierigkeiten. Dennoch dirigierte er 1869 mit dem Gewandhauschor die Uraufführung der vollständigen Fassung von Brahms »Deutschem Requiem«.

Satirische Darstellung des Gewandhausorchesters,
Lithografie nach einer Zeichnung von C. Reimers, um 1850

Johannes Brahms

Für die rasch auf die Uraufführungen folgenden Gewandhaus-Erstaufführungen der vier Sinfonien von Brahms gewann die Gewandhausdirektion stets den Komponisten selbst. Dann aber gliederte Reinecke diese Sinfonien ins Repertoire ein und dirigierte sie in regelmäßigen Abständen. Unter den nicht wenigen Neuheiten seiner bis 1895 währenden 35-jährigen Amtszeit befanden sich Werke von Anton Rubinstein, Max Bruch, Peter Tschaikowskis fünfte und Antonín Dvořáks neunte Sinfonie »Aus der neuen Welt«. Verdienste erwarb sich Reinecke um die Aufführungen großer oratorischer Werke. Zudem bemühte er sich mit Erfolg, den Anteil bloßer Virtuosenstücke zurückzudrängen.

Berühmte Gäste im neuen Haus

Dass für die Eröffnungskonzerte mit dem inzwischen auf 70 Mitglieder vergrößerten Orchester im neuen Gewandhaus im Dezember 1884 kein Werk eines lebenden Komponisten ausgewählt wurde, entspricht nicht zuletzt der konservativen Haltung der damaligen Gewandhausdirektion.

Peter Tschaikowski, Foto um 1890

Im November 1884 fand das erste Konzert im neuen Haus statt. Und nicht nur Orchester und Publikum zogen um, sondern auch der Name: Gewandhaus. Das neue Konzerthaus hatte einen großen und einen kleinen Konzertsaal, wobei der kleine nach dem Vorbild des Saales im alten Gewandhaus errichtet worden war. Der Bau wurde übrigens zum großen Teil von den Abonnenten finanziert. Durch den Kauf von Anteilsscheinen oder durch Stiftungen konnten sie sich ein festes Abonnement sichern. Das war allerdings nur den wohlhabenden Leipziger Bürgern möglich, die dann als Dauerabonnenten ihren Anspruch auf einen Platz im Gewandhaus sogar vererben konnten.

Die zu geringen Probenzeiten, die zunehmende Belastung des Gewandhausorchesters in der Oper waren der Qualität der Konzerte nicht förderlich. Doch Reinecke war bei aller Exaktheit und Einsatzfreude auch kein Künstler, der sich so energisch durchzusetzen vermochte wie sein Nachfolger Arthur Nikisch bereits als junger Kapellmeister der Leipziger Oper. Peter Tschaikowski, der auf Einladung der Gewandhausdirektion Anfang Januar 1888 in Leipzig weilte und im Konzert vom 5. Januar seine erste Orchestersuite dirigierte, beschrieb in seinen »Erinnerungen« diesen Sachverhalt: »Das Orchester im Theater ist dasselbe wie im Gewandhaus, also vorzüglich. Trotzdem könnte man es beinahe für ein anderes, noch besseres Orchester halten; denn so tadellos die Konzertaufführungen unter Carl Reineckes Leitung auch sind – einen wirklichen Begriff von den Glanzleistungen, deren dieser Klangkörper fähig ist, bekommt man erst, wenn man einen Meister seines Faches wie Nikisch die schwierigen Wagnerschen Partituren interpretieren hört.«[7] Dieser von Tschaikowski ausgesprochen freundlich formulierte Sachverhalt war es letztlich auch, der 1895 zur Kündigung des 71-jährigen Reinecke führte.

Das Vierteljahrhundert Arthur Nikischs

Die weiteren Beschreibungen Peter Tschaikowskis sind am besten geeignet, die Dirigentenpersönlichkeit Arthur Nikischs zu charakterisieren: »Nikischs Dirigieren hat nichts gemeinsam mit der in ihrer Art unnachahmlichen Manier Hans von Bülows. So lebhaft, unruhig und effektvoll in seinen zuweilen recht auffälligen Gebärden dieser auch ist, so wunderbar ruhig, jede überflüssige Bewegung vermeidend, dabei aber gebieterisch, energisch und voll Selbstbeherrschung dirigiert Arthur Nikisch. Er wirkt eher wie ein Zauberer vor dem Orchester.«[8]

Nikisch, der 1889–93 als Dirigent der Bostoner Sinfoniekonzerte große Erfolge gefeiert hatte und seit 1893 Operndirektor in seiner ungarischen Heimat Budapest gewesen war, wurde 1895 im Alter von 40 Jahren als Gewandhauskapellmeister nach Leipzig zurückgeholt. In seinen ersten Gewandhausjahren änderte er die Programmgestaltung zumindest nicht sichtbar. Als außergewöhnlich ragt aus der ersten Spielzeit nur die Aufführung von Hector Berlioz' dramatischer Legende »Fausts Verdammung« hervor. In der ersten Woche seiner zweiten Saison wagte er, daran anknüpfend, die Aufführung der Faust-Sinfonie von Franz Liszt.

Im Gedenken an den kurz vorher gestorbenen Anton Bruckner ließ er das Adagio aus dessen siebenter Sinfonie folgen, die er 1884 mit dem Gewandhausorchester in einem Opernhauskonzert mit großem Erfolg uraufgeführt hatte. In der gleichen Spielzeit riskierte Nikisch noch die Aufführung des Menuetts aus der dritten Sinfonie von Gustav Mahler, das von der Kritik heftig angegriffen wurde. Mit »Don Juan« war im Oktober 1898 erstmals eine der fortan regelmäßig aufgeführten Tondichtungen von Richard Strauss im Gewandhaus zu hören. Im November 1899 erklang als erste vollständig aufgeführte Sinfonie von Anton Bruckner dessen »Fünfte«.
Nach weiteren Erstaufführungen von Werken anderer Komponisten führte Nikisch seit der Saison 1902/03 jährlich eine Sinfonie Bruckners auf, ab 1914 jeweils zwei, bevor 1919/20 alle neun nummerierten als Zyklus zu hören waren. Mit dem nach Bayreuther Vorbild auf über 90 Mitglieder erweiterten Orchester konnte Nikisch die Klangfülle und -pracht weiter kultivieren.

Anton Bruckner

Gewandhaus-kapellmeister Arthur Nikisch, Pastell von A. Klamroth, 1895

Konzertpublikum im Neuen Gewandhaus, Holzstich aus der »Illustrirten Zeitung«, Leipzig 1891

»Leipzig hat sich einen großartigen Konzertpalast geschaffen, dessen Schönheit und Gediegenheit nach allen Richtungen hin heute ohne Ausnahme, und zwar selbst von den kritischsten Sachkennern, bewundert und anerkannt worden ist. Das ist etwas Großes und Ganzes, etwas Großartiges, wie man es wohl eigentlich nur in einer Weltstadt zu finden gewöhnt ist.«
Leipziger Tageblatt vom 12.12.1884, 4. Beilage

Ebenso systematisch bemühte sich Nikisch um die Einführung der Sinfonien Gustav Mahlers ins Gewandhaus. Doch nach der Erstaufführung der »Zweiten« im November 1906 wurde der Komponist in der »Leipziger Zeitung« beschimpft und zu den »sensationell wirkenden Orchesterprestidigitateuren, Klanghypnotiseuren und vokalinstrumentalen Massenmördern«[9] gezählt. Auch Erstaufführungen einiger Werke von Hans Pfitzner, Jean Sibelius, Nikolai Rimsky-Korsakow und Paul Dukas waren wenig erfolgreich. Nachdrücklich trat Nikisch ab 1906 für Max Reger ein.

Nach Gustav Mahlers Tod setzte Nikisch 1911 zum Gedenken an den Komponisten bei der Gewandhausdirektion eine Wiederaufführung der zweiten Sinfonie durch. Fortan dirigierte er (mit einer Ausnahme) alljährlich ein Werk von Mahler. Dagegen blieben Werke von Claude Debussy, Arnold Schönberg und anderer Zeitgenossen Ausnahmen. Kompositionen von Maurice Ravel, Béla Bartók und Igor Strawinsky mied Nikisch überhaupt.

»Leipzig ist bisher auf sein Orchester stolz gewesen und hat es gern gelegentlich großer Kongresse den Fremden vorgeführt, und das Orchester hat den Ruf Leipzigs als Musikstadt stets gerechtfertigt, wenn wir aber weiter so abgearbeitet werden, können wir für unsere fernere künstlerische Qualität keine Garantie mehr bieten ...«
Aus einer Klage der Gewandhausmusiker beim Rat der Stadt, Oktober 1913
Aus: Stadtarchiv Leipzig, Kapitel 32, Nr. 24, Bd. 1, S. 8 gf

Beethovens »Neunte« am Silvesterabend

Ein gänzlich anderes Neuland betrat Arthur Nikisch, als er 1915 das Bemühen des Allgemeinen Arbeiter-Bildungs-Instituts um Konzerte für Arbeiter unterstützte und gemeinsam mit Barnet Licht als Leiter der Musikabteilung der zunächst wenig geneigten Gewandhausdirektion die Zustimmung abrang. So konnten Leipziger Arbeiter für 60 Pfennig Eintritt erstmals ein Sinfoniekonzert im Gewandhaus erleben. Nikisch dirigierte (ohne Honorar) Ludwig van Beethovens »Die Ruinen von Athen« und die fünfte Sinfonie. Weitere Konzerte folgten. Einen Höhepunkt dieser Reihe bildete in der Silvesternacht des Jahres 1918 die »Friedens- und Freiheits-Feier« mit Beethovens »Neunter«, deren hymnisches Finale genau um Mitternacht begann. Nikischs Nachfolger Wilhelm Furtwängler und Bruno Walter führten die Konzerte für das Arbeiter-Bildungs-Institut weiter, speziell die Silvesterkonzerte mit wechselnden Programmen.

Wilhelm Furtwängler und Bruno Walter

Nach Arthur Nikischs Tod am 23. Januar 1922 wurde der damals 36-jährige Wilhelm Furtwängler als die unter den jüngeren Dirigenten herausragende Persönlichkeit zum Gewandhauskapellmeister berufen. Wie Arthur Nikisch war er gleichzeitig auch Dirigent des Berliner Philharmonischen Orchesters. Während aber Nikisch seinen Wohnsitz in Leipzig genommen und seine Zeit zwischen Leipzig und Berlin so eingeteilt hatte, dass er für Proben und Konzerte beider Orchester zur Verfügung stand, sah Furtwängler seine Hauptwirkungsstätte in Berlin. 1928 gab er das Leipziger Amt ganz auf.

Das neue Konzerthaus für Leipzig, »Illustrirte Zeitung« 1881

Furtwängler verfügte ebenfalls über suggestive Gestaltungskraft. Mit impulsiver Dirigiergestik gestaltete er die Aufführungen von Meisterwerken des 18., 19. und frühen 20. Jahrhunderts zu nachhaltigen künstlerischen Ereignissen. Zugleich setzte er sich energisch für Neues ein. Gegen Bedenken konservativ eingestellter Direktoriumsmitglieder und Konzertbesucher, auch gegen den Widerstand mancher Musikkritiker erklangen neben Werken von Arnold Schönberg und Jean Sibelius nun Kompositionen von Hans Pfitzner, Igor Strawinsky, Ottorino Respighi, Paul Hindemith, Arthur Honegger, Sergej Prokofjew und weiterer Zeitgenossen, eigenartiger Weise aber noch immer nicht von Béla Bartók. Mehr noch als in früheren Jahrzehnten wirkten international führende Künstler als Solisten klassischer und neuer Konzerte mit. Auch Komponisten wie Igor Strawinsky und Paul Hindemith traten als Solisten in eigenen Werken auf.

»Als nun mein Abgang von der Berliner Oper bekannt wurde, wandte sich Max Brockhaus, der Präsident der Gewandhausdirektion und Chef des bekannten Verlages, an mich mit der Frage, ob ich bereit sei, die Stellung des Gewandhauskapellmeisters zu übernehmen. Ich sagte von ganzem Herzen zu ...«

Aus: Walter, Bruno, Thema und Variationen, Frankfurt am Main, 1988

Während des einjährigen Interregnums nach Furtwänglers Weggang leitete Bruno Walter neun der damals nur noch 20 Anrechtskonzerte. Mit Beginn der Saison 1929/30 wurde er zum Gewandhauskapellmeister berufen. Der wie Furtwängler in Berlin wohnende Künstler zeichnete sich in Leipzig als hervorragender Mozart- und Mahler-Interpret aus, war aber zugleich ein nicht weniger bedeutender Dirigent anderer großer sinfonischer Werke. Er wäre berufen gewesen, die von Nikisch begründete Mahler-Tradition fortzusetzen, wenn er nicht 1933 wegen seiner jüdischen

Wolfgang Amadeus Mozart

Gustav Mahler

Igor Strawinsky

Dmitri Schostakowitsch

Abstammung aus Leipzig und damit aus Deutschland vertrieben worden wäre.

Wie Furtwängler setzte sich Bruno Walter für neue oder im Gewandhaus noch nicht bekannte Werke ein: Leoš Janáčeks Orchesterrhapsodie »Taras Bulba« und die erste Sinfonie des jungen Dmitri Schostakowitsch sind besonders hervorzuheben.

In der über 250-jährigen Geschichte des Gewandhausorchesters war es ein einmaliger Akt, dass im März 1933 ein mit Bruno Walter angekündigtes Anrechtskonzert verboten und der Dirigent am Betreten des Gewandhauses gehindert wurde. Damit begann auch für das Gewandhaus eine künstlerisch schwierige Zeit, die zu wachsender internationaler Isolierung und zur Zerstörung des zweiten Gewandhauses führte.

In schwieriger Zeit: Hermann Abendroth

Zunächst gab es wieder ein einjähriges Interregnum mit Gastdirigenten. Zu ihnen gehörte auch Hermann Abendroth, der 1922 neben Furtwängler in die engere Wahl für die Nachfolge Nikischs gekommen war und nun als Gewandhauskapellmeister berufen wurde. Er war ein Dirigent von Format, fähig und gewillt, die guten Traditionen des Gewandhauses weiterzuführen.

Die zunehmende Reglementierung durch die (in vielen Dingen verworren-undurchsichtige) Kulturpolitik der nationalsozialistischen Machthaber setzte jedoch seinem Wirken immer enger werdende Grenzen. Das generelle Auftrittsverbot für Künstler jüdischer Herkunft machte es unmöglich, bedeutende Solisten und Gastdirigenten zu verpflichten. Dann wurde mit dem Aufführungsverbot von Werken jüdischer Komponisten der Spielplan erheblich eingeengt. So erklang im November 1934 unter Abendroths Leitung für lange Zeit zum letzten Male ein Werk von Mendelssohn im Gewandhaus. Als besonders barbarischer Akt ist die nächtliche Entfernung und Zerstörung des Mendelssohn-Denkmals vor dem Gewandhaus im Herbst 1936 zu verzeichnen. Das Aufführungsverbot für sogenannte entartete Musik führte dazu, dass kaum noch Werke namhafter zeitgenössischer Komponisten zu hören waren. Eine der wenigen Ausnahmen bildete die zweite und dritte Sinfonie des damals am Leipziger Konservatorium lehrenden Österreichers Johann Nepomuk David. Schließlich durften während des Zweiten Weltkriegs auch keine Werke von Komponisten aus sogenannten Feindländern gespielt werden, so dass in den letzten Kriegsjahren fast nur noch deutsche Komponisten zu hören waren. Neue Werke, neue spieltechnische Anforderungen blieben dem Orchester dadurch verborgen. Was Hermann Abendroth unter diesen Umständen mit dem Orchester dennoch leistete, verdient unbedingte Anerkennung und machte es möglich, dass schon kurz nach Kriegsende wieder Konzerte von Qualität stattfinden konnten.

Als 1944 nach der Ausrufung des totalen Krieges alle Theater geschlossen und fast alle Orchester aufgelöst wurden, gelang es Abendroth, eine Ausnahmeregelung zu erwirken.

In der Nacht des 9.- 10. 11. 1936 wurde das Mendelssohn-Denkmal vor dem Neuen Gewandhaus von den Nationalsozialisten entfernt. Auch Mendelssohns Werke durften nicht mehr im Konzert erklingen.

Im Februar 1944 wurde das Gewandhaus zerstört. Die letzten sieben Anrechtskonzerte wurden ins einstige Varieté »Drei Linden« verlegt, wo schon die Oper eine Behelfsspielstätte erhalten hatte. In der Saison 1944/45 fanden noch bis Mitte April, wenige Tage vor dem Einmarsch der amerikanischen Truppen, 14 Anrechtskonzerte im unter der Erde liegenden und deshalb unzerstörten Kinosaal des Filmtheaters »Capitol« statt. In Form musikalischer Gottesdienste fand Hermann Abendroth während der amerikanischen Besetzung Leipzigs die Möglichkeit, klassische Meisterwerke in Kirchen aufzuführen.

Mendelssohn-Denkmal, »Illustrirte Zeitung«, Leipzig 1892

35 Jahre Provisorium in der Kongresshalle

Obwohl fast alle Kunstinstitute dem Bombenhagel zum Opfer gefallen waren, regten sich nach Kriegsende entschlossene Kräfte zum Wiederaufbau auch auf künstlerischem Gebiet. Am 8. Juli, fünf Tage nach Einzug der sowjetischen Truppen, gab das Gewandhausorchester unter Leitung Hermann Abendroths im Capitol ein Sinfoniekonzert »Zur Begrüßung der Roten Armee«. Zwischen Beethovens Ouvertüre zu Goethes »Egmont« und Tschaikowskis fünfter Sinfonie rezitierte der Schauspieler Peter Lühr, eine kurze Begrüßungsansprache umschließend, die Gedichte »Hoffnung« von Friedrich Hölderlin und »Huttens Beichte« von Conrad Ferdinand Meyer.

Unterstützt von der sowjetischen Kommandantur fanden bald danach weitere wöchentliche Sinfoniekonzerte des Gewandhausorchesters im Filmtheater »Capitol« statt. Neben klassischen Werken erklangen vor allem Kom-

Das zweite Gewandhaus brannte im Februar 1944 aus. In den 50er Jahren erhielt die Ruine ein neues Dach. Offensichtlich dachte die Stadt an einen Wiederaufbau. Doch 1968 – im selben Jahr, in dem die Universitätskirche gesprengt wurde – ordnete der Rat der Stadt den Abriss des Gebäudes an.

1947 zog das Gewandhausorchester abermals um: in die Kongresshalle am Zoo. Eigentlich sollte es nur ein kurzes Provisorium sein, und keiner – die Verantwortlichen genauso wenig wie die Musiker – wird damit gerechnet haben, dass hier über 30 Jahre lang Gewandhauskonzerte stattfinden würden. Von Seiten der Stadt waren schon Beschlüsse zum Wiederaufbau des zweiten Gewandhauses gefasst worden. Aber die Zeit verging ... Fast schien das Orchester wieder an seine Ursprünge zurückgekehrt: Ein Saal, in dem nicht nur Konzerte, sondern auch Tanzvergnügen und alle möglichen Geselligkeiten abgehalten wurden – wie im Gasthaus »Drey Schwanen«.

positionen, deren Aufführung die Nationalsozialisten verboten hatten: die »Sommernachtstraum«-Musik, das Violinkonzert und die Schottische Sinfonie von Mendelssohn, die erste Sinfonie von Gustav Mahler, die Sinfonie »Mathis der Maler« von Paul Hindemith.

In den Nachkriegsjahren wurden für das Gewandhausorchester völlig neue Bedingungen geschaffen. Leipzigs Oberbürgermeister Erich Zeigner förderte es als Kurator. Zunächst wurde das Orchester der Stadtverwaltung unterstellt und in den 1950er Jahren ein städtischer Eigenbetrieb mit dem Gewandhauskapellmeister als Leiter. Das seit Gründung der Konzerte bestehende Direktorium löste sich auf. Auch das alte Abonnementsystem wurde abgeschafft. Anrechte konnten nun alle Interessierten an der Gewandhauskasse direkt oder über Betriebsbestellungen erwerben.

Die erste Spielzeit begann am 11. Oktober 1945 im Capitol wieder mit Hermann Abendroth als Gewandhauskapellmeister. Trotz aller Verdienste wurde er im Dezember zum Rücktritt genötigt.

In Zeitnot suchte man für das erste Halbjahr 1946 Gastdirigenten zu gewinnen. Einer von ihnen, der in Stuttgart wirkende Herbert Albert, wurde mit Beginn der Spielzeit 1946/47 neuer Gewandhauskapellmeister; er gab diese Position allerdings schon nach zwei Jahren wieder auf. In seinen Programmen behielten die Repertoirewerke einen festen Platz. Zugleich führte er zahlreiche Werke auf, die zwischen 1933-45 verboten oder neu entstanden waren. Hier seien nur Igor Strawinskys Sinfonie in C, Arthur Honeggers dritte Sinfonie, die »Liturgische«, die deutsche Erstaufführung der achten Sinfonie von Dmitri Schostakowitsch und die Uraufführung der Orchestervariationen über ein Thema Paganinis von Boris Blacher genannt. Ab Januar 1947 fanden die Konzerte in der provisorisch instand gesetzten Kongresshalle am Zoologischen Garten statt. Sie blieb über 35 Jahre dem Orchester eine Heimstätte voller baulicher und akustischer Unzulänglichkeiten. Dennoch verbinden sich mit ihr großartige künstlerische Erlebnisse.

Die Ära Konwitschny

An die Stelle Herbert Alberts trat nach einer einjährigen Gastdirigenten-Saison 1949 der seit seiner Leipziger Studienzeit hier bekannte, aus dem mährischen Tschechien stammende Franz Konwitschny.

Er war ein Urmusikant, der das Orchester zu vitalem, temperamentgeladenem Musizieren herausforderte.
Die großen Sinfoniker des 19. Jahrhunderts, Beethoven, Bruckner, Brahms, Tschaikowski, Dvořák, die populären Tondichtungen von Richard Strauss und die Orchestervariationen von Max Reger lagen ihm besonders am Herzen. Aus seiner ersten Spielzeit sind die Uraufführung der vierten Sinfonie von Johann Nepomuk David und die späte Gewandhaus-Erstaufführung der achten Sinfonie von Gustav Mahler hervorzuheben. Manche Werke der Konwitschnys Generation angehörenden Komponisten wie Boris Blacher, Paul Dessau, Wolfgang Fortner, Ottmar Gerster erklangen in den folgenden Jahren. Doch auch für jüngere Komponisten wie den Leipziger Sinfoniker Fritz Geißler setzte er sich ein. Zu einem herausragenden Ereignis gestaltete sich 1954 die deutsche Erstaufführung der zehnten Sinfonie von Dmitri Schostakowitsch.

Franz Konwitschny

Wie seine Vorgänger vor 1933 legte Konwitschny Wert auf die Mitwirkung international führender Solisten. Eines der großartigsten Erlebnisse unter seiner Leitung war 1957 ein Sonderkonzert mit David und Igor Oistrach.
Nachdem es unter Arthur Nikisch und Bruno Walter nur einige wenige Orchesterreisen gegeben hatte, war die Neugier im Ausland sehr gewachsen. Das Gewandhausorchester wurde aber nicht nur in die Sowjetunion und in osteuropäische Länder eingeladen, sondern auch nach England, Frankreich, Italien, in die Niederlande und die Schweiz, 1961 erstmals nach Japan.
Eine neue, zusätzliche Aufgabe entstand durch Schallplatten-Aufnahmen, die heute Zeugnis von der damaligen Spielkultur unter Konwitschnys Leitung geben: Die zyklischen Aufnahmen aller Sinfonien von Beethoven und Schumann, einiger Sinfonien von Bruckner, der »Ersten« von Brahms, der Hiller-Variationen von Reger, der »Zehnten« von Schostakowitsch, leider keine der großartigen Tschaikowski-Interpretationen.

»Nicht jede Sprosse der Leiter ist der anderen gleichzusetzen; es gibt Absätze, die eine völlig neue Plattform des Wirkens, ein völlig neues Blickfeld schaffen ... Als 1949 meine Berufung zum Gewandhauskapellmeister erfolgte, war mir klar, eine solche Plattform erreicht zu haben.«
Franz Konwitschny
in der Festschrift zum 175jährigen Bestehen der Gewandhauskonzerte 1781 - 1956, Leipzig 1956

Dmitri Schostakowitsch (1906 - 1975) hatte 1950 das Leipziger Bach-Fest besucht. Davon angeregt komponierte er 24 Präludien und Fugen für Klavier.

Václav Neumann: Gewandhauskapellmeister und Opernchef

Nach zahlreichen Vertröstungen begannen Anfang der 70er Jahre ernsthafte Verhandlungen, Überlegungen und Vorbereitungen für den Bau eines neuen Konzerthauses. Fünf verschiedene Standorte wurden untersucht. Letztlich entschied man sich für den Karl-Marx-Platz, der seit 1990 wieder Augustusplatz heißt.

Schon die zunehmenden Reisen und Schallplatten-Aufnahmen hatten eine Erweiterung des Orchesters von 108 Mitgliedern in den ersten Nachkriegsjahren auf 140 erforderlich gemacht. Mit der Eröffnung des neu erbauten Opernhauses am 8. Oktober 1960 erfolgte eine nochmalige Vergrößerung auf 160 Mitglieder, damit an den Konzerttagen gleichzeitig auch Aufführungen großer Opern möglich wurden.

Nach dem Tod Franz Konwitschnys im Juli 1962 begann eine zweijährige Gastdirigentenphase. Die Gewinnung eines Gewandhauskapellmeisters von Format war nach dem Bau der Berliner Mauer besonders schwierig. Die Wahl fiel 1964 schließlich auf den in Leipzig schon beliebten und erfolgreichen tschechischen Dirigenten Václav Neumann, den inzwischen auch die Leipziger Oper als Chef gewonnen hatte. Der im Vergleich zu Konwitschny viel spiritueller musizierende Künstler war sich bewusst, dass im Gewandhaus die große Sinfonik im Mittelpunkt steht, wusste aber auch, dass sich die Leipziger auf seine Interpretation der tschechischen Klassiker Bedřich Smetana, Antonín Dvořák und Leoš Janáček freuten.

Darüber hinausgehend widmete er Gustav Mahler und – für das Gewandhaus neu – den Komponisten der Zweiten Wiener Schule, Arnold Schönberg, Alban Berg und Anton Webern wie auch seinem Landsmann Bohuslav Martinu besondere Aufmerksamkeit. Von den Schallplatten-Aufnahmen unter seiner Leitung sind die der fünften, sechsten und siebenten Sinfonie von Gustav Mahler und des Zyklus »Mein Vaterland« von Bedřich Smetana hervorzuheben. Es war eine erlebnisreiche vierjährige Phase. Sie endete 1968 abrupt mit dem Einmarsch von Truppen des Warschauer Paktes in die Heimat des Dirigenten: Aus Protest verließ Václav Neumann Leipzig. Abermals folgte ein Interregnum.

Mit Kurt Masur ins neue, dritte Gewandhaus

Dass Kurt Masur mehrmals als Gastdirigent eingeladen worden war und 1969 auch das Silvesterkonzert mit Beethovens »Neunter« leitete, deutete bereits auf die im August 1970 erfolgende Berufung hin. Schon 1953-55 hatte er als junger Opernkapellmeister erfolgreich mit dem Gewandhausorchester gearbeitet. In dieser Berufung erkannte er die sein weiteres Wirken bestimmende Aufgabe und begann seine Arbeit mit weit reichenden Plänen.

Eine grundlegende Voraussetzung sah Kurt Masur im Bau eines neuen eigenen Konzerthauses, des dritten Gewandhauses. Als nach seinem Amtsantritt erneut eine mehrjährige Verzögerung des Projektes angekündigt wurde, setzte er gegenüber den verantwortlichen Politikern seine ganze künstlerische Autorität und Überzeugungskraft ein und erreichte, dass der Bau 1977 begonnen wurde. In den viereinhalb Baujahren fungierte Masur nicht nur als Gewandhauskapellmeister, sondern de facto auch als oberster Bauleiter.
Unter komplizierten ökonomischen Bedingungen trug er mit aller Energie zur Überwindung manch unvorhergesehener Schwierigkeiten bei. Zugleich fand eine nochmalige Erweiterung des Orchesters auf fast 200 Musiker statt, die im Interesse reibungsloser Konzerte, Opernaufführungen, Kirchenmusiken, Konzertreisen und Schallplatten-Aufnahmen geboten war. Außerdem stellte Masur in dieser Zeit auch die für den Betrieb des neuen Hauses erforderlichen Mitarbeiter ein. Dabei hatte er im langjährigen Gewandhausdirektor Dr. Karl Zumpe einen umsichtigen und selbstlosen Mitstreiter.

In den ersten sechs Anrechtskonzerten erlebten unter Kurt Masurs Leitung folgende für das neue Gewandhaus komponierten Werke ihre Uraufführung: Vier Stücke für Orchester von Reiner Bredemeyer, Sinfonie Nr. 6 von Gija Kantscheli, das Klavierkonzert von Friedrich Goldmann, die dritte Sinfonie von Alfred Schnittke, »Bekenntnisse« – Bilder für Orchester nach Gemälden von Kaii Higashiyama von Jürgen Buttkewitz und KYU-no-Kyoku, Sinfonie für zwei Welten von Minoru Miki, »De profundis« – Musik für Blechbläser, Harfe und Streicher von Reinhard Pfundt. Neben diesen neuen Kompositionen standen wichtige Werke aus der Gewandhaus-Geschichte.

Das Leipziger Gewandhaus, eröffnet 1981

Bedeutsame Zyklen

Bewusst griff Kurt Masur schon 1970 für die Konzerte in der Kongresshalle den in der Gewandhaus-Tradition bedeutsamen Zyklus-Gedanken wieder auf. Er begann im Beethoven-Jahr 1970 mit einer diesem Meister gewidmeten Folge. Zwischen den jeweils einem Komponisten gewidmeten Zyklen fand Masur auch Themen wie »Internationale Meisterwerke« und »Heitere Werke großer Meister«, die Gelegenheit zu Entdeckungen und Neuem gaben. Als kühn und einzigartig nicht nur für das Gewandhaus

Auch zur Einweihung des Kleinen Saales, heute Mendelssohn-Saal, war eine Uraufführung zu erleben: Günter Neuberts Kammersinfonie für Nonett. Außerdem erklangen Hanns Eislers Divertimento für Bläserquintett und das Klavierquintett von Robert Schumann.

ragt 1976 - 78 der zweijährige Beethoven-Schostakowitsch-Zyklus mit allen Sinfonien und fast allen Solokonzerten beider Meister heraus.

Schon vor der Einweihung des neuen Gewandhauses trug Kurt Masur durch persönliche Kontakte zu Komponisten wie dem Georgier Gija Kantscheli, dem Deutsch-Russen Alfred Schnittke, dem Berliner Siegfried Matthus, den Leipzigern Fritz Geißler, Siegfried Thiele, Karl Ottomar Treibmann, Peter Herrmann, Friedrich Schenker zum Entstehen neuer Werke bei.

Im Unterschied zur Einweihung des Gewandhaus-Neubaues im Jahr 1884, bei der unter Carl Reinecke keine Werke lebender Komponisten gespielt wurden, dirigierte Kurt Masur im Eröffnungskonzert und in den ersten sechs Anrechtskonzerten bewährte Meisterwerke und für dieses Ereignis geschaffenes Neues. Im Festkonzert am 8.Oktober 1981 erklangen als Uraufführung die »Gesänge an die Sonne« für Soli, Chor, Orgel und Orchester von Siegfried Thiele nach Worten von Johann Wolfgang von Goethe, Friedrich von Schiller und Friedrich Hölderlin und die neunte Sinfonie Ludwig van Beethovens.

Der Ansturm übertraf alle Erwartungen

Schon vor Eröffnung des neuen Gewandhauses übertrafen die Anrechtsbestellungen und Kartenwünsche bei weitem die Anzahl der verfügbaren Eintrittskarten. Deshalb wurde 1981 die Gesamtzahl der an zwei Abenden – donnerstags und freitags – stattfindenden Anrechtskonzerte von 20 auf 24 im Jahr erhöht und zusätzliche Anrechtsreihen eingerichtet.

Nachdem schon in der Kongresshalle die Berliner Philharmoniker unter Herbert von Karajan (1978) und andere Spitzenorchester wie die Leningrader Philharmoniker und die Tschechische Philharmonie Prag auf Einladung des Gewandhauses gastiert hatten, konzertieren nun im neuen Gewandhaus in jeder Saison mehrere international bedeutsame Orchester: Wiederholt die Berliner Philharmoniker, zweimal die New Yorker (1985 unter Zubin Mehta, nach der Wahl zum Chef 1993 unter Kurt Masur), das Staatliche Akademische Orchester Moskau, das Concertgebouw Orkester Amsterdam unter Leonard Bernstein, Philharmonische Orchester aus London, Israel, Leningrad, Tokio, Prag, Stockholm, Warschau, München, Rundfunk-Sinfonieorchester aus London, Moskau, Paris, Hamburg, München, Köln, Saarbrücken, Baden-Baden und … und …

1 Dörffel, Alfred: *Geschichte der Gewandhaus-konzerte zu Leipzig*. - 2. Aufl. (Faksimile), Leipzig: 1980, S. 4
2 ebenda S. 4
3 ebenda S. 5
4 ebenda S. 17
5 ebenda S. 17
6 Schumann, Robert: *Gesammelte Schriften*. Bd. 1, S. 118
7 Tschaikowski, Peter: *Erinnerungen und Musikkritiken*, Leipzig: 1974, S. 59
8 ebenda S. 60
9 Leipziger Zeitung, 2.11. 1906, Nr. 255

Nach insgesamt zehn Uraufführungen der Eröffnungsspielzeit setzte sich Kurt Masur auch in den folgenden Jahren für Ur-, Erst- und Wiederaufführungen ihm wesentlich erscheinender neuer Werke ein. Er förderte damit auch junge Komponisten wie Bernd Franke und Steffen Schleiermacher.

Den Kern des Repertoires bildeten auch in Kurt Masurs Amtszeit die großen sinfonischen, konzertanten und oratorischen Werke des 18., 19. und frühen 20. Jahrhunderts.

Gewandhauskapellmeister Kurt Masur

Alle Jahre wieder: Gewandhaus-Festtage

Zu Kurt Masurs Verdiensten gehört auch die Einrichtung der alljährlichen »Gewandhaus-Festtage«.

Sie fanden erstmals 1981 zum 200-jährigen Jubiläum des ersten Konzertes im ursprünglichen Gewandhaus statt. Das Gesamtprogramm dieser Festtage stand im Zeichen Robert Schumanns. Bis zum 250-jährigen Jubiläum des Gewandhausorchesters im Jahre 1993 besaßen diese alljährlich im Wechsel von »Internationalen Orchestern« und »Jungen Künstlern international« veranstalteten Festtage große Anziehungskraft, nicht zuletzt durch die Konzentration der internationalen Orchester auf jeweils einen Komponisten. Nach Robert Schumann 1981 waren sie 1983 Johannes Brahms, 1985 Gustav Mahler, 1987 Anton Bruckner, 1989 Richard Strauss, 1991 Wolfgang Amadeus Mozart, 1993 aber dem 250-jährigen Bestehen des Gewandhausorchesters gewidmet. Stets damit verbunden waren internationale Symposien.

In seiner expressiven Musizierweise zeigte sich Kurt Masur stets darauf bedacht, den für das Gewandhausorchester charakteristischen warmen, eindringlichen Streicher- und farbenreichen, fülligen Bläserklang zu erhalten und auch mit der erweiterten Orchesterbesetzung seit 1981 auszuprägen.

Zum 25-jährigen Jubiläum Kurt Masurs als Gewandhauskapellmeister veranstaltete das Gewandhaus einen Masur-Zyklus, der die humanistische Grundhaltung des Dirigenten besonders deutlich werden ließ. Die sechs Konzerte umfassende Reihe begann als Mahnung zum Völkerfrieden mit Benjamin Brittens »War Requiem« und brachte andere Höhepunkte mit Arthur Honeggers »Jeanne d'Arc au bûcher« und Carl Orffs »Die Kluge«.

Konzertwerbung des Gewandhauses, 1991

Zyklisch denkend ging Kurt Masur auch bei Schallplatten-Aufnahmen vor. Er entschied sich für alle Sinfonien von Beethoven, Mendelssohn (auch allen frühen Streicher-

»Wir bleiben hier!«, Gustav Kiepenheuer Verlag 1999

Im heißen Herbst 1989 öffnete Kurt Masur den Demonstranten das Gewandhausfoyer. Allsonntäglich diskutierten hier 3.000 couragierte Leipziger über die untergehende DDR und ihr Verständnis von Demokratie.

sinfonien), Schumann, Bruckner, Brahms, Tschaikowski sowie alle Orchesterwerke und Klavierkonzerte von Liszt. Schon vor dem Jubiläum von 1993 hatte Kurt Masur angedeutet, dass er sich von der Chefposition zurückziehen wolle. Doch die nach der deutschen Wiedervereinigung erforderlichen Umgestaltungen und die in Deutschland insgesamt gespannte ökonomische Situation veranlassten ihn zunächst zur Weiterarbeit. Erst als die unter ökonomischen Zwängen stehende Stadtverwaltung Einsparungen vom Gewandhaus forderte, die er für unverantwortlich hielt, gab er im Herbst 1996 seinen bevorstehenden Rücktritt bekannt.

Das Gewandhausorchester ernannte ihn zu seinem Ehrendirigenten. In dieser Stellung dirigierte er in der Spielzeit 1996/97 die gleiche Anzahl von Anrechtskonzerten wie bisher und teilte 1997/98 mit seinem Nachfolger Herbert Blomstedt die Chefkonzerte. So war diesmal ein organischer Übergang gesichert.

Blomstedt mit weit reichenden Plänen

Mit Herbert Blomstedt wurde ein ebenfalls international gefragter Dirigent als Gewandhauskapellmeister berufen. Er zeigt sich, wie seine erste Spielzeit 1998/99 und seine weiteren Pläne erweisen, ebenfalls der Tradition dieses Klangkörpers eng verbunden. Neue Farben bringt er sorgfältig bedacht mit bisher in Leipzig zu wenig beachteten bedeutenden Werken skandinavischer Komponisten wie den Sinfonien des dänischen Meisters Carl Nielsens in die Programmgestaltung ein. Seine Gestaltungsweise ist darauf angelegt, ohne Veränderung des für das Gewandhausorchester typischen Klanges, gefühlsstarkes Musizieren mit schlanker, durchsichtiger Tongebung zu verbinden. Er bezieht dabei klug erwogen auch Erkenntnisse der historischen Aufführungspraxis ein. *Werner Wolf*

Gewandhauskapellmeister Herbert Blomstedt

Das Gewandhausorchester und sein Kapellmeister Prof. Herbert Blomstedt

Auf einen Blick:
Die für die Begleitung der Vokalmusik verantwortlichen Musikdirektoren des Großen Concerts und der Gewandhauskonzerte bis zum Amtsantritt Mendelssohns 1835:

1744 - 1762	**Johann Friedrich Doles** (1715 - 1797) mit Unterbrechungen **Johann Schneider** (1702 - 1788)
1762 - 1771	**Johann Adam Hiller** (1728 - 1804)
1771 - 1775	**Georg Simon Löhlein** (1725 - 1781)
1775 - 1778	**Gottlob Friedrich Hertel** (gest. 1795)
1781 - 1785	**Johann Adam Hiller** (1728 - 1804)
1785 - 1810	**Johann Gottfried Schicht** (1753 - 1823)
1810 - 1827	**Johann Philipp Christian Schulz** (1773 - 1827)
1827 - 1835	**Christian August Pohlenz** (1790 - 1843)

Die für die Leitung der Instrumentalmusik verantwortlichen Konzertmeister des Großen Concerts und der Gewandhauskonzerte bis 1835:

1743 oder 1746 - 1761	mit Unterbrechungen **Johann Gotthelf Gerlach** (1704 - 1761)
1763 - 1795	**Johann Georg Häser** (1729 - 1809)
1797 - 1817	**Bartolomeo Campagnoli** (1751 - 1827)
1817 - 1835	**Heinrich August Matthäi** (1781 - 1835)

Die Orgel im Gewandhaus zu Leipzig

Die Gewandhauskapellmeister seit 1835:

1835 - 1847	**Felix Mendelssohn Bartholdy** (1809 - 1847)
1841 - 1842	**Ferdinand David** (1810 - 1873) als Vertreter Mendelssohns
1842 - 1843	**Felix Mendelssohn Bartholdy** (1809 - 1847)
1843 - 1844	**Ferdinand Hiller** (1811 - 1885) als Vertreter Mendelssohns
1844 - 1845	**Niels Wilhelm Gade** (1817 - 1890) als Vertreter Mendelssohns
1845 - 1847	**Felix Mendelssohn Bartholdy und Niels Wilhelm Gade**
1847 - 1848	**Niels Wilhelm Gade** (1817 - 1890)
1848 - 1852	**Julius Rietz** (1812 - 1877)
1852 - 1854	**Ferdinand David** (1810 - 1873)
1854 - 1860	**Julius Rietz** (1812 - 1877)
1860 - 1895	**Carl Reinecke** (1824 - 1910)
1895 - 1922	**Arthur Nikisch** (1855 - 1922)
1922 - 1928	**Wilhelm Furtwängler** (1886 - 1954)
1929 - 1933	**Bruno Walter** (1876 - 1962)
1934 - 1945	**Hermann Abendroth** (1883 - 1956)
1946 - 1948	**Herbert Albert** (1903 - 1973)
1949 - 1962	**Franz Konwitschny** (1901 - 1962)
1964 - 1968	**Václav Neumann** (1920 - 1995)
1970 - 1996	**Kurt Masur** (geb. 1927)
seit 1998	**Herbert Blomstedt** (geb. 1927)

»Das Credo hat viele Teile«

Interview mit dem Gewandhauskapellmeister Herbert Blomstedt

- Herr Professor Blomstedt, was hat Sie bewogen, die Berufung als Gewandhauskapellmeister in Leipzig anzunehmen?

Das war keine leichte Entscheidung. Denn ich war ja gerade erst Chef des NDR-Sinfonieorchesters in Hamburg geworden. Ich konnte aber dem Ruf aus Leipzig gar keine Absage erteilen. Leipzig ist zwar viel kleiner als Hamburg, aber Leipzig hat eine größere Musiktradition, und zwar eine, die einmalig in der Welt dasteht. Es gibt andere Orchester, die so gut sind wie das Gewandhausorchester. Aber das Spezifische an Leipzig ist, dass in dieser Stadt das erste bürgerliche philharmonische Orchester der Welt entstanden ist und dass diese Tradition, mit vielen überragenden Höhepunkten, seit mehr als 250 Jahren ungebrochen ist. Und Leipzig ist nicht erst seit Bach mit großen Namen verbunden, sondern schon von früheren großen Thomaskantoren her, die man wegen der Größe Bachs gerne vergisst – Johann Hermann Schein zum Beispiel. Dann all die großen Namen seit Beginn der Gewandhauskonzerte. Ich schätze mich glücklich, dass ich da meinen Beitrag leisten kann.

- Leipzig ist nicht nur Bach-Stadt, sondern auch die Geburtsstadt Richard Wagners. Wie stehen Sie zu diesem Komponisten?

Da habe ich ein zwiespältiges Verhältnis. Ich bewundere seine musikalische Aussagekraft, sein unglaubliches Zielbewusstsein und seine enorme Begabung. »Tristan und Isolde« zum Beispiel ist für mich eine phantastische Musik. Die Philosophie, die in dieser Oper steckt, ist mir ziemlich fremd, aber die darin enthaltenen Gefühle, die Passion, die musikalische Phantasie und auch die musikalischen Mittel erscheinen mir genial. Wenn mich dagegen andere Gebiete abstoßen, Wagners Schrifttum zum Beispiel, sind sie doch nur ein Teil seiner Gesamterscheinung.

Ich spiele sehr gerne Wagner, zumal ich im Lauf der Zeit gelernt habe, dass man sich als Musiker etwas aneignen kann, auch wenn man sich nicht total dem Komponisten verschwört. Die Musik, die ein Komponist schreibt, sagt etwas von seinem Wesen aus, aber sie sagt mehr noch aus von dem, was über sein Wesen hinausgeht. Das ist zum Glück so, denn sonst wäre die Musik viel zu begrenzt.

- Die Überzeugung des Interpreten ist sicher das eine. Aber geht es nicht andererseits auch darum, sie dem Publikum zu vermitteln?

Wenn ich selbst an mich und meine Ziele glaube, dann ist damit eine wesentliche Voraussetzung gegeben, dass andere Menschen das auch tun. Wenn ich selbst daran zweifle, dann wird niemand daran glauben.

Ich habe das auch gemerkt im Umgang mit meinen Kollegen, den Musikern in den Orchestern. Wenn man einem Kollegen Vertrauen schenkt, ihm zeigt, dass man an ihn glaubt, dann hilft es ihm, an sich selbst zu glauben, und er wird sein Bestes geben. Aber wenn man ihm sagt: »Das war gestern gar nicht gut; eigentlich möchte ich dich gerne loswerden,« dann kann er erst recht nicht an sich selbst glauben. Vielleicht hat er ohnehin Probleme mit dem Selbstvertrauen. Wenn das noch verstärkt wird von außen, dann wird es erst recht nichts. Wenn man die Kollegen als große Künstler behandelt, dann spielen sie vielleicht auch als große Künstler. Wenn man sie aber als Dreck behandelt, dann können sie, selbst wenn sie große Künstler sind, nie ihr wahres Potential erreichen.

- Ist das Ihr Credo bei der Orchesterarbeit?

Ein Teil – das Credo hat ja viele Teile.

- Sie haben das Gewandhausorchester zum ersten Mal 1970 dirigiert. Hat sich das Orchester seitdem wesentlich verändert?

Mein Eindruck ist, dass es sich nicht viel verändert hat. Es kann aber sein, dass ich das ziemlich emotional sehe, denn es war für mich ein überwältigendes Gefühl, als ich zum ersten Mal dem Gewandhausorchester begegnet bin. Da kam ein alter Musiker auf mich zu, sprach mich freundlich an und begann zu erzählen, er habe Soloflöte noch unter Nikisch gespielt. Ich stand vor einer lebenden Geschichte! Wo kann man heute einem Menschen begegnen, der unter Nikisch gespielt hat? Ich kenne ihn nur von Bildern. Schon seit 25 Jahren steht ein kleines Medaillonbild von ihm auf meinem Schreibtisch. Und da stand also ein Mann vor mir, der mit ihm musiziert hat, und erzählte, wie sie Nikisch geliebt haben, wie elegant, aber nicht oberflächlich, und freundlich er war. Wenn er in die Proben kam, konnte er auf dem Weg zum Podium einem Musiker auf die Schulter klopfen: »Na, mein lieber Schulz, wie geht es Ihnen?« »Und dann«, erzählte er, »kam Furtwängler. Wir mochten ihn am Anfang überhaupt nicht. Der war so wild. Wenn er zur Probe kam, stürmte er so voller Tatendrang zu seinem

Podium, dass er unterwegs mehrere Notenpulte umriss. Das mochten wir überhaupt nicht.« Allmählich haben sie dann begriffen, dass auch Furtwängler ein großer Künstler war.

Das alles zu hören, war doch hochinteressant für einen verhältnismäßig jungen Dirigenten wie mich. Und dieses Gefühl, dass ich vor einer historischen Tatsache stehe, vor Musikern, die Nikisch, Furtwängler, Bruno Walter geprägt haben, war überwältigend.

23 Jahre später stand ich nach einer langen Pause wieder vor dem Orchester und hatte dasselbe Gefühl. Es ist nach wie vor ein sehr geschlossenes Ensemble mit einem großen Selbstbewusstsein, das aber nicht mit Selbstverherrlichung oder gar Nonchalance und Arroganz zu verwechseln ist. Es ruht in sich selbst. Das Orchester braucht gar nicht zu schreien oder sich ständig selbst zu behaupten – es ruht in sich selbst. Nicht, dass es immer fertig ist, aber es ist immer bereit zu arbeiten.

Anders als damals ist natürlich das wunderbare Haus. Das ist gar nicht mit der Kongresshalle vergleichbar. Die war kümmerlich, und es roch immer nach schlechtem Essen. Aber das hat man in Kauf genommen, weil die Stimmung phantastisch war, weil sowohl das Orchester als auch das Publikum dankbar waren. Das Schönste ist doch die Dankbarkeit. Und all das hat eine Atmosphäre geschaffen, die, wie ich glaube, auch heute noch da ist und das Orchester prägt.

- Man sagt dem Gewandhausorchester den authentischen Brahms-Klang nach. Wie empfinden Sie diesen Klang?

Es ist ein unforcierter, reicher, warmer Klang, der für die Musik des 19. Jahrhunderts ideal ist. Leipzig hat ja wie Dresden eine großartige Streichertradition. Viele der führenden Persönlichkeiten in der Streichergruppe waren zugleich hervorragende Lehrer: Professor Bosse, Professor Hallmann und andere. Ich hoffe, dass es für diese große Lehrertradition eine Nachfolge gibt. Denn für das Orchester, für das Fortleben seines Klangideals ist das unbedingt nötig.

- Sie halten diese Tradition für unbedingt bewahrenswert?

Absolut. Sie muß sogar gesteigert werden, denn die Anforderungen werden immer größer. Das technische Niveau eines Sinfonieorchesters ist heute wesentlich höher als vor hundert Jahren. Seitdem hat sich die Orchestervirtuosität enorm gesteigert und dementsprechend auch die Anforderungen an das technische Niveau. Die Frage dabei ist, ob wir gleichzeitig dieselben gesteigerten Anforderungen an den musikalischen Ausdruck, auch in punkto Stilbewusstsein, gestellt haben. Ich fürchte, man hat das heute zu sehr an Spezialensembles abgegeben. Viele Orchester spielen kaum noch Mozart, geschweige denn Haydn. Und das halte ich für eine Katastrophe. Es gibt – ich glaube, mein Kollege Janowski hat das gesagt – zwei Orchestererzieher: Der eine ist Haydn, der andere das Mikrofon. Beide müssen wir unbedingt nutzen.

- Sie waren bis 1975 fünfmal Gastdirigent des Gewandhausorchesters. Dann wurden Sie Chef der Staatskapelle Dresden, und es fällt auf, dass Sie von da an nicht mehr in Leipzig waren. Welchen Grund gab es dafür?

Das hatte mehrere Gründe. Ich fühlte mich in der DDR nicht wohl. Was ich auf der Straße sah, war schlimm: Die kaputten Häuser, die Mangelwirtschaft … Aber dass das Leben der Menschen innerlich trotzdem so reich war, dass so viel Interesse für die Kunst bestand, das hat mich tief bewegt. Ich wohnte damals in Stockholm und musste, wenn ich nach Dresden oder Leipzig fuhr, in Berlin umsteigen. In der ersten Zeit bin ich meistens mit dem Nachtzug gefahren. Es war, auch wenn ich das später gewohnt war, immer peinlich, dieser kurze Aufenthalt in Berlin. Als ich zum ersten Mal nach Dresden fuhr, stieg ich also auf dem Ostbahnhof in Berlin aus. Es war sehr früh am Morgen, dunkel, nur ein paar nackte Glühbirnen brannten. Kein Mensch weit und breit. Endlich sah ich einen oben auf einer Rampe stehen – mit schussbereitem Gewehr. »Wo bin ich hier bloß gelandet?«, dachte ich. Das war ja mein erster Besuch in einem totalitären Staat. Ich habe mich zwar nicht gefährdet gesehen, aber es war unheimlich.

Dann kam ich in Dresden an, der Bahnhof ebenso dunkel und schmutzig. Hier jedoch kamen mir auf dem Bahnsteig freundliche Menschen entgegen, die lächelten und mich willkommen hießen. Und das Orchester! Die Musiker spielten wie die Götter.
Einen größeren Kontrast zwischen der Umgebung und dem, was dort mit der Musik passierte, hatte ich bisher nicht erlebt. In Leipzig war es ähnlich. Aber als ich dann Chef in Dresden geworden war – es hat übrigens vier Jahre gedauert, bis ich mich dazu entschließen konnte –, war das genug DDR für mich.
Hinzu kam außerdem noch eine ganz praktische Angelegenheit. Es herrschte doch immer eine gesunde Rivalität zwischen Leipzig und Dresden. Und das soll man so lassen. Wenn das nicht schlechte Formen annimmt, ist das gut so.

● Sie sind nach Niels W. Gade der zweite Gewandhauskapellmeister aus einem skandinavischen Land. Sie haben bereits mit einem Beethoven-Nielsen- und einem Sibelius-Zyklus begonnen. Ziehen nun vor allem Werke skandinavischer Komponisten ins Gewandhaus ein?
Skandinavische Musik ist zwar ein gewichtiger Teil meines Repertoires, aber ich möchte nicht aus dem Gewandhaus eine skandinavische Filiale machen. Ich möchte gerne zeigen, dass hier Neuentdeckungen zu machen sind für das Orchester und das Publikum, aber in behutsamen Portionen. Viel wichtiger finde ich den Zyklus aller Mahler-Sinfonien, den das Orchester mit mir begonnen hat und den wir gemeinsam fortführen werden.

Mit dem Gewandhauskapellmeister sprach
Claudius Böhm.

Szene aus einem Leipziger Kaffeehaus,
vermutlich des Zimmermann'schen
in der Katharinenstraße,
Stich von J. M. Bernigeroth, Leipzig 1744

»Musikparthien« und Kuchengärten

Alltägliches Musikleben im 19. Jahrhundert

Viele Leipziger Familien trugen zum Leipziger Musikleben im 19. Jahrhundert bei. Besonders in den Häusern von Honoratioren – Ratsmitgliedern, Gelehrten, Kaufleuten, Fabrikanten, Musikerfamilien – wurde musiziert, geprobt und gesellig-freundschaftlicher Umgang gepflegt. Man lud sich gegenseitig zu »Musikparthien« ein, veranstaltete Hauskonzerte – oftmals zu Ehren eines durchreisenden oder hier weilenden berühmten Gastes, der als Solist eines Gewandhauskonzertes eingeladen war, oder der, wie Frédéric Chopin, eigens gekommen war, um Schumann und Mendelssohn zu treffen und im Hause des Klavierpädagogen Friedrich Wieck dessen Tochter Clara spielen zu hören.

Lebendige Erinnerung an Mendelssohn im Mendelssohn-Haus

Als der erst 26-jährige Felix Mendelssohn Bartholdy im Herbst 1835 nach Leipzig kam, um die künstlerische Leitung des Gewandhausorchesters zu übernehmen, lebten in der Stadt rund 45.000 Einwohner. Neue, prächtige Häuser wuchsen aus dem Boden, ein freier, aufklärerischer Geist wehte durch die alte Handelsstadt, die auch den Musen sehr gewogen war.

Internationale Mendelssohn-Stiftung e.V.
Mendelssohn-Haus,
Goldschmidtstr. 12
04103 Leipzig
Tel.: 0341/1 27 02 94
Fax: 0341/2 11 52 88
E-Mail: ISM@mendelssohn-stiftung.de
Internet: www.mendelssohn-stiftung.de

Hunderte Herzen flogen ihm zu

»Da der Handelsstand präponderiert, so ist es natürlich, dass unter den Lieblingsstudien und Neigungen Leipzigs die Musik obenan steht. Denn sie ist diejenige Kunst, welche auch noch gepflegt werden kann, wenn der geräuschvolle Tag über die Tätigkeit des Mannes anderweit disponiert hat – und die edle Musica steht darum auch in solcher Aufnahme zu Leipzig, dass es so leicht keine Familie gibt, in welcher nicht wenigstens ein Instrument, und sei es nur die schmachtende Gitarre, einheimisch wäre.« – schrieb der Autor Karl Grosse in seiner aus dieser Zeit stammenden »Geschichte der Stadt Leipzig«.[1]
Bereits im 18. Jahrhundert hatten Geschäftssinn und Kunstverstand der Bürgerschaft ein unverwechselbares musisches Klima geschaffen. Leipzigs ganzer Stolz galt dem Gewandhaus und seinem Orchester, dessen Grund-

stein 1743 gelegt worden war. (siehe S. 35) Als Mendelssohn am 4. Oktober 1835 zum ersten Mal als Gewandhauskapellmeister am Pult stand, war für jeden ersichtlich, dass eine neue Ära anbrach. (siehe S. 40 ff.) »Die Leipziger jubelten nach jedem Satz«[2], freute sich der junge Musikdirektor in einem Brief über seinen geglückten Einstieg, den auch Robert Schumann euphorisch beschrieb: »Hunderte Herzen flogen ihm zu im selben Augenblicke.«[3]

Mendelssohns Glück, Mendelssohns Freunde

Mendelssohn-Haus
Goldschmidtstr. 12
04103 Leipzig
Tel.: 0341/1 27 02 94
Fax: 0341/2 11 52 88

Zur beruflichen Erfüllung kam die private: 1837 heiratete der Gewandhauskapellmeister Cécile Jeanrenaud, und das junge Paar bezog eine geräumige Wohnung in Lurgensteins Garten nahe der ehemaligen Pleißenburg. Mendelssohn genoss das neue häusliche Glück und lud Freunde zum Musizieren und geselligen Beieinander ein – ganz nach dem Vorbild der »Sonntagsmusiken«, die seine Eltern in Berlin während seiner Kindheit und frühen Jugend veranstaltet hatten. Mendelssohn hatte einen großen Freundes- und Bekanntenkreis, und er verwendete viel Zeit darauf, ihn zu pflegen und auch über räumliche Entfernungen hinweg zu erhalten. Zu seinen Leipziger Freunden zählten unter anderem der Konzertmeister Ferdinand David, das Ehepaar Schumann, die Sängerin Livia Frege, der Komponist Niels W. Gade und der Pianist Felix Moscheles.

In den 1840er Jahren nahm Mendelssohn zusätzliche Verpflichtungen in Berlin an. König Friedrich Wilhelm IV. war daran gelegen, den Komponisten an die preußische Hauptstadt zu binden. Er lockte ihn mit reizvollen Aufgaben im Bereich der Kirchenmusik und der Königlichen Kapelle. Doch Mendelssohn scheiterte an den bedrückenden Berliner Verhältnissen, am starren preußischen Beamtentum wie an der mangelnden Entschlossenheit des Königs.

Dieser spätklassizistische Bau war Felix Mendelssohn Bartholdys Wohn- und Sterbehaus. Heute beherbergt das Haus ein Museum, das Mendelssohn als Komponist, Kapellmeister, virtuosen Musiker aber auch als Kulturpolitiker und Maler zeigt. Im Musiksalon finden jeden Sonntag um 11 Uhr Konzerte statt.

Eine Wohnung mit Garten

So kehrten er und seine Familie – zu der inzwischen vier Kinder gehörten, ein fünftes war unterwegs – nach zweimaligem Ortswechsel 1845 endgültig nach Leipzig zurück und bezogen eine neue Wohnung. Mendelssohn beschrieb sie seinem Freund Karl Klingemann: »Die Wohnung fand ich zum Glück hier in der Königstraße Nr. 3, vor der Stadt, der Promenade, mit Garten etc.«[4]

Zu dieser Zeit wurden Mendelssohn seine öffentlichen Aufgaben am Gewandhaus mehr und mehr zur Last. In häuslicher Zurückgezogenheit versuchte er, sich von den zahllosen Reisen und strapaziösen Verpflichtungen zu erholen. Der zunehmende Kräfteverfall beunruhigte Freunde wie Familie gleichermaßen.

Musikparthie bei Mendelssohns

Doch es gab auch andere Augenblicke, wie sie zum Beispiel Louis Spohr beschreibt, der zusammen mit dem Ehepaar Frege und Richard Wagner bei den Mendelssohns zu einer »Musikparthie« eingeladen war: »Den Abend verlebten wir herrlich bei Mendelssohns … Diese Familie hat für mich etwas Idealisches, sie bietet eine Vereinigung von inneren und äußeren Vorzügen, und dabei von so schönem häuslichen Glück, wie man gewiss selten im Leben findet. In ihrer Einrichtung und ganzem Wesen herrscht neben allem Luxus und Reichthum eine so reizende Anspruchslosigkeit, dass man sich sehr wohl da befinden muss …

Er selbst spielte eine unerhört schwere und höchst eigenthümliche Composition von sich, benannt: ›Siebzehn ernste Variationen‹, mit ungeheurer Bravour, dann folgten zwei Spohrsche Quartette … bei welchen Mendelssohn und Wagner mit entzückten Mienen in der Partitur nachlasen. Außerdem sang Frau Doktor Frege einige Spohr'sche Arien, die Mendelssohn prachtvoll begleitete, und so eilten die Stunden unter Musik und anregender Unterhaltung schnell und genussreich dahin, bis unvermerkt Mitternacht herankam und dringend zum endlichen Aufbruch mahnte.«[5]

»Auf … wohlwollende Berücksichtigung unseres Instituts glauben wir jetzt umso mehr rechnen zu dürfen, als wir durch die Berufung eines in so vieler Hinsicht ausgezeichneten Mannes, wie der Herr Musikdirektor Mendelssohn Bartholdy, einen Schritt getan haben, von welchem … für die Kultur der Tonkunst in Leipzig die erfreulichsten Folgen zu erwarten sind …«

Aus einem Brief des Gewandhausdirektoriums an den Rat der Stadt, 11. 10. 1835
In: Stadtarchiv Leipzig, Titel LXI, Nr. 13a

Nach Beendigung des Konzertwinters 1846/47 legte Mendelssohn die Leitung der Gewandhauskonzerte nieder, erklärte aber, weiter »die Zwecke des Concerts fördern zu wollen«.[6] Kurz darauf erhielt er die Nachricht vom Tod seiner Schwester Fanny – ein Schicksalsschlag, von dem er sich nicht mehr erholte. Am 4. November 1847 starb Felix Mendelssohn Bartholdy in seiner Leipziger Wohnung.

Mendelssohns Haus überlebte die Jahrhunderte

Genau 150 Jahre später, am 4. November 1997, wurde das Wohn- und Sterbehaus des Komponisten als Museum eröffnet. Bis dahin war vielen Leipzigern gar nicht bewusst,

Mendelssohn-Haus Leipzig

welche Rolle Mendelssohn für die Stadt gespielt hatte. Noch viel weniger war bekannt, dass es das Haus, in dem der Komponist die letzten Jahre bis zu seinem Tode gelebt hatte, noch gab. Krieg und Verwahrlosung zu DDR-Zeiten hatten die Substanz des Gebäudes in der heutigen Goldschmidtstraße 12 nahezu ruiniert.

Das Mendelssohn-Haus

Verheerend kam hinzu, dass die erste Etage, die Wohnetage der Mendelssohns, als Fotolabor genutzt worden war. Als nach 1989 Pläne auftauchten, das Gebäude in ein Möbelhaus umzuwandeln oder gar abzureißen, wurde auf Initiative von Gewandhauskapellmeister Kurt Masur 1991 die Internationale Mendelssohn-Stiftung e.V. gegründet.

Dem Verein gelang es, Grundstück und Wohnhaus zu erwerben und damit das Schlimmste zu verhindern. Doch erklärtes Ziel war es auch, den weiteren Verfall zu stoppen und eine umfassende Sanierung zu starten – ein ebenso ambitioniertes wie unrealisierbar scheinendes Projekt, denn die Finanzierung war völlig unklar. Der Internationalen Mendelssohn-Stiftung gelang es jedoch, in aller Welt Sponsoren zu finden, die Stadt in die Pflicht zu nehmen und immer wieder Gelder zu sammeln – über Jahre hinweg und ungeachtet aller Rückschläge. Dass zum 150. Todestag des Komponisten das Mendelssohn-Haus der Öffentlichkeit übergeben werden konnte, grenzte an ein Wunder.

In Mendelssohns Salon wird wieder musiziert

Seitdem gibt es in der restaurierten Neun-Zimmer-Wohnung des Komponisten ein Museum, in dem über Leben und Wirken Mendelssohns informiert wird, die Wohn- und Arbeitsbereiche der Familie nachempfunden sind und originale Möbel, Briefe und Noten gezeigt werden. So wird bürgerliches Wohnen in einem Mietshaus des Spätbiedermeier erlebbar gemacht. Doch nicht allein das: Im neu erstandenen Musiksalon, wo einst Mendelssohns »Musikparthien« stattfanden, wird heute wieder musiziert.

Jeden Sonntag finden hier Kammerkonzerte statt. Die Musiker spielen meist ohne Gage, um das winzige Budget, mit dem das Haus unterhalten und der kontinuierliche Museumsbetrieb sichergestellt werden muss, nicht zusätzlich zu belasten. Denn nach wie vor muss die Mendels-

1 Grosse, Karl: *Geschichte der Stadt Leipzig von der ältesten bis auf die neueste Zeit.* – Leipzig, 1842
2 Brief Mendelssohns an seine Familie in Berlin, vom 6. 10. 1835
3 Schumann, Robert: in: Neue Zeitschrift für Musik, Jg. 1835, Nr. 3
4 Brief Mendelssohns an Karl Klingemann vom 29. 9. 1845
5 Zitiert nach: Louis Spohrs Selbstbiographie, Cassel/Göttingen 1860 (Bd.1)
6 Dörffel, Alfred: *Die Gewandhauskonzerte zu Leipzig,* Leipzig 1884, S. 116

sohn-Stiftung Sponsoren werben und Geld sammeln, um das Haus und die dort lebendig gewordene Erinnerung an Felix Mendelssohn Bartholdy zu erhalten. *Kerstin Sieblist*

Robert-und-Clara-Schumann-Verein-Leipzig-Inselstr. 18 e. V.
Inselstr. 18
04103 Leipzig
Tel.: 0341/39 39-120
Fax: 0341/39 39-122
(nach Eröffnung des Schumann-Hauses
Tel.: 0341/9 61 01 64)

Das Haus der Schumanns in der Inselstraße

Jeder von beiden ist eine Legende, als Künstlerpaar sind sie sogar ein Mysterium. »Robert und Clara Schumann« – das klingt nach einer Doppelbiografie, die aus zwei divergent verlaufenden Lebensflüssen zusammenströmte. Eine Quelle entsprang in Leipzig: Clara wurde 1819 als Tochter des Instrumentenhändlers und Klavierpädagogen Friedrich Wieck in der Hohen Lilie am Neumarkt geboren. Auch der »Zusammenfluss« ereignete sich hier: Am 12. September 1840 heiratete der freischaffende Musikschriftsteller und Komponist Robert Schumann in der Schönefelder Kirche die erfolgreiche Pianistin.

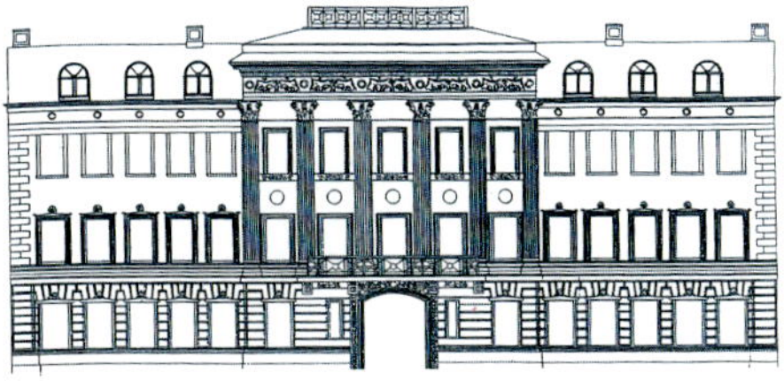

Aufriss des Robert-und-Clara-Schumann-Hauses

Begegnungsstätte und Konzertsaal geplant

Man muss es schon eine Sensation nennen, dass Leipzig im Besitz der unzerstörten Wohnhäuser Mendelssohns und Schumanns ist! Wurde das herrlich restaurierte Mendelssohn-Haus mittlerweile zum Wallfahrtsort für Musikinteressierte aus aller Welt, stand bis vor kurzem noch die bange Frage, ob das nahezu zeitgleich erbaute Wohnhaus der Schumanns mit seiner wundervollen klassizistischen Fassade die Chance zu vergleichbarer öffentlicher Wirkung erhalten würde. Nun gibt es Sicherheit: Ab 2000 wird es den künftigen Nutzern zur Verfügung stehen.

Einziehen werden die Freie Grundschule »Clara Schumann« mit musisch-künstlerischem Profil und die gleichnamige Musikschule (beide dem Schulträger Dr. P. Rahn & Partner zugehörig, siehe S. 163ff.) sowie der Robert-und-Clara-Schumann-Verein. Diese drei fanden sich 1995 zur Arbeitsgemeinschaft Schumann-Haus zusammen und entwickelten auch dessen vom Kulturamt unterstütztes Konzept. Im ersten Stock, in einem an den Kammermusiksaal angrenzenden Raum, wird eine ständige Ausstellung über Robert und Clara Schumann ihren Platz finden. Treppenhaus, Vorsaal und Kammermusiksaal entstehen in ihrem ursprünglichen Aussehen.

Mit dem Einzug der Schulen in das Robert-und-Clara-Schumann-Haus eröffnen sich völlig neue Möglichkeiten

Die Arbeitsgemeinschaft Schumann-Haus (vereint die Musikschule »Clara Schumann«, die Freie Grundschule »Clara Schumann« und den Robert-und-Clara-Schumann-Verein-Leipzig-Inselstr. 18 e. V.)
Kochstr. 28a
04275 Leipzig
Tel.: 0341/39 39-1 20
Fax: 0341/39 39-1 22
E-Mail: schumann-verein@rahn-schulen.de
E-Mail: info@schumann-verein.de

für eine lebendige, traditionsverbundene und zugleich zeitgemäße Nutzung dieses authentischen Hauses: Schülerkonzerte, Workshops mit Studenten der Hochschule für Musik und Theater »Felix Mendelssohn Bartholdy«, Auftritte von Künstlern, gemeinsame Veranstaltungen mit anderen Vereinen, die sich für Komponisten und Virtuosen aus dem Freundes- und Bekanntenkreis der Schumanns engagieren, sind möglich.

Schumanns ehemaliges Wohnhaus, Inselstraße 18 in Leipzig

Zeitgenossen schildern den jungen Schumann so: Er hatte »dunkelblondes, weiches Haar, ein bartloses volles Antlitz, eine Form und Stellung der Lippen, als wolle er stets ganz leise zu pfeifen anheben, seine Augen waren von schöner Bläue, aber weder groß noch energisch im Blick und von einem Ausdruck, als müsse er immer tief in der eigenen Seele etwas erforschen und erlauschen ...«

Zitiert nach: Steiger, Günter, Davidsbündler und Feind aller Philister in: Berühmte Leipziger Studenten, Leipzig 1990, S. 98

Robert Schumann auf der Suche nach sich selbst

Die Leipziger Jahre des Künstlerpaares stehen im Mittelpunkt der entstehenden Ausstellung. Robert Schumann, Zeitgenosse von Mendelssohn, Chopin, Liszt und Wagner, widmete sich gleichermaßen der Literatur und Musik. Philosophische und ästhetische Fragen fanden sein brennendes Interesse und sprachen sich, erhalten in seinen frühen Tagebüchern, in einem mitreißenden Gedankenfluss aus. Der Jüngling war bereits eine unverwechselbare künstlerische Persönlichkeit, die jedoch ihren eigenen Springquell noch nicht gefunden hatte. 18-jährig nahm er am Juridicum der Leipziger Universität sein Studium auf. Leipzig, »die alte berühmte und schöne Stadt« – oder auch »das infame Nest« – wurde zum Schmelztiegel seiner Selbsterkenntnis. Der Rückzug aus einer Wissenschaft, »die er nicht lieben kann«, verlief über Heidelberg zurück nach Leipzig.

In Sellers Hof, dem Vorgängerbau des Handelshofes, Ecke Grimmaische Straße / Reichsstraße wohnte Friedrich

Wieck. Bei diesem bekannten Musikpädagogen begab sich Robert Schumann in die harten »Exercitien« des Klavierstudiums, die aber durch eine Schwächung des dritten Fingers der rechten Hand jäh abgebrochen werden mussten. Auch der Unterricht in Kontrapunkt und Komposition beim Kapellmeister Heinrich Dorn fand ein von Schumann selbst verschuldetes Ende. Die Vision einer Existenz als Komponist rückte in weite Ferne. Finanzielle Abhängigkeit zwang ihn nun zu eiserner Disziplin und zu rationalen Entscheidungen.

1834 gründete Schumann die »Neue Zeitschrift für Musik«. (siehe S. 76) Er verschaffte sich umfassende Einsichten in die verzweigten Entwicklungen seiner Zeit und begründete jene Positionen, die er selbst als Komponist vertrat.

»Eine Menge junger, wohlgebildeter Leute, meistens Musikstudierender, hat einen Kreis um mich gezogen … Am meisten erfasst uns der Gedanke an eine neue, große musikalische Zeitung …«
Aus einem Brief Robert Schumanns vom 28. 6. 1833 in: Schumanns Briefe in Auswahl, Stuttgart 1906, S. 63

Enge Bindung zur Natur

Als gebürtiger Zwickauer, als Erzgebirgler suchte Robert Schumann die Natur. Er erschloss sich auch die Leipziger Landschaft, liebte die Parks und Gutshöfe. In Zweinaundorf begleiteten ihn auf seinen Spaziergängen Gedanken an Jean Paul, sein literarisches Vorbild, und an den Kontrapunkt. Den Park und Gutshof von Christian Gottlob Frege in Abtnaundorf besuchte er ebenfalls oft. Frege war eine der herausragenden Größen der Stadt Leipzig und Schumanns Bankier. In Lützschena besichtigte er immer wieder mit größtem Interesse die Bildersammlung Specks von Sternburg, die sich heute im Museum der bildenden Künste befindet. Auch die Kaffeegärten, beispielsweise das Rosental und den Kuchengarten, besuchte Schumann und lauschte dort der Freiluftmusik von »Musikbanden«.

Claras Prägung durch den Vater

Clara, der ein Leben als Solistin, als Exponentin des Wieckschen Ehrgeizes, vorbestimmt war, erfuhr nach der Scheidung der Eltern eine konsequente väterliche Erziehung. Wieck förderte das Kind ab seinem fünften Lebensjahr auf allen Gebieten und richtete beider Tagesablauf vollkommen auf den Klavierunterricht ein. Clara erfuhr Musik nicht über das Notenbild, sondern über das Hören und Tun. Musik war ihr Alles, mütterliche Emotionalität musste sie entbehren. So forderte ihr die alle väterlichen Fesseln sprengende Liebe zu Robert Schumann ungeheure Kraft ab. Selbstständigkeit und Selbstachtung musste sie dem Vater gegenüber in die Waagschale werfen.

»Ostern 1821 zogen meine Eltern in Kupfers Haus ins Salzgässchen, und hier war es, wo ich meine Mutter verlieren sollte. – dieselbe verließ nämlich meinen Vater 1824 den 12. Mai, um ihrer Scheidung wegen nach Plauen zu gehen.«
Clara Wieck in ihrem Tagebuch

Zarte Bande und richterliche Gewalt

Die Problematik jener Jahre des Verdikts, das Wieck ausgesprochen hatte, wird erst dann verständlich, wenn man bedenkt, dass beide kaum Gelegenheit hatten, einander kennen zu lernen. Zudem: Clara war schon berühmt. In Wien hatte 1838 ihre steile Karriere begonnen. Paganini, Chopin und Goethe hatten die junge Pianistin »geadelt«, während der fast zehn Jahre ältere Schumann, dessen Entwicklung eine nicht geleitete, freie und originale gewesen war, Chopin nur durch Widmung von Kompositionen an sich gezogen hatte.

Am 13. 8. 1837 spielte Clara Wieck bei einem Leipziger Konzert Teile aus Schumanns Symphonischen Etüden. Damit nahm sie ihr Ja-Wort auf seine Werbung vorweg. Erst drei Jahre später – einen Tag vor ihrem 21. Geburtstag – konnten sie heiraten.
Siehe: Köhler, Hans-Joachim, Sie hat Beruf zur Kunst ... in: Ich muss mich ganz hingeben können. Frauen in Leipzig. Leipzig, 1990

Der Austausch von Robert Schumann und Clara Wieck war außerordentlich feinsinnig und verlief über Briefe (»... springt morgen in der zwölften Stunde eine Saite, so bin ich's«) und Kompositionen, durch Anspielungen und Bezüge in den Klavierwerken, die für uns kaum noch erahnbar sind. Erst mit richterlicher Gewalt fanden sie zusammen. Entwürdigende Kämpfe mit Claras despotischem Vater waren der Trauung in der Schönefelder Kirche vorausgegangen. Und als sie dann vereint waren, das tägliche Leben miteinander teilten, war von beiden Ausnahmepersönlichkeiten ein Höchstmaß an psychischem Feingefühl zu erbringen. Doch dann ereignete sich das Einzigartige: Beider Leben gewann an Weite und Größe.
Sie fanden eine neue, beglückende Wesensbestimmung, die ohne jene schmerzhaften Prozesse der Assimilation während der Leipziger Jahre womöglich ausgeblieben wäre.

Das Schumann-Denkmal nahe der Moritzbastei

Lebensräume einer Künstlerfamilie

Das »Logis« in der Inselstraße hatte großen Wohnkomfort und lag am Stadtrand. So versprach es gleichermaßen Kultur und Natur, war Symbol des gesuchten Lebensinhaltes. Mit dem Ehetagebuch – Fortsetzung der bisher individuell geführten Tagebücher – bot Schumann eine zweite Gesprächsebene an, die des Abstandes, des Hintergrundes, die der unterschwelligen Beobachtung und Beeinflussung. Jeder Tag ist verbürgt und dokumentiert, erlaubt tiefe Einblicke. »Das Büchlein, das ich heut eröffne, hat eine gar innige Bedeutung; es soll ein Tagebuch werden über Alles, was uns gemeinsam berührt in unserem Haus- und Ehestand...«[1] Robert Schumann bezog Clara in sein Leben ein. Er ließ sie Anteil nehmen an seiner kompositorischen Arbeit und forderte sie selbst dazu heraus. Beide spielten und analysierten Bach, das gesamte Wohltemperierte Klavier war Gegenstand. Clara las, zuerst gegen ihren Willen, erfuhr Unerahntes über Kunst und Künstler. Doch sie musste auch zurückstecken. Unzählige Male hatte sie seit ihrem Debüt 1828 in ihrer Geburtsstadt Leipzig gespielt. Nun sollte sie die Pianistin in sich unterdrücken. Das Haus Inselstraße war zu hellhörig. Konzertreisen suchte Schumann zu vermeiden. Er wollte, dass Clara nicht nur Interpretin sei, sondern eine Vollblutmusikerin würde. Diese gewünschte Vielseitigkeit, die ihr zunächst eine Einschränkung gebracht hatte, wurde für sie nach Schumanns Tod 1856 zum Segen: Sie hatte sich zur Herausgeberin, zur Pianistin mit eigenem Profil, zur Persönlichkeit schlechthin entwickelt.

Das gastliche Haus in der Inselstraße

Schumanns Zeitschrift führte eine Menge Besucher in die Inselstraße. Mehrere Tage hielt sich Liszt (während einer Konzertreise, die Schumann nach Leipzig gelenkt hatte) bei Robert und Clara Schumann auf. Berlioz dirigierte eigene Werke im Gewandhaus und hörte dann abends nach den Proben bei Schumann dessen Kammermusik. Wagner erschien mit der Sängerin Wilhelmine Schröder-Devrient. Der Dichter Hans Christian Andersen lauschte beeindruckt den Schumann'schen Vertonungen seiner Gedichte, die Livia Frege vortrug. Clara und Robert Schumann führten ein gastfreies Haus und schlossen sich damit den Bräuchen in Leipzig an.

Clara und Robert Schumann, Lithografie von E. Kaiser, 1847

Kompositionen, Kinder und Konzerte

Der große Erfolg der »Frühlingssinfonie«, mit Mendelssohn beraten und durch ihn im Gewandhaus uraufgeführt, machte Schumann zu einem anerkannten Musiker. Allein 1841 entstanden noch der erste Satz des Klavierkonzertes, das Opus 52 und die d-Moll-Sinfonie. Die große Form brach sich Bahn, der Mut zur Kammermusik und zum Oratorium wuchs. Das Oratorium »Das Paradies und die Peri« wurde in der Inselstraße geprobt. Als Mendelssohn das Konservatorium einrichtete, warb Schumann in der

»... Wohl dem, der sich in seinen vier Pfählen wohl befindet, Partiturpapier vor sich und prächtige Kompositionen hineinmalend ...«
Robert Schumann an Verhulst, 5.6.1844

»Er hatte um diese Zeit gerade sein oratorisches Werk ›Paradies und die Peri‹ vollendet, von welchem die erste Quartettprobe an jenem Abend stattfand. Ich durfte als Bratschist bei derselben mitwirken ... Schumann dirigierte selbstverständlich und seine Gattin saß am Flügel, um die Parthien der Blasinstrumente als Ergänzung zum Streichquartett auszuführen.«
W.J. von Wasielewski in: Schumanniana, Leipzig 1883

Zeitschrift und reihte sich in die erste Lehrergeneration ein. Zeitweise unterrichtete auch Clara Schumann dort.
Zwei Kinder wurden in der Inselstraße geboren, der Haushalt erweiterte sich, die Ansprüche stiegen. Eine grundsätzlich andere Lebensweise machte sich allmählich erforderlich, die Robert Schumann als Komponist freisetzte und Clara Schumann ein Comeback als Pianistin gestattete. Doch erst 1844 erreichte sie ihr Ziel: Eine große Konzertreise (mit dem widerstrebenden Schumann) nach Russland, die beachtlichen Gewinn abwarf. Nach der Rückkehr kam der Abschied: Dresden wurde zur nächsten Lebensstation.
Die späteren Beziehungen der Schumanns zur sächsischen Messestadt sollen nur angedeutet werden: Zu den zahlreichen Uraufführungen in Leipzig gehörte 1850 die einzige Oper Robert Schumanns »Genoveva«, derer sich 1999 die Oper Leipzig und Achim Freyer in innovativer Weise annahmen. (siehe S. 93)
Robert Schumanns Bindung an den Verlag Breitkopf & Härtel (siehe S. 208ff.) blieb auch nach dem Weggang aus Leipzig eng. Sie bezog Clara Schumanns erste Gesamtausgabe der Werke Robert Schumanns ein.
Schumanns Bedeutung lässt sich aber nicht auf die lokalen Traditionen beschränken: Ging nicht von ihm ein gewaltiger Einfluss auf die Musik des 19. Jahrhunderts aus? Bewirkte seine verinnerlichte Sprache nicht auch die Verfeinerung der Musik im 20. Jahrhundert? Kann die Kühnheit seiner Formentdeckungen nicht als Kreativitätsbeweis gelten? Und hat Clara Schumann nicht diese Kultur nach Schumanns Tod über 40 Jahre bewahrt?

Hans Joachim Köhler, Petra Dießner

1 Schumann, Robert: *Tagebücher, Bd. 2*, Leipzig 1987, S. 99

Die musikkritische Großmacht an der Pleiße

Wenn es um deutschsprachige Musikkritik im 19. Jahrhundert geht, taucht eine Stadt immer wieder an erster Stelle auf: Leipzig. Hier waren im vergangenen Jahrhundert nicht nur bedeutende Musiker und Orchester zu Hause, sondern auch die zwei führenden Musikzeitschriften Deutschlands.

Rochlitzens Zeitung begründete die moderne Musikkritik

Die Allgemeine Musikalische Zeitung ist das erste große Periodikum aus Leipzig. Das 1798 gegründete Blatt – inhaltlich eher eine Zeitschrift – entstand in einer musikalisch wichtigen Epoche: Die Wiener Klassik befand sich in

ALLGEMEINE
MUSIKALISCHE ZEITUNG.

ERSTER JAHRGANG
vom 3. Oct. 1798 bis 25. Sept. 1799.

Leipzig,
bey Breitkopf und Härtel.

AMZ, Allgemeine Musikalische Zeitung, erster Jahrgang 1798/99, Titelblatt

voller Blüte; geniale Köpfe wie Beethoven stellten ihre Kompositionen einer großen Öffentlichkeit vor, die sich nicht mehr nur aus der Oberschicht, sondern immer stärker aus musikalischen Liebhabern rekrutierte. Eine rege Verlagstätigkeit seit den 1760er Jahren war die Folge. Das neue Informationsbedürfnis erfüllten Leipziger Blätter wie Johann Adam Hillers Wöchentliche Nachrichten und Anmerkungen die Musik betreffend (1766 bis 1770) oder die Unparteiische Kritik der vorzüglichsten zu Leipzig aufgeführten – Concerte und Opern (1798 bis 1806). Mit der Allgemeinen Musikalischen Zeitung erreichte diese Entwicklung eine neue Qualität.

Sie erschien wöchentlich und etablierte sich sehr bald zur maßgeblichen Musikzeitschrift ihrer Zeit. Vor allem durch die Persönlichkeit von Friedrich Rochlitz, der sie von 1798 bis 1818 herausgab, genoss sie – als erste Musikzeitschrift – internationales Ansehen. Dabei verstand sich die Fachpublikation von Anfang an als überregionales Blatt, das möglichst alle Bereiche des Faches einbezog und zugleich aktuell war. Der inhaltliche Aufbau der Allgemeinen Musikalischen Zeitung wurde für alle nachfolgenden, universal angelegten Musikzeitschriften des 19. Jahrhunderts richtungweisend.

»Vielleicht finde ich bald Gelegenheit, öffentlich etwas zu Gunsten einer Anstalt zu sagen, welche den Beifall eines jeden Kunstfreundes verdient«.
Johann Wolfgang von Goethe über die Allgemeine Musikalische Zeitung in einem Brief vom 14. 2. 1802

Johann Friedrich Rochlitz, Lithografie von C. Lange, um 1820

Berühmte Rezensenten

In ihr veröffentlichte der Universalkünstler E. T. A. Hoffmann 1810 seinen berühmt gewordenen Aufsatz über Beethovens Fünfte und legte mit diesem Text den Grundstein für die moderne Musikkritik. Auch Robert Schumann schrieb zunächst für die Allgemeine Musikalische Zeitung. In einer Kritik über den noch unbekannten Frédéric Chopin ließ er sich 1831 zu dem prophetischen Satz hinreißen: »Hut ab, ihr Herren, ein Genie!« Trotz einer heute eher bescheiden wirkenden Auflage erreichten die Beiträge ihr Publikum. Die Allgemeine Musikalische Zeitung konnte bis zum 11. Jahrgang eine jährliche

»Zu Ende des Jahres 1833 fand sich in Leipzig, allabendlich und wie zufällig, eine Anzahl meist jüngerer Musiker zusammen, zunächst zu geselliger Versammlung, nicht minder aber auch zum Austausch der Gedanken über die Kunst, die ihnen Speise und Trank des Lebens war, – die Musik ...«
Robert Schumann, Gesammelte Schriften 1854, Einleitendes

Auflagenhöhe von 1000 Exemplaren halten, die sich nach 1809 allerdings auf 750 Stück verringerte. Nach dem Tod von Friedrich Rochlitz und dem des Verlegers Gottfried Christoph Härtel hinkte das Blatt bald seiner Zeit hinterher. Dabei war sie vor allem der Konkurrenz einer neuen, ebenfalls in Leipzig angesiedelten Musikzeitschrift, der Neuen Zeitschrift für Musik, nicht gewachsen. Das Jahr 1848 brachte das Aus für die damals 50-jährige Allgemeine Musikalische Zeitung. Spätere Wiederbelebungsversuche konnten nie an die Anfangserfolge anknüpfen.

Schumanns Neue Zeitschrift für Musik

Die Zeit war reif für eine neue Zeitschrift. Diese Idee entsprang prominenten Köpfen: Robert Schumann, Friedrich Wieck, Ludwig Schuncke und Julius Knorr wollten ein völlig neues Zeitschriften-Konzept umsetzen. Erstmals sollte der schaffende Künstler kritisch tätig werden und die Kritik selbst als ein gleichrangiges künstlerisches Werk gelten. Das Ziel war, eine »neue, poetischere« Zeit herbeizuschreiben, und die »letztvergangene« mit ihren «Dutzendtalenten« zu bekämpfen. Stümper blieben von der Mitarbeit ausgeschlossen. Schumann, der die Neue Zeitschrift für Musik von ihrer Gründung 1834 bis 1844 redigierte, prägte mit seinen originären, heute noch sehr lesenswerten Texten ihre Qualität. Über deren Entstehung berichtete er selbst: »Da fuhr denn eines Tages der Gedanke durch die jungen Brauseköpfe: Lasst uns nicht müßig zusehen, greift an, dass es besser werde, greift an, dass die Poesie der Kunst wieder zu Ehren komme. So entstanden die ersten Blätter einer neuen Zeitschrift für Musik.«[2]

Neue Leipziger
Zeitschrift für Musik.
Herausgegeben
durch einen Verein von Künstlern und Kunstfreunden.
Erster Jahrgang. № 1. Den 3. April 1834.

Die allein,
Die nur ein lustig Spiel, Geräusch der Tartschen
Zu hören kommen, oder einen Mann
Im bunten Rock, mit Gelb verbrämt, zu sehen,
Die irren sich. Shakspeare.

NZfM Neue Zeitschrift für Musik, 1. Jhg. 1834/35, Titelseite

Die Neue Zeitschrift für Musik erscheint noch heute

Schumanns kämpferisches Konzept setzte sich durch. Das verlagsunabhängige Periodikum wurde zum führenden Organ zunächst der romantischen Musikauffassung und ab

1845 der «Neudeutschen Schule«, als deren Protagonisten Franz Liszt und Richard Wagner galten. In den 1850er Jahren errang die Zeitschrift eine entscheidende Stellung im deutschen Musikleben. Sie bestimmte weitgehend die öffentliche Meinung, wenngleich nicht alle Komponisten die von ihr vertretenen Anschauungen teilten.
Sie überdauerte auch alle folgenden Zeiten und erscheint – im Gegensatz zur Allgemeinen Musikalischen Zeitung – noch heute in einer Auflage von etwa 8000 Exemplaren.
Geändert hat sich allerdings der Erscheinungsort: Die Neue Zeitschrift für Musik wird nicht mehr in Leipzig gemacht, sondern seit 1955 in Mainz. Konnte die Pleißestadt im 19. Jahrhundert auch dank der Pressemacht von Allgemeiner Musikalischer Zeitung und Neuer Zeitschrift für Musik zu einer der einflussreichsten Musikstädte im deutschsprachigen Raum aufsteigen, so ging diese Tradition leider verloren: Heute erscheint in Leipzig außer dem Gewandhausmagazin (viermal jährlich) keine Musikzeitschrift mehr.

Frank Gerdes

1 Aus: *Robert Schumann »Einleitendes«* in: Robert Schumann: Gesammelte Schriften über Musik und Musiker. Eine Auswahl. Leipzig: Verlag Philipp Reclam jun. 1974, 3. Auflage, S. 9

2 Schumann, Robert: *»Klimpern und Stümpern«*. Aus: Allgemeine Musikalische Zeitung (Juny 1799) 589 (Rubrik: Bemerkungen)

Henriette Voigt, Pianistin, Miniaturporträt von F. A. Junge, 1830

Karl Voigt, Kaufmann in Leipzig, Miniaturporträt von F. A. Junge, 1830

Eine Leipziger Kaufmannsfamilie als Musikförderer

Musikfreunde und Musiker trafen sich an vielerlei Orten: in der Villa des Musikverlegers Hermann Härtel, dem sogenannten »Römischen Haus« am Peterssteinweg, im geräumigen Gartenhaus des Goethefreundes und Besitzers einer Chemiefabrik Wilhelm Gerhard, aber auch in den Häusern von Dr. Woldemar Frege und seiner Frau Livia, einer beliebten Liedersängerin, bei den Familien Gustav Harkort, Heinrich Brockhaus und nicht zuletzt in den Wohnungen der Mendelssohns, Schumanns oder bei Gewandhauskonzertmeister Ferdinand David.

Das Kommen und Gehen bei Voigts

Hier fand eine Tradition der Musikpflege und Geselligkeit ihre Fortsetzung, die in dieser Stadt weit zurückreicht. Man denke an die drastische Schilderung des Besucheransturms auf die Wohnung des Thomaskantors Johann Sebastian Bach, die – nach den Worten seines Sohnes Philipp Emanuel – oftmals »einem Taubenhause und dessen Lebhaftigkeit vollkommen gliche«[1].

Wohl am ehesten damit vergleichbar, zumindest was die Lebhaftigkeit betrifft, ist ein Jahrhundert später das gastfreundliche Haus des Kaufmanns und Musikmäzens Carl Voigt und seiner Ehefrau Henriette, einer wahren Musikenthusiastin und begabten Pianistin. Ihre Tagebücher berichten von unablässigem Kommen und Gehen bekannter und unbekannter Musiker, von gemeinsamem Musizieren und dem täglichen Übepensum der Hausfrau. »Nur einen Schritt in ihr Haus gethan, und der Künstler fühlte sich heimisch darin ... der Musiker, schien es, war Herr im Haus, die Musik die Oberste Göttin«[2], schrieb Robert Schumann in seinem Nachruf auf Henriette Voigt (1808-1839). Fast ein Jahrzehnt lang, seit sie sich 1830 mit Carl Voigt (1805–1881), Teilhaber der ehemals bekannten Leipziger Textilgroßhandlung Berger & Voigt, verheiratet hatte, trafen sich in ihrer Wohnung in der Hainstraße, später in der Petersstraße, Musiker und Zuhörer zur Hausmusik.

»Im Riedelschen Kaffeegarten, ... dieser nach französisch-holländischem Geschmack geregelten Anlage, findet man zwar das ganze Jahr hindurch eine Gesellschaft aus den gebildeten Ständen, vorzüglich ist er aber an den Meßsonntagen beachtenswert, wo Tausende von Menschen sich in ihm versammeln, die Gänge auf und ab wallen und was die Mode Neues bietet zur Schau tragen«

Aus: Gretschel, C.C.C., Leipzig und seine Umgebungen, Leipzig 1836, unveränderter Nachdruck, Leipzig 1980, S. 364

Berühmte auswärtige und einheimische Gäste

Auswärtige und hiesige Künstler sind von der Familie Voigt eingeladen worden: Louis Spohr, Frédéric Chopin, Henri Vieuxtemps, Carl Loewe, Clara Wieck, Robert Schumann, Felix Mendelssohn Bartholdy und viele andere. Von ihrem Ehemann großzügig unterstützt, förderte Henriette vor allem junge Musiker, so auch den angehenden Pianisten und Komponisten Ludwig Schuncke (1810-1834). Sie pflegte ihn während der letzten Monate seiner Krankheit, der Schwindsucht, der sie wenige Jahre später selbst erlag. Als Freundin und Vertraute Clara Wiecks und Robert Schumanns ist der Name Henriette Voigt längst von musikgeschichtlichem Interesse.

Schumann widmete ihr die Klaviersonate g-Moll op. 22, und unter dem Namen »Eleonore« gehörte sie zu den »Davidsbündlern«. (siehe S. 83) Der Musikschriftsteller Friedrich Rochlitz, vor allem aber Felix Mendelssohn Bartholdy, der auch Pate ihrer Tochter Ottilie war, sind mit den Voigts eng befreundet gewesen.

Hausmusik auf hohem Niveau

Mendelssohn und Schumann schätzten das beachtliche pianistische Können Henriette Voigts. Am 10. September 1835 notierte sie in ihrem Tagebuch, nachdem an diesem Tage außer den beiden eben Genannten der Opernsänger Franz Hauser und der Leipziger Arzt Dr. Ernst August Carus ihre Gäste gewesen waren: »... Ich musste Mendelssohn mehreres allein spielen – dann arrangirten wir die Olympia-Ouvertüre vierhändig, Hauser und ich sangen Lieder – dann gegessen – Anekdoten erzählt – sehr lustig gewesen bis nach 11 Uhr, wo Mendelssohn noch Liszt copierte...«[3]

Leipzig, Ansicht von Westen,
Farblithografie von G. Täubert, um 1855

Freunde von Mendelssohn

Schon am ersten Tag nach seinem Eintreffen in Leipzig, dem 31. August 1835, besuchte Mendelssohn die Familie Voigt und war bis zum Beginn der ersten Gewandhaussaison unter seiner Leitung viele Male ihr Gast. Auch wurde im Park von Zweinaundorf gemeinsam »gelustwandelt und viel Spaß getrieben« oder man traf sich »bei Kintschy« im Rosental. Kein Zweifel, dass das junge Ehepaar zu den wichtigsten Bezugspersonen des neuen Gewandhauskapellmeisters zählte. Laut Familienüberlieferung sollen es überhaupt Carl und Henriette Voigt gewesen sein, die Mendelssohns letzte Bedenken ausgeräumt und ihn zur Entscheidung für Leipzig und das ihm angebotene Amt bewogen

1 Bach, Carl Philipp Emanuel: *Mitteilung an Charles Burney*, Hamburg 1773. Zitiert nach: Bach-Dokumente, Bd. III, Leipzig 1972, S. 255

2 Schumann, Robert: *Erinnerung an eine Freundin.* In: Neue Zeitschrift für Musik, 15. Nov. 1839, S. 158

3 Eintragung Henriette Voigts vom 10. September 1835 in ihrem Tagebuch (Stadtgeschichtliches Museum Leipzig, Voigt-Sammlung)

haben. Dies bestätigte im Jahre 1908 Otto Julius Gensel. In seinem Aufsatz zum 100. Geburtstag Henriette Voigts heißt es: »Kurz zuvor (vor dem Niederrheinischen Musikfest Pfingsten 1835 B.R.) war Mendelssohn von Leipzig der Antrag zugegangen, die Leitung der Gewandhauskonzerte zu übernehmen. Er mochte Pohlenz nicht verdrängen und hatte schon einen Absagebrief geschrieben, wollte aber vor dessen Absendung noch mit Freunden darüber sprechen. Seiner Einladung folgend, fuhren sie (Carl und Henriette Voigt B.R.) nach Düsseldorf. Das Ergebnis der Unterredung war, dass er den Brief zerriss ...«[4]

Gensel beruft sich dabei auf die ähnlich lautende Mitteilung seines Schwiegervaters Carl Voigt in dessen Autobiografie aus dem Jahre 1866: »Wir boten alles auf, seine Bedenken zu beseitigen und ihn zur Annahme der Berufung zu gewinnen, was uns auch gelang ...«[5]

Am 13. Juni 1835, einen Tag nach der wichtigen Unterredung, von der auch Henriette Voigt in ihrem Tagebuch berichtet, teilte Mendelssohn Hofrat Johann Georg Keil in Leipzig mit, dass er sich entschlossen habe, die ihm so ehrenvolle Stelle für den nächsten Winter anzunehmen und fügt hinzu: »... Es versteht sich, dass es mich herzlich freuen würde, wenn ich dann länger und hoffentlich für immer in Ihrer Stadt wohnen könnte ...«.[6]

Der Rat von Freunden war also ausschlaggebend gewesen; eine Ermutigung für die vielen Musik liebenden Leipziger, die sich heute in Vereinen und Gesellschaften für Leipzigs Musikleben engagieren. *Brigitte Richter*

4 Gensel, Otto Julius: *Henriette Voigt geb. Kuntze. Zu ihrem hundertjährigen Geburtstag*. In: Grenzboten, 67. Jhrg. 1908, S. 6

5 Voigt, Carl: *Lebensbeschreibung (Selbstbiografie)*, Faksimile der Handschrift aus dem Jahre 1866, S. 27 (Stadtgeschichtliches Museum Leipzig, Voigt-Sammlung)

6 Mendelssohn Bartholdy, Felix: *Brief an Johann Georg Keil*, Düsseldorf, 13. Juni 1835. Zit. nach: Felix Mendelssohn Bartholdy, Briefe aus Leipziger Archiven, hrsg. von Hans-Joachim Rothe und Reinhard Szeskus, Leipzig, 1971, S. 48

Die »Kaffeehausmusiker« Telemann und Bach und ihre weniger berühmten Nachfolger

Kaffeehausmusik im 18./19. Jahrhundert, ein weites – nur seichtes Feld? Wenn »Kaffeehausmusik« als musikalische Unterhaltung definiert wird, die in einem entsprechenden gastgewerblichen Betrieb zu hören ist – und eine andere Erklärung scheint über die Jahrhunderte hinweg nicht möglich –, dann hießen die ersten deutschen, wenn nicht sogar kontinentaleuropäischen Kaffeehausmusiker Georg Philipp Telemann und Johann Sebastian Bach. Im Museum zum Arabischen Coffee Baum ist diese heitere Tatsache in Augenschein zu nehmen.

Regelmäßig im Kaffeehaus am Markt

Von 1701 bis 1704 studierte Georg Philipp Telemann in Leipzig. Stolz berichtete er später: »... und ich richtete das noch jetzo florirente Collegium musicum auff. Dieses

Collegium, ob es zwar aus lauter Studiosis bestehet / deren öffters biss 40 beysammen sind / ist nichts desto minder mit vielem Vergnügen anzuhören.« [1]
Regelmäßiger Auftrittsort unter Telemanns Leitung in den Jahren 1703/04 war Leipzigs erstes Kaffeehaus am Markt, das vermutlich 1694 eröffnet worden ist.
Das studentische »Kaffeehaus-Ensemble« florierte nach Telemanns Weggang munter weiter. Die Aufführungsorte blieben auch unter seinen Nachfolgern fast ausschließlich die innerstädtischen Kaffeehäuser oder – im Sommer – die Kaffeegärten vor den Stadttoren.
Natürlich hätte es in Leipzig auch andere Örtlichkeiten gegeben, die für derlei Unterhaltung groß genug gewesen wären. Man denke nur an die universitätseigenen Räumlichkeiten oder die »Säle« in den privaten Bürgerpalästen. Der Hauptgrund für die Beliebtheit dieser Übungskonzerte in den finsteren Stuben oder Sommergärten der Kaffeehäuser war nichts anderes, als dass sie für jedermann zugänglich waren und damit Keimzellen einer sich entwickelnden modernen öffentlichen Bürgerkultur.

»Zum arabischen Coffee Baum« ist Leipzigs ältestes erhaltenes Kaffeehaus.

Die Kaffeekantate und ihre Wurzeln

Zwölf Jahre lang, mit kleinen Unterbrechungen also von 1729 bis 1741, leitete kein Geringerer als Johann Sebastian Bach das Ensemble. Mit hoher Wahrscheinlichkeit wurde um 1735 im Zimmermann'schen Kaffeehaus (ehemals Katharinenstraße) die Bach'sche »Kaffeekantate« uraufgeführt, die als einzige aller Kaffee-Musiken des 18. Jahrhunderts – es gibt mindestens zwei Dutzend italienische, französische und deutsche Kantaten, Opern, Lust- und Singspiele – zum Weltmusikerbe gehört.
Schon 1985 hatte sich Hans-Joachim Schulze in seiner amüsant-detailreichen Untersuchung der Bach'schen Kaffeekantate zu der Vermutung hinreißen lassen, dass der große Meister dies Werk nur deshalb komponiert habe, »weil er sich über eine oberflächliche Behandlung dieses Textes in seiner Umgebung geärgert hatte und zeigen wollte, dass sich mehr daraus machen ließe«. [2]

Barockplastik über dem Eingang zum »Coffee Baum«

Das Libretto hatte 1732 der Leipziger Schriftsteller Christian Friedrich Henrici, Pseudonym Picander, geliefert. Der Stadtklatsch nannte ihn ob seiner Vielschreiberei »Schmierander«. Bach nahm den flott dahingeworfenen Text und schrieb noch ein paar lebenserfahrene Schlussverse hinzu, die mit der resignierenden Einsicht endeten:

Die Katze lässt das Mausen nicht,
die Jungfern bleiben Coffeeschwestern.
Die Mutter liebt den Coffeebrauch,
die Großmama trank solchen auch,
wer will nun auf die Töchter lästern! [3]

Bachs Ärgernisse sind erhalten

Eine der Kompositionen, über die sich Bach vielleicht geärgert hatte, befindet sich im Besitz der Musikbibliothek Leipzig und ist als Leihgabe im Museum zum Arabischen Coffe Baum ausgestellt: Sie entstand nach dem gleichen Text von Picander und erlebte 1992 in Salzburg und Bremen eine »Wiederuraufführung«. Auch Wolfram Steude datierte sie in die Bach-Zeit: »Es ist heitere, galante Musik ohne ganz hohen Kunstanspruch, aber von einem versierten Musiker komponiert. Man könnte zum Beispiel an den sich Sperontes nennenden Johann Sigismund Scholze als möglichen Komponisten denken, der sich durch seine galante Liedersammlung ›Singende Muße an der Pleiße‹ 1736 bekannt gemacht hatte. Die … Kantate vermittelt uns einen Eindruck von der Eleganz und Leichtigkeit der Leipziger Atmosphäre des mittleren 18. Jahrhunderts, in der ein solches Exempel aus der heiteren Galanterie der ›bürgerlichen Welt‹ Anlass zu süffisantem Schmunzeln bot.« [4]
Ein weiteres »Veilchen am Rande der Bach-Literatur« ist eine in Berlin aufbewahrte Komposition nach demselben Text, die 1966 von Hans Joachim Moser publiziert wurde. Der Herausgeber hält als Urheber dieses »Werkchens« neben einem der Bach'schen Söhne oder Vettern alle möglichen Leipziger Komponisten für denkbar: »Doles, Telemann, vielleicht aber auch Graupner, Johann Friedrich Fasch, Ludwig Krebs, Hurlebusch, Stölzel …« [5]
Heiter, galant und ohne hohen Kunstanspruch – so kam die Kaffeehausmusik der ersten Hälfte des 18. Jahrhunderts daher – natürlich nicht nur zu »Kaffee-Themen«.

1 zitiert nach: Horst Förster, Vom Collegium musicum zum akademischen Orchester, in: Leipziger Blätter 5 (1984), S. 51
2 Schulze, Hans-Joachim: *Ey! wie schmeckt der Coffee süße. Johann Sebastian Bachs Kaffeekantate in ihrer Zeit.* Leipzig, 1985, S. 38
3 ebenda, S. 62
4 Steude, Wolfram: Vortrag anlässlich der Ausstellungseröffnung »Ey! wie schmeckt der Coffee süße« und Aufführung der anonymen Komposition im Museum Carolino Augusteum in Salzburg am 19.7.1992, Manuskript, S. 6
5 Moser, Hans-Joachim: *Die »andere« Kaffeekantate,* Berlin 1966, (Festschrift), S. 175

Harfenmädchen – auch im Café

Hundert Jahre später war das bürgerliche Konzertwesen voll etabliert. Von der Kaffeehausmusik hörte man fast nur Gräuliches: »… während im Kaffeehause Lauras Finger die Saiten meistert und sie anhebt mit heiserer Stimme: ›Wenn die Schwalben heimwärts ziehn!‹ «, postierten sich die mit ihr zweimal im Jahr extra angereisten Messmusikanten auf Straßen und Höfen, die anderen Harfenistinnen alias Bordsteinschwalben in Cafés und Wirtshäusern, und brachten nicht weniger Herzzerreißendes zu Gehör. »Schreckliche Zeit« klagte ein misslauniger Zeitgenosse im Biedermeier.[6]

Die Davidsbündler

Aber auch die »ernste Musik« lag danieder. Zumindest meinte dies der junge Robert Schumann, der von 1828 an nahezu täglich im Coffe Baum verkehrte. Wer heute in der Schumann-Ecke sitzt, ist von Porträts und Namensschildern der Davidsbündler umgeben – bei weitem nicht von allen. Musiker, Komponisten und Literaten gehörten zu der von 1828 bis 1840 bestehenden, allerdings ziemlich fluktuierenden Stammtischrunde, die ab 1834 von Schumann in seiner Zeitschrift (siehe S. 76) zu einer, unter verschiedenen Pseudonymen auftretenden fiktiven Autorenrunde erhoben wurde.

Detail der Türplastik vom »Coffee Baum«

Stehgeiger und Damenkapelle

Café chantant oder Konzertcafé, Stehgeiger oder Damenkapelle lauten die Zauberworte der Unterhaltungsmusik dann ab etwa 1860. Die Geschichte der Kaffeehausmusik ist bis heute nicht geschrieben worden und auch im Museum zum Arabischen Coffe Baum nur angedeutet.

Soviel aber ist gewiss: »Kaffeehausmusik« nach 1850 bedeutet – die facettenreiche Historie sehr verschiedener musikalischer Produktionen oder Aufführungsorte einmal ausgeklammert – vor allem Steuererhebungen, Legitimationsscheine und sich ins Uferlose steigernde sittenpolizeiliche Vorschriften. Ein Beispiel? »Das auftretende weibliche Personal hat sich jeder auffallenden Tracht, insbesondere zu kurzer oder zu tief ausgeschnittener Kleider zu enthalten. Der Inhalt der Gesangsvorträge sowohl wie die etwaigen Gesten und Bewegungen dürfen nicht unsittlicher oder zweideutiger Natur sein.«[7]

Ulla Heise

6 zitiert nach Doris Mundus, Messemusik, in: *Leipzig zu Fuß*, Leipzig/Hamburg 1990, S. 80

7 Verordnungsblatt der königlichen Kreishauptmannschaft zu Leipzig in: Sächsisches Wochenblatt für Verwaltung und Polizei, Nr. 36, 1878, S. 162

Leipzigs Oper,
vom Schwanenteich aus gesehen

Tradition ist nur ein Grundstein für die Gegenwart

Leipzigs Oper und ihr zeitgenössisches Engagement

Die Oper Leipzig, seit 1990 vom Künstler-Intendanten Udo Zimmermann geleitet, zählt wieder zu den wichtigsten Bühnen im deutschsprachigen Raum. Vor allem durch ihr Engagement für zeitgenössische Werke wurde dieser Ruf europaweit gefestigt. In kaum einer anderen Stadt stehen so viele Opern des 20. Jahrhunderts auf dem Spielplan. Namhafte Regisseure wie Ruth Berghaus, George Tabori, István Szabó, Achim Freyer, Nikolaus Lehnhoff, Willy Decker und Peter Konwitschny haben in unvergesslichen Inszenierungen ihre künstlerischen Handschriften hinterlassen.
Am Pult des Gewandhausorchesters, das in der Oper sowie bei Vorstellungen des von Uwe Scholz geleiteten Balletts musiziert, wirkten und wirken ebenfalls renommierte Dirigenten, denen trotz begrenzter Finanzen ein leistungsstarkes Solistenensemble zur Verfügung steht. Musikalischer Chef der Oper ist gegenwärtig der russische Dirigent Michail Jurowski.
Neben dem innerstädtischen Opernhaus gehören auch die im Haus Dreilinden beheimatete Musikalische Komödie und eine Ballettschule zur Oper Leipzig.

OPER LEIPZIG
Opernhaus
(mit den zusätzlichen Spielstätten Kellertheater, Drehscheibe, Konzertfoyer, Probebühne II)
Augustusplatz 12
04109 Leipzig
Besucherservice
PF 100346,
04003 Leipzig
Telefonservice:
0341/12 61-261
(Mo - Fr 8-20 Uhr,
Sa 10-16 Uhr)
Servicefax:
0341/12 61-300
E-Mail: oper@leipzig-online.de
Internet: http://www.leipzig-online.de/oper
Kassenöffnungszeiten:
Mo - Fr 10 - 20 Uhr
Sa 10 - 16 Uhr

Mut auf Zukunft

Tradition und Gegenwart geben in Leipzig gleichermaßen den Ton an. Die reiche Geschichte dieser Musenstadt in Sachsen sowie die vielversprechenden Chancen von heute machen Einwohnern und Gästen Mut auf eine großartige Zukunft. Seit Jahren keimt begründete Hoffnung, dass Leipzig wieder den ihm gebührenden Rang im europäischen Kulturleben einnehmen wird.

300 Jahre Operngeschichte

Leipzigs Operngeschichte nahm 1693 mit der Einweihung des ersten Opernhauses am Brühl unter Kapellmeister Nicolaus Adam Strungk ihren Anfang. Diesem Gebäude war leider kein allzu langes Leben beschieden. Nur bis 1720 gab man hier Opernvorstellungen, neun Jahre später musste es abgerissen werden. Natürlich wurde weiterhin Musiktheater in der Stadt gepflegt.

Haus Dreilinden/
Musikalische Komödie
siehe Seite 89

»Ich glaube an kein wütend Heer. – Freund! Warst Du nie im Leipziger Parterr'?«
Abraham Gotthelf Kästner über das Leipziger Theater

Die Schauplätze allerdings wechselten in der Zwischenzeit mehrfach, bis 1960 an der Stelle des kriegszerstörten Neuen Theaters das heutige Opernhaus als erster Theaterneubau der DDR eröffnet worden ist.
Drei Jahrhunderte Opernleben, das bedeutet eine wechselvolle Entwicklung, für die als Eckpunkte die frühen Opern Georg Philipp Telemanns, die Singspiele Johann Adam Hillers, die Opern Albert Lortzings, Heinrich Marschners und Richard Wagners (der in seiner Geburtsstadt so manchen Strauß auszufechten hatte, ehe sein Werk hier auf die Bühne kam) und immer wieder auch beachtliche Uraufführungen zu nennen sind. So kamen in der ersten Hälfte unseres Jahrhunderts neben Werken des »Tiefland«-Komponisten Eugen d'Albert immerhin auch Opern von Ernst Krenek und Kurt Weill heraus, wurde Carl Orff uraufgeführt. Die Hinwendung zur zeitgenössischen Musikdramatik hat bis heute an Bedeutsamkeit nichts verloren. Im Gegenteil: Avantgarde wird als Gebot der Zeit verstanden.

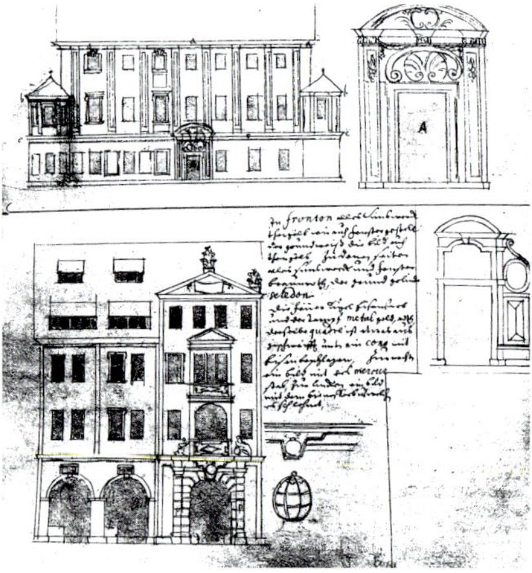

Erstes Leipziger Opernhaus, Reproduktion nach Architekturzeichnungen von Christoph Pitzler

Umstrittener Anfang

Leipzigs Operngeschichte ist von Anfang an durch den bürgerlichen und merkantilen Charakter der Handels- und Messestadt geprägt worden. Nie ging es hier um höfische Repräsentanz, sondern um Zeittheater mit Aussagekraft und hohem Schauwert. Natürlich blieb dies nicht frei von Berührungsängsten. So bangten die Ratsherren wie die Kirchenoberen, die Universitätsprofessoren wie die Familienväter, dass mit dem Künstlergesindel auf der Bühne auch unbotmäßige Zuchtlosigkeit im Publikum Einzug halten könne. Folglich war die erste Spielerlaubnis eher eine Beschränkung: Aus Sorge um das moralische Wohl der Studenten wurden von den Stadtoberen enge Konzessionen erteilt. Am freiesten war das Leipziger Theaterleben wohl stets zu den Messezeiten. Aus der Ferne angereiste Gäste zu verwöhnen, war schließlich schon immer ein guter Grund für eigene Lockerheit. Denn die Aussteller und Händler sollten zur nächsten Messe wiederkommen und möglichst daheim viel Reklame für Leipzig machen. Das erste Leipziger Opernhaus, für das Kapellmeister Nicolaus Adam Strungk im Jahr 1693 das kurfürstlich-sächsische Privileg erhielt, diente damaligen Quellen zufolge vornehmlich der weit verzweigten Familie Strungks zu eigener Darstellung; ein Großteil des Gesangsensembles trug denselben Namen oder aber war mit den Strungks verschwägert. Auch auf dem Spielplan fanden sich wiederholt Stücke aus der Feder des nicht zuletzt auf pekuniären Erfolg hoffenden Kapellmeisters, der in diesem Wunsch allerdings enttäuscht blieb und mitunter sogar Geld zuschießen musste. Und dies trotz kurfürstlicher Unterstützung aus dem nahen Dresden!

Figurinen zur Leipziger Erstaufführung von Mozarts Zauberflöte

Verbürgt ist die Anwesenheit Johann Wolfgang Goethes – seinerzeit noch Student in Leipzig – bei der Eröffnung des »Theaters auf der Ranstädter Bastei« am 6. Oktober 1766. Dieser nach Dresdner Vorbild errichtete Bau bot fast 1.200 Zuschauern Platz, besaß Parkett und vier Ränge. Er wurde später mehrfach umgebaut und diente als das »Alte Theater« bis zu seiner Zerstörung im Zweiten Weltkrieg zunehmend dem Schauspiel.

»Comoedienhaus auf der Ranstedter Bastey« eröffnet 1766, kolorierter Stich von C. B. Schwarz, 1784

Für das Musiktheater wurde im 19. Jahrhundert ein Neubau zwischen Schwanenteich und Augustusplatz (der fortan als einer der schönsten Plätze Europas galt!) errichtet – das Neue Theater. Es entstand nach Plänen von Oberbaurat Carl Ferdinand Langhans d. J. und wurde am 28. Januar 1868 eingeweiht. Ein gut durchdachtes Raumprogramm zeichnete es aus. Unter seinem Dach fanden alle für den Theaterbetrieb notwendigen Einrichtungen Platz. Ungewöhnlich geräumig war die Bühne mit einer Fläche von 700 Quadratmetern. Der von aufwendig gestalteten Proszeniumslogen gerahmte Zuschauerraum fasste insgesamt 2.000 Besucher. Ab 1912 wurde das Neue Theater ausschließlich als Opernhaus genutzt.

Das Neue Theater in Leipzig, Originalzeichnung von F. Langhans um 1860

Georg Philipp Telemann

Wagner-Theater in der Wagnerstadt?

Zeitgeschmack hat auf der Opernbühne immer eine große Rolle gespielt. Ein halbes Jahrhundert nach dem Wirken der Kapellmeister und Komponisten Strungk und Telemann gaben die Singspiele des Johann Adam Hiller den Ton an. Dieser war im städtischen Kulturleben längere Zeit geradezu allgegenwärtig. Er komponierte heitere Stücke für die Opernbühne, ging als erster Gewandhauskapellmeister in die Geschichte ein und leitete schließlich mit großem Erfolg den berühmten Thomanerchor als einer der Nachfolger von Thomaskantor Bach.

Johann Adam Hiller

Zu Beginn des vorigen Jahrhunderts schrieb sich Heinrich Marschner in die Operngeschichte ein, die Leipziger Uraufführungen seiner romantischen Opern wurden seinerzeit heftig bejubelt. Er ist heutigentags nahezu vergessen, im Unterschied zu Albert Lortzing, der nach wie vor zu den häufig gespielten Opernkomponisten zählt. Unvergessen sind beispielsweise »Zar und Zimmermann« und »Der Wildschütz«.

Albert Lortzing

Der 1813 in Leipzig geborene Dichter-Komponist Richard Wagner hatte es in seiner Heimatstadt anfangs gar nicht leicht. Sein Werk wurde hier zunächst verschmäht und ist erst in der Folge berühmter Bayreuth-Inszenierungen so recht gewürdigt worden. Den Durchbruch erzielte Angelo Neumann, der 1876 nach Leipzig kam und sich für die erste Komplettaufführung von Wagners Tetralogie »Der Ring des Nibelungen« außerhalb Bayreuths engagierte – Versöhnung für Richard Wagner. Ähnlich ambitionierte Förderung genoss sein Werk auch später unter Leitung von Gustav Brecher und Walther Brügmann, die in den 20er und frühen 30er Jahren unseres Jahrhunderts dem Leipziger Opernleben gehörig Aufwind verschafften.

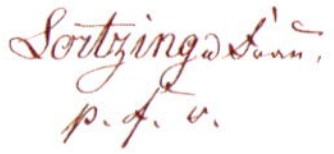

Visitenkarte des Ehepaares Lortzing, um 1840

Ankündigung der »Ring«-Aufführung 1878

Hedwig Reicher-Kindermann als Brünnhilde

Unter ihrer Ägide sind prononcierte Wagner-Inszenierungen bekannt geworden. Aber auch Uraufführungen - 1927 »Jonny spielt auf« von Ernst Krenek, 1930 »Aufstieg und Fall der Stadt Mahagonny« von Bertolt Brecht und Kurt Weill sowie andere neue Werke – sorgten für Schlagzeilen, mitunter auch für manch ausgewachsenen Theaterskandal.

Zwischen Anbiederung und Verbot

In der Nazidiktatur geriet dann wohl jeder Kunstbetrieb zum Drahtseilakt zwischen Anbiederung und Verbot, dennoch stehen herausragende Arbeiten wie der vollständige Zyklus aller Bühnenwerke Richard Wagners 1938 auch aus dieser Zeit im Buch der Leipziger Operngeschichte. So wurden noch Ende 1943 Carl Orffs »Catulli Carmina« hier uraufgeführt, choreografiert von der damaligen Ballettmeisterin Tatjana Gsovsky, kurz vorher kam Orffs »Carmina burana« in der Choreografie von Mary Wigmann zur Leipziger Erstaufführung.

Im Dezember 1943 wurde das Neue Theater beim Bombardement Leipzigs zerstört, fand aber im 1960 eröffneten neuen Opernhaus am Augustusplatz einen würdigen Nachfolger.

OPER LEIPZIG
Haus Dreilinden/
Musikalische Komödie
Dreilindenstr. 30
04177 Leipzig
Besucherservice:
Servicetelefon:
0341/12 61-115
E-Mail: oper@leipzig
online.de
Internet: http://www.
leipzig-online.de/oper
Kassenöffnungszeiten:
Di - Fr 16 - 19 Uhr

Haus Dreilinden: Die traditionsreiche Spielstätte der Musikalischen Komödie befindet sich im Leipziger Westen. Schon im 19. Jahrhundert galt der Ort, damals ein beliebtes Gasthaus mit Biergarten und Saal, als vergnügliches Domizil für die amüsierfreudigen Leipziger. 1912 wurde das Anwesen von einem Brauereiunternehmen als Festsaal mit Bühne, Bierschwemme und Weinlokal auf den Emporen komplett umgestaltet und einige Jahre später als Varieté-Theater eröffnet.

Neuanfang im Sinne der Tradition

Nach Kriegsende zog die Oper ins Haus Dreilinden ein, das unter wechselnden Namen als Spielstätte des Musiktheaters florierte, bis am Augustusplatz das neue Opernhaus eröffnet werden konnte. Auch dort wurde Bemerkenswertes geleistet: Zu erwähnen sind die Aufführungen der Tschaikowski-Opern »Die Zauberin« und »Mazeppa« sowie die Einstudierung mehrerer Wagner-Opern, um nur einiges zu nennen.

Ab 1960 wurden im Haus Dreilinden überwiegend Operetten und Musicals sowie Spielopern aufgeführt.
Der nunmehr über sechs Jahrzehnte betriebene Theaterbau ist ab 1991 in mehreren Phasen saniert worden und heute Spielstätte der zur Oper Leipzig gehörenden Musikalischen Komödie.

Die Oper Leipzig am Augustusplatz

Der erste Theaterneubau der DDR

Doch schon Anfang 1950 plante der DDR-Ministerrat, in Leipzig ein wesentlich größeres Opernhaus erbauen zu lassen. Nach langen Streitigkeiten entschloss man sich, den Warschauer Architekten Biganski zu beauftragen. Nach Erarbeitung eines zweiten Vorprojektes durch den Leipziger Architekten Kunz Nierade und den Berliner Theaterbauspezialisten Kurt Hemmerling entstand im Juni 1956 der Ausführungsentwurf. Die Oper bot sich nun als ein kompakter Bau ohne ausladende Seitenflügel dar, der sich mit seinem Volumen souverän im städtischen Raum behauptete, ohne seine Umgebung zu erdrücken. Das Richtfest wurde am 20. Dezember 1958 gefeiert. Am 8. Oktober 1960 wurde dann nach fünfjähriger Bauzeit die für eine Summe von 44,6 Millionen Mark errichtete Spielstätte mit einem Festakt eingeweiht. Das neue Haus ist außen wie innen von gewaltigem Format, bietet jetzt knapp 1.500 Zuschauern Platz und verfügt über eine der größten Opernbühnen.

Ballettschule der Oper Leipzig Berufsfachschule für Bühnentanz
Bautzner Str. 67
04347 Leipzig
Tel.: 0341/2 32 39 09
Fax: 0341/2 32 39 94

Die Ära Joachim Herz

In den 60er und 70er Jahren, die als Ära Joachim Herz in die Geschichte eingegangen sind, wurde hier eine bedeutsame Wagner-Pflege gefördert. Die großartigen Ausstattungsopern bieten noch heute Gesprächsstoff. Allein die Eröffnung des Hauses 1960 mit den »Meistersingern von Nürnberg« durch Herz gilt als wichtiger Neuansatz für eine lebendige Wagner-Interpretation. Ähnliches lässt sich auch von der Herz-Inszenierung des »Rings« sagen, zwischen 1973 und 1976 zum einhundertjährigen Jubiläum der ersten Bayreuth-Aufführungen einstudiert. Und Händels »Xerxes«, 1972 ebenfalls von Herz inszeniert, muss im Nachhinein als das erste europaweite Aushängeschild der Leipziger Oper gelten: Bühnen von Genua bis Kiew, von Ljubljana bis Lissabon luden zu Gastspielen ein. Auch später ist Leipzigs Musiktheater mehrfach in Ost-, West- und Süd-Europa unterwegs gewesen.

»Wir sehen in der Oper mehr als ein verfeinertes Mittel des Genusses. Keinem bewusstlosen Rausch soll sich der Zuhörer und Zuschauer hingeben, sondern er soll menschliche Konflikte miterleben, soll mitdenken und miturteilen.«
Joachim Herz 1960 zur Eröffnung des neuen Opernhauses

Szenenfoto aus Wagners »Götterdämmerung« in der Inszenierung von Joachim Herz, 1978

Suche nach Wahrhaftigkeit

Zunehmend, auch bedingt durch die Berufung von Joachim Herz an die Komische Oper Berlin und seine damit verbundene, unfreiwillige Abkehr von Leipzig, orientierte sich das hiesige Musikleben im Verlaufe der 80er Jahre stark auf die Konzerttätigkeit des Gewandhausorchesters. Dieser weltberühmte Klangkörper ist traditionell das Opernorchester, kann also nach wie vor sowohl vis-à-vis im Neuen Gewandhaus als auch im Opernhaus am Augustusplatz erlebt werden.

Vor allem Günter Lohse und Uwe Wand sorgten freilich mit einer gewissen Kontinuität für szenische Lichtblicke: Gershwins »Porgy and Bess« und Bernsteins »West Side Story« kamen heraus. Entdeckungen gab es von Opernkomponisten wie Fritz Geißler, Karl Ottomar Treibmann und Gottfried von Einem, später auch von Wolfgang Rihm und Udo Zimmermann.

Eine Neubesinnung auf das Geschehen der Opernbühne, die Belebung des Repertoires sowie eine wohlverdiente Förderung des zeitgenössischen Musiktheaters – all dies verbunden mit hohem ästhetischen Anspruch und der Suche nach Wahrhaftigkeit in der Interpretation – ließen nach der sogenannten gesellschaftlichen Wende von 1989 im deutschen Osten auch grundlegende Veränderungen der Leipziger Oper erkennbar werden.

»Wir haben nun 1 1/2 Jahre lang getreu unserem Beschluss allen Anordnungen der Intendanz uns gefügt [...] Überblicken wir nun aber die Folgen unserer erwiesenen Bereitwilligkeit, uns allem zur Verfügung zu stellen, so müssen wir vorerst eine bedeutende Dienstvermehrung feststellen, die, sollte der bestehende Opernspielplan auch während der Gewandhaussaison zur festen Norm werden, für uns zur direkten Gefahr werden kann.«

Klage der Gewandhausmusiker an den Rat der Stadt, Oktober 1913
Aus: Stadtarchiv Leipzig, Kapitel 32, Nr. 24, Bd. 1, S. 8 gf

Udo Zimmermann, Intendant der Oper Leipzig

Udo Zimmermann hat künstlerisch vieles möglich gemacht in Leipzig. Er hat hier Visionen verwirklicht, von denen andere Häuser (auch größere) nicht einmal zu träumen gewagt hätten. Er machte dieses Haus zum Laboratorium für eine Art zeitgenossenschaftliche Bestandsaufnahme des Musiktheaters: alte Stücke, völlig neu beleuchtet (dafür sorgte die Regie-Crème) und natürlich immer wieder neues Musiktheater, klassisch modern (etwa Schönbergs »Moses und Aron« in Taboris traumhafter Inszenierung), monumental neu (wie die deutsche Erstaufführung von

Oper im Aufwind

Seit 1990 wird die Oper Leipzig vom Komponisten und Dirigenten Udo Zimmermann geleitet. Der aus Dresden stammende Künstler setzte unter dem vielpropagierten Motto »Oper im Aufwind« auf ein avanciertes Konzept anspruchsvollen Musiktheaters, mit dem er seit Beginn seiner Intendanz Aufsehen erregte. Zimmermann war ehrgeizig genug, die Oper Leipzig in die vorderste Linie der europäischen Häuser bringen zu wollen. Eine Vielzahl erfolgreicher Produktionen – darunter über 20 Werke der Gegenwart! – hat dies bisher bewiesen. So ist es ihm auch gelungen, namhafte Sängerinnen und Sänger, Tänzerinnen und Tänzer, Dirigenten, Regisseure und Bühnenbildner, die zur internationalen Elite zählen, nach Leipzig zu verpflichten.

Gleichsam programmatisch verhieß die Wiederaufführung von Ernst Kreneks »Jonny« den Aufbruch in eine neue Welt. Eine wohlverdiente Folge war, dass schon bald darauf die Welt nach Leipzig kam: Theaterleute, Fachpublikum und auch ein stetig wachsender Strom von Theatertouristen. Spektakulär ging 1993 das Jubiläum »300 Jahre Leipziger Oper« über die Bühne. Nicht weniger als sieben Premieren – darunter zwei Uraufführungen – standen allein in den Festwochen an und bescherten den Leipzigern erstmals den Titel »Opernhaus des Jahres«.

Solch Lorbeer ist ein hoher Ansporn und will – auch unter dem zunehmend den Kunstprozess beeinträchtigenden Spardiktat – verteidigt werden! Wiederholt ging Leipzig durch die Weltpresse, sei es mit den deutschlandweit einzigen Uraufführungen von Karlheinz Stockhausens Opernschaffen (bislang nur in der Mailänder Scala), sei es mit interessanten Regiehandschriften für ein unverwechselbares Repertoire. Seit der ’93er Uraufführung von »DIENSTAG« aus dem Zyklus »LICHT (Die sieben Tage der Woche)« gilt die Oper Leipzig als Pilgerstätte der Stockhausen-Fans und belohnte sie im Herbst 1996 mit Stockhausens »FREITAG«.

Musiktheater der Extreme

Wiederholt hat das respektvolle Wort vom Musiktheater der Extreme die Runde gemacht. Dass es berechtigt ist, belegt allein die Nennung wichtiger Inszenierungen im vergangenen Dezennium: George Tabori setzte mit seiner Sicht auf Schönbergs »Moses und Aron« prägende Maßstäbe, Ruth Berghaus hinterließ der Theaterwelt ihr künstlerisches Vermächtnis mit einer eigenwilligen »Fledermaus«, zuvor erarbeitete sie den Opernerstling von Jörg Herchet »Nachtwache«, dem später »Abraum« in der Regie von Peter Konwitschny gefolgt ist. Diesem Regisseur hat Leipzig gleich ein ganzes Spektrum brisanter Inszenierungen zu verdanken: Puccinis »Bohème«, Bartóks »Blaubart«, Schönbergs »Erwartung«, Tschaikowskis »Onegin« ... Den kompletten Da-Ponte-Zyklus der Mozart-Opern hat John Dew hier in Szene gesetzt (und damit auch die Bildschirme von ARD und Arte erobert), Nikolaus Lehnhoff erarbeitete spannende Strauss-Abende, Alfred Kirchner, Nicolas Brieger, Andreas Homoki wirkten mehrfach als Gastregisseure und bereicherten das Repertoire mit eindrucksvollen Produktionen, Gottfried Pilz brachte die deutsche Erstaufführung von Messiaens »Saint François d'Assise« heraus, Achim Freyer sorgte mit der Schnebel-Uraufführung »Majakowskis Tod – Totentanz« für Aufsehen und rehabilitierte 1999 Robert Schumann als Opernkomponisten. Uwe Wand schließlich zeichnet für die erste Uraufführung im Jahr 2000 verantwortlich, indem er »Dimitri« von Luca Lombardi auf die Bühne am Leipziger Augustusplatz bringt.

Olivier Messiaens »Saint François d'Assise«) oder gar gänzlich unerhört wie die vielen Uraufführungen (je zweimal Stockhausen und Herchet, Schnebel, Lombardi und so fort).
Peter Korfmacher

Szene aus »Der Rosenkavalier« von Richard Strauss

Die Oper als Gastgeberin und auf Gastspielreisen

Des weiteren wäre die Mitwirkung der Oper Leipzig an den alljährlichen Jazztagen zu nennen, wo es auch in diesem Rahmen Uraufführungen gab: Das Szenische Klangereignis »Survival Songs« von David Moss und Bert Noglik 1996, 1997 »Jazz Japan«, 1998 »Bach now!« mit Joachim Kühn und dem Thomanerchor, »Cape Town Traveller« 1999 mit Abdullah Ibrahim.

Szene aus der Oper »Genoveva« von Robert Schumann, Premiere 16.10. 1999

Von Gastspielreisen könnte die Rede sein, so beim Jerusalem Festival und an mehreren europäischen Bühnen, Tourneen des Balletts in die Schweiz, die USA und nach Frankreich wären ebenso zu erwähnen wie die regelmäßigen Ausflüge der Musikalischen Komödie durch den deutschsprachigen Raum ... Da jede Aufzählung lückenhaft bleiben muss, sei allen Interessenten eines lebendigen Musiktheaters geraten, sich selbst ein Bild zu machen, zu schauen und zu hören. *Michael Ernst*

Auf einen Blick:
Pächter, Direktoren und Intendanten des Leipziger Musiktheaters seit 1693:

1693	**Nicolaus Adam Strungk** (1640 - 1700) **und Consortium**
1700	**Witwe Strungk und Consortium**
1701	**Georg Philipp Telemann** (1681 - 1767)
1705 - 1720	**Melchior Hoffmann, Johann David Heinichen** (1683 - 1729), **Johann Georg Pisendel** (1687 - 1755), **Melchior Hoffmann, Johann Gottfried Vogler**
ab 1744	**Angelo** (geb. um 1700) **und Pietro** (geb. um 1702) **Mingotti**
ab 1753	**nur Gastspiele, u.a. Giovanni Battista Locatelli** (geb.1713 - nach 1790)
1749	**Heinrich Gottfried Koch** (1705 - 1775)
ab 1768	**nur Gastspiele (u. a. Impressario Bustelli, ab 1774 vor allem Theophilus Doebbelin und Abel Seyler)**
1775	**Abel Seyler**
1777	**Johann Christian Brandes** (1735 - 1799), Übergangslösung für zwei Monate
ab 1777	**Pasquale Bondini** (1731 - 1789), **ab 1787 Joseph Seconda** (Winterbespielung)
1789	**Franz Seconda** (geb. 1755), **Joseph Seconda (Winterbespielung)**
1817	**Dr. Karl Theodor (von) Küstner** (1784 - 1864)
1828	**Eduard Genast »Theater der Stadt Magdeburg in Leipzig«**
1829	**»Königlich Sächsisches Hoftheater zu Leipzig« unter der Dresdner General-direktion mit Wolf Adolf von Lüttichau – in Leipzig als sein Vertreter Clemens Remie**
1832	**Friedrich Sebald Ringelhardt** (1785 - 1855)
1844	**Dr. med. Carl Christian Schmidt** (1792 - 1855)
1849	**Rudolph Bernhard Wirsing** (geb.1808)

1864	**Theodor von Witte**
1869	**Heinrich Laube** (1806 - 1884)
1870	**Friedrich Haase**
1875	**Dr. August Förster** **Angelo Neumann** als Operndirektor (1838 -1910)
1882	**Max Staegemann** (1843 - 1905)
1905	**Witwe Staegemann mit Robert Volkner** als Schauspieldirektor und **Arthur Nikisch** als Direktor für Oper und Operette
1906	**Robert Volkner**
1910	**Beginn der Städtischen Intendanz**
1912	**Max Martersteig** (geb.1853) **Otto Lohse** als Operndirektor (1858 - 1925)
1918	**Wolfgang Alexander Meyer-Waldeck**
1919	**Stadtrat Dr. Guido Barthol** leitet Intendanzgeschäfte mit **Otto Lohse** als Operndirektor, **Alwin Kronacher** als Schauspieldirektor und **Josef Groß** als Direktor der Operette
1920	**Dr. Guido Barthol,** ab 1923 **Gustav Brecher** (1879 - 1940) als Operndirektor bis 1933
1933	**Dr. Hans Schüler**
1947	**Dr. Max Krüger**
1950	**Max Burghardt** (1893 - 1977), **Heinrich Voigt** als Operndirektor bis 1959
1950/51	**Beginn Generalintendanz** bis 1989
1954	**Johannes Arpe** (1897 - 1962)
1957/58	**Direktorium**
1959	**Karl Kayser** (1914 - 1995), **Joachim Herz** (geb. 1924) als Operndirektor bis 1976
ab 1990	**Udo Zimmermann** (geb. 1943)

Die »Ära Kegel« ebnete dem Rundfunk-Sinfonieorchester (RSO) Leipzig den Weg an die Spitze deutscher Sinfonieorchester. Hier das RSO unter der Leitung von Chefdirigent Herbert Kegel in der Leipziger Kongresshalle im Jahre 1975.

Die Zukunft braucht Visionen

Das MDR-Sinfonieorchester ist das dienstälteste Rundfunkorchester Deutschlands

Ein zweites Orchester mit ständigen Konzerten in der Stadt zu haben, wünschten sich Leipzigs Bürger schon im 18. Jahrhundert. Mehrfach wurde es versucht, gelang aber erst mit Entstehen des Rundfunks. 1924 nahm der Leipziger Sender das Leipziger Sinfonieorchester unter Vertrag, aus dem sich seitdem ein Spitzenklangkörper von internationaler Ausstrahlungskraft entwickelt hat. »Das Einzige, was zählt, ist Qualität!« Fabio Luisi, seit der Jubiläums-Spielzeit 1999/2000 für fünf Jahre als Chefdirigent und künstlerischer Leiter des MDR-Sinfonieorchesters verpflichtet, weiß, auf welch verantwortungsvolle Aufgabe er sich eingelassen hat.

Das »zweite Sinfonieorchester«

Von den studentischen Collegia musica über Militärmusik, die Konzertgesellschaft »Euterpe«, den Leipziger Konzertverein und mehrere philharmonische Orchester führt ein langer Weg bis zum heutigen Rundfunk-Sinfonieorchester des MDR und seinen vielbesuchten Konzerten.

MDR Hauptabteilung Klangkörper mit MDR-Chor, MDR-Kammerphilharmonie, MDR-Kinderchor, MDR Sinfonieorchester
Springerstr. 22-24
04105 Leipzig
Tel.: 0341/3 00 57 53
E-Mail: mdr-klangkoerper@mdr.de
Internet: http://www.mdr.de/klangkoerper

Die lange Reihe der Vorgänger

Auch nach Einrichtung des »Großen Concerts« spielten im 18. Jahrhundert kleinere Musiziergemeinschaften weiterhin in den Caféhäusern der Innenstadt. Vor allem die 1824 gegründete Konzertgesellschaft »Euterpe« ist zu erwähnen. Sie bestand bis 1886. Die Dirigenten waren junge Musiker, die ihre Position kaum länger als fünf Jahre innehatten. Auch das Orchester bestand vorwiegend aus Anfängern. 1838 wurde mit dem Grossen Saal der Buchhandelsbörse ein den damaligen Ansprüchen genügender Konzertsaal gefunden. Nach Gründung des Konservatoriums (s. Seite 151 ff.) im Jahre 1843 boten die »Euterpe«-Konzerte auch dessen Absolventen eine willkommene Möglichkeit, Orchestererfahrungen zu sammeln.

Die Programme waren denen des Gewandhauses recht ähnlich. Schon 1831 schrieb die ebenfalls in Leipzig erscheinende »Allgemeine Musikalische Zeitung« vom gerühmten Orchesterverein junger Musiker, »der uns, oft sehr wohlgelungen, selbst Beethovens Symphonien und die neusten, auch nicht selten noch ungedruckten Erzeugnisse der Kunst, zu Gehör bringt«. Zu den ungedruckten gehörte 1833 die vom 18-jährigen Richard Wagner geschriebene Sinfonie C-Dur, die im Jahr darauf dann im Gewandhaus gespielt wurde. Nach 1860 erklangen in den »Euterpe«-Konzerten auch Werke von Franz Liszt, Richard Wagner und Hector Berlioz, die zu jener Zeit im Gewandhaus nicht oder selten gespielt wurden.

Das Philharmonische Orchester in der Alberthalle

»Für alle Orchester auf privater Grundlage ... war das größte Problem die Saison- oder Sommerpause. Wurde für diese Zeit keine ausreichende Beschäftigung etwa als Kur- oder Unterhaltungsorchester gefunden, löste sich das Ensemble de facto am Saisonschluss auf und musste für die nächste Spielzeit neu gegründet werden.«
Aus: Mitteldeutscher Rundfunk. Die Geschichte des Sinfonieorchesters. Altenburg, 1999, S. 10

Nach Auflösung des zuletzt von der Klavierbaufirma Julius Blüthner (siehe S. 135ff.) finanziell unterstützten Konzertvereins gingen die Bemühungen um ein zweites Leipziger Orchester weiter. Der 1886 gegründete Franz-Liszt-Verein trat jährlich mit einigen, vor allem dem Namenspatron gewidmeten Konzerten an die Öffentlichkeit, für die er jeweils Leipziger Musiker gewann.

Nach mehreren Versuchen gelang es 1896 dem damals 30-jährigen Kapellmeister Hans Winderstein mit Unterstützung einiger Mäzene ein Philharmonisches Orchester mit 60 Musikern zu gründen. Da die Mitglieder aber nur für die Wintersaison verpflichtet werden konnten, gab es alljährliche Veränderungen in Stärke und Besetzung.

Die Alberthalle im 1882 erbauten Krystallpalast, ein 3000 Besucher fassender Saal, stand dem Philharmonischen Orchester für seine anspruchsvolleren Konzerte zur Verfügung. Noch ehe Arthur Nikisch 1906 erstmals eine Sinfonie Gustav Mahlers im Gewandhaus aufzuführen wagte, hatte Winderstein bereits die dritte und sechste dieses Meisters zu Gehör gebracht. Neben den großen Konzerten fanden im Krystallpalast auch populäre Aufführungen einfacher sinfonischer Stücke oder von Kompositionen so beliebter Meister wie Johann Strauß statt. Ab 1898 veranstaltete Winderstein – 17 Jahre vor Arthur Nikisch im Gewandhaus – sinfonische Konzerte für Arbeiter und gewann dafür 7.000 Interessenten.

Existenzprobleme bereitete dem Orchester immer wieder die Finanzierung, vor allem während der Sommermonate. Erst als das Orchester 1905 alljährlich als Kurkapelle nach Bad Nauheim verpflichtet wurde, war sein Bestand bis 1914 gesichert. Versuche Windersteins, es in der Nachkriegssituation neu aufzubauen, scheiterten an der mangelnden Courage des Rates der Stadt.

Erst 1919 entstand unter Leitung von Hans L'Hermet ein neues Philharmonisches Orchester. Es hatte zwar ebenfalls ständig Finanzprobleme, konnte aber 1934 sein 15-jähriges Bestehen feiern.

Das Grotrian-Steinweg-Orchester

Mit Unterstützung der Klavierbaufirma Grotrian-Steinweg förderte 1920 der Leipziger Konzertverein die Bildung des gleichnamigen Orchesters, für das Hermann Scherchen als Dirigent gewonnen wurde. Scherchen lobte stets den großen Einsatzwillen der Musiker, fand deren Leistungsfähigkeit aber begrenzt. Sein Eintreten für damals neueste Werke von Paul Hindemith, Arthur Honegger, Igor Strawinsky stellte zudem besonders hohe Anforderungen, die er zunächst durch konzentrierte Arbeit und viele Proben zu bewältigen suchte. Doch was er wollte, konnte er nicht realisieren. Und die kurzweiligen Programme im Palmengarten und im Zoo, notwendig für den Orchesterunterhalt, interessierten wiederum ihn nicht. 1922 übernahm er die Leitung der Frankfurter Museumskonzerte. Das Grotrian-Steinweg-Orchester konnte sich nicht halten.

Am 1. 3. 1924, pünktlich zu Beginn der Leipziger Frühjahrsmesse, ertönte zum ersten Mal die Stimme des Mitteldeutschen Rundfunks im Äther. Er ist damit nach dem Berliner Rundfunk, der am 29. 10. 1923 zu senden begann, die zweitälteste Rundfunkanstalt Deutschlands. Gesendet wurde zunächst aus dem Gebäude der Alten Waage am Leipziger Markt.

Das Leipziger Sinfonieorchester mit Alfred Szendrei

Nach verschiedenartigen Überlegungen, an denen auch der Thomaskantor Karl Straube und der Gewandhauskapellmeister Arthur Nikisch maßgeblich beteiligt waren, wurde am 6. Januar 1923 die »Leipziger Orchestergesellschaft« gegründet, zu deren 13 Gesellschaftern die Klavierfabrikanten Blüthner, Feurich und Irmler sowie der Verlag Breitkopf & Härtel (siehe S. 135 ff., S. 208) gehörten. Diese Gesellschaft bildete Anfang 1923 das »Leipziger Sinfonieorchester« und bezog dabei Mitglieder des in Auflösung befindlichen Philharmonischen Orchesters ein. Der junge Emil Bohnke übernahm die Leitung. Das »Leipziger Sinfonieorchester« musizierte ebenfalls in der Alberthalle. An den Gewandhaus-Konzerttagen übernahm es dessen Dienst im Opernhaus. Doch am Ende der Spielzeit 1923/24 drohte auch diesem Klangkörper das Aus.

Die Rettung kam vom Rundfunk. Die Mitteldeutsche Rundfunk-Aktiengesellschaft (MIRAG), zweitältester deutscher Sender, nahm einen raschen Aufschwung. Am 17. Oktober 1924 trat sie der Leipziger Orchestergesellschaft bei und wurde Hauptauftraggeber des Leipziger Sinfonieorchesters. Zu dessen Chefdirigenten berief sie den aus Ungarn stammenden Kapellmeister Alfred Szendrei.

Alfred Szendrei

»Unser Rundfunk hier in Sachsen Ist das Scheenste, was es gibt. Kinder, macht bloß keene Faxen, Wenn Ihr unsern Rundfunk liebt!«
Aus der Zeitschrift »Die Mirag«, November 1924

Übertragungswagen der Mitteldeutschen Rundfunk-Aktiengesellschaft (MIRAG)

Das ungewohnte Spiel vorm Mikrofon

Die ersten Sendeanlagen der Mitteldeutschen Rundfunk AG (MIRAG) befanden sich im Johannishospital, nicht allzu weit entfernt von dem Stadtteil, wo heute das neue Gebäude der MDR-Zentrale steht.

Die 44 Musiker des Leipziger Sinfonieorchesters erhielten zunächst Halbjahresverträge. Schon im Januar 1925 bot der Rundfunk den Orchestermitgliedern Jahresverträge an. Die wurden allerdings erst nach langer Debatte angenommen. Die Orchestermusiker befürchteten damals, das häufige Spiel vorm Mikrofon würde ihre Musikalität beeinträchtigen.

Es verdient Bewunderung, nach welch kurzer Zeit der Leipziger Rundfunk regelmäßig Sinfoniekonzerte ausstrahlte. Sie wurden zunächst fast ausschließlich in der Alten Handelsbörse vor dem Mikrofon gespielt und direkt übertragen, später auch aus größeren Sälen, ab 1931 dann auch aus dem Gewandhaus.

Zwischen 1924 und 1926 fanden insgesamt 108 direkt übertragene Konzerte statt. In den folgenden Jahren waren es jeweils um die 50 pro Spielzeit. Die meisten dirigierte Alfred Szendrei. Er leistete dabei eine enorme Orchestererziehungsarbeit und führte den Klangkörper zu beachtlicher Leistungsstärke. Im Mittelpunkt der Programme standen Meisterwerke des 18. und 19. Jahrhunderts. Auch zeitgenössische Kompositionen bezog er ein. Für groß besetzte Werke verstärkte Szendrei das Orchester auf 60 Musiker. 1931 wurde die 1924 am Funk gebildete Unterhaltungskapelle dem Sinfonieorchester einverleibt. Es wuchs damit auf 73 Mitglieder.

Konzertante Opernaufführungen aus dem Studio

Nachdem seit 1925 bereits Operetten direkt übertragen worden waren, sendete die MIRAG ab 1926 auch Opern konzertant aus dem Studio. Ein Erzähler wurde dabei einbezogen, die Werke zuweilen umgestellt und gekürzt. So entstanden die ersten funkdramatischen Genres. Szendrei setzte sich für selten aufgeführte Opern ein, für »Leonore«, die Urfassung von Beethovens »Fidelio«, für Wagners Frühwerk »Das Liebesverbot«, Händels »Otto und Teofano«, Paisiellos »Barbier von Sevilla«.

Auch oratorische Werke erklangen bereits in der Spielzeit 1925/26 unter Szendreis Leitung: Haydns »Jahreszeiten«, Händels »Messias«, Mendelssohns »Paulus«, Schumanns »Faust«-Szenen, Liszts »Legende von der heiligen Elisabeth«, Brahms' »Ein deutsches Requiem«, die Requiem-Vertonungen von Mozart und Verdi, Bruckners »Te Deum«. Alljährlich führte Szendrei im Dezember das Weihnachtsoratorium, zu Ostern die Johannespassion oder das Osteroratorium von Bach auf. In den 30er Jahren wurden dann alle Bach-Kantaten mit den Thomanern und dem Gewandhausorchester unter Karl Straubes Leitung übertragen.

Als Höhepunkt seiner Rundfunkarbeit, die öffentliche Konzerte einschloss, bezeichnete Szendrei selbst die Aufführung von Arnold Schönbergs großem chorsinfonischen Werk »Gurre-Lieder« am 6. Mai 1929 in der Alberthalle. In Anwesenheit des Komponisten dirigierte er das auf 100 Musiker verstärkte Orchester, die ausgezeichneten Solisten sowie insgesamt 450 Chorsänger.

Am Ende des Jahres 1924 gab es im mitteldeutschen Sendebezirk rund 55.000 Rundfunkteilnehmer, was heißt: viermal so viele Hörer. Etwa acht Stunden täglich wurde gesendet. Zwischen dem Vormittags-, Nachmittags- und Abendprogramm ertönte des Ticken eines Weckers.
Siehe: Mitteldeutscher Rundfunk. Die Geschichte des Sinfonieorchesters. Altenburg, 1999, S. 10

Öffentliche Sinfoniekonzerte

Außer den zahlreichen Direktsendungen aus dem Studio veranstaltete das Leipziger Sinfonieorchester auch öffentliche Konzerte, ab 1926 in der Regel jeweils zwölf in einer Saison. Diese wurden meist von Gastdirigenten geleitet: Bis 1930 ist erneut Hermann Scherchen zu nennen. Zwischen 1930 und 1933 dirigierte Carl Schuricht die meisten Konzerte.

Als Besonderheit sind 1928/29 vier Sinfoniekonzerte ohne Dirigenten hervorzuheben, die für einen zu gründenden Orchesterpensionsfonds veranstaltet wurden. Das erste fand am 28. 4. 1928 in der ausverkauften Alberthalle statt und wurde in Berlin wiederholt. Auch die nächsten beiden Konzerte weckten noch

Programmheft der Leipziger Sinfoniekonzerte unter Carl Schuricht

Aufmerksamkeit. Doch dann wurde das Interesse geringer und die Gründung des Pensionsfonds gelang auch nicht. Diese Aktion war letztlich eine Attacke gegen das primadonnenhafte Wesen mancher Stardirigenten, aber nicht zukunftsträchtig.

Das Leipziger Sinfonieorchester bei einer Probe mit Carl Schuricht im Konzertsaal des Gewandhauses, 1932

Politischer Druck auf den Rundfunk

»Vor kurzer Zeit wurde, wie wir erfahren, der Dirigent des Mitteldeutschen Rundfunkorchesters, Alfred Szendrei, entlassen. Als Veranlassung genügte ein Brief des Leipziger Vorstandes der NSDAP an die MIRAG, in dem aufgefordert wird, Herrn Szendrei sofort von seinem Posten zu entfernen, andernfalls man den Dirigenten mit Gewalt an der Ausübung seines Berufes verhindern wird ...«

Nachricht aus dem »Arbeiter-Sender« 1932, Deutsches Rundfunkarchiv, Frankfurt am Main

Ein erster harter Einschnitt in die Arbeit des Leipziger Sinfonieorchesters datiert vom Herbst 1931. Eine kritische Äußerung Szendreis über Hitler und den Nationalsozialismus war für die hiesige NSDAP Anlass zu der von üblem Rassenhass begleiteten Forderung, Szendrei zu entlassen. Die Leitung der MIRAG gab in vorauseilendem Gehorsam nach – 15 Monate vor Hitlers Ernennung zum Reichskanzler! Auch der Betriebsrat wagte nicht, für den Dirigenten einzutreten. Szendreis Aufgaben übernahmen die bisherigen Hausdirigenten Hilmar Weber und Theodor Blumer. 1933 begann dann im Mitteldeutschen Rundfunk die eigentliche, großangelegte »Säuberungs«-Aktion. Der Intendant Ludwig Neubeck wurde verhaftet und beging nach »offiziellen« Angaben Selbstmord. »Zuverlässige« NSDAP-Mitglieder kamen in Führungspositionen, die übrigen Mitarbeiter wurden eingeschüchtert. Alle KPD-Mitglieder – im Sinfonieorchester waren es sieben – erhielten ihre Entlassung.

Hans Weisbach wird Chefdirigent

Erst im Herbst 1933 kam ein neuer Chefdirigent. Mit Hans Weisbach war ein Mann von Format gewonnen worden. Als Generalmusikdirektor in Düsseldorf hatte er noch zahlreiche Ur- und Erstaufführungen mit Werken inzwischen verbotener Komponisten dirigiert (auch die achte Sinfonie von Gustav Mahler), jetzt stützte er seine Programmgestaltung auf »gesicherte« Positionen. Bevorzugt dirigierte er Werke des 18. und 19. Jahrhunderts. Von Kompositionen des 20. wählte er nur solche aus, gegen die von den herrschenden Kräften nichts eingewendet wurde. Vor allem Sinfoniezyklen (Beethoven, Bruckner, Sibelius) und Opernaufführungen kamen zu Gehör. Dank der verbesserten und weiter reichenden Übertragungstechnik überzeugte deren Klangqualität mehr als je zuvor. Hans Weisbach entwickelte sich dabei zu einem angesehenen Bruckner-Dirigenten.

Nach dem Anschluss Österreichs an Hitler-Deutschland zog es ihn nach Wien. Im Sommer 1939 gab er sein Leipziger Amt auf, zumal der Leipziger Rundfunk-Klangkörper von der Zentral-Instanz nur in die zweite Kategorie deutscher Sinfonieorchester eingestuft worden war.

Dieser Einordnung entsprechend kam 1939 mit Reinhold Merten ein weniger profilierter Dirigent an die Spitze des Orchesters. Er stand 1941 der von Goebbels verfügten Auflösung des Leipziger Sinfonieorchesters machtlos gegenüber. Die Orchestermitglieder blieben zwar formell Angestellte des Leipziger Senders, wurden aber zwangsweise in andere Rundfunk-Sinfonieorchester versetzt, vorzugsweise nach München und zum neu gegründeten Bruckner-Orchester Linz, einem Prestigeobjekt Hitlers.

August 1945: Haydn im Schützenhaus von Taucha

Gerade mal 19 Musiker fanden sich ein, als der ehemalige Funkkapellmeister Fritz Schröder für den 1. Juli 1945 zu einer Probe eingeladen hatte. Unter ihnen befand sich auch der Geiger Kurt Henkels, der dann erster Dirigent des bald gegründeten Rundfunk-Tanzorchesters werden sollte. Am 16. August 1945 fand der erste Auftritt im Schützenhaus Taucha mit Werken von Haydn, Mozart, Mendelssohn und Tschaikowski statt. Im September übernahm Heinrich Schachtebeck die Leitung des inzwischen wieder 46 Mitglieder zählenden Sinfonieorchesters. Unter wechselnden Namen gab es im ersten Jahr 86 Konzerte. In vierzig Vorstellungen von Shakespeares »Sommernachtstraum« wurde erstmals nach zwölf Jahren die Bühnenmusik von Felix Mendelssohn Bartholdy gespielt.

Orchestereigene Instrumente wie Pauken und Harfe waren bereits seit der Auflösung des Orchesters unauffindbar. Kontrabässe und Notenpulte, zunächst im Gewandhaus untergestellt, wurden bei dessen Zerstörung am 20.Februar 1944 vernichtet. Der Fundus an Noten aus dem ehemaligen MIRAG-Haus Markt 8 wies große Lücken auf und an Ersatz war auf absehbare Zeit nicht zu denken.
Erinnerung an die erste Orchesterprobe am 1. 7. 1945 Siehe: Mitteldeutscher Rundfunk. Die Geschichte des Sinfonieorchesters. Altenburg, 1999, S. 91

Orchester-Neugründungen

Trotzdem war die Existenz des Orchesters finanziell nicht gesichert, denn die Bemühungen um Unterstützung durch die Stadt hatten nicht den gewünschten Erfolg. Die Rettung kam wieder vom – inzwischen neu gebildeten – Mitteldeutschen Rundfunk. Am 1. August 1946 stellte der neu erstandene Sender Leipzig 90 Musiker für sein Rundfunk-Sinfonieorchester fest an. In den folgenden beiden Jahren wurden weitere Klangkörper gegründet: Das Rundfunkorchester für einfachere sinfonische Werke, Opern- und Operettenmusik sowie anspruchsvolle Unterhaltungsmusik, das Rundfunk-Unterhaltungsorchester, das Rundfunk-Blasorchester und das schon erwähnte Rundfunk-Tanzorchester sowie der Rundfunkchor und der Rundfunk-Jugendchor.

Das Rundfunkorchester, seit der Vereinigung mit dem Unterhaltungsorchester als Großes Rundfunkorchester bezeichnet, trat mit einer eigenen, aber »Zauber der Musik« genannten Konzertreihe an die Öffentlichkeit.

Bisher verbotene Werke unter Gerhart Wiesenhütter

Zusätzliche Auftrittsmöglichkeiten boten die vom Volksbildungsamt veranstaltete Reihe »Volkskonzerte« sowie – ab Juni 1946 – die Serenaden im Gohliser Schlößchen.

Erster Chefdirigent des nunmehrigen Rundfunk-Sinfonieorchesters Leipzig wurde Gerhart Wiesenhütter. Er führte den Klangkörper 1946/48 wieder zu beachtlicher Leistungsfähigkeit und ließ die zwölf öffentlichen Sinfoniekonzerte einer Spielzeit zu Anziehungspunkten neben den Gewandhauskonzerten werden. Besondere Verdienste erwarb er sich durch Aufnahmen und Aufführungen vieler der von den Nationalsozialisten verbotenen Werke sowie durch sein Engagement für Neues. Hier verdient die eindrucksstarke Uraufführung der dritten Sinfonie von Günther Raphael hervorgehoben zu werden, der als Komponist verboten und vom Landeskonservatorium vertrieben worden war.

Starke Eindrücke hinterließen die ersten Aufführungen der siebenten (Leningrader) und der fünften Sinfonie von Dmitri Schostakowitsch.

Gerhart Wiesenhütters Wunsch, auch in den anderen Besatzungszonen Deutschlands als Dirigent auftreten zu können, führte zu unsachlichen Auseinandersetzungen, die 1948 mit Forderungen nach seiner Entlassung und seinem Weggang endeten.

Hermann Abendroth mit dem RSO Leipzig, Foto um 1955

Gastdirigenten und dann: Hermann Abendroth

Nach einem abwechslungsreichen Gastdirigenten-Jahr wurde im Herbst 1949 der seit drei Jahren in Weimar wirkende ehemalige Gewandhauskapellmeister Hermann Abendroth zum Chefdirigenten verpflichtet. Ihn unterstützte Gerhard Pflüger als zweiter Dirigent.

Nun erlebten die Besucher der 14 öffentlichen Sinfoniekonzerte und die Hörer des Senders Leipzig großartige Aufführungen von Meisterwerken des 18., 19. und frühen 20. Jahrhunderts. Die Interpretation von Sinfonien Mozarts, Beethovens, Schuberts, Bruckners und Brahms' zeichnete sich durch so hohes Niveau wie die des Gewandhausorchesters aus. Abendroth begnügte sich aber nicht mit beispielhaften Klassiker-Aufführungen, sondern dirigierte bis zu seinem Tod im Jahre 1956 auch erstaunlich viele neue Werke. Mit der Kleinen Suite erklang beispielsweise 1955 erstmals ein Orchesterwerk Witold Lutoslawskis in Leipzig.

Im Hinterhof des neuen Rundfunkgebäudes in der Springerstraße entstand der Sendesaal 1, der die weitere Geschichte des Orchesters begleiten sollte. Dort wurde geprobt und vieles für das Rundfunkprogramm aufgenommen.
Siehe: Mitteldeutscher Rundfunk. Die Geschichte des Sinfonieorchesters. Altenburg, 1999, S. 97ff.

Eintreten für zeitgenössische Musik

Noch größer ist die Zahl zeitgenössischer Werke, die Gerhard Pflüger allein in den öffentlichen Sinfoniekonzerten dirigierte. Béla Bartók, Karol Szymanowski und Paul Hindemith sind vorrangig zu nennen, auch der Schweizer Heinrich Sutermeister und der Bulgare Pantscho Wladigeroff. Von der polnischen Komponistin Grazyna Bacewicz erklang die dritte Sinfonie. Nach Gerhart Wiesenhütter setzte sich Pflüger mit der Sinfonia breve und der vierten Sinfonie für Günther Raphael ein. Ernst Hermann Meyer vertraute ihm die Uraufführung seiner gewichtigen, im englischen Exil entstandenen Streichersinfonie an. Neben Ottmar Gerster und Rudolf Wagner-Régeny fanden auch Leipziger Komponisten wie Max Dehnert, Wilhelm Weismann und Fred Lohse in Gerhard Pflüger einen aufgeschlossenen Interpreten.

»Mit dem Sinfonieorchester des Mitteldeutschen Rundfunks in gemeinsamer großer und verantwortlicher Arbeit verbunden zu sein, bedeutet für mich hohe künstlerische Befriedigung und herzliche menschliche Freude ...«
Hermann Abendroth, Eintrag ins Gästebuch des MDR-Sinfonieorchesters am 3. 11. 1949
MDR-Orchesterarchiv

Die Ära Herbert Kegels

Es dauerte nach Hermann Abendroths Tod zwei Jahre, bis sich die Berufung eines neuen Chefdirigenten andeutete. Außer Gastdirigenten leitete Gerhard Pflüger wie bisher einige Anrechtskonzerte, ging aber 1957 nach Weimar. Inzwischen hatte der 1949 zum Chefdirigenten des Rundfunkchores ernannte Herbert Kegel, der seit 1953 auch das Rundfunkorchester leitete, vor allem mit chorsinfonischen Werken Aufsehen erregt. 1958 wurde er zum Ersten (alleinigen) Dirigenten des Sinfonieorchesters ernannt, 1960 schließlich zum Chefdirigenten berufen.

Durch ihn gewannen das Rundfunk-Sinfonieorchester und der Rundfunkchor ein neues, unverkennbar eigenes Profil. Neben den Meisterwerken des 18., 19. und frühen 20. Jahrhunderts erhielt die Gegenwartsmusik noch mehr Raum als bisher. Mit vorbildlicher Genauigkeit studierte Kegel die zeitgenössischen Werke ein, vor keinerlei Schwierigkeiten zurückweichend. Bei chorsinfonischen Kompositionen ging es ihm nicht allein um lupenreine Intonation und ausgeprägte Klangkultur, sondern auch um genaueste Deklamation und unbedingte Textverständlichkeit. Schon 1966 bezeichnete Hans Werner Henze nach der Aufführung seiner Kantate »Novae de infinito laudes« den Rundfunkchor als einen der besten Chöre der Welt.

Herbert Kegel, 1960

1958 wurde der 1920 in Dresden geborene Herbert Kegel »Deutschlands jüngster Generalmusikdirektor« und ständiger Dirigent des Rundfunksinfonieorchesters. 1960 übernahm er dann dessen Leitung ganz.

Hinwendung zum Original

Die Präzision bei der Einstudierung neuer Musik kam auch den klassischen Meisterwerken zu Gute, von denen Herbert Kegel viele erstmals dirigierte. Bei den Werken des 19. Jahrhunderts entfernte er die im Laufe der Zeit aufgetragenen Verdickungen und legte großen Wert auf den originalen Notentext. Ebenso wichtig war ihm die genaue Artikulation; er ließ die üblich gewordenen weiträumigen Phrasierungen nicht gelten. Beethovens Sinfonien erklangen unter Kegels Leitung elastisch und energisch, aber ohne das später aufgesetzte Pathos. Sinfonien von Bruckner und Brahms, auch Werke von Richard Strauss wurden klar strukturiert und in ihrem Stimmengefüge durchhörbar musiziert, ohne an Klangschönheit und Ausdruckskraft zu verlieren.

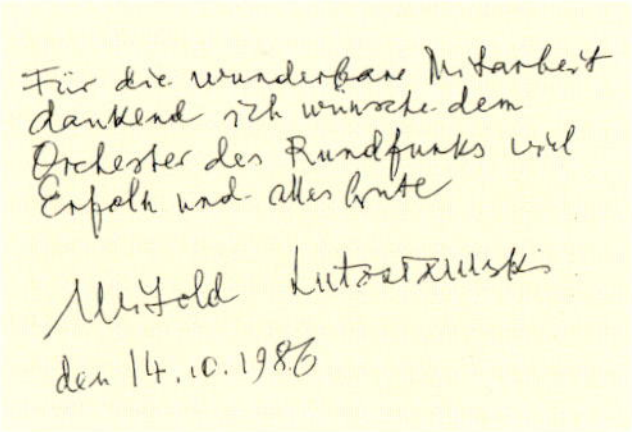

Gästebucheintrag Witold Lutoslawskis für das Rundfunk-Sinfonieorchester 1986

Das Bläserquintett des Rundfunk-Sinfonieorchesters, Leipzig 1971

Herbert Kegel war als Chefdirigent ganz für sein Orchester und seinen Chor da und führte sie fordernd zu Höchstleistungen.

Erstaunliche Programmgestaltung

Die Programmgestaltung dieses Künstlers zeigt sich trotz des Kalten Krieges weder vom »Eisernen Vorhang« noch von einengenden ästhetischen Dogmen beeinflusst. Es dürfte in jenen Jahren kaum einen Dirigenten gegeben haben, der sich so intensiv für die Neue Musik und die klassischen Meisterwerke aus **ganz** Europa einsetzte und auch Amerika im Blick behielt. Die Liste seiner Ur- und Erstaufführungen weckt Staunen und Bewunderung. Sie schließt kompositorische Gegensätze wie Arnold Schönberg und Carl Orff, inhaltliche Verschiedenheiten wie Arthur Honeggers »König David« und Dmitri Schostakowitschs elfte Sinfonie »Das Jahr 1905« ein.
Bei allem setzte sich Herbert Kegel nicht zuletzt für Werke ein, die zu Unrecht selten aufgeführt wurden oder in Leipzig noch unbekannt waren. Viele von ihnen wurden als Schallplatten übernommen.

Konzertante Opern und große Chorwerke

Andere große Ereignisse gestaltete Herbert Kegel mit konzertanten Opernaufführungen, von denen als herausragendste Richard Wagners »Parsifal«, Arnold Schönbergs »Moses und Aron«, Alban Bergs »Wozzeck« sowie Carl Orffs »Trionfi«, »Die Kluge« und »Der Mond« auch auf Schallplatte veröffentlicht wurden. Ebenso exemplarisch erklangen die großen Requiems und Messen des 19. Jahrhunderts, Joseph Haydns späte Oratorien, Paul Dessaus chorsinfonische Werke (meist als Uraufführungen) sowie in den letzten Leipziger Jahren Kegels auch die großen Chorwerke Johann Sebastian Bachs.

Großen Anteil am Erfolg dieser Aufführungen hatte der Leipziger Rundfunkchor, dessen Stimmpotential immer wieder gerühmt wurde.
Siehe: Mitteldeutscher Rundfunk. Die Geschichte des Sinfonieorchesters. Altenburg, 1999, S. 126

Für die Choreinstudierung oratorischer Werke und die a-cappella-Chorarbeit hatte Herbert Kegel zuerst in Dietrich Knothe, dann bis 1977 in Horst Neumann hervorragende und gründliche Mitarbeiter an seiner Seite. Doch bei den Proben mit Chor und Orchester arbeitete er selbst die letzten Feinheiten der musikalischen, klanglichen und deklamatorischen Gestaltung heraus.
Im Herbst 1977 übernahm Herbert Kegel, gebürtiger Dresdener und am Dresdener Konservatorium ausgebildet, als Chefdirigent gleichzeitig die Leitung der Dresdner Philharmonie, 1978 gab er seine Leipziger Stellung auf.

Acht Jahre Wolf-Dieter Hauschild

Der Rundfunk ging aber auch zu seinem Publikum. So gab es in den 70er Jahren den vielbesuchten »Konzertwinter auf dem Lande«. In den vier Gemeinden Meltewitz, Löbnitz, Königsborn und Molmerwende wurden alljährlich Kammermusikabende veranstaltet. Mit dem Kraftwerk Espenhain hatte das Rundfunk-Sinfonieorchester bereits 1965 einen Freundschaftsvertrag geschlossen. Drei Jahre später hatten 81 Kraftwerker ein Konzertanrecht erworben.

Mit dem an der Weimarer Franz-Liszt-Musikhochschule unter anderem von Hermann Abendroth ausgebildeten Wolf-Dieter Hauschild wurde 1978 ein profilierter Nachfolger als Chefdirigent des Rundfunk-Sinfonieorchesters und Rundfunkchores Leipzig engagiert. Er hatte das Format, die Programmgestaltung Herbert Kegels weiterzuführen. Als Chordirigent stand ihm Jörg-Peter Weigle zur Seite. Dabei setzte Hauschild durchaus eigene Akzente und wählte vorrangig Werke aus, die vorher noch nicht zu hören gewesen oder neu entstanden waren. So erlebte Paul Dessaus »Kriegsfibel« nach Versen von Bertolt Brecht 1979 ihre späte Uraufführung. Von damals jüngeren Komponisten erklangen Werke von Rodion Schtschedrin, Udo Zimmermann, Wilfried Krätzschmar. Aus der Reihe konzertanter Opernaufführungen sind »Aus einem Totenhaus« von Leoš Janáček und »Hans Heiling« von Heinrich Marschner hervorzuheben. Die Aufführungen sinfonischer und konzertanter Werke führte von Johann Sebastian Bach bis zu neuesten Kompositionen. 1985 verließ Wolf-Dieter Hauschild Leipzig überraschend zu Gunsten der Stuttgarter Philharmoniker.

Max Pommer wird berufen

Es dauerte zwei Jahre, bis der Leipziger Universitätsmusikdirektor Max Pommer 1987 als Chefdirigent verpflichtet wurde. Chordirigent wurde zwei Jahre später Gert Frischmuth. In Max Pommers vierjähriger Amtszeit erlebten oratorische Werke großartige Aufführungen. Aus den Erfahrungen mit dem Universitätschor und dem Neuen Bachischen Collegium musicum legte der Dirigent großen Wert auf die Beachtung der historischen Aufführungspraxis. Ihm ging es darum, die historische Spielweise, Artikulation und Klanggebung mit dem heutigen Instrumentarium umzusetzen, nicht etwa um puritanische Askese. Die Aufführung von Georg Friedrich Händels »Messias« im Herbst 1989 war eine der beispielhaften Taten. Mit dem Blick auf das Mozart-Jahr 1991 gestaltete er innerhalb der Anrechtskonzerte eine langfristig konzipierte Reihe »Mozartiana«. Neben exemplarisch gespielten Werken Wolfgang Amadeus Mozarts erklangen dort auch Stücke damaliger Zeitgenossen und von Mozart inspirierte neuere Kompositionen. Als sich Spezialensembles mit historischen Instrumenten gerade erst Beethovens Sinfonien zuwandten, interpretierte sie Max Pommer nach den Urtext-Ausgaben der Leipziger Edition Peters und aufführungspraktischen Erkenntnissen bereits in den Anrechts-Sinfoniekonzerten.

Konzert des MDR-Sinfonieorchesters unter Leitung von Fabio Luisi im Gewandhaus

MDR-Neugründung. Und die Orchester?

In den Jahren von 1977 bis 1992 erhielten die Konzerte des Großen Rundfunkorchesters, die zwischen 1953 und 1962 unter Herbert Kegel und Heinz Rögner ein hohes Niveau erreicht hatten, mit Horst Neumann als zielstrebigem Chefdirigenten wieder große Anziehungskraft. Neben beliebten sinfonischen, konzertanten und oratorischen Werken des 19. Jahrhunderts führte Horst Neumann in der Reihe »Zauber der Musik« eine stattliche Reihe selten zu hörender auf, die großen Widerhall fanden. Als einige Höhepunkte seien die konzertanten Aufführungen der Opern »Romeo und Julia« und »Die Puritaner« von Vincenzo Bellini genannt. Bei der Neustrukturierung des Rundfunks 1991/92 wurde das Große Rundfunkorchester, zuletzt Radio-Phil-

**Am 30. 5. 1991 unterzeichneten die Ministerpräsidenten von Sachsen, Sachsen-Anhalt und Thüringen den »Staatsvertrag über den Mitteldeutschen Rundfunk« mit Sitz in Leipzig.
Am 1. 1. 1992 ging der MDR als viertgrößte ARD-Anstalt auf Sendung.**

harmonie Leipzig genannt, in stark reduzierter Besetzung de jure dem Sinfonieorchester eingegliedert.
Als Kammerphilharmonie Leipzig konzertiert es ohne ständigen Dirigenten weiterhin in der Reihe »Zauber der Musik«.
Das Rundfunk-Blasorchester und das Rundfunk-Tanzorchester wurden nicht vom neu formierten Mitteldeutschen Rundfunk übernommen. Das erstgenannte arbeitet als Orchester des Leipziger Kulturraumes weiter, das andere löste sich auf.

1992 wurde der MDR-Musiksommer ins Leben gerufen. Unter dem Motto »Drei Länder EinKlang« finden seitdem alljährlich in Sachsen, Sachsen-Anhalt und Thüringen Freiluftkonzerte statt. Das neue Festival klassischer Musik wurde vom Publikum begeistert aufgenommen.

Dirigenten-Triumvirat

Die klangliche und stilistische Vielfalt des Sinfonieorchesters ging 1992-96 unter dem in Wien ausgebildeten, indischen Dirigenten Daniel Nazareth verloren. Der setzte selbst bei Mozart auf große Klanggesten und steigerte in Sinfonien von Gustav Mahler die dynamischen Gegensätze bis zum Äußersten. Publikum und Kritik gingen diesen Weg nicht mit. Trotz konventioneller Programmgestaltung ließ der Besuch der Sinfoniekonzerte nach, so dass der Vertrag mit dem Dirigenten vorzeitig gelöst wurde.
Ein neuer war nicht verfügbar. So wurde für die drei Spielzeiten 1996-99 ein Dirigenten-Triumvirat gebildet: Der Österreicher Manfred Honeck sowie die Italiener Fabio Luisi und Marcello Viotti wechselten sich als Hauptdirigenten ab. Das führte zu denkbar farbenreichen Konzerten. Jeder der drei Dirigenten konnte seine Stärken ausspielen, jeder forderte das Orchester und den Chor auf andere Weise zu hohen Leistungen heraus. Ein jedes Konzert dieser Dirigenten hatte Profil und wirkte eindringlich.
Mit Beginn der Spielzeit 1999/2000 nun wurde Fabio Luisi zum Chefdirigenten berufen und eröffnete damit einen neuen Abschnitt in der 75-jährigen Geschichte des Rundfunk-Sinfonieorchesters.

Werner Wolf

»Das einzige, was zählt, ist Qualität«

»Das Einzige, was zählt, ist die Qualität!« antwortet Fabio Luisi freundlich und doch beinahe scharf auf die Frage nach seinem künftigen Zusammenwirken mit den Klangkörpern des MDR. Seit der Jubiläums-Spielzeit 1999/2000 ist er für fünf Jahre als Chefdirigent und künstlerischer Leiter des MDR-Sinfonieorchesters engagiert.

Der gebürtige Genuese, Jahrgang 1959, kennt die Musiker des Mitteldeutschen Rundfunks seit 1996. Er schätzt die bisherige konsequente Aufbauarbeit des Chores, die zu einer deutlichen Positionierung innerhalb Europas geführt habe, und setzt auf große Flexibilität sowie hohe Leistungsbereitschaft jedes einzelnen Orchestermitglieds.

Eigene internationale Anerkennung fand Luisi zuerst an der Bayerischen Staatsoper in München, wo er auch heute noch als gern gesehener Gastdirigent tätig ist. Das Leipziger Gewandhausorchester leitete er erstmals 1991. Er arbeitet regelmäßig mit den Münchner Philharmonikern, an der Wiener Staatsoper sowie an der Chicago Lyric Opera und ist seit 1997 Chefdirigent des Genfer Orchestre de la Suisse Romande. »Seine Dirigiertechnik habe ich bisher nur bei Leonard Bernstein gesehen. Eine Naturbegabung, die man nicht erlernen kann«, meinte Otmar Suitner über seinen italienischen Kollegen, der die französische Musik ab Berlioz, die deutsche Musik sowie die Moderne als Hauptrichtungen seiner künstlerischen Entwicklung betrachtet.

Der Italiener Fabio Luisi wurde ab September 1999 Chefdirigent und künstlerischer Leiter des MDR Sinfonieorchesters.

Die Fortsetzung der Traditionen des MDR-Sinfonieorchesters ist Fabio Luisi wichtig. Noch ehe er zum ersten Mal in Deutschland war, kannte er die Schallplattenaufnahmen des Leipziger Rundfunk-Sinfonieorchesters unter Herbert Kegel. »Der glasklare Klang von Kegel hat mir imponiert«, fasst Luisi diese Eindrücke zusammen, um sofort zu betonen, dass auch er das Risiko, das Experiment nicht scheue und Uraufführungen nicht als Alibi betrachte. Kompositionsaufträge an die drei Musikhochschulen im Sendegebiet des MDR sind vergeben, Partituren zur Wiederaufführung zeitgenössischer Kompositionen liegen bereit, darüber hinaus natürlich Werke der Zweiten Wiener Schule, von Reger, Mahler, Pfitzner, Zemlinsky … Sieben CDs pro Jahr sollen die Arbeit mit dem Orchester dokumentieren und die Ergebnisse über den mitteldeutschen Raum hinaus hörbar werden lassen. Bisher erschienene Aufnahmen von Mahlers 5. Symphonie und Berlioz' »La Damnation de Faust« setzen dafür erste, Erfolg versprechende Zeichen.

Christoph Sramek

Auf einen Blick: Die Dirigenten des Rundfunk-Sinfonieorchesters

1924 - 1931	**Alfred Szendrei** (1884 - 1976)
1933 - 1939	**Hans Weisbach** (1885 - 1961)
1939 - 1941	**Reinhold Merten** (1894 - ?)
1945 - 1946	**Heinrich Schachtebeck** (1886 - 1965)
1946 - 1948	**Gerhart Wiesenhütter** (1912 - 1978)
1949 - 1956	**Hermann Abendroth** (1883 - 1956)
1958 - 1978	**Herbert Kegel** (1920 - 1990)
1978 - 1985	**Wolf-Dieter Hauschild** (geb. 1937)
1987 - 1991	**Max Pommer** (geb. 1936)
1992 - 1996	**Daniel Nazareth** (geb. 1948)
1996 - 1999	**Manfred Honeck** (geb. 1958) **Fabio Luisi** (geb. 1959) **Marcello Viotti** (geb. 1954)
seit 1999	**Fabio Luisi** (geb. 1959)

Neue Wege: On-Air und Off-Air und Open-Air

Interview mit Holger Kruppe, Leiter der Hauptabteilung Klangkörper des MDR

- Welche Voraussetzungen bringen Sie für dieses neue Amt mit? Muss man Musik studiert haben?
Im Prinzip ja, aber es reicht nicht. Schon als Studiosus hatte ich eine eigene Musikschule.

- Dann gingen Sie nach Oldenburg?
Ja, dreieinhalb harte Jahre, aber im Rückblick eine exzellente Schule für nachfolgende Aufgaben, denn es wuchs der Wunsch, Orchestermanager zu werden. Das Folkwang Kammerorchester Essen war nach dieser Leiterposition an der Kreisschule Oldenburg genau die richtige Aufgabe für mich. Und anschließend kam das Angebot aus Herford, als Intendant der Nordwestdeutschen Philharmonie zu wirken. Dort war ich neun Jahre sowohl für den Etat als auch künstlerisch verantwortlich.

- Kommen wir zu Ihrer Arbeit in Leipzig. Sie wollen neue Wege mit Innovationen beschreiten. Was kann man sich darunter vorstellen?
Die Klangkörper des MDR müssen in Sachsen, Sachsen-Anhalt und Thüringen präsent sein, sowohl On-Air als auch Off-Air. Zum einen sollten hervorragende Konzerte mit ausgezeichneten internationalen Solisten im Sendegebiet stattfinden, die ja, wie man bei unseren Jubiläumskonzerten gesehen hat, gern und von vielen Sendeanstalten übertragen werden, also On-Air. Aber ich könnte mir vorstellen, dass wir die Hörer und Zuschauer in allen drei Ländern auch mit Open-Air-Events fesseln könnten. Ganz wichtig ist dabei der MDR-Musiksommer. Wir brauchen einfach eine feste Verwurzelung im Sendegebiet. Ich möchte dies beispielsweise erreichen, indem wir mit dem Chor, der ja Weltruhm besitzt, Tage für Laienchöre veranstalten. Etwas Ähnliches wäre für das Sinfonieorchester denkbar. Und durch gezielte Auftritte unseres, übrigens in der ARD einzigartigen Kinderchores könnten wir Anregungen für eine sinnvolle Freizeitgestaltung junger Menschen geben. Ich möchte auch, dass die Studenten aller Musikhochschulen im Sendegebiet von der Erfahrung unserer Musiker profitieren können.

- Öffentlichkeit, Publikumsnähe, Open-Air-Events, wie passt das zum traditionell offensiven Umgang Ihrer Klangkörper mit zeitgenössischer Musik?
Wir müssen den Spagat schaffen: Auf der einen Seite das Publikum mit der beliebten Musik in die Konzertsäle bringen und auf der anderen dort das Neue fördern. Wir müssen das spannende Element einer Uraufführung wieder erlebbar machen: Ein neues Werk ist doch viel interessanter als die 1000. Aufführung einer klassischen Sinfonie. Aber bis dahin wird es noch ein langer Weg sein.

- Und Ihre neue Adresse soll dazu beitragen?
Spätestens im Jahre 2001 werden die MDR-Klangkörper auf dem Leipziger Augustusplatz musizieren, im Komplex am Uni-Riesen. An den Konzerten wird sich nichts ändern, aber für die Proben ergeben sich neue Dimensionen. Jeder kann zwischendurch mal hereinschauen, um zu sehen, was unsere Klangkörper so machen. Das wäre ein schönes Miteinander, bei dem die Bindung der Hörer an den MDR wachsen kann. Zukunft braucht Vision.

Mit dem MDR-Hauptabteilungsleiter sprach
Christoph Sramek.

Kopf eines Streich-
instruments aus dem
18. Jahrhundert,
im Besitz des Musik-
instrumentenmuseums
der Leipziger Universität

Eine Musik liebende Universität

Universitätsmusik, Forschung, Lehre und ein einmaliges Museum

In keiner deutschen Stadt gab es so viele musizierende Akademiker wie in Leipzig. Viele später bekannte Komponisten begannen hier ihr Studium und wurden durch die musikfreudige Atmosphäre der Stadt dazu bewogen, ihre künstlerischen Neigungen zum Beruf zu machen. Geradezu typisch sind im 18. Jahrhundert die Lebensläufe von Telemann, Fasch, Pisendel, Graupner und der Bach-Söhne, die in der Messestadt zu studieren begannen, dann aber hauptamtliche Musiker wurden – und nicht die schlechtesten.

Akademische Chöre und Orchester

Universitätschor und Pauliner Kammerorchester sind heute die musikalischen Flaggschiffe der 1409 gegründeten Leipziger Universität. Außerdem gibt es weitere Ensembles am Institut für Musikerziehung und an einzelnen Fakultäten. Diese lebendige Gegenwart beruht auf einer fast 600-jährigen Tradition.

Eine Kirche für die Universität

Erstaunlicherweise lebte sich die Musizierlust der akademischen Jugend außerhalb der Universität aus. Diese bot einfach zu wenig Anlässe zum Musizieren und verfügte lange Zeit über kein Amt für einen Musiker. Für universitäre Festakte wie Promotionen, Quartalsorationen, Fürstenhuldigungen, Professorenständchen und Rektorenwechsel zog man Musiker der Stadt heran.
Ungefähr zeitgleich mit der Thomaskirche war die Paulinerkirche Ende des 15. Jahrhunderts als gotische Hallenkirche und Bestandteil des Dominikanerklosters entstanden. Nach der Reformation erhielt die Universität 1544 den ganzen Komplex. Die Kirche wurde zur Aula, selbstverständlich fanden auch Gottesdienste darin statt. Diese gab es aber nur an den drei hohen Festtagen, am Reformationstag und bei den vierteljährlichen Redeakten (Quartalsorationen), die mit Motettengesang der Thomaner bestritten wurden. 1710 richtete man einen allsonntäglichen Gottesdienst ein, den sogenannten »neuen Gottesdienst«, der natürlich mit Musik versehen werden musste.

Leipziger Universitätschor und Pauliner Kammerorchester
c/o UMD
Wolfgang Unger
Goldschmidtstr. 12
04103 Leipzig
Tel.: 0341/9 73 01 90
Fax: 0341/9 73 01 98

Förderkreis Leipziger Universitätschor e.V.
c/o Detlef Schneider
Georg-Schumann-Str. 110
04155 Leipzig
Tel.: 0341/5 64 06 89

Pauliner Barockensemble
Ritterstr. 24
04109 Leipzig
Tel.: 0341/9 73 01 90

Paulinerverein e.V.
c/o Martin Helmstedt
Grassistr. 12
04107 Leipzig
Tel.: 0341/9 78 22 79

Dafür stellte man einen Organisten an, ein unbedeutendes Amt, das nur mittelmäßige Musiker anzog. An Fest- und Feiertagen sollte aber etwas Erhebendes erklingen, wofür der Thomaskantor zuständig war.

Bach war nie Universitätsmusikdirektor

Das ging unter Johann Kuhnau ganz gut – bis zum Amtsantritt Bachs im Jahre 1723. Für ihn war es selbstverständlich, auch in der Paulinerkirche die Nachfolge Kuhnaus anzutreten. In den Jahren 1723 bis 1725 veranstaltete er an den hohen Festtagen große Musiken, bis er feststellen musste, dass die Universität nicht daran dachte, diese wie bisher zu bezahlen. Er beendete seine Tätigkeit und ließ nur noch die Thomaner unter Leitung eines Präfekten Motetten singen. Was war geschehen? Der Organist Johann Gottlieb Görner hatte die verhältnismäßig lange Vakanz des Thomaskantorates genutzt, um sich 1723 von der Universität die Organisation des »neuen Gottesdienstes« übertragen zu lassen. Er konnte das ohne Bedenken tun, denn er leitete das zweite, von Fasch 1708 gegründete Collegium musicum. Mit diesem musizierte er seit Kuhnaus Tod unentgeltlich in St. Pauli. Bach kämpfte um eine Änderung, resignierte aber bald. Die Universität lehnte ja nicht ihn ab, sondern wollte sich nur von der Stadt unabhängig machen. Deshalb fehlt sein glanzvoller Name in der Reihe der Leipziger Universitätsmusikdirektoren.

»Vorstellung der am 5 Marty 1783 aufgeführten Abend Music, Ihro Hochwürdigen Magnificenz, dem Herrn Rector, Domherrn und Primarius, D. Burscher gewidmet«, kolorierter Stich

Die Universität holte ihre Musik von außen

Zu Görners Nachfolgern wurden Musiker berufen, die zwar über eigene Musikensembles verfügten, mit denen sie die Gottesdienste und Feiern der Universität bestreiten konnten, die aber in keiner Beziehung zu ihr standen. Das waren Johann Adam Hiller ab 1778 mit seiner »Musikübenden Gesellschaft« und ab 1785 Johann Georg Häser, Konzertmeister des Gewandhaus- und Theaterorchesters, der dessen Musiker heranzog.
Auch der vielseitige Johann Gottfried Schicht verfügte über beste Kontakte zu allen Musikinstitutionen der Stadt. Zunächst war er von 1785 bis 1810 Dirigent der Gewandhauskonzerte, dann wurde er Thomaskantor. 1808 übernahm er zusätzlich noch das Amt des Universitätsmusikdirektors, konnte aber nur die bisherigen Gepflogenheiten fortsetzen, indem er Musiker des städtischen Orchesters und Thomaner für Gottesdienste und Festveranstaltungen heranzog. 1814, nach den Befreiungskriegen, wurde das Geld knapp und man musste die Musik wieder einmal auf einfache Motetten beschränken.

Nachtmusik Leipziger Studenten, Stich aus Henricis Buch »Ernst-Schertzhafte und satyrische Gedichte«, 1732

Singakademie und Männerchor

1818 trat die Singakademie unter Johann Philipp Christian Schulz in nähere Beziehungen zur Universität. Aber ein von Studenten und Angehörigen der Universität getragenes Ensemble war dieser Chor natürlich nicht.
Das änderte sich erst 1822 mit dem »Sängerverein an der Kirche zu St. Pauli«, einem studentischen Männerchor. Da er vom Organisten Gotthelf Traugott Wagner ins Leben gerufen worden war, lag es nahe, ihm die musikalische Ausgestaltung des Gottesdienstes der Universitätskirche anzuvertrauen. Die akademischen Behörden waren offensichtlich heilfroh ob dieser Neugründung, denn Wagner erhielt sofort eine Gehaltszulage von 30 Talern. Die Aufgabe, »den Kirchengesang zu leiten und durch Aufführung guter kirchlicher Gesangsstücke … das Gemüt zu religiöser Andacht zu stimmen«, wie es in den Vereinsstatuten heißt, wurde in den ersten Jahren sehr ernst genommen. Vornehmlich an den Festtagen trat der Chor in Erscheinung.

»Nach dieser Feierlichkeit überließ man sich dem geselligen Vergnügen, und es war eine Freude zu bemerken, mit welchem Anstand und mit welcher Feinheit die jungen Leute diese Stunden fröhlich durchlebten.«
Bericht des Leipziger Tageblattes über die Stiftungsfeier der Sängerschaft von St. Pauli, 13. 7. 1822

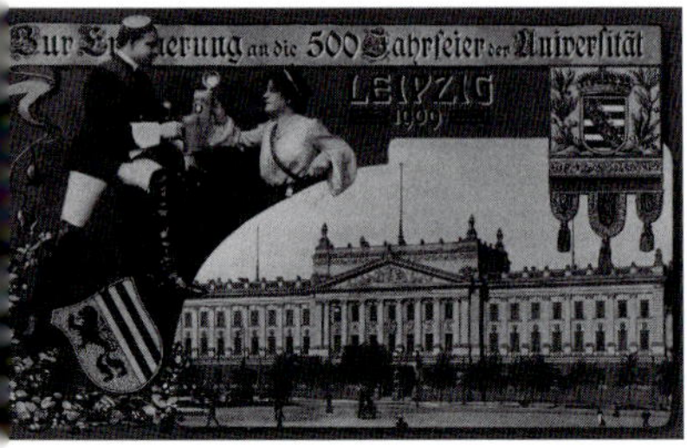

Postkarte zur Erinnerung an die 500-Jahrfeier der Universität Leipzig, 1909

Auch die Singakademie blieb der Universität weiterhin verbunden, ihr Leiter führte den Titel eines Universitätsmusikdirektors. Allerdings bedeutete dies nach wie vor keine feste Anstellung mit Gehalt. Er durfte den Titel führen und die Singakademie wurde von Fall zu Fall zur Ausgestaltung von Festakten herangezogen. Das rief den Widerstand der »Pauliner« hervor, die sich bei der Gelegenheit einer »Feier zum 300-jährigen Jubelfest der Übergabe der Augsburgischen Konfession« 1830 recht abfällig über den anderen Chor äußerten, er wurde als einer »von Damen, Kaufmannsdienern und einer geringen Anzahl von Studenten« bezeichnet. Um 1847 endete die Zusammenarbeit der Universität mit der Singakademie, und damit der merkwürdige Zustand, dass an der Pauliner Kirche zwei Chöre tätig waren.

Aufschwung der Pauliner

In den vierziger Jahren weiteten die Pauliner ihre Tätigkeit aus, und nahmen rege am Musikleben der Stadt teil. 1837 wirkten sie unter Mendelssohn bei einer Aufführung des »Paulus« mit, ebenso 1840 bei dessen »Lobgesang« und bei Beethovens »Chorfantasie«. 1841 meisterten sie auch die Matthäuspassion. Ermöglicht wurde diese weitausgreifende Tätigkeit durch die 1833 erfolgte Aufhebung der Mitgliederbeschränkung. Bis dahin war die Zahl der Sänger begrenzt, zunächst auf 16, dann auf 24. Das fiel nun weg. 1843 wählte man Hermann Langer zum Universitätsorganisten, und damit trat der »Sängerverein« von St. Pauli als selbstständiger Männerchor in Erscheinung. Als Gegenleistung stellte ihm die Gewandhausdirektion den Saal für seine Konzerte zur Verfügung, ein selten vergebenes Privileg, das auf die gesellschaftliche Wertschätzung deutet.
Begünstigt wurde dieser Aufschwung des Vereins durch die Aktivitäten vieler Komponisten auf dem Gebiet des Männerchors. Mendelssohn und Schumann fühlten sich angeregt und erlangten gerade mit solchen Werken größte Popularität. In den siebziger Jahren finden wir Namen wie Johannes Brahms, Max Bruch, Robert Franz, Heinrich Zöllner auf den Programmen.
Das interpretatorische Niveau muss hoch gewesen sein, denn in Kritiken wird ausdrücklich von »der größten Leichtigkeit des Vortrages« und einer »virtuosen« Darbietung gesprochen.

Dem Weltlichen zugewandt

In dem Maße wie der Chor sich im Konzertleben der Stadt engagierte, ging seine Aktivität in der Kirche zurück. War es zuerst keine Seltenheit gewesen, dass die Pauliner im Semester zwölfmal sangen, so verringerte sich jetzt die Zahl der Kirchenmusiken auf zwei.

Die akademischen Männerchöre müssen damals große Anziehungskraft besessen haben, denn 25 Jahre nach dem »Paulus« gründeten ehemalige Thomaner einen neuen Studentenchor, den »Arion«. Er war nicht offiziell mit der Universität verbunden wie der Pauliner Verein. Im Jahre 1849 begann er seine Tätigkeit und, da es keine kirchliche Aufgabe gab, lag sein Schwerpunkt auf weltlichem Gebiet. Jährlich fand ein Konzert statt, das aus Opern- und Oratorienausschnitten bestand, 1871 wagte man sich an ein vollständiges Oratorium für Männerchor und Orchester von Joseph Rheinberger.

Im Jahr 1900 hatte Leipzig 456.125 Einwohner.

Die Leipziger Universität besaß um die Jahrhundertwende große Anziehungskraft. Namhafte Gelehrte wirkten an ihr. Zu ihnen gehörten der physikalische Chemiker Wilhelm Ostwald, der 1909 – zum 400-jährigen Universitätsjubiläum – den Nobelpreis erhielt, der Zoologe Karl Chun, der Chemiker Johannes Wislicenus, die Mathematiker Felix Klein, Sophus Lie, Otto Hölder, die Physiker Gustav Wiedemann und Otto Wiener, die Agrarwissenschaftler Wilhelm Kirchner und Wilhelm Strecker, um nur einige zu nennen.

Singende und schlagende Verbindungen

Im neuen Jahrhundert wurden die Zwänge der farbentragenden Studentenverbindungen immer stärker. Andererseits geriet der Männerchorgesang insgesamt in die Diskussion ob seines ästhetischen Wertes. Dennoch gelang es, 1907 den damals schon anerkannten Komponisten und Hochschullehrer Max Reger für die Leitung der Pauliner zu gewinnen und ihn zum Universitätsmusikdirektor zu ernennen. Aber seinen hohen Anforderungen konnten oder wollten die Sänger nicht folgen. Schon nach einem Jahr legte er sein Amt nieder. Seine Nachfolger wie auch die des »Arion« setzten die Arbeit fort, bis nach 1933 die völlige Auflösung erfolgte. Im übrigen konnten sich beide Chöre in ihren besten Zeiten ein Vereinshaus mit Fechtboden kaufen. Beide Häuser stehen noch: Es sind dies die Elsterstraße 35 und die Paul-List-Straße 7.

Auf und Ab eines Gemeindechores

Mit dem Rückzug der Pauliner aus der Kirchenmusik entstand ein Vakuum. An St. Pauli hatte es seit Ende des 18. Jahrhunderts stets einen Kantor gegeben, der den Gemeindegesang anstimmte und führte. Seit 1872 war dies Albin Fürchtegott Zehrfeld, der sich 1898 das Verdienst erwarb, einen ständigen Kirchenchor ins Leben zu rufen. Er bestand aus 25 Knaben und acht Herren für Bass und Tenor, die allesamt honoriert wurden. Mit einigem Recht wurde darauf verwiesen, dass diese »weder musikalisch noch gesellschaftlich der Würde unserer Universität« ent-

Anläßlich des Universitätsjubiläums 1909 entstand der erste Band der Musikgeschichte Leipzigs von Rudolf Wustmann

sprachen, auch musste der Kritiker bemerken, dass die Sänger während der Predigt die Kirche verließen und in eine benachbarte Gaststätte gingen. 1906, nach dem Tode Zehrfelds, wurde dann ein Gemeindechor organisiert, der achtbare Leistungen zeigte.

Der Madrigalkreis wird zum Universitätschor

Einen ganz neuen Aspekt trug Friedrich Rabenschlag 1926 mit der Gründung des »Madrigalkreises Leipziger Studenten« in die Musikpflege der Universität. Ausgehend von den Impulsen der Singbewegung dieser Zeit suchte er

Leipziger Universitätschor und Pauliner Kammerorchester im Gewandhaus, 1997

junge Menschen für gemeinsames Musizieren zu begeistern. Er entdeckte die Chormusik des 17. und 18. Jahrhunderts für sich und führte sie auf, insbesondere Werke von Heinrich Schütz. Friedrich Rabenschlag wurde 1933 Kantor der Universitätskirche St. Pauli. Damit übernahm der zum »Leipziger Universitätschor« umgewandelte Madrigalkreis die Funktion eines Kirchenchores. 1939 ernannte ihn die Universität zum Universitätsmusikdirektor. Nach dem Krieg entwickelte sich der Chor zu einem Klangkörper von viel beachtetem Leistungsvermögen. Die Aufführungen der Bach'schen Oratorien und Passionen sowie von Motetten des 15., 16. und 17. Jahrhunderts wurden zu einem Kernstück seiner Arbeit. Neben den Werken von Schütz, Schein und Josquin des Prez standen Volkslieder und Madrigale von Lasso, Finck, Senfl, Hassler. Keineswegs verschloss sich Rabenschlag der zeitgenössischen Musik. Besonders Werke von Ernst Pepping, der als Student im Chor gesungen hatte, wurden wieder und wieder aufgeführt. Nach Rabenschlags Erkrankung übernahm der in Leipzig als Oratoriensänger bestens bekannte Hans-Joachim Rotzsch 1963 die Leitung des Chores, bis man ihn zum Thomaskantor berief.

Unter Rotzschs Nachfolger Max Pommer verlor der Universitätschor seine Aufgabe als Kantorei: 1968 erfolgte die sinnlose Sprengung der Paulinerkirche. Pommer legte den Schwerpunkt seiner Arbeit auf Oratorien. Als er 1987 zum Chefdirigenten des Rundfunk-Sinfonieorchesters berufen wurde, übernahm Wolfgang Unger die Leitung des Leipziger Universitätschores, wobei er ganz neue Ideen in die Arbeit einbrachte.

»Viele Generationen von Studenten verdanken dem Unichor unvergessliche Musikerlebnisse entweder als Zuhörer oder als Mitglieder dieser verschworenen Chorgemeinschaft. Ich selber wurde durch den Unichor, dem ich von 1956 bis 1961 angehörte, tief geprägt.«
Cornelius Weiss, Rektor der Universität Leipzig, 1991 zum Jubiläum des Universitätschores

Das akademische Orchester

Am Ende des 19. Jahrhunderts gab es mehrere Versuche, erneut an die Tätigkeit der Collegia musica anzuknüpfen. 1880 bis 1883 bestand ein »Akademischer Orchesterverein«, der alte und neue Meister aufführen wollte. 1890 bis 1895 existierte das von Hermann Kretzschmar gegründete »Akademische Orchester«. Beide Unternehmen waren vom Wunsch getragen, ein zweites Orchester neben dem des Gewandhauses zu etablieren. Doch die Universität engagierte sich nicht dafür.

1956 gründete Horst Förster, anknüpfend an historische Vorbilder, wieder ein Collegium musicum. Dieses wandelte er im darauf folgenden Jahr in das »Akademische Orchester« um. Unter Anleitung und tätiger Mithilfe von Musikern der Leipziger Spitzenorchester gelang es, ein beachtliches Niveau des Orchesterspiels zu erreichen. Regelmäßige Anrechtskonzerte seit 1981 im Neuen Gewandhaus, namhafte Gastdirigenten und Gastsolisten, Auslandsreisen und ein vielfältiges Programm haben dem Orchester, das heute als eingetragener Verein besteht, stets ein lebhaftes Publikumsinteresse beschert.

Akademisches Orchester Leipzig e. V.
Postfach 100 931
04009 Leipzig
Orchesterbüro:
Hohe Str. 45
04107 Leipzig
Tel./Fax:
0341 / 9 61 44 41
Mo - Do 13 - 14 Uhr

Ebenfalls in den 50er Jahren gründete Hans Grüß mit der Capella Fidicinia eines der ersten Spezialensembles für ältere Musik am Musikinstrumentenmuseum der Universität, das sich vier Jahrzehnte lang große Verdienste um die Erkundung der historischen Aufführungspraxis erworben hat und vergessene Stücke wieder zum Leben erweckte. Heute ist es auf privater Basis tätig.

Capella Fidicinia
c/o Dr. Hans Grüß
An der Försterei 34a
04463 Großpösna
Tel.: 034 297/ 4 20 01

Die Leipziger Universitätsmusik blieb trotz der jahrhundertealten Geschichte lebendig und frisch. Und das Publikum hält den verbliebenen musikalischen Ensembles der Alma mater die Treue. *Irene und Gunter Hempel*

Auf einen Blick:
Die Universitätsmusikdirektoren seit 1656:

1656 - 1679	**Werner Fabricius** (1633 - 1679)
1679 - 1701	**Johann Schelle** (1648 - 1701), zugleich Thomaskantor
1701 - 1722	**Johann Kuhnau** (1660 - 1722), zugleich Thomaskantor
1723 - 1778	**Johann Gottlieb Görner** (1697 - 1778)
1778 - 1785	**Johann Adam Hiller** (1728 - 1804)
1785 - 1809	**Johann Georg Häser** (1729 - 1809)
1808 - 1810	**Johann Gottfried Schicht** (1753 - 1823)
1810 - 1818	**Friedrich Schneider** (1786 - 1853)
1818 - 1827	**Johann Philipp Christian Schulz** (1773 - 1827)
1827 - 1843	**Christian August Pohlenz** (1790 - 1843)
1843 - 1847	**Ernst Friedrich Eduard Richter** (1808 - 1879)
1847 - 1887	**Hermann Langer** (1819 - 1887)
1887 - 1898	**Hermann Kretzschmar** (1848 - 1924)
1898 - 1906	**Heinrich Zöllner** (1854 - 1941)
1907 - 1908	**Max Reger** (1873 - 1916)
1908 - 1930	**Friedrich Brandes** (1864 - 1940)
1930 - 1939	**Hermann Grabner** (1886 - 1969)
1939 - 1973	**Friedrich Rabenschlag** (1902 - 1973)
1963 - 1973	**Hans-Joachim Rotzsch** (geb. 1929), verwaltete das Amt
1975 - 1987	**Max Pommer** (geb. 1936)
seit 1987	**Wolfgang Unger** (geb. 1948)

Universitätsmusik heute und morgen

Wolfgang Unger nahm mit der musikalischen Ausgestaltung der Universitätsgottesdienste eine bis 1989 unterbrochene Tradition wieder auf. 1994 rief er die »Leipziger Universitätsmusiktage« ins Leben, die alle zwei Jahre stattfinden und in ihrer Verbindung von musikalischen, wissenschaftlichen und künstlerisch-experimentellen Aktivitäten unentbehrlich im Leben der Stadt geworden sind.

Aufsehen erregende Passionsaufführungen

Aufsehen erregten 1997 zwei von Wolfgang Unger geleitete szenische Aufführungen der Johannespassion von Bach (darunter eine zum Deutschen Evangelischen Kirchentag) nach einer Konzeption von Mathias Behrends, bei denen es nicht um eine Illustrierung der Handlung, sondern um eine angemessene Darstellung der wechselnden emotionalen Situationen durch Chor und Gesangssolisten mit sparsamen Mitteln ging. Der ehemalige Superintendent der Nikolaikirche und Stadtpräsident Leipzigs, Friedrich Magirius, schrieb unter dem Eindruck dieses Erlebnisses: »Oft habe ich die Johannespassion schon gehört. Die Chöre, Rezitative, Arien, Choräle sind mir … wohl vertraut. Eine szenische Aufführung konnte ich mir nicht vorstellen. Würde sie nicht ablenken von der Konzentration auf die Musik mit ihrer Dramatik? Was ich aber … in der Peterskirche bei der Aufführung des Universitätschors erlebt habe, hat mich tief bewegt.«

Wolfgang Unger

»Macht und Vernunft«

Im Jahr 2000 stehen neue Höhepunkte bevor: Im Juli gibt es das 75. Bachfest der Neuen Bachgesellschaft, im November und Dezember die IV. Universitätsmusiktage. Unter dem Motto »Macht und Vernunft« (bezogen auf Ewigkeitssonntag und Advent) bereiten der Universitätschor sowie Angehörige mehrerer Fakultäten ein zweitägiges Spectaculum in der Leipziger Innenstadt vor, das in szenischen Darstellungen der weltlichen Kantaten »Preise dein Glücke, gesegnetes Sachsen« und »Der zufriedengestellte Äolus« von Bach gipfeln wird. Ein Konzert für sieben Trompeten (um 1795) von Johann Ernst Altenburg wird dazu die Verbindung zur alten Stadtpfeiferkunst herstellen. Auf Instrumenten aus dem 18. und 19. Jahrhundert soll das Deutsche Requiem von Johannes Brahms erklingen – ein wichtiger Schritt innerhalb der weltweiten Bestrebungen, Musik früherer Epochen im Klanggewand ihrer Entstehungszeit aufzuführen und das über die Barockmusik hinaus. Daneben wird sich der Universitätschor weiterhin der Wiedergabe selten gespielter Werke widmen und damit einen Beitrag zur Repertoire-Erschließung leisten. So sind für die IV. Universitätsmusiktage unter anderem das Konzert für Chor, zwei Klaviere, Bläser und Pauken »Die Musen Siziliens« (1966) von Hans Werner Henze und das »Te Deum« (1806) von Johann Nepomuk Hummel vorgesehen.

Auch außerhalb solcher Festtage besitzt die Leipziger Universitätsmusik mit dem Universitätschor, dem Pauliner Kammerorchester und anderen Ensembles große Ausstrahlung.

Mehrere seit 1995 entstandene CD-Produktionen stehen im Zeichen der spezifisch universitären Musiktradition Leipzigs, die durch Komponisten wie Georg Philipp Telemann, Johann Friedrich Fasch, Johann Sebastian Bach oder Max Reger mitgeprägt wurde.

In Frankreich, Spanien und auf CD

Zu hören ist der Universitätschor vor allem, aber nicht nur, in Leipzig. Neben dem Austausch mit den Universitätschören Halle und Jena liegen fürs Jahr 2000 Einladungen ins Ausland vor, so zum Bachfest in der Normandie und zu Aufführungen des Bach'schen Weihnachtsoratoriums in

Spanien. Die CD-Produktionen werden mit einer besonderen Doppel-CD fortgesetzt, die aus Anlass des 75-jährigen Bestehens des Universitätschors 2001 erscheint und die besten historischen und aktuellen Aufnahmen des Ensembles zusammenfassen wird. »Musik an der geretteten Jahn-Orgel aus der gesprengten Leipziger Universitätskirche St. Pauli« heißt eine weitere Scheibe, mit der das Andenken an dieses geschundene Gotteshaus bewahrt wird.

Michael Märker

Musikwissenschaft in Leipzig

Universität Leipzig
Institut für Musikwissenschaft
Goldschmidtstr. 12
04103 Leipzig
Tel.: 0341/9 73 04 50

Im Herbst 1908 wurde an der Leipziger Universität ein musikwissenschaftliches Institut, bezeichnet als »Collegium musicum«, begründet und Hugo Riemann, einer der bedeutendsten Musikologen seiner Zeit, als dessen Leiter berufen. Im Vergleich zu anderen Universitäten erfolgte diese Institutionalisierung spät. Aber dies war eher Zufall als administrativer Mangel. Denn Riemann selbst hatte sich schon 1878 an der Alma mater Lipsiensis mit »Studien zur Geschichte der Notenschrift« habilitiert und anschließend musikwissenschaftliche Vorlesungen gehalten. Eigentlich reicht die Tradition noch viel weiter zurück, selbst wenn man die ganz anders gearteten, weil mathematisch begründeten Abhandlungen zur »musica speculata« und »musica theorica« im Rahmen des Quadriviums der Universität im ausgehenden Mittelalter außer Acht lässt.

Die ersten Musikprofessoren

Zu den Publikationen von Leipziger Musikwissenschaftlern gehört Thomas Schinköths Band »Jüdische Musiker in Leipzig 1855 - 1945«

Schon das Wirken Lorenz Christoph Mizlers war im 18. Jahrhundert derart folgenreich und über Leipzig hinausreichend, dass Johann Mattheson in Hamburg erklärte, er wolle »gerne etwas zur Stiftung eines musicalischen Professorats in Leipzig testamentlich vermachen«. Auch dass die Universität 1834 Felix Mendelssohn Bartholdy eine Professur für Musik anbot – bekanntermaßen ohne Erfolg – und dass 1839 bis 1846 Gottfried Wilhelm Fink, ab 1859 Hermann Langner, ab 1867 Oscar Paul oder ab 1887 der universelle Hermann Kretzschmar Vorlesungen zur Musik hielten, macht deutlich, wie Musikwissenschaft lange vor 1908 praktiziert wurde. Auch die Universitätsmusiken oder die Leipziger Musikverlage kamen nicht ohne wissenschaftliches Fundament aus.

Schon ab 1812, also noch in seinen Anfangsjahren, gab der Peters-Verlag Gerbers Tonkünstlerlexikon heraus, und ab 1895 erschien mit den »Jahrbüchern der Musikbibliothek

Peters« ein gewichtiges musikwissenschaftliches Periodikum. Schließlich sind die im 20. Jahrhundert edierten Neuausgaben des klassischen Musikrepertoires (Bach, Beethoven, Schumann, Mendelssohn Bartholdy, Reger, Skrjabin, Debussy usw.) nicht bloße Ablösung der alten sogenannten Interpretationsausgaben, sondern mit Vorworten und Revisionsberichten fundierte musikwissenschaftliche Resultate, an denen zahlreiche Leipziger Fachleute beteiligt waren. Hervorzuheben ist auch, dass durch deren Mitwirkung das Köchel-Verzeichnis der Werke Mozarts, das Bach-Werke-Verzeichnis oder das Vivaldi-Verzeichnis des Dänen Peter Ryom zuerst in Leipzig erschienen sind.

Enge Verbindung zur Musikpraxis

Die enge Verbindung zwischen Forschung und praktischer Musikausübung scheint für die Leipziger Musikwissenschaft symptomatisch zu sein. Nicht zufällig wurde 1908 die Gründungsinstitution als »Collegium musicum« bezeichnet. Und tatsächlich realisierte Riemann hier auch Aufführungen alter Musik. Vorher schon hatte Kretzschmar als Universitätsmusikdirektor und Dozent, als Organisator akademischer Orchesterkonzerte und Herausgeber eines »Führers durch den Konzertsaal« praxisbezogen gewirkt. Dabei hatte er auch Hörerziehung, Musikpädagogik und die Ausbildung der Musiker im Blick. Deshalb erscheint 1929 die Eröffnung eines Musikinstrumentenmuseums an der Universität nur konsequent.

Sprengung der Paulinerkirche, 1968, Amateuraufnahmen

Kontinuität und Veränderung

Nachfolger Riemanns wurde 1920 der Mozart-Forscher Hermann Abert. Theodor Kroyer gelang es dann, die Musikinstrumentensammlung an die Universität zu holen. Helmut Schulz profilierte Institut und Museum, unter anderem mit Sonntagsvorführungen ausgewählter historischer Instrumente aus Museumsbesitz.

Der Neubeginn nach dem Zweiten Weltkrieg war schwierig. Doch mit Walter Serauky, Richard Petzoldt, Hellmuth Christian Wolff und Heinrich Besseler lehrten und forschten Wissenschaftler mit internationaler Ausstrahlung. Gerade zwischen 1945 und 1960 wurden hier Vertreter einer neuen Generation ausgebildet, die später an der Universität, in Musikverlagen, an Opernhäusern und Orchestern, beim Rundfunk und in anderen Institutionen bedeutsame musikwissenschaftliche Arbeit leisteten.

Ab 1950 wurde mit der Gründung eines zunächst selbstständigen, später mit Musikwissenschaft und Musikinstrumenten-Museum zusammengeschlossenen Instituts für Musikpädagogik die Chance der wissenschaftlichen Profilierung der Musiklehrerausbildung eröffnet und durch Hans Pezold, Hella Brock, Rainer Herberger und anderen erfolgreich genutzt.

Beschränkungen durch Universitätsreform

Mitte der sechziger Jahre erlebte die Musikwissenschaft merkliche Beschränkungen. So wurde nach Besselers Emeritierung mit Walther Siegmund-Schultze aus Halle nur ein kommissarischer, im Wesentlichen von außen wirkender Direktor eingesetzt; und – nachdem alle Leipziger Professoren aus Altersgründen ausgeschieden waren – erst 1980 wieder ein Lehrstuhl für Musikgeschichte eingerichtet. Zugleich musste von 1969 bis 1975 die Ausbildung von Musikwissenschaftlern eingestellt und danach auf jährlich acht Studenten beschränkt werden.

Dennoch sorgten alle Lehrkräfte für eine solide Ausbildung in den Studienrichtungen Musikwissenschaft und Musikpädagogik. Zugleich konnten bei wissenschaftlichen Tagungen und in Publikationen wichtige Forschungsergebnisse vorgelegt werden, unter anderem zu Wagner (Werner Wolf), zur Alten Musik (Hans Grüß), zu Schumann (Hans-Joachim Köhler), zur Musik des 20. Jahrhunderts (Udo Klement) und zu Bach (Michael Märker, Reinhard Szeskus).

Universität Leipzig
Institut für Musikpädagogik
Goethestr. 2
04109 Leipzig
Tel.: 0341/9 73 04 70

Ansturm der Studienanfänger seit 1993

Die politische Wende von 1989/90 führte mit einiger Verzögerung auch hier zu einer Umgestaltung. Als am 2. Dezember 1993 die Institute der Universität neu gegründet wurden, beendeten – wie schon erwähnt – Musikwissenschaftler und Musikpädagogen ihre jahrzehntelange Zusammenarbeit.

Der Marburger Musikwissenschaftler Wilhelm Seidel wurde zum Ordinarius berufen. Ein »Institut für Musikwissenschaft« entstand – mit Wilhelm Seidel und Klaus Mehner als Professoren für Historische und Systematische Musikwissenschaft.

Die Lockerung des Zulassungsverfahrens sorgte für einen ungeahnten Ansturm auf das Fach.

Seit dem Umzug in das 1997 prächtig sanierte ehemalige Wohnhaus Felix Mendelssohn Bartholdys hat das Institut eine besonders verpflichtende Adresse und günstige Arbeitsbedingungen. *Udo Klement, Hagen Kunze*

Das rekonstruierte Gebäude der im Zweiten Weltkrieg zerstörten Bibliotheca Albertina, Hauptsitz der Universitätsbibliothek Leipzig

Musikgeschichte zum Hören und Sehen

Eigentlich sollte Paul de Wit (1852-1925), Sohn wohlhabender Eltern aus Maastricht, in Leipzig die kaufmännische Laufbahn einschlagen. Doch den Weinhandel gab er nach kurzer Zeit wieder auf. Seine Leidenschaft für historische Musikinstrumente wurde zum Lebensinhalt. Mit ihm begann auch die wechselvolle Geschichte des Musikinstrumenten-Museums der Universität Leipzig.

Paul de Wits erstes Museum

Ein außergewöhnliches Geschenk sollte für de Wits Entschluss entscheidend werden: Für einen Freundschaftsdienst erhielt er 1881 ein historisches Cembalo. Diese Gabe regte den 30-jährigen Musikliebhaber an, weitere alte, damals durchaus noch bezahlbare Instrumente zu sammeln und schließlich auszustellen. 1886 eröffnete er das Musikhistorische Museum im Bosehaus. Sein Traum war es, einen Ort zu schaffen, an dem die Musikgeschichte durch ausgestellte Instrumente und historisches Musizieren wieder zum Leben erweckt werden konnte. Kaufmännische Erwägungen, vielleicht auch Platzmangel bewogen ihn jedoch um die Jahrhundertwende, seine Kollektion zu veräußern. Da sich in Leipzig niemand fand, der sie übernehmen wollte, ging sie in den Besitz des Kölner Papierfabrikanten Wilhelm Heyer über.

Erst 1926 gelang es der Universität, die gesamte Instrumentensammlung nach Leipzig zurückzuholen. Der Sächsische Staat und der Inhaber des Musikverlages C.F. Peters, Henri Hinrichsen, brachten gemeinsam die Kaufsumme von 800.000 Mark auf. Mit ihrer Hilfe konnte der Traum Paul de Wits doch noch verwirklicht werden: Am 30. Mai 1929 wurde im Nordflügel des neu erbauten Grassi-Museums ein Musikinstrumenten-Museum eröffnet, das

Musikinstrumenten-Museum der Universität Leipzig im Grassi-Museum am Johannisplatz
Täubchenweg 2c
04103 Leipzig
Tel.: 0341/2 14 21 20
Fax: 0341/2 14 21 35
E-Mail: musik.museum@uni-leipzig.de
Internet: http://www.uni-leipzig.de/museum/musik

Blick in die Ausstellung des Musikinstrumenten-Museums Leipzig 1929

seither zwei verschiedene Aufgaben erfüllt: Als Teil der Universität dient es der Forschung und Lehre.
Gleichzeitig ist es eine öffentliche Einrichtung für Besucher aller Altersklassen.

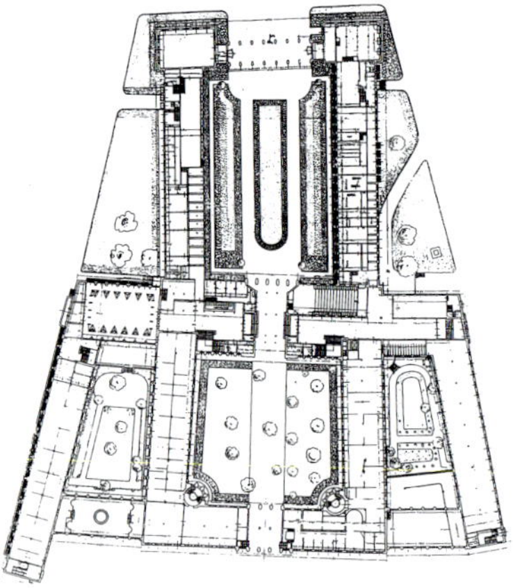

Grundriss des Grassi-Museums

Reicher Fundus

Aus dem etwa 5000 Instrumente umfassenden Bestand sind zur Zeit ca. 800 Exponate ausgestellt, die einen Eindruck von den handwerklichen und künstlerischen, aber auch experimentellen Fähigkeiten der Instrumentenbauer seit dem 16. Jahrhundert vermitteln. So stehen Kostbarkeiten wie das älteste datierte Clavichord von Domenicus Pisaurensis aus dem Jahre 1543 oder der älteste original erhaltene Hammerflügel, vom Erfinder der Hammermechanik Bartolomeo Cristofori 1726 gebaut, neben Kuriositäten wie Taschengeigen, Giraffenflügeln oder Stockflöten, die eine Zeit lang zwar regen Gebrauch fanden, sich letztlich aber nicht allgemein durchsetzen konnten. Ein besonderer Anziehungspunkt ist die Sonderausstellung »Was immer ertönt, geht vorbei«. Eine vielfältige Auswahl von Musikautomaten und Musikwiedergabegeräten aus drei Jahrhunderten zeigt, wie die Menschen seit jeher versucht haben, die vorübergehenden Klänge einzufangen, aufzubewahren und wiederzugeben.

Die Chance der Veränderung

Im Spannungsfeld zwischen wissenschaftlicher Arbeit, Bewahrung der anvertrauten Werte und der lebendigen Darstellung von Musikgeschichte für ein nicht nur aus Fachleuten bestehendes Publikum liegt eine große Herausforderung.

Mit Blick auf die bevorstehende Rekonstruktion des gesamten Grassi-Museums, die neue Wege der Präsentation eröffnen wird, wurde inzwischen eine Umgestaltung gewagt. Die Säle mit den kostbarsten Stücken der Sammlung sind neu eingerichtet. In ihnen werden markante Episoden der Musikgeschichte eindrucksvoll vorgestellt.

Musikinstrumente glänzen in ihrem Reichtum an Materialien, Formen und Farben. Ölgemälde, grafische Darstellungen, anschauliche Informationen und passende Klangbeispiele helfen den Besuchern, einen lebendigen Eindruck von früherer Musikkulturen zu gewinnen. In den nächsten Jahren soll die gesamte Dauerausstellung schrittweise umgestaltet werden, um Geschichte für Auge und Ohr erlebbar zu machen.

Auch auf der Suche nach »Bach-Reliquien« gibt es im Musikinstrumenten-Museum Entdeckungen zu machen. Zu ihnen gehören eine Ofenplatte aus der Kantorenwohnung in der alten Thomasschule und die Orgelbank aus der Johanniskirche.

Eine Kostbarkeit aus dem Musikinstrumenten-Museum: Pyramidenklavier um 1820

Auf der Hammerleier wurde Mitte des 18. Jahrhunderts gespielt

2000 – das Jahr Bachs und das Jahr des Klaviers

Im Jahre 2000 will das Museum die Aufmerksamkeit der nach Leipzig pilgernden Musikfreunde auf zwei herausragende Persönlichkeiten des 18. Jahrhunderts lenken – auf den Komponisten Johann Sebastian Bach (1685-1750) und den Instrumentenbauer Bartolomeo Cristofori (1655-1731). Eine Sonderausstellung wird Musikinstrumente, Mobiliar und Werke der bildenden Kunst aus der Umgebung von Bach zeigen. Die andere ist dem Erfinder des Hammerklaviers Cristofori gewidmet. In deren Mittelpunkt steht der älteste, komplett erhaltene Hammerflügel der Welt, der nicht nur als technische Neuerung bedeutsam ist, sondern auch wegen seines prächtigen Aussehens Aufmerksamkeit verdient. Erstmalig auf der Welt werden sechs kostbare Cristofori-Instrumente, zum Teil aus der Sammlung der Medici, nebeneinander zu sehen sein.

Zeitgleiche Erfindungen

Zu Anfang des 18. Jahrhunderts befassten sich mehrere Instrumentenbauer mit dem Problem, den besaiteten Tasteninstrumenten mehr Abwechslung des Klanges und vor allem größere Lautstärke zu verleihen. Instrumentenbauer in Sachsen, Florenz und Paris ließen sich dabei von einem Instrument inspirieren, das der ehemalige Leipziger Tanzmeister Pantaleon Hebenstreit allseits vorführte. Es war ein mit Saiten bespannter Kasten, der wie ein Hackbrett mit Klöppeln bedient wurde, noch nicht mit Tasten. Von da bis zum Hammerklavier war es nur noch ein kurzer Schritt, aber der musste erst einmal gegangen werden.

Pedalharfe, »Renault & Chatelain«, Paris um 1790

1732 führten Gottfried Silbermann und der Leipziger Orgelbauer Scheibe dem sächsischen Kurfürsten je ein neues Instrument vor: ein »Piano-Fort« und »ein gantz neu inventierte(s) Instrument«. Auch der Dresdner Christoph Gottlieb Schröter (1699 - 1782) soll mit einer ähnlichen Erfindung Aufsehen erregt haben.

Serpent, historisches Blasinstrument aus der Sammlung des Musikinstrumenten-Museums

Doch das Instrument mit der Hammermechanik gab es bereits seit Jahren – in Florenz! Am Hof der kunstsinnigen Familie de Medici hatte der geniale Instrumentenbauer Bartolomeo Cristofori ein solches Tasteninstrument längst entwickelt. In einem Inventar der dortigen fürstlichen Instrumentensammlung aus dem Jahre 1700 fand sich die erste Beschreibung eines Hammerflügels von Cristofori: »Ein Arpicimbalo … von neuer Erfindung … es bringt das Piano und Forte hervor und hat zwei Prinzipalregister von gleicher Tonhöhe … das dazugehörende Notenpult ist aus Zypresse, der Überkasten aus weißem Holz. Letzterer hat eine Umhüllung aus rotem Leder, ist mit grünem Taft ausgeschlagen und mit Goldband eingesäumt«[1]. Ein Schwesterinstrument des in der Ausstellung gezeigten Hammerflügels wurde von Gottfried Silbermann seinerzeit entweder kopiert oder noch einmal erfunden.

Pauken aus einer sächsischen Werkstatt, 2. Hälfte des 18. Jahrhunderts

Bach rühmte den Klang des neuen Instruments

Das Silbermann'sche Instrument hat auch Johann Sebastian Bach kennengelernt. Dazu ist überliefert: »Er hatte den Klang desselben gerühmet, ja bewundert; aber dabey getadelt, dass es in der Höhe zu schwach lautete, und gar zu schwer zu spielen sey«[2]. Bachs Bemerkung zielte wahrscheinlich darauf ab, dass das Spielen des neuen Instrumentes erlernt und geübt werden muss, wie auch sein Sohn Carl Philipp Emanuel Bach feststellte: »Die neuern Fortepiano, wenn sie dauerhaft und gut gearbeitet sind, haben viele Vorzüge, ohngeachtet ihre Tractirung besonders und nicht ohne Schwierigkeit ausstudieret werden muß.«[3] Möglicherweise war auch ein Piano Forte jenes rätselhafte Instrument, das beim Bach'schen Collegium musicums am 17. Juni 1733 im Zimmermann'schen Garten in Leipzig gespielt und als »... ein neuer Clavicymbel, dergleichen allhier noch nicht gehöret worden ...« angekündigt worden war. (siehe Seite 12)

Kopf eines Streichinstrumentes, 18. Jh.

Köpfe historischer
Streichinstrumente, 18. Jh.

Musikinstrumente der Bachzeit aus Leipziger Werkstätten

Johann Sebastian Bachs gewichtiges Amt als Director chori musici verpflichtete ihn zu vielfältigen Aufgaben. Zu ihnen gehörte auch, die Knaben in der Instrumentalmusik zu unterrichten. Das geschah vornehmlich am Clavichord. Gelegentlich gab es auch Lektionen auf der Violine oder Flöte. Andere Blasinstrumente konnte man bei den Stadtpfeifern erlernen (siehe Seite 7). Die zu Ehren Bachs eröffnete zweite Sonderausstellung demonstriert in einer Vielzahl von Dokumenten, Bildern und Musikinstrumenten Wissenswertes über Leipzigs vielgestaltiges Musikleben des 17. und 18. Jahrhunderts. Gezeigt wird auch, welche Instrumente die Familie Bach selbst besaß. So ist im nachgestellten »Zimmer eines Organisten« ein heute sehr seltenes Pedalclavichord zu sehen, wie es seinerzeit zum Orgelüben benutzt wurde. Ebenso wird auf die meisterlichen Instrumente aus den über 30 Leipziger Werkstätten in jener Zeit verwiesen. Einer der mit Bach befreundeten Instrumentenbauer war Johann Christian Hoffmann.

Bereits sein Vater Martin Hoffmann wirkte über 40 Jahre in Leipzig als hochangesehener Lauten- und Geigenmacher. Eigenwillige Corpusformen, ausgesuchtes Holz, sorgfältige Arbeit und vorzügliche klangliche Eigenschaften zeichnen seine Instrumente aus. Sein Sohn Johann Christian Hoffmann galt als der bedeutendste unter den über dreißig damals in der Messestadt ansässigen Instrumentenmachern.

1734 übertrug ihm Johann Sebastian Bach die Instandhaltung der Streichinstrumente der beiden Leipziger Hauptkirchen. Zacharias Hildebrandt (1680-ca.1755 in Leipzig) war der beste Schüler Gottfried Silbermanns und wirkte später als Orgelbauer in Dresden. Berühmt wurde er wegen der Klangschönheit seiner Orgeln.

Ein kleineres seiner Instrumente kann jetzt im Museum besichtigt werden. Zwei der wenigen, noch erhaltenen »Bachreliquien« sind die Orgelbank und der Spieltisch mit Pedal aus der ehemaligen Leipziger Johanniskirche. Diese Orgel wurde von Johann Scheibe zwischen 1742 - 1744 erbaut und war »nach der strengsten Untersuchung, die vielleicht jemals über eine Orgel ergangen ist, von Hrn. C. M. (Capellmeister) Joh. Seb. Bach und dem Hrn. Zacharias Hildebrandt für untadelhaft erkannt worden«.

Auch historische Instrumente müssen klingen

Instrumente will man nicht nur anschauen, sondern hören. So finden im Musikinstrumenten-Museum immer wieder Vorführungen, musikalische Matineen und Konzerte statt. Musiker und Restauratoren erläutern dabei die Besonderheiten der historischen Instrumente. Wichtigstes Anliegen des Museums ist dabei, das Musikleben vergangener Epochen erlebbar werden zu lassen.

Eszter Fontana

1 Zitiert nach: Restle, Konstantin: *Bartolomeo Cristofori und die Anfänge des Hammerclaviers.* München 1991, S. 68

2 In: *Musica mechanica organoedi ...*, Zweyter Band, Berlin, 1786, S. 116-117

3 Bach, Carl Philipp Emanuel: *Versuch über die wahre Art das Clavier zu spielen*, Berlin 1753, S. 8

Hausmusik im 18. Jahrhundert,
zeitgenössischer Stich

Vom Leyermacher zur Pianofortefabrik

Der Musikinstrumentenbau in Leipzig

Leipzigs Bedeutung als Musikstadt schuf auch für Musikinstrumentenbauer, Musikverlage und Händler günstige Bedingungen. Stadtpfeifer, Thomaner und später die großen Orchester brauchten oft neue Instrumente und die vorhandenen mussten gepflegt und gelegentlich repariert werden.

Der Handel mit Instrumenten ist belegt

Dass man in Leipzig immer auch mit Musikinstrumenten handelte, ist bis in die Gegenwart belegt, denken wir nur an die Geschäfte der Familien Blüthner, Syhre oder Werch, die heute mehr als nur ihre eigenen Erzeugnisse verkaufen.

Der bekannte Musikverlag Breitkopf & Härtel, 1719 gegründet, hatte einst neben der Herstellung und dem Verkauf von Musikalien auch die gebräuchlichsten Musikinstrumente im Angebot, wie in einer Anzeige der »Allgemeinen Musikalischen Zeitung« von 1806 nachzulesen war. So unter anderem »Pianoforte(s) der besten Wiener und anderer Meister in verschiedenen Formen, Holzart, Tonumfang und äußeren Eleganz. Außerdem findet man bey uns sehr gute alte italienische Violinen, von Stradivari, Amati, Stainer etc. wie auch andere Bogen- und Blasinstrumente von den besten Meistern; Harmonika's, Hackenharfen, Guitarren, Mandolinen, Pariser Violinbogen, Romanische Saiten usw.«[1]

1807 begann Gottfried Härtel mit der eigenen Fabrikation von Klavierinstrumenten. Als im Jahr 1872 die Produktion eingestellt wurde, endeten die Eintragungen mit der Herstellungsnummer 5201.

Aus der Werkstatt Breitkopf & Härtel sind im Musikinstrumenten-Museum der Universität Leipzig je ein Konzertflügel, ein Tafelklavier und ein Pianoforte erhalten. Weitere fast zeitgleich tätige Firmen, deren Gründer aus der Werkstatt Breitkopf & Härtel kamen, so unter anderem Blüthner, Bretschneider, Feurich, Förster, Irmler oder Wanckel & Temmler sind ebenfalls im Musikinstrumenten-Museum mit ihren Instrumenten dokumentiert.

Leipzig ist die Musikstadt par execellence und deshalb in erster Linie dazu berufen, diese [Musikfach-] Ausstellung ... in ihren Mauern zu beherbergen ... Am stärksten ist natürlicher- und erfreulicherweise die Leipziger Industrie vertreten ..., weil Leipzig alle anderen Städte auf dem Gebiet der Musikindustrie übertrifft. [...] Im großen Varietésaal des [Krystallpalastes] sind die großen Instrumente zur Schau gestellt ... Die kleineren Instrumente, Streich-, Holzblas-, Blechblas-, Schlag-, Zupf- und mannigfaltige Saiteninstrumente sind im Theatersaal aufgestellt ...

Über die Musikfachausstellung vom 3.-15. 6. 1909
Stadtarchiv Leipzig, Kapitel 75, Nr. 69, Bl. 74

Vielseitige Instrumentenbauer

Im 16. Jahrhundert konnten Leipzigs Instrumentenmacher den Bedarf der Stadt ganz offensichtlich noch nicht decken. Denn die Instrumente wurden auswärts bestellt: **»Den Stadtpfeifern allhier sind neue Pfeifen von Breslau bestellt durch die Stadtpfeifer daselbst, nämlich eine neue große Posaune, kostet 20 fl. [Gulden], eine kleine Posaune, kostet 9 fl., zehn Flöten mit einem großen Baß, kostet 20 fl., zwei Bomharts und eine Schalmei vor 8 fl., denen zu überziehen und zu füttern 2 1/2 fl., Fuhrlohn 2 fl. Summa 61 1/2 fl.“** Stadtarchiv Leipzig: Barthels vermischte Nachrichten, Bl. 77

Natürlich hat man in Leipzig nicht nur Klavierinstrumente gebaut. Die früheste Erwähnung findet Heinrich Stoer, der 1520 im Bürgerbuch als »Leyermacher« eingetragen ist. Bereits 1535 und 1543 werden Michael Frey und Hans Müller als »Clavichordienmacher« nachgewiesen. Von Hans Müller ist ein 1537 gebautes Cembalo erhalten. Es befindet sich im Besitz der Accademia nazionale di Santa Cecilia in Rom.

Von dem seinerzeit bedeutendsten Leipziger Instrumentenbauer und -händler, dem Stadtpfeifer Bernd Krause (1533 - 1574), ist ein Hinterlassenschaftsverzeichnis überliefert, das uns einen Eindruck von der Vielseitigkeit damaliger Instrumentenmacher vermittelt. Krause betrieb einen regen Handel. Was und an wen er verkaufte, ist unter anderem einem Verzeichnis von Schuldscheinen seiner Gläubiger zu entnehmen. Aus einem 1611 aufgestellten Inventar Peter Hackenbrochs, Lautenmacher und Instrumentenhändler, geht hervor, dass er nicht nur mit Leipziger Instrumenten handelte, sondern neben anderem »14 Randeckische Geyen«, »3 erffurtische bauchzittern«, »2 schlechte Erffurtische Geyen«, »4 Donauische Geyen« und »Römische Lauten- und Geyensaiten« im Angebot hatte.[2]

Trotz der erwähnten »Römische(n) Lauten- und Geyensaiten« kann davon ausgegangen werden, dass man auch in Leipzig in der Lage war, das für den Instrumentenbau erforderliche Saitenmaterial selbst herzustellen. Das trifft sowohl für Darm- als auch für Drahtsaiten aus Eisen und Messing zu. Bevor es zu einem selbstständigen Berufszweig der Darmsaitenhersteller kam, gehörte die Fertigung von Saiten zum Gewerbe der Fleischer. Drei Generationen der Familie Arnold Findinger sind in Leipzig seit der Mitte des 16. Jahrhunderts für Lautenherstellung, Lautenhandel und Saitenherstellung bekannt.[3]

Geigen für die Dresdner Hofkapelle und die hiesige Kirchenmusik

Zu den bedeutendsten Geigenbauern gehörte die Familie Hoffmann. Der um 1650 aus Thüringen gekommene Veit Hoffmann (gest. 1673) begründete die Werkstatt. Sein Sohn Martin Hoffmann (1653 - 1719) konnte zwei seiner Söhne, Christian Gottlieb Hoffmann (1691 - 1735) und Johann Christian Hoffmann (1683 - 1750), zur Weiterführung der Werkstatt ausbilden. Vor allem die Instrumente von Johann Christian Hoffmann wurden sowohl in der Dresdner Hofkapelle als auch in der Thomaskirche zu

Leipzig unter Johann Sebastian Bachs Leitung gespielt. Auch aus dieser Werkstatt sind im Leipziger Musikinstrumenten-Museum mehrere schöne und gut erhaltene Instrumente ausgestellt.

Theorbe
von J. G. Hoffmann,
Leipzig 1720

Clavichord- und Pfeifenmacher

Ebenfalls im Museum erhalten ist ein 1700 von Johann Jacob Donat gebautes Clavichord. Dieses besonders schön gearbeitete Instrument belegt mit seinem chromatischen Umfang der großen Oktave, sonst unter Weglassung des Tones Cis, früher auch ohne Dis, Fis und Gis ausgeführt, einen bemerkenswerten Fortschritt.

Johann Scheibe (1675 - 1748) und Zacharias Hildebrandt (1688 - 1757) fanden als Orgelbauer immer wieder auch den Kontakt zu Johann Sebastian Bach. Unter den »Pfeifenmachern«, wie sich die Holzblasinstrumentenmacher nannten, verdient unter anderen Andreas Bauermann (1636 - 1769) Erwähnung. War dieser ausschließlich mit der Herstellung von Holzblasinstrumenten beschäftigt, so stellte der wohl bedeutendste hier ansässige »Pfeifenmacher« Johann Heinrich Eichentopf (1678 - 1769) auch Trompeten, Posaunen und Hörner her.

Gleich vielseitig und bedeutend war die Familie Sattler. Von Johann Cornelius Sattler (um 1691 - 1739) begründet, führte Christian Friedrich Sattler (1778 - 1842) als letzter Vertreter der Familie die traditionsreiche Werkstatt.

Als interessantes Detail der Leipziger Geschichte des Musikinstrumentenbaus ist die gelegentliche Doppelfunktion von Musiker und Instrumentenbauer festzustellen. So war beispielsweise August Leschke (1834 - 1901) noch nach 1861 Instrumentenmacher und Klarinettist am Gewandhaus.

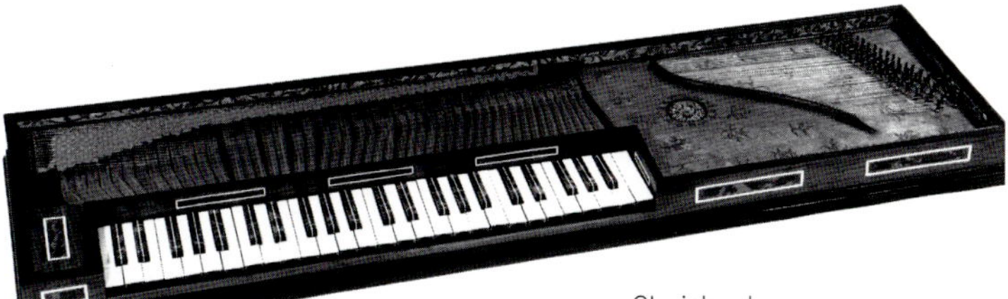

Clavichord
von J. J. Donat,
Leipzig um 1700

Weltweite Bedeutung

Weltweite Bedeutung erlangte der Musikinstrumentenbau Leipzigs noch einmal um die Jahrhundertwende mit der Fabrikation von Phonola-Klavieren, pneumatischen Musikwerken und anderen Musikautomaten. Die 1891 gegründete Firma Hugo Popper & Co. hatte nach anfänglichem Handel mit Polyphonen und anderen Musikautomaten sehr bald die eigene Produktion von Orchestrions, Kunstspielpianos, Reproduktionspianos, Geigenpianinos, Reproduktionsharmoniums und Reproduktionsorgeln aufgenommen. 1892 begann die Firma Ludwig Hupfeld mit annähernd dem gleichen Sortiment ihre Produktion mechanischer Musikinstrumente. Das Musikinstrumenten-Museum zeigt eine Auswahl davon.

Leipzig war ohne Instrumentenbauer-Zunft

Interessanterweise gab es in Leipzig keine Zunft der Instrumentenbauer, ja nicht einmal das Bürgerrecht war nötig, um diese Tätigkeit auszuüben. Diese fehlende »Zunftordnung« erklärt auch, dass zahlreiche frühe Instrumente ohne Signatur überliefert sind. Generell war nämlich durch das Zunftgesetz geregelt, dass ein Fertigprodukt mit dem Namen oder einem Zeichen des Erbauers, der sogenannten »Schau« nur versehen durfte, wer einer Zunft angehörte. Da es hier keine gab, wurde auch nicht signiert.

17 Handwerksbetriebe existieren heute

Die Zunftgesetzgebung ging mit einem Reichsbeschluss von 1731 zu Ende. Entsprechend der Gewerbeordnung von 1869 gründeten sich die bis heute bestehenden Innungen. Sie sind Interessenvereinigungen selbstständiger Handwerker und weitaus großzügiger in ihrer Gesetzgebung.
Der »Innung des Musikinstrumentenmacherhandwerks Leipzig« gehören nach Auskunft des derzeitigen Obermeisters, Klavierbaumeister Lothar Werch, 17 Handwerksbetriebe an. Damit ist auch weiterhin in Leipzig gesichert, dass man für jede Instrumentengattung einen Instrumentenbauer als Ansprechpartner finden kann. Das ist wichtig für den umfangreichen Orchesterbetrieb, denn die Vielzahl der Musikinstrumente muss gepflegt, gewartet und gelegentlich auch repariert werden.

Klaus Gernhardt

1 Zeraschi, Helmut: *Breitkopf & Härtels Musikinstrumentenhandel und Klavierbau.* In: Pasticcio auf das 250-jährige Bestehen des Verlages Breitkopf & Härtel, VEB Breitkopf & Härtel Musikverlag Leipzig 1968, S. 128

2 Wustmann, Rudolf: *Musikgeschichte Leipzigs*, Leipzig und Berlin 1909, Bd.1, S. 167

3 Ebenda. S. 202

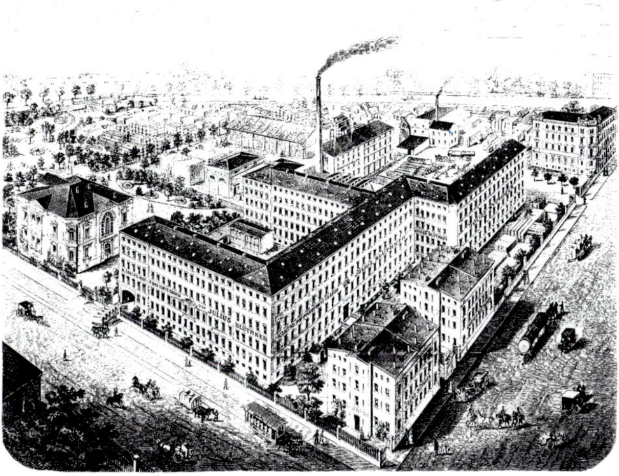

Die königlich sächsische Pianofortefabrik von Julius Blüthner in Leipzig

Knut Blüthner-Haessler, Ingbert Blüthner-Haessler und Dr. Christian Blüthner-Haessler (v.l.n.r.), die heutigen Geschäftsführer der Firma Julius Blüthner Pianofortefabrik GmbH.

Das Gohliser Schlößchen ist ein beliebter Veranstaltungsort für Kammerkonzerte.

Die Krone aller Musik

Geschichte und Gegenwart der Kammermusik

Sie legen großen Wert auf die Leipziger Geigentradition. Der ganz persönliche Klang des Quartetts sei wichtig und die Arbeit im Gewandhausorchester von unschätzbarer Wichtigkeit gewesen. Heute repräsentiert das Leipziger Streichquartett eine weit zurückreichende Tradition, denn in Leipzig begann Anfang des 19. Jahrhunderts die Geschichte der professionellen Kammermusik.

Seit 1809: Öffentliche Kammerkonzerte

Zu einer Zeit, da das reine Sinfoniekonzert noch nicht herausgebildet und in den Abonnementskonzerten die Trennung zwischen Orchester- und Kammermusik noch nicht vollzogen ist; zu einer Zeit, da die gewöhnlichen Konzertprogramme bunt gemischt sind aus Sinfonien, Opernarien und -szenen, Virtuosenstücken und Musik kleinster Besetzung; zu einer Zeit, da in den Kreisen des musikliebenden Publikums das begeisterte Dilettieren weit verbreitet und in den bürgerlichen Salons gepflegte Hausmusik zu Hause ist – zu dieser Zeit beginnt in Leipzig die Geschichte der öffentlichen Kammerkonzerte.
Die finden ihren Grund wohl am ehesten im erheblich gewachsenen Schwierigkeitsgrad der Kompositionen seit der »Wiener Klassik«, denen die begrenzte Kunstfertigkeit der Dilettanten nicht mehr ohne Weiteres gewachsen ist. Dem »lehrreichen Vergnügen« – sprich: der maßstabsetzenden Interpretation, von professionellen Musikern vor einem kundigen Publikum ausgeführt – gehört fortan die Zukunft. Und diese Zukunft beginnt für Leipzig im Jahre 1809.

Kammermusikalische Vereinigungen von Gewandhausmusikern:
Gewandhaus-Bläserquintett
Gewandhaus-Oktett
Gewandhaus-Quartett

alle zu erreichen über:
Gewandhaus zu Leipzig
Augustusplatz 8
04109 Leipzig
Tel.: 0341 / 12 70 - 280
Fax: 0341 / 12 70 - 222

Die Geburtsstunde des Gewandhausquartetts

Als Ferdinand David Anfang 1836 sein Amt als Konzertmeister des Gewandhausorchesters antrat, übernahm er keine leichte Aufgabe. Denn er war der Nachfolger des erst kürzlich gestorbenen Heinrich August Matthäi, dem die »Allgemeine Musikalische Zeitung« in ihrem Nachruf bescheinigte: »Leipzigs Orchester wurde durch Matthäi berühmt.«[1] Doch nicht nur auf das Orchester hatte Matthäi entscheidenden Einfluss ausgeübt, auch auf das Leipziger Konzertleben insgesamt. Denn bereits 1809 gründete er gemeinsam mit drei anderen Gewandhausmusikern eine »Quartettgesellschaft« – die Geburtsstunde des bis heute bestehenden Gewandhaus-Quartetts – und schon wenig später jubelte die »Allgemeine Musikalische Zeitung«: »Wir haben noch nie eine so vortreffliche Quartettgesellschaft in Leipzig gehabt.«[2] Allerdings musste Matthäi die Kosten und das Risiko der Unternehmung selbst tragen. Und das blieb so bis zu seinem Tod.

Ferdinand David,
Lithografie von G. Weinhold

„Nur einmal kamen wir alle, Mendelssohn mit eingeschlossen, um alle Fassung. Denn während solcher in die höchsten Sphären entführenden Tondichtung hörte man bei einer ganz unvermutet und plötzlich eintretenden Pause eine im reinsten Leipzigerisch singende Weiberstimme im ganzen Saal deutlich: »und ich koche sie immer mit Sauerkraut« zu einer Freundin sagen, wobei denn freilich unsere Andacht schändlich in die Brüche ging.«
Precht, Friedrich: Aus meiner Zeit. Lebenserinnerungen. Bd. 1, München, 1894, S. 162ff.

»Sein Violinspiel war, wenn er solo vortrug oder das Quartett führte, hinreißend durch den Enthusiasmus, der diesen Mann sichtlich ergriffen hatte«[3], ist im »Nekrolog« der »Illustrirten Zeitung« zu lesen. Doch lasse sich keiner irreführen: Das Zitat stammt vom August 1873 und meint nicht Matthäi, sondern David, der Matthäis Nachfolge auch in jenem Bereich angetreten hatte, der Kennern zufolge aller Musik die Krone aufsetzt: die Kammermusik.

Vom Foyer in den Konzertsaal

Zunächst führt David die Quartettabende in der überkommenen Art und Weise fort, also zum einen auf eigene Rechnung und eigenes Risiko, zum anderen fast ausschließlich mit Streichtrios, -quartetten und -quintetten. Aber es weht wohl ein neuer Wind, denn bald finden sich so zahlreiche Zuhörer ein, dass das Gewandhausfoyer als bisheriger Veranstaltungsort nicht mehr ausreicht und mit dem Konzertsaal vertauscht werden muss. Was nur an den Ausführenden oder ihren Interpretationen liegen kann, nicht jedoch an den aufgeführten Werken. Da herrscht, wie die »Neue Zeitschrift für Musik« im Mai 1839 berichtete, nach wie vor das »Triumvirat Haydn, Mozart, Beethoven«, was sich in der ganzen »Ära David« nicht ändern wird. [4]
Dafür änderte sich anderes: Eben im Jahre 1839 teilt David einem Freund mit, er wolle künftig in die Kammermusiken Solostücke, Werke für größere Besetzungen und Klaviermusik einbeziehen. Der Freund – es ist der Gewandhauskapellmeister Felix Mendelssohn Bartholdy – reagiert: »Dass Du bei allem, wo Du mich und meine Finger

brauchst, immer auf mich rechnen kannst, weißt Du wohl … «[5] Doch auch die Gewandhausdirektion reagiert: Sie entschließt sich, ab sofort für Rechnung und Risiko der »Musikalischen Abendunterhaltungen« verantwortlich zu zeichnen. Das ist der eigentliche Beginn der vom Gewandhaus veranstalteten Kammermusik! Und gilt Matthäi als Vater des Gewandhaus-Quartetts, so muss David als Initiator der bis heute bestehenden und inhaltlich breitgefächerten Gewandhaus-Kammermusik gelten.

Die historische Stunde

Am 25. Januar 1840 – sechs Tage zuvor ist David 30 geworden – schlägt die historische Stunde: Haydns »Kaiser-Quartett« eröffnet die erste institutseigene Kammermusik; es folgen Mozarts Sonate für Klavier und Violine A-Dur, Cherubinis 3. Streichquartett d-Moll und schließlich Beethovens Klaviertrio B-Dur, das sogenannte »Erzherzogtrio«. Am ersten Geigenpult steht David. Und am Klavier sitzt Mendelssohn – aber nicht nur für dieses eine Mal. Bis zu seinem frühen Tod im November 1847 ist er als Mitwirkender auf weit über der Hälfte aller Kammermusikprogramme verzeichnet.

Seine Nachfolger im Amt des Gewandhauskapellmeisters tun es ihm gleich: Ferdinand Hiller übernimmt etliche Male den Klavierpart, Niels W. Gade den der Bratsche, Julius Rietz den des Cellos und schließlich Carl Reinecke wiederum den des Klaviers. Und gerade an diesem Instrument sitzen in den insgesamt 38 Jahren der»Ära David« auch die berühmtesten Gäste: mehr als ein Dutzend Mal Clara Schumann, einmal Brahms, ein andermal Saint-Saëns …

»Versäume keine Gelegenheit, wo du mit anderen zusammen musicieren kannst, in Duos, Trios etc. Das macht dein Spiel fließend, schwungvoll. Auch Sänger accompagniere oft.«
Robert Schumann: Musikalische Haus- und Lebensregeln

Eine Geschichte der Säle

Als David 1873 stirbt, steht die Gewandhaus-Kammermusik nach wie vor einzig da. Sicher begünstigt durch den akustisch ausgezeichneten Konzertsaal, den Leipzig kein zweites Mal zu bieten hat. Weswegen sich auch all die auswärtigen Künstler – Hans von Bülow mit etlichen Klavierabenden, Henri Wieniawski, mehrmals das »Florentiner Streichquartett Jean Becker«, Joseph Joachim, um nur wenige zu nennen – mit ihren Kammerkonzerten im Gewandhaus einmieten. Doch das blieb nicht lange so. Als die Abonnementskonzerte 1884 aus dem Saal im alten Gewandhaus in ein neu erbautes Konzerthaus umziehen, gewinnt die Kammermusik einen attraktiven Saal mehr für sich, neben dem alten Gewandhaussaal den Kleinen Saal

Nach der Eröffnung des Neuen Gewandhauses am 11.12.1884 in der inneren Südvorstadt, die bis heute »Musikviertel« genannt wird, wurde der alte Gewandhaussaal im Städtischen Kaufhaus weiterhin für die Kammermusik genutzt.

im neuen Haus. 1887 kommt mit der Einweihung des neuen Konservatoriums ein weiterer Konzertsaal hinzu. Die Geschichte der Leipziger Kammermusik ist nicht zuletzt eine Geschichte der Säle.

Kammermusiksaal im Städtischen Kaufhaus, 1943 zerstört

Das Gewandhaus-Quartett überdauert die Zeiten

Nach dem Zweiten Weltkrieg, als die einst mit so großem Stolz hergerichteten Säle zertrümmert sind, gibt es Sonatenabende in Pfarrgemeindesälen, Kammermusiken in Dorfkirchen am Rand der Stadt, Quartettabende im Neuen Rathaus, später im Weißen Saal der Kongresshalle am Zoo. Von hier aus auf die vergangenen Jahrzehnte der Kammermusik in Leipzig zurückzublicken, hat einen herben Reiz. Das Gewandhaus-Quartett überdauerte trotz manchem Stolpern vor allem in den Jahren um 1890 die Zeit. Andere Streichquartette kamen und verschwanden wieder, jenes aus Lehrern des Konservatoriums gebildete Brodsky-Quartett zum Beispiel, das immerhin so gut war, dass es 1884 in die »heilige« Gewandhaus-Kammermusik vordrang und dort für 16 Jahre einen festen Platz hielt. Wogegen das 1896 gegründete Gewandhaus-Bläserquintett erst 1924 zum ersten Mal einen gewandhäuslichen Kammermusikabend gestalten durfte.

Kammermusikalische Vereinigungen von Musikern des MDR-Sinfonieorchesters:
MDR Kammerphilharmonie, Favorit- und Capell-Chor Leipzig, MDR-Bläserensemble, Leipziger Bläsersolisten, Döring-Bläserquintett, Leipziger Hornquartett, Hartmann-Quartett, Mozart-Trio Leipzig

MDR Hauptabteilung Klangkörper
Springerstr. 22-24
04105 Leipzig
Tel.: 0341/3005753
E-Mail: mdr-klangkoerper@mdr.de
Internet: http://www.mdr.de/klangkoerper

Einzig, aber nicht unangefochten

75 Jahre später, am Ende des 20. Jahrhunderts, stehen die Gewandhaus-Kammermusiken zwar als Jahr für Jahr veranstaltete Konzertreihe wiederum einzig, jedoch längst nicht mehr unangefochten da. »Schuld« sind zum einen

die vielen Ensembles, die sich aus freien Musikern, aus den Mitgliedern der beiden großen Leipziger Orchester – Gewandhaus- und Sinfonieorchester des Mitteldeutschen Rundfunks – oder aus Lehrern und Studenten der Leipziger Musikhochschule zusammensetzen, zum anderen die vielen exzellenten Säle, die sich ihnen heute in Leipzig bieten. Da reicht die Palette vom intimen Musiksalon im Mendelssohn-Haus über das Gohliser Schlösschen und den Sommersaal im Bosehaus, die Alte Handelsbörse und den Festsaal im Alten Rathaus bis hin zum Mendelssohn-Saal im Neuen Gewandhaus, von diversen anderen mehr oder weniger geeigneten Spielorten – Kuppel- und Wandelhallen, Foyers und Aulen, Konferenz- und Studioräume – ganz zu schweigen.

Weder Musiksalons noch Triumvirat

Erst recht zu schweigen von den Musiksalons in den alten Leipziger Bürgerhäusern, denn die gibt es kaum noch. Wo einst ein Flügel oder ein Klavier stand, stehen heute Fernseher, Videorecorder, CD-Player und Computer. Und den Kammermusikern bleiben nur mehr die öffentlichen Säle. Aber dort spielen sie um so leidenschaftlicher: vom Duo bis zum Oktett, vom neunköpfigen Collegium bis zum Kammerorchester; firmieren etwa als »Sächsisches Klaviertrio«, »Leipziger Streichquartett« oder »Leipziger Kammerorchester«, unter Komponisten-, Fantasie-, historischen Namen oder einfach dem des Primarius; und sind längst nicht mehr dem »Triumvirat Haydn, Mozart, Beethoven« unterstellt, was die Bandbreite der auf den Programmen stehenden Werke von Antonín Dvořak bis Alexander Zemlinsky beweist.

Eine solche Fülle und Farbigkeit, dass trotz allem Wandel um die Zukunft der Kammermusik in Leipzig keinem Bange sein muss.

Claudius Böhm

Das Gewandhausquartett 2000: Michael Erben, Conrad Suske (beide Violine), Volker Metz (Viola) und Jürnjakob Timm (Violoncello).

1 Zit. nach: Die Gewandhauskonzerte zu Leipzig, hrsg. von Johannes Forner. Leipzig, 1981, S. 62

2 Allgemeine Musikalische Zeitung vom 20. 12. 1809, Jg. 12, Nr. 12, Sp. 192

3 »Illustrirte Zeitung« vom 30. 8. 1873, Nr. 1574

4 Neue Zeitschrift für Musik vom 3. 5. 1839, Jg. 10, Nr. 36

5 Zit. nach: Felix Mendelssohn Bartholdy, Briefe aus Leipziger Archiven. Hrsg. von H.-J. Rothe u. R. Szeskus. Leipzig, 1972, S. 149

»Sächsisches Klaviertrio«: Gunar Kaltofen, Roland Fuhrmann, Jürnjakob Timm

Unerhörte Propheten im eigenen Lande: Das Leipziger Streichquartett

Leipziger Streichquartett
c/o Matthias Moosdorf
Gerichtsweg 28
04103 Leipzig
Tel.: 0341/9 95 44 60

»Habt Ihr Euch das auch gut überlegt?«, fragte der seinerzeitige Gewandhauskapellmeister Kurt Masur mit zusammengekniffenen Augen und väterlich gerunzelter Stirn, als Andreas Seidel und Tilman Büning (Geige) sowie Ivo Bauer (Bratsche) – allesamt Vorspieler im weltberühmten Gewandhausorchester – ihn 1993 mit der kurz und bündig gefassten Mitteilung überraschten: »Also Chef: Wir kündigen!«

Kein unüberlegter Entschluss

Der Entschluss, dem größten Profi-Orchester der Welt endgültig den Rücken zu kehren, um sich künftig ganz auf die Kammermusik konzentrieren zu können, war allerdings schon längst kein waghalsiger Sprung ins eiskalte Wasser des Klassikmarktes mehr. Denn bereits 1991 hatte ihr Leipziger Streichquartett (Vierter im Bunde ist Matthias Moosdorf am Violoncello) beim hoch angesehenen internationalen ARD-Wettbewerb in München den Preis abgeräumt und im gleichen Jahr den ebenfalls renommierten Brüder-Busch-Preis. Darüber hinaus hatte das Ensemble einen ausgesprochen reizvollen Vertrag mit dem audiophilen Edellabel Musikproduktion Dabringhaus & Grimm in der Tasche. Kurzum: Man war schon längst keine unbekannte Größe mehr in der internationalen Quartett-Szene.

»Leipziger Sreichquartett«: Andreas Seidel, Tilman Büning, Matthias Moosdorf, Ivo Bauer

Im Sprint zur Spitze

Formiert hatten die vier sich 1988, als mit dem Eintritt von Andreas Seidel als Primarius das Quartett die heute noch bestehende Besetzung fand. Ein Dutzend Jahre sind gerade in der so subtilen kammermusikalischen Königsformation des Streichquartetts, bei dem die Musiker gemeinsam reifen und wachsen, eigentlich kein Alter. Aber die vier Leipziger stürmten in dieser Zeit an die Spitze und zählen längst zu den hörenswertesten (und gehörtesten) Stimmen europäischer Kammermusik-Ensembles. So trugen und tragen sie den Ruhm der Musikstadt Leipzig in die Welt hinaus. Dies belegen immer wieder Preise und Ehrungen: Diapason d'Or, Premios CD-Compact, Nominierungen für den Cannes Classical Award, 1999 erstrichen sich die vier den begehrten Editors Choice des Grammophone Magazine und den Indie Award, die höchste Auszeichnung, die der amerikanische (E-)Musikmarkt überhaupt zu vergeben hat. Hierzulande folgte der Echo-Klassik-Preis der deutschen Phono-Akademie für die beste Ensembleleistung und die in jeder Beziehung – auch aufnahmetechnisch – fabelhafte Einspielung von Schuberts »Forellenquintett« mit dem Pianisten Christian Zacharias.

Das Gewandhausorchester war eine gute Schule

Das alles verdankt das Leipziger Streichquartett zumindest mittelbar der Orchesterzeit von drei seiner Mitglieder im Gewandhaus. Primarius Seidel: »Wir legen großen Wert darauf, die sächsische, die Leipziger Geigentradition zu pflegen. Der ganz persönliche Klang des Quartetts ist das Ergebnis dieser Bemühungen. Dafür war unsere Arbeit im Gewandhausorchester, das ja auch ein Klangkörper mit sehr spezifischer Handschrift ist, als Impuls von unschätzbarer Wichtigkeit: So individuell wie dieses Orchester sollte unser Quartett auch werden.« Und das ist zweifellos gelungen. Denn ob auf CD oder im Konzert – das Leipziger Streichquartett erkennt man jederzeit und nach wenigen Takten mit geschlossenen Augen am seidigen, erdigen, feinnervigen, atmenden, sanft leuchtenden Eigenklang.

Wohl überlegtes Repertoire

Das resultiert indes nicht nur aus jenem berühmten sinnlichen »Leipziger Sound«, sondern in mindestens dem gleichem Maße aus der wohl überlegten Repertoire-Gestaltung. Matthias Moosdorf: »Wir versuchen, immer aktuell zu sein: Wenn andere sich für etwas zu interes-

Ausgewählte CD-Tipps mit Aufnahmen des Leipziger Streichquartetts:
Beethoven:
Quartette op.59,1/18,1 (MDG 0307 0707-2),
Quartette op. 131/135 (MDG 0307 0820-2);
Brahms:
Klarinettenquintett b-moll, Streichquartett a-moll (mit Ferdinand Leister, Klarinette) (MDG 307 0719-2);
Eisler/Adorno:
alle Streichquartette, Präludium und Fuge über BACH (CPO 999 341-2);
Mozart:
Preußische Quartette (DG 307 0936-2);
Schönberg: Verklärte Nacht, Streichquartett Nr. 3 (MDG 307 0773-2);
Schubert:
Sämtliche Werke für Streichquartett (MDG 307 0602 – 609),
»Forellenquintett«, Streichtrio D 581, Streichtrio D 111 a (mit Christian Zacharias, Klavier und Christian Ockert, Kontrabass) (MDG 307 0625-2);
Spohr:
Quartettkonzert u.a. (mit Leipziger Kammerorchester) (MDG 633 0849-2);
Webern:
Sämtliche Werke für Streichquartett (MDG 307 0589)

sieren beginnen, wollen wir – in bester Qualität versteht sich – schon damit da sein. So wie in der Fabel vom Hasen und dem Igel.«

Frucht dieser Bemühungen ist ein eindrucksvolles Repertoire: Über 250 Werke von 55 Komponisten, ein gutes Drittel davon aus unserem Jahrhundert. Dabei liegt der Akzent auf beiden Wiener Schulen, der deutschen Romantik, dem Zeitgenössischen. Was nicht bedeutet, dass nicht auch Verdi oder Puccini hin und wieder einen Platz fänden. Tiefe des Ausdrucks, intellektuelle Durchdringung, kompromisslose Ernsthaftigkeit der Annäherung zeichnen das Ensemble dabei aus.

»Interpretatorische Vernetzung«

Der wohl beeindruckendste vollständige Zyklus, den das Leipziger Streichquartett eingespielt hat, sind alle Quartettwerke – darunter auch die Skizzen und Fragmente – Franz Schuberts. Von der Kritik wurde dieses monumentale Unternehmen auf neun CDs in nachgerade ekstatischen Tönen bejubelt; es war sicherlich einer der weltweit wichtigsten Beiträge zum Schubert-Jahr.

Doch das Bemerkenswerte dieses Riesenrepertoires ist nicht die schiere Menge, sondern vor allem anderen das, was Matthias Moosdorf »interpretatorische Vernetzung« nennt: »Das schnelle, aber sorgfältige Erarbeiten von Repertoire bringt uns auch musikalisch weiter. Denn mit jedem neuen Werk, mit dem wir uns auseinandersetzen, wachsen auch neue Erkenntnisse. Erkenntnisse von Zusammenhängen, von Berührungen, von Abgrenzungen. Alles strahlt auf irgendeine Weise auf alles aus. Durch die intensive Beschäftigung mit der Musik der Zweiten Wiener Schule etwa klingen unser Beethoven oder unser Schubert vielschichtiger als bei anderen – natürlich ohne dass wir die stilistischen Eigenheiten der Werke verletzen ...«

Wagemutige Uraufführungen

Das ausübende Interesse des Leipziger Streichquartetts kennt nur eine Grenze. Büning: »Wir machen alles – außer schlechter Musik.« Und Moosdorf schränkt ein: »Bei Uraufführungen merkt man das naturgemäß manchmal erst hinterher. Aber um beurteilen zu können, ob ein Werk etwas taugt oder nicht, muss man es erst einmal gespielt haben.« Aus dieser Einsicht – die dringend Schule machen sollte – erwuchsen Uraufführungen von Franke, Furrer, Leyendecker, Mahnkopf, Rihm, Schleiermacher, Thiele, Ullman, Widmann. Die Liste ließe sich noch fortsetzen.

Klassische Moderne und die Musik unserer Zeitgenossen prägen auch das Profil von Steffen Schleiermachers Leipziger »Ensemble Avantgarde«, in dem Seidel, Büning, Bauer und Moosdorf von Anfang an feste Mitglieder sind. In beiden Formationen sind die vier streichenden Weltreisenden trotz ihrer ungezählten internationalen Verpflichtungen auch in Leipzig ständig präsent: Im Gewandhaus mit den modernen Konzerten der »musica nova« und der eigenen höchst ambitionierten Reihe »Pro Quatuor« (seit 1991), zu der das Leipziger Streichquartett auch höchstrangige Gäste an die Pleiße holt. Beide sind indes meist einigermaßen bescheiden besucht. Was kaum einzusehen ist, angesichts der intelligent zusammengestellten Programme und außergewöhnlichen Gast-Solisten. Da drängt sich der Vergleich mit dem Propheten auf, der im eigenen Lande nichts zählt.

Detail über dem Eingang der Alten Handelsbörse

Ein tonangebender Klangkörper

Gut drei Dutzend CD-Produktionen mit dem Quartett und viele weitere mit dem »Ensemble Avantgarde« machen das Leipziger Streichquartett jedenfalls auf dem Plattenmarkt zu einem der tonangebenden Kammermusik-Klangkörper. Dabei ist die Geschwindigkeit geradezu unheimlich, mit der die vier Sachsen ihre umfängliche Discografie ständig erweitern – ohne jemals unter ihr Niveau abzusinken. Alles, wo »Leipziger Streichquartett« drauf steht, kann man unbekümmert kaufen. Enttäuschungen gibt es nicht.

Peter Korfmacher

Die Hochschule für Musik und Theater
»Felix Mendelssohn Bartholdy«

Eine Musikschule »für alle Zweige der Kunst«

Talentsuche und Ausbildung in Leipzig

Musikausbildung in Leipzig war schon immer auf »alle Künste gerichtet«. So wundert es nicht, dass die Musikhochschule wieder einen Fachbereich Theater hat und auch staatliche wie private Musikschulen für Kinder nach musischen Talenten aller Art suchen.

Vom »Conservatorium« zur Hochschule für Musik und Theater »Felix Mendelssohn Bartholdy«

Im Februar 1842 hatte der sächsische König die eingereichten Statuten genehmigt. So konnte am 2. April 1843 im kleinen Saal des Gewandhauses das erste deutsche »Conservatorium der Musik« eröffnet werden. Gewandhauskapellmeister Felix Mendelssohn Bartholdy wurde zum Studiendirektor sowie als Lehrer für Sologesang, Instrumente und Komposition berufen. Fünf Mitglieder der Gewandhausdirektion standen der Bildungsstätte vor. Es gab auch räumliche Enge: Das erste Konservatoriumsgebäude stand im Hof des Gewandhauses.

Hochschule für Musik und Theater »Felix Mendelssohn Bartholdy« Leipzig
Grassistr. 8
04107 Leipzig
Postanschrift:
PF 19 08 09,
04008 Leipzig
Tel.: 0341/2144-55
Fax: 0341/2144-642
0341/2144-634
Internet: http://www.hmt-leipzig.de

Die Gründungsväter

Bald nach Mendelssohns Amtsantritt hatte es sich herausgestellt: Für seine geistigen, musikalischen und spieltechnischen Anforderungen an das Gewandhausorchester genügte die bisherige Ausbildung der Musiker nicht. Drei Jahre nach Mendelssohns Berufung, also 1838, beantragte deshalb Hofrat Dr. Johann Georg Keil, Mitglied der Gewandhausdirektion, »eine Musikschule oder ein sogenanntes Conservatorium der Musik« zu errichten. Die finanziellen Voraussetzungen dafür eröffneten sich aber erst, als der 1839 gestorbene Oberhofgerichtsrat Dr. Heinrich Blümner ein Legat von 20.000 Talern »zur Begründung eines neuen oder zur Unterstützung eines bestehenden ... Instituts für Kunst oder Wissenschaft«[1] hinterlassen hatte, und zwar zur freien Verfügung beim sächsischen König. Im Wissen darum richtete Mendelssohn am 8. April 1840 einen Brief an den Kreisdirektor Paul von Falkenstein, in dem er die Notwendigkeit einer Musikschule in Leipzig begründete, »die alle ... Zweige der Kunst umfasse ...«.[2]

1 in: *150 Jahre Musikhochschule 1843-1993*, hrsg. von Johannes Forner. Leipzig 1993, S. 230

2 ebenda, S. 230

Der sächsische Hof gedachte indes, das in Leipzig gestiftete Legat für ein Musikinstitut in der Residenzstadt Dresden zu nutzen, hatte aber nicht mit Mendelssohns Beharrlichkeit gerechnet. Nur sechs Tage nach diesem Entscheid begründete der weit blickende Künstler in einem Brief, dass nur Leipzig der geeignete Ort für eine solche Musikschule sei. Zwei Wochen später gab der sächsische Hof nach.

Konservatoriumsprüfung im Gewandhaussaal am 7. Juni 1855, Holzschnitt aus der Leipziger »Illustrirten Zeitung«

Leipzigs Spitzenmusiker wurden Lehrer

Von Anbeginn gehörten Leipzigs Spitzenmusiker dem Lehrkörper des Konservatoriums an: Thomaskantor Moritz Hauptmann (Harmonie- und Kompositionslehre), Robert Schumann (Komposition, Klavier- und Partiturspiel), Gewandhaus-Konzertmeister Ferdinand David (Violinspiel), Thomasorganist Christian August Pohlenz (Gesang; er starb allerdings noch vor der Eröffnung, an seine Stelle traten Ferdinand Böhme und Henriette Bünau-Grasbau), Nikolaiorganist Carl Ferdinand Becker (Orgelspiel, Vorlesung über musikalische Gegenstände).
Um die musiktheoretische Ausbildung der Studenten zu festigen, wurde der Harmonie- und Kompositionslehre große Bedeutung zugemessen. Noch 1843 kam mit Ernst Friedrich Richter ein weiterer Lehrer für Musiktheorie dazu. Klavierspiel unterrichteten im gleichen Jahr Ferdinand Wenzel, Louis Plaidy; kurzzeitig auch Clara Schumann. 1846 gelang es Mendelssohn, den berühmten Ignaz Moscheles als Leiter der Lehrgruppe Klavierspiel zu gewinnen. Mit Franz Brendel, der 1844 die Redaktion der »Neuen Zeitschrift für Musik« übernommen hatte, kam 1846 der erste Lehrer für Musikgeschichte und -ästhetik hinzu.

Das Ausbildungsprofil erweitert sich

Als Mendelssohn am 4. November 1847 überraschend starb, blieb das Amt des Studiendirektors unbesetzt. Die Leitung übernahm das fünfköpfige Direktorium allein, an dessen Spitze ab 1849 ein Vorsitzender stand. Erst 1897 wurde mit Carl Reinecke ein neuer Studiendirektor berufen. Seit 1906 bis 1921 stand ein mehrköpfiger Studienrat an der Spitze, dann ein Direktor, seit 1946 ein Rektor. Für Kompositionsunterricht trat 1848 der neue Gewandhauskapellmeister Julius Rietz an Mendelssohns Stelle. Erst allmählich kamen Lehrkräfte für weitere Fächer hinzu: 1848

Friedrich Herrmann für Violine, Viola, Kammermusik- und Orchesterspiel, 1853 Friedrich Grützmacher für Violoncello.
Der 1860 zum Gewandhauskapellmeister berufene Carl Reinecke übernahm den Unterricht in Komposition, Klavier- und Ensemblespiel und im Chorgesang. Diese Fachrichtungen bestimmten bis 1881 das Profil der Lehranstalt.

»Hier in Leipzig ist das Bedürfnis einer Musikschule, in welcher die Kunst mit gewissenhaftem Studium und ernstem Sinn getrieben würde, gewiß ein lebhaft gefühltes, und aus mehrfachen Gründen scheint Leipzig ein wohlgeeigneter Platz dafür zu sein.«
Aus: Felix Mendelssohn Bartholdy, Briefe aus den Jahren 1833-1847, Leipzig 1864, S. 22ff.

Der Student Edvard Grieg

Zum 25-jährigen Bestehen 1868 verfügte das Konservatorium über einen festen Stamm bewährter Lehrkräfte. Auch ausländische Studenten waren zunehmend interessiert. Unter den bis dahin eingeschriebenen 1.420 Studierenden kamen 443 von weither. Der namhafteste unter ihnen war der Norweger Edvard Grieg. Er studierte von 1858 bis 1862 hier. Ihn hatte aber nicht nur der gute Ruf des Konservatoriums nach Leipzig gezogen, sondern das lebendige Musikleben der Stadt. Bald reichten die Räume des Konservatoriums nicht mehr aus. Der gewünschte Neubau konnte aber erst 1887 in der Grassistraße 8 – wieder in unmittelbarer Nähe des Gewandhauses – eröffnet werden.

Orchester-, Opern- und Organistenschule

Trotz der Platznot war bereits 1881 eine Orchesterschule entstanden. Sie ermöglichte die Ausbildung an allen Instrumenten. Das Konservatoriums-Orchester wurde nun sinfonisch besetzt und von 1883 bis 1892 von Adolf Brodsky, einem russischen Violinlehrer, geleitet. 1889 erfolgte im neuen Gebäude die Bildung einer Opernschule, in der Gesangsstudium und dramatischer Unterricht stattfanden. Nach wenigen Monaten führten Studenten der neuen Fachrichtung mit Mozarts »Die Hochzeit des Figaro« erstmals eine Oper auf. 1901 erhielt das Konservatorium auf Vorschlag des Thomasorganisten Carl Piutti eine Organistenschule, die allerdings nach seinem frühem Tod 1902 nicht weiter geführt wurde. Erst mit Karl Straube konnte

Konzertsaal des Konservatoriums (1943 zerstört)

1907 wieder ein anerkannter Orgellehrer verpflichtet werden. Im gleichen Jahr gewann mit der Berufung Max Regers die Kompositionsausbildung neue Anziehungskraft. Auch Gewandhauskapellmeister Arthur Nikisch war für die Dirigentenausbildung gewonnen worden.

Große Anziehungskraft für Studierende

Bis zur 50-Jahrfeier 1893 hatten sich in die Matrikel der seit 1876 »Königliches Conservatorium der Musik zu Leipzig« genannten Ausbildungsstätte 6.166 Studierende eingeschrieben, davon 1.820 aus anderen europäischen und 1.008 aus außereuropäischen Ländern. Diese Anziehungskraft konnte sich das Leipziger Konservatorium bis 1914 bewahren. Allein die Namen der ausländischen Komponisten, die damals in Leipzig studierten, sprechen für sich: Arthur Sullivan, Frederick Delius (Großbritannien), Jan Blochx (Belgien), Johan Svendsen, Christian Sinding (Norwegen), Andreas Hallén (Schweden), Martin Wegelius, Robert Kajanus, Oskar und Aare Merikanto (Finnland), Hallgrímur Helgason, Jon Leifs (Island), Mikolajus Curlionis (Litauen), Sergej Bortkjewitsch (Russland), Zdenek Fibich, Leos Janácek, Ervin Schulhoff, Jaromír Weinberger (Tschechien), Miklos Rozsa, Sándor Jemnitz (Ungarn), Friedrich Hegar, Othmar Schoeck, Willy Burkhard (Schweiz), Dante Alderighi (Italien), Isaac Albéniz (Spanien), George Chadwick, Stephan Albert Emery (USA), Arturo Bernutti (Argentinien), Alfred Hill (Australien) …

»Ferner hat Leipzig gerade für […] höhere Instrumental- und geistliche Kompositionen in seinen sehr zahlreichen Konzerten und Kirchenmusiken ein Bildungsmittel für angehende Tonkünstler, wie es wenig andere deutsche Städte in dem Maße aufzuweisen haben.«

Felix Mendelssohn Bartholdy: Briefe aus den Jahren 1833-1847, Leipzig 1864, S. 22ff.

Inscript. No. 720.
Conservatorium der Musik zu Leipzig
Lehrer-Zeugniß
FÜR
Herrn Edvard Hagerup Grieg aus Bergen
aufgenommen in das Conservatorium am 6. October 1858.
Theorie der Musik und Composition.

»Lehrer-Zeugniß« des Conservatoriums der Musik zu Leipzig für Edvard Grieg

Das Landeskonservatorium

Der Erste Weltkrieg und die nationalsozialistische Herrschaft ab 1933 unterbrachen diese Entwicklung. Zudem übte Paris – vor allem für Musiker aus Übersee – inzwischen eine stärkere Anziehungskraft aus. Auch Berlin war begehrt. In den »goldenen Zwanzigern« arbeiteten dort führende Avantgardisten der Neuen Musik als Kompositionslehrer: Ferruccio Busoni bis zu seinem Tod 1924, Arnold Schönberg, Franz Schreker und Paul Hindemith bis 1933. Die Namen der Leipziger Kompositionslehrer waren etwas weniger glanzvoll. Zu den Berühmtheiten gehörten der elsässische Geiger und Dirigent Charles Münch, der 1923 Gewandhaus-Konzertmeister wurde und 1925 - 32 Lehrer am Konservatorium sowie 1926/27 der französische Violinvirtuose Henri Marteau.
Trotz aller Probleme blieb das ab 1918 wieder »Konservatorium der Musik zu Leipzig«, ab 1924 »Landeskonservatorium« genannte Haus für Pianisten, Sänger, Orchester- und Kirchenmusiker dank hervorragender Lehrkräfte ein Magnet. Zum 100-jährigen Bestehen konnten 1943 insgesamt 18.549 Studierende gezählt werden.

»... die Schüler wollen alle componieren und theoretisieren, während ich glaube, dass ein tüchtiges praktisches Wirken, tüchtig Spielen und Takthalten, tüchtige Kenntnis aller tüchtigen Werke u.s.f. die Hauptsache ist, die man lernen kann und muss ... das Weitere ist ... Gottesgabe ...«
Felix Mendelssohn Bartholdy an Ignaz Moscheles, 30. 4. 1843

Das Institut für Kirchenmusik

Schon 1912 hatte der damalige Thomaskantor Gustav Schreck im Auftrag des evangelisch-lutherischen Landeskonsistoriums Dresden ein Gutachten zur Gründung einer »kirchenmusikalischen Anstalt in Sachsen« vorgelegt und empfohlen, sie dem Konservatorium in Leipzig anzugliedern. Der Erste Weltkrieg verhinderte das. Erst als Schrecks Nachfolger Karl Straube 1919 den Plan wieder aufgriff, wurde seine Gründung beschlossen. Nach den Wirren der Inflationszeit konnte es schließlich 1926 unter Leitung Karl Straubes seine Arbeit aufnehmen. Damit entstand für die Kirchenmusik ein in ganz Deutschland gefragtes Zentrum. Es garantierte eine allseitige Ausbildung. Um Straube scharte sich ein Kreis junger Komponisten, die der evangelischen Kirchenmusik neue Impulse gaben. Einige von ihnen lehrten später auch in Leipzig: Günter Raphael ab 1926 bis zu seinem Berufsverbot und seiner Vertreibung 1934, Kurt Thomas 1925 - 34, Wilhelm Weismann 1946 - 65. Mit der Berufung des Österreichers Johann Nepomuk David gewann Leipzig für die Jahre 1934 - 44 erneut einen profilierten, die Kirchenmusik erneuernden Komponisten als Lehrer. Der damals erst 20-jährige Günther Ramin, 1918 zum Thomasorganisten berufen, war bald ein gefragter Orgellehrer.

Kirchenmusikalisches Institut
Mozartstr. 19
04107 Leipzig
Tel: 0341 / 2 14 47 80
Fax: 0341 / 2 14 47 84

Ende 1944 kam der Unterricht zum Erliegen

Mehr als vier Jahrzehnte zog der 1897 - 1939 am Konservatorium wirkende Pianist Robert Teichmüller viele Studierende nach Leipzig. Auch die Lehrkräfte für einzelne Orchesterinstrumente – stellvertretend seien der Gewandhaus-Konzertmeister Edgar Wollgandt (1903 - 1944), der Gewandhaus-Solovioloncellist Julius Klengel (1881 - 1933) und der Gewandhaus-Solooboist Alfred Gleißberg (1894 - 1942) genannt – gaben ihre Kenntnisse engagiert weiter. Ihnen allen ist zu danken, dass auch in den Jahren nach 1933 bis zum Erliegen des Unterrichts Ende 1944 eine musikalische Ausbildung in hoher Qualität gesichert war.
Mit der Erhebung des Landeskonservatoriums zur Staatlichen Hochschule für Musik versuchten 1941 die nationalsozialistischen Machthaber Einfluss zu gewinnen. Schon damals wurde das Institut für Kirchenmusik de jure aufgelöst und die Ausbildung auf die Fachrichtungen Chorleitung und Orgelspiel verlagert.

Neubeginn im Herbst 1946

Der Konzertsaal, bis auf die Grundmauern zerstört, musste abgerissen werden. Auch die Bibliothek war ausgebrannt. Das geräumige Treppenhaus hatte schwere Schäden erlitten. Für den Unterricht blieben einzig der unter einem Notdach befindliche rechte Seitenflügel und einige Räume zur Straße. Trotzdem wurde 1946 mit dem Unterricht für 369 neu immatrikulierte Studenten begonnen. Der erste Nachkriegsrektor Heinrich Schachtebeck und mehr noch sein Stellvertreter Rudolf Fischer, 1948 - 73 über 25 lange Jahre Rektor, mussten zunächst fast mehr Zeit für die notdürftige Instandsetzung von Gebäudeteilen aufwenden als für den Fachunterricht.

Der Freundeskreis der Hochschule für Musik und Theater e.V. sammelt heute Spenden für den neu entstehenden großen Musik- und Theatersaal. Außerdem unterstützen seine Mitglieder Studenten bei der Teilnahme an Wettbewerben, Kursen und Workshops. Zu erreichen ist der Freundeskreis über die Hochschule.

Ein Kammermusiksaal für die Hochschule

Als 1950 der 250. Todestag Johann Sebastian Bachs mit einem großen Bach-Fest und dem ersten, von der Hochschule ausgerichteten Internationalen Johann-Sebastian-Bach-Wettwerb gewürdigt wurde, konnte im ersten Stockwerk des Hochschulgebäudes der Kammermusiksaal eingeweiht werden. Er erhielt eine nach Karl Straube benannte Orgel. Auch Unterrichtsräume waren instand gesetzt worden. 1952, nach der Übergabe des Orchesterprobenraumes, fanden die Bauarbeiten vorerst ihren Abschluss. Das Gebäude Grassistraße 1 konnte für den Unterricht der Bläser genutzt werden. Die Hochschule war arbeitsfähig, aber dem Gebäudetorso fehlte der einstige Glanz. In kurzer

Bereits 1946 war die Musikhochschule »Mendelssohn-Akademie« genannt worden. 1972, zum 125. Geburtstag ihres Gründers, erhielt sie dann ein neues Namensschild und hieß nun offiziell »Hochschule für Musik Felix Mendelssohn Bartholdy«.

Zeit gelang es auch, ein leistungsstarkes Lehrerkollegium zu verpflichten. Die Leitung der Fachrichtung Komposition übernahm Wilhelm Weismann, die der Musiktheorie Paul Schenk. Für den Instrumentalunterricht standen in bewährter Weise führende Musiker des Gewandhausorchesters zur Verfügung. So bildete beispielsweise Gerhard Bosse als erster Gewandhaus-Konzertmeister 1955 - 87 eine große Anzahl Geiger aus. Als Leiter des Hochschulorchesters und der Opernschule wurde 1946 Heinz Bongartz gewonnen, später langjähriger Chef der Dresdner Philharmonier. Den Gesangsunterricht erteilten Mitglieder der Leipziger Oper und andere erfahrene Sänger. In der von Hugo Steurer geleiteten Fachrichtung Tasteninstrumente wirkten neben Rudolf Fischer noch die Professoren Anton Rohden, Oswin Keller und Franz Langer, bald auch Amadeus Webersinke. Hermann Heyer lehrte Musikgeschichte und -ästhetik. Inzwischen gehörte auch eine Abteilung Schulmusik, geleitet von Paul Losse, und eine Abteilung Schauspiel, geleitet von Martin Flörchinger, dazu.

»Lehrbarkeit von Musik endet an einem Punkt. Wie weit der persönliche Weg des Entdeckens ... darüber hinaus zu reichen vermag, ist entscheidend dem Geschick ... von Künstler-Pädagogen, nicht Schulmeistern zu danken.«
Udo Zimmermann
1993 zum Jubiläum der Musikhochschule Leipzig

Neue Strukturen in den 50er Jahren

Obwohl die evangelisch-lutherischen Landeskirchen mittlerweile eigene Landeskirchenmusikschulen eingerichtet hatten, bestand das Institut für Kirchenmusik unter Leitung Günther Ramins de facto weiter. Erst nach seinem Tod im Februar 1956 wurde die Ausbildung der Kirchenmusiker aus dogmatischen politischen Vorstellungen

In folgenden Fachrichtungen werden heute an der Hochschule für Theater und Musik »Felix Mendelssohn Bartholdy« Studenten ausgebildet: Dirigieren – Korrepetition, Blasinstrumente – Schlagzeug, Streichinstrumente – Harfe – Konzertgitarre, Gesang – Musiktheater – Schulmusik, Komposition – Tonsatz – Klavier – Alte Musik, Musikwissenschaft – Musikpädagogik, Kirchenmusik, Popularmusik, Schauspiel, Dramaturgie

endgültig den einzelnen Fachrichtungen überlassen. Die Unterweisung im liturgischen Spiel ging aber ungebrochen weiter. Die Ausbildung der Schulmusiker, die ohnedies ein zweites wissenschaftliches Fach an der Universität belegen mussten, übernahm 1956 das dortige Institut für Musikerziehung. Aus der Abteilung Schauspiel bildete sich 1956 die Theaterhochschule »Hans Otto«.

Indes führten der kalte Krieg und die deutsche Teilung vor allem nach dem 1961 erfolgten Bau der Berliner Mauer und der vollständigen Schließung der deutsch-deutschen Grenze zu beträchtlichen Einschränkungen. Während das Konservatorium vor 1933 stets darauf bedacht war, hervorragende Lehrkräfte aus ganz Deutschland und dem Ausland nach Leipzig zu holen, musste die Hochschule nun Lehrkräfte aus den eigenen Reihen finden.

Nachwuchs für Orchester und Bühnen der DDR

Den Nachwuchs an Orchestermusikern, Solo- und Chorsängern, Dirigenten und Korrepetitoren für die zahlreichen Orchester und Musiktheater der DDR zu sichern, hatte Vorrang vor allem anderen. Die Erfolge dabei waren einesteils der intensiven Ausbildung an der Hochschule zu danken, andererseits aber auch der systematischen Talentsuche. Die 1959 gebildete »Kinderklasse« und die 1962 errichtete »Spezialschule für Musik« in Halle leisteten gute Vorarbeit.

1969 entstand die Fachrichtung Tanz- und Unterhaltungsmusik und bot Musikern dieses Genres eine qualifizierte Ausbildung.

Ein verpflichtender Name

Mit der 1964 durchgesetzten Erneuerung des Internationalen Johann-Sebastian-Bach-Wettbewerbes gelang es, internationale Verbindungen wieder aufzunehmen und neu herzustellen. 1972 erhielt die Bildungseinrichtung, die nach ihrer Wiedereröffnung 1946 »Mendelssohn-Akademie« genannt worden war, zum 125. Geburtstag ihres Gründers nun offiziell den Namen »Hochschule für Musik Felix Mendelssohn Bartholdy«.

Ganz in dessen weltoffenem Sinne richtete der 1973 zum Rektor gewählte Geiger Gustav Schmahl nun wieder internationale Wochenend-Seminare und Kurse ein.

Meisterkurse mit Gastprofessoren aus Ost und West

Diese Bemühungen förderten alle bis 1990 amtierenden Rektoren, der Komponist Peter Herrmann ebenso wie der Musikwissenschaftler Dr. Werner Felix. Ein erstes internationales Symposium »Musiktheorie – eine schöpferische Komponente des Musikstudiums« führte 1979, ein weiteres 1986 Referenten aus jeweils sechs Ländern in Leipzig zu anregendem Gedankenaustausch zusammen.

Unterricht im Fach Viola da gamba bei Siegfried Pank an der Hochschule

Internationale Verpflichtungen von Hochschullehrern für Konzerte und Spezialseminare oder als Juroren, die Auslandsreisen des Gewandhausorchesters, aber auch die Teilnahme von Studenten an internationalen Wettbewerben und Kursen erweiterten trotz aller Schwierigkeiten den internationalen Austausch. In den 47 Jahren zwischen der Neueröffnung 1946 und der 150-Jahrfeier 1993 wurden über 4.400 Studenten ausgebildet, von denen viele in führenden Positionen wirkten und noch wirken.

Wandlungen und Neuerungen

Als 1990 von der frei gewählten letzten Volkskammer der DDR der Beitritt zur Bundesrepublik Deutschland beschlossen wurde, konnte die Hochschule für Musik »Felix Mendelssohn Bartholdy« ein leistungsstarkes künstlerisches Potenzial in das größer werdende Land einbringen. Unter Leitung des 1990 gewählten Rektors, des Komponisten Siegfried Thiele, vollzogen sich bedacht und ausgewogen Veränderungen und Neuerungen. Von der 1991 unter Leitung von Siegfried Pank gegründeten Fachrichtung Alte Musik und der Fachrichtung Musikwissenschaft/Musikpädagogik wurde das restaurierte städtische Gebäude in der Mozartstraße 19 bezogen.

Harfenunterricht bei Max Koch

Die neue Collon-Orgel im Kammermusiksaal der Hochschule für Musik und Theater

Auf der Grundlage des vom Sächsischen Landtag beschlossenen Hochschulstrukturgesetzes erfolgte 1992 die Integration der Schauspiel- und Choreografieausbildung an der Theaterhochschule – die Fachrichtung Theater entstand. Damit erhielt die Ausbildungsstätte die Bezeichnung »Hochschule für Musik und Theater Felix Mendelssohn Bartholdy«. Im gleichen Jahr wurde das Kirchenmusikalische Institut neu gegründet. Als Leiter wurde der Kirchenmusiker Dr. Christoph Krummacher berufen, seit 1997 auch Rektor der Hochschule. 1995 wurde die Fachrichtung Dramaturgie etabliert. 1999 kam die Ausbildung der Musiklehrer für Gymnasien zurück.
Eine gründliche Sanierung und Restaurierung des Hochschulgebäudes Grassistraße 8 und die Erweiterung der Bibliothek in den Jahren 1995 - 97 schufen verbesserte Arbeits- und Studienbedingungen.

70er-Jahre-Revue »That's the way I like it« mit Studenten der Fachrichtung Popularmusik, 1998

Der neue Konzert- und Theatersaal ist in Bau; er wird günstigere Möglichkeiten für den dramatischen Unterricht, die Orchester-, Theater- und Chorarbeit bieten und kann für eigene Konzerte und Aufführungen genutzt werden. Inzwischen folgen wieder Lehrkräfte und Studenten aus aller Welt dem Ruf nach Leipzig. *Werner Wolf*

Auf einen Blick:
Die Direktoren der Hochschule für Musik und Theater »Felix Mendelssohn Bartholdy« seit deren Gründung:

1843 - 1847	**Felix Mendelssohn Bartholdy** (1809 - 1847) Studiendirektor und Mitglied des geschäftsführenden Direktoriums
1847 - 1897	die Stelle des Studiendirektors blieb unbesetzt
1897 - 1902	**Carl Reinecke** (1824 - 1910), Studiendirektor
1903 - 1906	**Arthur Nikisch** (1855 - 1922), Studiendirektor
1906 - 1921	an Stelle des Studiendirektors amtierte ein Studienrat, dem **Hans Sitt** (1850 - 1922), **Julius Klengel** (1859 - 1933), **Robert Teichmüller** (1863 - 1933) und später **Stephan Krehl** (1864 - 1924) sowie **Karl Straube** (1873 - 1950) angehörten
1921 - 1924	**Stephan Krehl** (1864 - 1924), Studiendirektor
1924 - 1932	**Max Pauer** (1866 - 1945), Direktor
1932 - 1942	**Walther Davisson** (1885 - 1973), Direktor
1942 - 1945	**Johann Nepomuk David** (1895 - 1977), Direktor
1946 - 1948	**Heinrich Schachtebeck** (1886 - 1965), kommissarischer Direktor
1948 - 1973	**Rudolf Fischer** (geb. 1913), Rektor
1973 - 1984	**Gustav Schmahl** (geb. 1929), Rektor
1984 - 1987	**Peter Herrmann** (geb. 1941), Rektor
1987 - 1990	**Werner Felix** (1927 - 1998), Rektor
1990 - 1997	**Siegfried Thiele** (geb. 1934), Rektor
seit 1997	**Christoph Krummacher** (geb. 1949), Rektor

Fingerübungen für Jung und Alt

Kinder sind der Reichtum einer Nation, heißt es. Tatsächlich wäre das Musikleben Leipzigs um vieles ärmer ohne seine musische Nachwuchsförderung. Zwei kommunale und fünf privat geführte Musikschulen sind derzeit in der Musikstadt angesiedelt. Dazu zahlreiche private Musiklehrer, die auf eigene Rechnung unterrichten. Sie alle sind längst nicht mehr ausschließlich auf Kinder und Jugendliche ausgerichtet. Besonders privat geführte Unternehmen sehen in lernwilligen Erwachsenen eine zusätzliche und wirtschaftlich lukrative Zielgruppe. Die Lehrangebote, Strukturen und Profile der Leipziger Musikschulen sind sehr verschieden. Allen gemein ist jedoch das Ziel, Freude und Lust am Musizieren zu wecken.

Anfängerin beim Geigenunterricht in der Musikschule »Johann Sebastian Bach«

Bach als Namenspatron

Musikschule Leipzig »Johann Sebastian Bach«
Petersstr. 43
04109 Leipzig
Tel.: 0341 / 14 14 20
Fax: 0341 / 9 60 20 57

Die Musikschule mit Leipzigs größtem Musiker als Namenspatron entstand am 1. Januar 1996 durch Fusion der 1952 gegründeten Landesmusikschule Leipzig mit dem seit 1969 bestehenden städtischen Musikunterrichtskabinett. Seit Herbst 1999 hat die Einrichtung ihr neues Domizil mitten im Stadtzentrum in der Petersstraße 43. Die Flagge auf dem Dach der ehemaligen Landeszentralbank ist schon von weitem sichtbar. Im »Flaggschiff« selbst befinden sich Unterrichts- und Büroräume. Außerdem entstand im Foyer ein attraktiver Proben- und Konzertsaal für das Jugendsinfonieorchester, die Big-Band und andere Ensembles der Musikschule. Platz für alle 5.000 Schüler gibt es in der Zentrale freilich nicht. Sie sind auf rund 30 Schulen in allen Stadtbezirken aufgeteilt. Unnötige Wegstrecken und Fahrzeiten werden so vermieden. Auch die musikalische Früherziehung für Kinder im Vorschulalter findet vor Ort statt. Gegenwärtig werden etwa 50 Kindertagesstätten betreut.

Das neue Gebäude der Musikschule »J. S. Bach«

»Gerster«-Schule zog nach Borna

Ebenso wie die »Bach-Schule« war die Musik- und Kunstschule »Ottmar Gerster« ein Eigenbetrieb der Stadt Leipzig und verfügt über die finanziellen Mittel von Stadt, Landkreis und Freistaat in eigener Regie. Die nach dem Komponisten und Leipziger Hochschulprofessor Ottmar Gerster (1897–1969) benannte Einrichtung betreut den Landkreis und hatte bis 1999 ihre Zentrale in der Tauchnitzstraße am Innenstadtring in Leipzig. Nach der Gebietsreform, die den Einzugsbereich der Musikschule um fünf Unterrichtsorte verkleinerte, zog sie in die 30 Kilometer südlich gelegene Stadt Borna um.

Vielfältige Angebote für Kinder

Die Angebote beider kommunaler Musikschulen sind denkbar vielfältig und lassen sich zielgenau auf Bedürfnisse und Möglichkeiten des Einzelnen zuschneiden. Um Neigungen zu ergründen, bieten sie jungen Einsteigern an, sich am »Instrumentenkarussell« zu beteiligen. Die lernen auf diese Weise nach und nach verschiedene Instrumente kennen und können so das für sie richtige herausfinden.

»Musikfest für alle« im Gewandhaus zu Leipzig: Schüler der Leipziger Musikschulen singen, musizieren und tanzen

Beide kommunalen Musikschulen sind neben 31 weiteren sächsischen Einrichtungen Mitglied im Verband deutscher Musikschulen. Ihm gehören bundesweit etwa 1.000 öffentliche Musikschulen an. Alle sind nach einem einheitlichen Strukturplan aufgebaut, der den Musikunterricht in Grund-, Unter-, Mittel- und Oberstufe unterteilt und den Lehrplan danach ausrichtet.

Private Schulen von großem Rang

Private Musikschulen waren zu DDR-Zeiten ein Unding. Heute sind sie angesichts der üppigen Vielfalt außerstaatlicher Bildungsanstalten gang und gäbe. Trotz personeller Beschränkungen füllen sie einen wichtigen Platz im Musikleben Leipzigs aus. So die 1997 gegründete Musikschule »Clara Schumann«, Tochterunternehmen des international engagierten Bildungskonzerns »Dr. Paul Rahn &

Freie Grundschule »Clara Schumann« und Musikschule »Clara Schumann«
Kochstr. 28a
04275 Leipzig
Tel.: 0341/39 39 14-0
Fax: 0341/39 39-144
E-Mail: grundschule @Rahnschulen.de
Internet: www.rahnschulen.de
Info-Telefon: 0800/3 93 90 00 (kostenlos)

Partner GmbH. In Leipzig rief der Schulträger im Herbst 1997 eine staatlich anerkannte Grundschule mit musisch-künstlerischer Ausrichtung ins Leben und taufte sie auf den Namen »Clara Schumann«. Parallel dazu wurde eine gleichnamige Musikschule installiert. Im Gegensatz zur Grundschule ist die Musikschule nicht an ein bestimmtes Alter gebunden. Da beide Schulen im gleichen Gebäude untergebracht sind, können die Kinder innerhalb der Hortzeiten zum Unterricht kommen (s. S. 69). Musikschulleiterin Natalie Niederquell, in Odessa ausgebildete Violinlehrerin und seit 1992 in Deutschland, umschreibt die Unterrichtsphilosophie so: »Wir achten sehr auf Qualität, sind aber keine Eliteschule. Die Kinder sollen Freude am Musizieren haben. Zensuren gibt es nur für Schüler, die später einmal Musik studieren wollen.« Zur Auswahl stehen im Einzel- sowie im Gruppenunterricht die Fächer Klavier, Keybord, Gitarre, Violine, Flöte, Saxofon/Klarinette und Schlagzeug, inklusive wöchentlichem Theorie-Unterricht. Außerdem werden mehrere Tanzkurse, Musikalische Früherziehung, Chor und Schauspiel angeboten. Damit hat die Musikschule fast die Dimension einer kommunalen Einrichtung.

Der Gigant unter den Privaten

Musikschule Fröhlich
Ulrich Krieger
Am Sonneneck 23
04207 Leipzig
Tel.: 0341/9 40 51 55

Erste Private Klavierschule
Gerd Höfer
Karl-Tauchnitz-Str. 17
04107 Leipzig
Tel.: 0341/2 12 45 74

Gitarrenschule Fröhlich
Matthias Fröhlich
Salzmannstr. 1
04129 Leipzig
Tel.: 0341/9 11 60 68

Anders die Musikschule »Fröhlich«, die 1998 ihren zwanzigsten Geburtstag feierte. Das deutschlandweit etablierte Unternehmen zählt derzeit fast 50.000 Schüler (darunter 30.000 Akkordeonspieler) und ist damit der Gigant unter den Privaten. Fast 500 Lehrer sind als klassische Franchisingnehmer bei Musikguru Dieter Fröhlich in Hessen eingetragen. Wie alle anderen wirken auch die siebzehn Leipziger Lehrer allesamt als selbstständige Unternehmer. Sie kaufen bei Fröhlich die Geschäftsidee, Methodik und Werbung, was den Vorteil hat, dass alles einheitlich geschieht und damit vergleichbar ist. Der Unterricht findet prinzipiell in den jeweiligen Grundschulen der Musikschüler statt.

»Fröhlich« beginnt die Ausbildung mit einem maximal zehnmonatigen Anfänger-Testkurs auf der Melodika (einem aerophonen Tasteninstrument). Dabei werden grundlegende musikalische Kenntnisse vermittelt. Ein abschließendes Vorspiel entscheidet darüber, ob das Kind für den darauf folgenden Unterricht geeignet ist. Nachteil der Fixierung auf das Akkordeon: Ein Instrumentenwechsel ist nicht möglich und auch in der Gruppe erleben die Kinder nur das Klangspektrum dieses Instruments.

Die hohe Schule des Klaviers

Im Namen der »Ersten privaten Klavierschule« sind fast alle ihre wichtigen Kriterien enthalten: Es war die erste Schule dieser Art in Leipzig, sie ist vollständig privat, hat die Rechtsform einer GbR und ist eine reine Klavierschule, was alle anders gearteten Instrumente ausschließt, respektive Keybord, Cembalo, Orgel etc. Gegründet wurde die Schule im Herbst 1997 von drei jungen Musikpädagogen und Absolventen der Leipziger Musikhochschule. Heute führt sie der Pianist Gerd Höfer allein.

Klavierunterricht an der Musikschule »Johann Sebastian Bach«

Gitarre: Mal konzertant, mal elektronisch

Großen Zulauf hatte in den letzten Jahren die Gitarrenschule »Fröhlich«. Mit der vorgenannten Musikschule hat sie außer dem Namen nichts gemeinsam. Seine Gitarrenschule hat sich Matthias Fröhlich seit 1991 völlig selbstständig aufgebaut. Bis heute zählt sie nicht weniger als fünfzehn Außenstellen mit je einem freiberuflichen Kollegen u.a. in Berlin, Halle, Dresden und Erfurt. Und natürlich mit mehreren Dependancen in Leipzig. »Bei uns wird auf Wunsch jede Art des Gitarrenspiels unterrichtet, klassische Gitarre und elektronische. Hauptziel ist in den Anfangsjahren neben dem praktischen Spiel die Vermittlung von Notenkenntnissen.« Fröhlich, gelernter Schlosser und ehemaliger Schüler der Leipziger Musikschule »Johann Sebastian Bach«, unterrichtet nicht nur selbst jeden Tag fünf Stunden, sondern plant und führt auch die gesamte Unternehmung bis hin zur Unterrichtsliteratur.

Die meisten Musikschulen bieten den Kindern an, erst mehrere Instrumente kennen zu lernen, bevor sie sich für eins entscheiden.

Rock und Pop in Connewitz

Auf Rock, Pop und Jazz spezialisiert hat sich die »Musikwerkstatt Leipzig« im südlichen Stadtteil Connewitz. Allerdings baut der Unterricht auf »klassischer« Grundlage auf. So kann man in der Musikschule nicht nur Saxofon und E-Gitarre lernen, sondern auch Kontrabass, Klarinette und klassische Gitarre. Da grundlegende theoretische Kenntnisse unabdingbar sind für eine erfolgreiche Instrumentalausbildung, bietet die Musikwerkstatt entsprechende (kostenlose!) Begleitkurse an. Je nach Können sind die Schüler in verschiedenen Theorieklassen zusammengefasst und erhalten einmal wöchentlich Unterricht.

Jörg Clemen

Musikwerkstatt Leipzig
Kurt-Eisner-Str. 1
04275 Leipzig
Tel.: 0341/3 02 96 21

Mitglieder des »Ensembles Avantgarde«:
Andreas Seidel, Axel Andrae, Tilman Büning, Josef Cristof, Matthias Moosdorf (v. l.; nicht auf dem Bild: Steffen Schleiermacher, Ivo Bauer, Matthias Kreher, Thomas Reinhardt, Ralf Mielke, Stefan Stopora)

Die »schreckliche Neutönerei«

Neue Musik und zeitgenössische Komponisten in Leipzig

Mit der Weltgeltung Leipziger Komponisten des 19. Jahrhunderts – vor allem der Schumanns, Mendelssohn Bartholdys und Wagners, aber auch Lortzings, Marschners oder Mahlers – können die des 20. Jahrhunderts kaum konkurrieren. Immerhin lehrte der Meininger Hofkapellmeister Max Reger bis zu seinem Tode 1916 am Leipziger Konservatorium. Und sein Einfluss war noch lange danach wirksam. Hanns Eisler – als Musikerneuerer zweifellos weltweit beachtet – ist zwar in Leipzig geboren, gearbeitet hat er jedoch in seiner Heimatstadt nie. Die »Leipziger Sinfonie«, die er einst für das Gewandhausorchester komponieren wollte, ist nicht weiter als bis zu Skizzen gediehen.
Bleibt nur die Hoffnung, dass die jüngste Komponistengeneration mit Leipzigs Ruf als konservativer Musikstadt Schluss macht.

Im 20. Jahrhundert: Kaum Neuerungen

Was Gewandhaus-Archivar und Thomas-Chronist feiern können, muss der Enthusiast von Moderne oder gar Avantgarde bedauern: Trotz vieler Bemühungen blieb Leipzig im 20. Jahrhundert eine eher traditionelle Musikstadt. Experimente wurden zwar gewagt und unterstützt, hatten aber kein günstiges politisches Umfeld. Die Zeit des Nationalsozialismus hinterließ Spuren. Der DDR-Kulturbetrieb verhielt sich gegenüber Neuerungen eher skeptisch. Dafür kam das Publikum, hatten die provokanten Konzerte doch den Ruch heimlichen Dissidententums ...

In der Theorie kühner als in der Praxis

Nach Regers Tod vermittelte dessen Schüler Hermann Grabner als Theorielehrer am Konservatorium bis 1938 die sich auf Bach gründende Tradition des strengen Satzes weiter. Bedeutsamer als Grabners Kompositionen scheinen heute seine Lehrschriften, darunter die »Generalbassübungen« (1936). Solcherart traditionsbewusst wirkte 1934 - 1945 auch der Österreicher Johann Nepomuk David in Leipzig.
Nicht minder einflussreich war in seiner Zeit Sigfrid Karg-Elert, der von 1919 bis 1933 am Konservatorium lehrte.

Der Komponist Max Reger (1873 - 1916) war 1907 dem Ruf nach Leipzig gefolgt. Er unterrichtete Kompositionslehre und war vorübergehend auch Universitätsmusikdirektor. Zu seinen Leipziger Freunden gehörten der Maler Max Klinger sowie die Komponisten Christian Sinding und Julius Klengel. Auch nach seiner Berufung zum Hofkapellmeister von Sachsen-Meiningen kam er für einen Unterrichtstag in der Woche ans Leipziger Konservatorium.

Sein Einsatz als Komponist und Interpret für das Harmonium sowie seine »Polaristische Klang- und Tonalitätslehre« sollten heute nicht bloß als Kuriosa betrachtet werden. Hingegen dürfte die damals weit verbreitete, impressionistisch inspirierte Klaviermusik Walter Niemanns, eines weiteren Reger-Zeitgenossen, inzwischen kaum noch Interesse wecken. Auch von den jüngeren Leipziger Komponisten vor 1933 wird heute nur noch Weniges zu Gehör gebracht: Etwa von Kurt Thomas, der in den fünfziger Jahren noch einmal kurze Zeit als Thomaskantor nach Leipzig zurückkehrte, oder von Helmut Bräutigam, der schon 1942 ein Opfer des Zweiten Weltkrieges wurde. Immerhin könnten dessen Chorstücke, beispielsweise die »Mädchenlieder« nach »Des Knaben Wunderhorn«, durchaus dankbare Hörer finden.

Verheerende Nachwirkungen des Nationalsozialismus

Günter Raphael (1903 - 1960), ein Schüler von A. Trapp und Arnold Mendelssohn, unterrichtete von 1926 - 1934 am Leipziger Konservatorium und am Kirchenmusikalischen Institut. Nach dem Berufsverbot durften auch seine Werke nicht mehr aufgeführt werden.

Auf andere Art gerieten jene Musiker aus dem öffentlichen Bewusstsein, die, wie Günter Raphael, nach 1933 mit Berufsverbot belegt oder gar in die Emigration getrieben wurden – wie etwa Wilhelm Rettich, dessen vokalinstrumentales Bekenntniswerk »Fluch des Krieges« noch 1932 viel Beachtung gefunden hatte.

Der Schwabe Wilhelm Weismann, der schon in den zwanziger Jahren mit ersten Vokalkompositionen Aufmerksamkeit erregte, lehrte ab 1946 am Konservatorium. Dem alten Volkslied und der Madrigalkunst verbunden, schrieb er zahlreiche feinsinnige Gesänge und Chorstücke. Ähnlich traditionsnah komponierten Johannes Weyrauch und Georg Trexler, der vor allem mit katholischer Kirchenmusik, aber auch mit der Anti-Kriegs-Kantate »Metanoeite« (1948, nach W. Bergengruen) eindringlich zu wirken vermochte.

Tradierte Hörgewohnheiten siegten

1952 wurde Ottmar Gerster, der unter anderem mit den Opern »Enoch Arden« (1936) und »Die Hexe von Passau« (1941) sehr erfolgreich war, als Kompositionslehrer für die Leipziger Musikhochschule gewonnen. Wohl konnte er – etwa mit seiner zweiten, der Thüringischen Sinfonie (1952), der Dresdner Suite (nach Bildern der Gemäldegalerie, 1958) oder Vokalwerken – weitere Anerkennung finden, dennoch entwickelte sich seine Musiksprache zunehmend verhalten, eher auf Vergangenes als auf Erneuerung gerichtet.

Ungleich mehr Auseinandersetzung provozierte das Schaffen Fritz Geißlers, der von 1954 bis 1978 in Leipzig wirkte. Weckte zunächst seine Neigung zu partieller Dodekafonie und zu explosiver Expressivität – etwa in den Sinfonien Nr. 2 (1963), Nr. 3 (1967), oder Nr. 5 (1970) – heftige Auseinandersetzungen, so löste er Ende der siebziger Jahre mit der radikalen Umkehr zur Tonalität und zur Befriedigung tradierter Hörgewohnheiten erneut kontroverse Diskussionen aus. Ungeachtet dessen zählt sein umfangreiches Werk zum Wirkungsvollsten, was Leipziger Komponisten im 20. Jahrhundert geschrieben haben, und manches, wie die Kammeroper »Der zerbrochene Krug« (1971), hatte wahre Aufführungsserien.

Fritz Geißler (1921 - 1984) wirkte zunächst als Lehrbeauftragter für Tonsatz an der Universität, später unterrichtete er an der Musikhochschule.

Unterhaltungskomponisten recht erfolgreich

Ähnlich breiten Erfolg erzielte zeitweise der unter dem Pseudonym Conny Odd komponierende Carlernst Ortwein mit zwischen Operette und Musical pendelnden heiteren Theaterstücken, aber auch mit zahlreichen Hörspiel- und Filmmusiken. In ähnlichem Sinne wirkten Alo Koll, Fred Dittrich oder René Dubianski, der gar den Versuch unternahm, gemeinsam mit Tanzpädagogen einen der Stadt Leipzig huldigenden neuen Gesellschaftstanz »Lipsi« zu kreieren.

Um breite Wirkung bemüht

Auf andere Art um breite Wirkung ihrer Musik bemüht waren und sind:

- Hans Sandig, der über Jahrzehnte als Leiter der Kinder- und Jugendchöre des Rundfunks Hunderte Lieder, Chorstücke, Kantaten (»Besuch im Zoo«) und Musik für Kinder (»Die Abenteuer der kleinen Trompete«) schrieb, von denen manches wie »Sind die Lichter angezündet« Allgemeingut geworden ist;
- Friedbert Groß, der mit Sportmusiken, aber auch in Verbindung mit Laienorchestern oder mit Chören (Leipziger Synagogalchor) effektvolle, doch auf relativ leichte Interpretation und Rezeption zielende Werke schreibt;
- Thomas Bürkholz, der – von Tanz und Rock angeregt – Schauspiel-, Film- und Hörspielmusiken, Musicals, Chansons, Lieder und andere Vokalkompositionen vorlegte, die bisherige Genregrenzen und Anwendungsbereiche zu überwinden suchten.

Ganz in solch universalem, musikalische Enge nicht akzeptierenden Verständnis bewähren sich auch Thomas Heyn oder Stephan König.

»Meine Achtung und Bewunderung zu Eurem 20-jährigen Jubiläum! Besonderen Dank für die Ermutigung. Da denke ich auch an Paul! Ihr habt mir viel Vergnügen mit und Lust auf Musik gemacht. Ihr seid wie der Fels in der Landschaft. Bleibt zusammen!«
Ruth Berghaus-Dessau am 1. 11. 1989 an die »Gruppe Neue Musik Hanns Eisler«

Hanns Eisler

Die »Gruppe Neue Musik Hanns Eisler«

Seit Beginn der siebziger Jahre trat zunehmend eine zwischen 1934 und 1942 geborene Komponistengruppe vor die Öffentlichkeit, die – teils von Fritz Geißler ausgebildet oder inspiriert – die Musikentwicklungen des 20. Jahrhunderts in aller Vielfalt zur Kenntnis genommen und in unterschiedlicher Weise für sich genutzt hatte. Ihnen (und vielen avantgardistischen Komponisten außerhalb Leipzigs) kam zugute, dass sich zur gleichen Zeit einige hervorragende, auch als Solisten bewährte Instrumentalisten zur »Gruppe Neue Musik Hanns Eisler« zusammenschlossen (damit zugleich an diesen musikrevolutionären »Leipziger« erinnernd), um ausschließlich zeitgenössische Kammermusik in mustergültigen Aufführungen bekannt zu machen und neue Werke anzuregen.

Als Posaunist war der Komponist Friedrich Schenker Mitglied dieser Gruppe. Zum einen verstand er es, mit seinem unbändigen Musiziertemperament seine Kollegen mitzureißen, zum anderen wusste er mit nie versiegendem Einfallsreichtum eine immense Zahl immer wieder neuer, gärend impulsiver Stücke vorzulegen, die die Hörer teils begeisterten, teils zu Eklats provozierten. Neben Kammermusiken und Konzerten für seine Kollegen erregten die Sinfonie »In memoriam Martin Luther King« (1972), »Landschaften für Orchester« (1975), die »Michelangelo-Sinfonie« (1985), ein »orfeo«-Zyklus, Gedenkmusiken unter anderem für Che Guevara, Majakowski, Neruda oder das »Deutsche Requiem (für Karl und Rosa)« besonderes Aufsehen.

»Gruppe Neue Musik Hanns Eisler« mit Roswitha Trexler, Sopran, und Gerhard Erber, Klavier, im Alten Rathaus, 1979

GESÄNGE AN DIE SONNE

Siegfried Thiele: »Gesänge an die Sonne« 1981, Handschrift der Partitur

Burkhard Glaetzner, Oboe, bei einer Probe im Alten Rathaus

Gemäßigt modern

Karl Ottomar Treibmann (Professor für Musiktheorie und Tonsatz an der Universität) fand mit sensiblen Kammermusiken, Vokalzyklen, Sinfonien (darunter die Chorsinfonie »Der Frieden«, 1984) und vor allem den Opern »Der Preis« (1980), »Scherz, Satire, Ironie und tiefere Bedeutung« (nach Grabbe, 1987) und »Der Idiot« (nach Dostojewski, 1988) viel Beachtung. Ähnlich »gemäßigt« modern, mehr dem Klang nachsinnend als klangüberflutend, eher rational gesteuert als spontan ausbrechend, gestaltet Siegfried Thiele, der Rektor der Musikhochschule in den neunziger Jahren, seine Kompositionen. Orchestermotetten nach Machaut oder Instrumentierungen von Bachs »Kunst der Fuge« und »Das musikalische Opfer« sprechen für sein Traditionsbewusstsein, die Bevorzugung der Harfe oder »Wolkenbilder« für Kammerorchester (1977) für subtile Klangkunst.

Karl Ottomar Treibmann

Experimente und »Die Weihnachtsgans Auguste«

Peter Herrmann, 1984 - 1987 Rektor der Musikhochschule, wirkt vor allem mit Instrumentalmusik. Günter Neubert ist in Kammermusiken und Vokalzyklen dem Experiment mit Sprache oder Tonbandeinspiel aufgeschlossen. Sein musikalisches Märchen »Weihnachtsgans Auguste« (nach F. Wolf, 1979) ist weit verbreitet und ungemein populär geworden. Zu der genannten Komponistengeneration gehört auch der Leipziger Opernintendant der neunziger Jahre, der Dresdner Udo Zimmermann. Seine überaus erfolgreichen Opern und Orchestermusiken sind allerdings sämtlich vor seiner Leipziger Zeit entstanden. Der inzwischen an der Musikhochschule lehrende Grieche Dimitri Terzakis ist hingegen nach wie vor als Komponist produktiv. Er könnte der Leipziger Musik und der Ausbildung des Komponistennachwuchses wichtige Impulse geben.

CD-Tipps mit Einspielungen von Steffen Schleiermacher:
Brown, E.: Twenty-five Pages, Steffen Schleiermacher, Klavier (Wergo)
Brown, E.: Synergy II, Tracking Pierrot, Windsor Jambs; Earle Brown, Steffen Schleiermacher, ensemble avantgarde Leipzig (Hek Hat)
Cage,. J.: Winter Music, Blum, Persson, Schleiermacher, Scholz Vigeland (Hek Hat)
Cage, J.: Complete Piano Music (MDG)
Feldman, M.: Intermissions 5, Intermission 6, Last Pieces, Piano Piece 1952, Two Intermissions, Isabel Mundry, Mats Persson, Steffen Schleiermacher, Kristine Scholz, Nils Vigeland, Klavier
Fukushima, K: Werke für Flöte und Klavier; Eberhard Blum, Flöten, Steffen Schleiermacher, Klavier (Hek Hat)
Glandien, L.: versch. Werke, Schleiermacher, Ensembles Modern, Daniel (Wergo).

Neue Hoffnung: Franke und Schleiermacher

So wie Schenker in der »Gruppe Neue Musik Hanns Eisler« zugleich als Interpret für seine Musik und die seiner Kollegen eingetreten ist, haben auch zwei hervorragende Vertreter der jüngeren Generation, Bernd Franke und Steffen Schleiermacher, Neues selbst lebendig gemacht: Franke mit der von ihm 1980 gegründeten Gruppe »Junge Musik«, Schleiermacher als faszinierender Pianist und Organisator.
Beide fanden mit Instrumentalkompositionen auch international Anerkennung. *Udo Klement*

Mit Charme und Witz für die Avantgarde: Der Komponist, Pianist und Dirigent Steffen Schleiermacher

Steffen Schleiermacher schafft es wie kaum ein anderer, der Neuen Musik Türen zu öffnen, die traditionellerweise verschlossen bleiben. So gelingt ihm etwa das Kunststück, einer Touristenbusladung, die zur allsonntäglichen Matinee im Mendelssohn-Haus erscheint, ein Satie- und Cage-Programm um die Ohren zu hauen und hinterher ein verblüfftes Auditorium mit dem Gefühl zu entlassen: Da haben wir ordentlich was gelernt, und so furchtbar ist die Neutönerei gar nicht.

Botschafter für die Moderne

Dieses Botschaftertum für die Moderne verdankt Schleiermacher drei Grundeigenschaften: Er ist nachgerade besessen von Sendungsbewusstsein, scheut faule Kompromisse wie der Teufel das Weihwasser, ist aber völlig frei vom Dünkel, der die Moderne allzu oft unter weit gehendem Ausschluss der Öffentlichkeit zum inzestuösen Ringelreihen machte. So nimmt er mit Charme und staubtrockenem Witz sein Publikum bei der Hand und gewährt mit Entertainer-Qualitäten und sinnlichem, aber immer intellektuell abgefederten Zugang, Eintritt in eher als hermetisch geltende Repertoire-Welten.
Das hat sich herumgesprochen, und als Pianist ist Schleiermacher gefragt wie kein anderer mit vergleichbarem Repertoire. Auch die Plattenlabels haben ihn entdeckt. Schleiermacher lakonisch lächelnd: »Bei einigen kann ich fast alles anbieten, was ich will. Es sei denn, es handelt sich um eigene Werke. Das sollte mir zu denken geben …«
Sollte es nicht. Jedenfalls nicht, was seine Kompositionen angeht. Und wenn der Erfolg des Interpreten Schleierma-

cher so weitergeht, wird er sich auch mit dem eigenen Œuvre über kurz oder lang durchsetzen. Zumal seine Hartnäckigkeit geeignet scheint, Berge zu versetzen: »Ich bleibe dran und komme den Plattenfirmen immer wieder damit. Bei jeder passenden oder unpassenden Gelegenheit.«

Steffen Schleiermacher

Schleiermacher spielt Cage

Seiner charismatischen Unbeirrbarkeit und dem Label Dabringhaus & Grimm verdanken wir eines der ehrgeizigsten Klaviermusik-Projekte der letzten Jahre: Das pianistische Gesamtwerk John Cages auf insgesamt 18 CDs in 10 Folgen. Vier sind bereits erschienen, von der Kritik umjubelt und mehrfach preisgekrönt (unter anderem Echo-Klassik-Preise 1998 und 1999). Vom Rest ist der größte Teil eingespielt, die Veröffentlichung soll so schnell wie möglich folgen. Schleiermacher: »Ursprünglich hatten wir vor, alles bis einschließlich 2000 am Markt zu haben. Das wird wohl nicht zu schaffen sein. Wir halten uns aber ran.« Ziel des spektakulären Unterfangens: Das gesamte veröffentlichte und die geeigneten unveröffentlichten Klavierwerke auf CD zu präsentieren. Das Spektrum reicht dabei von sehr frühen Arbeiten aus den Dreißigern über die Werke für präpariertes Klavier bis hin zu den späten Nummern-Stücken.

Der Kontakt zu Dabringhaus & Grimm entstand, als das Leipziger Ensemble Avantgarde, dessen musikalischer Leiter Schleiermacher ist, unter Hans Zender Schönbergs »Pierrot lunaire« aufnahm. Schleiermacher räumt zwar ein, dass Dabringhaus nicht eben ein ausgesprochenes Avantgarde-Label sei, aber »eins, das auf Außergewöhnliches setzt, auch auf Nischen«. So war die Idee einer Solo-Platte mit dem Pianisten nur folgerichtig. Dass es Cage sein sollte, lag auf der Hand, weil Schleiermacher sich schon lange und intensiv mit der Musik des amerikanischen Pilzkenners auseinandersetzt. Aber dass es gleich das ganze Werk werden sollte, kommentierte Dabringhaus »am anderen Ende der Telefonleitung mit deutlich hörbarem Schlucken«. Doch Schleiermacher hatte einen »sehr sportlich konzipierten« Aufnahmeplan vorbereitet. So war das Vorhaben beschlossene Sache.

Nicht ausschließlich Neue Musik

Der Pianist Schleiermacher ist auf Neue Musik spezialisiert – aber nicht ausschließlich. Wenn es sich nicht vermeiden lässt, sieht er sich auch schon einmal in Romantik oder Klassik um. Bei den Berliner Festwochen etwa stan-

Schleiermacher:
Musik für Pauken und Orchester, Gesang des Apsyrtos, Klavierstück 1990, Mehlig, Gewandhausorchester, Masur, Ensemble Avantgarde, Gruppe Neue Musik, Steffen Schleiermacher, Klavier
(Wergo)

Schleiermacher, S.:
Musik für historische Jahrmarktorgeln
(ConBTalkM)

Wolff, C.:
Exercises 1, 3, 4, 6-8, 16, 18, Eberhard Blum (Flöte), Roland Dahinden (Posaune), Steffen Schleiermacher (Klavier)
(Hek Hat)

The Bad Boys!
Klaviermusik von Antheil und Cowell, Steffen Schleiermacher, Klavier
(Hek Hat)

Sowjetische Avantgarde:
Lourié, Mossolow, Protopopow, Roslawetz, Steffen Schleiermacher, Klavier
(Hek Hat)

den 1998 die Wiener Schulen im Zentrum der Programme, und so wurde er gebeten, neben allerlei Neuerem auch Haydn zu spielen. Das hielt er zwar für ein »unanständiges Anliegen«, dem er aber nachkam. Auch mit Chopin hat er keine Probleme (»Begründer der modernen Klaviermusik«). Doch grundsätzlich gilt: »Ich spiele nur Sachen, von denen ich denke, dass ich sie besser kann als andere.« Und deswegen lässt er von Chopin lieber die Finger. Aber das ist nicht das einzige Argument, das seine Repertoire-Auswahl bestimmt: »Bei Brahms, Bruckner oder Reger, dieser Ideologie, diesem Rumgesülze, bekomme ich Ekelpickel«. Und auch im Zusammenhang mit manchem Zeitgenossen greift Schleiermacher zu unmissverständlichen Kraftausdrücken: Die Musik Alfred Schnittkes findet bei ihm keine Gnade, ebenso wenig wie die Sofia Gubaidulinas; und von Penderecki denkt er: »Wahrscheinlich ist der ein großer Zyniker, seine erste Sinfonie finde ich hingerotzt. So was könnte ich in wenigen Minuten schreiben.« Schleiermachers Attacken und Urteile klingen apodiktisch. Aber sie entstammen tiefer Kenntnis. Und dass er so eindeutig Stellung bezieht, macht den Künstler nur glaubwürdiger.

Schleiermacher bedauert die verloren gegangene Exklusivität in DDR-Zeiten. »Unsere Konzerte waren damals immer krachend voll, im kleinen Gewandhaussaal reichten die Sitzplätze bei weitem nicht.«

Sein Studium (zunächst in der Tanz- und Unterhaltungsmusik – »ein völlig hanebüchener, von oben verordneter Studiengang«) im DDR-Leipzig bestand neben allerlei Fron und Ungemach vor allem im Studium Neuer Musik. Im Dirigierunterricht etwa lief das so ab: »Am Anfang musste ich das machen, was die anderen auch mussten. Oberon-Ouvertüre habe ich zum Beispiel dirigiert. Mit dem Erfolg, dass ich von da an von klassischer Musik befreit war. So konnte ich mich auf die Dinge stürzen, die mich wirklich interessierten. Ich trug Partituren Neuer Musik in den Unterricht, erklärte meinem Lehrer die Werke, und der zeigte mir, wie ich's dirigieren muss.«

Überhaupt mag sich manch »Westler« wundern, wie viel – bei aller eingestandenen Verkrustung – zu DDR-Zeiten möglich war. Schon in den 60ern gab's in Leipzig Nono, Henze oder Krenek zu hören. Dennoch war es noch in den 80ern eine kleine Sensation, dass in den Programmen Schleiermachers und seiner Gruppe Junge Musik an der Leipziger Hochschule Werke von Karlheinz Stockhausen auftauchten. Schleiermacher: »Unsere Konzerte waren immer krachend voll.«

Avantgarde-Festival wurde vom MDR gerettet

Daran erinnert sich der Komponist und Konzertorganisator heute mit einiger Wehmut. Denn seine ebenso renommierte wie verdienstvolle Konzertreihe »musica nova« im Gewandhaus findet zwar nicht gerade unter Ausschluss der Öffentlichkeit statt, aber mehr als drei bis vier Dutzend Zuhörer hat sie nicht. Und »Kompositionsstudenten oder Professoren von der Hochschule sieht man am allerwenigsten darunter«. Besser sah es mit dem Publikum bei seinem Januarfestival (seit 1991 zunächst im Bildermuseum, dann in der Schaubühne Lindenfels) aus. Aber die ständige Bettelei um Geld war so ermüdend, dass er schließlich die Brocken hin schmiss. Doch dann tat sich ein Ausweg auf: Ab 2000 kann Schleiermacher unter der Obhut des MDR-Musiksommers sein Avantgarde-Festival mit verlässlichem Etat fortführen.

Plakat für eine Konzertreihe, veranstaltet von »musica nova«

Kulturelles Überangebot

Schleiermacher erklärt sich das allzu oft ausbleibende Publikum folgendermaßen: »Das heutige anything goes hat einigen Schaden angerichtet. Ich will nicht behaupten, dass das Publikum früher aus unwiderstehlicher Begeisterung für die Moderne in unsere Konzerte geströmt wäre. Dazu kamen zwei andere Gründe: Einerseits hatte es ein wenig vom verwegenen Ruch bescheidenen Dissidententums, sich bei uns blicken zu lassen. Und andererseits gab es kaum Alternativen. Von ganzseitigen Veranstaltungskalendern pro Tag konnte man seinerzeit nicht einmal träumen. Und so blieb keine andere Wahl, als zu nehmen, was kam. Heute ist das Angebot viel zu groß. Es gibt nicht nur 30 verschiedene Sorten Salami, die kein Mensch braucht. Ich frage mich auch, wer in die ganzen Konzerte, Kinos, Theater und Kabaretts gehen soll. Dieses Überangebot führt zum Rückzug ins Private, den sich die DDR-Führung seinerzeit paradoxerweise wie nichts anderes gewünscht hätte ...«. Entsprechend sieht Schleiermacher die Zukunft der Kultur in Deutschland und in der »Musikstadt« Leipzig: »Es geht rasant bergab ...« Was ihn indes nicht davon abhalten wird, auch weiterhin mit Charme, Humor und einer gewissen bärbeißigen Besessenheit seine messianische Sendung weiter zu verfolgen ... *Peter Korfmacher*

In diesem Haus, heute Museum und Gedenkstätte, soll Friedrich Schiller im Jahre 1785 während eines Leipzigaufenthalts seine »Ode an die Freude« geschrieben haben. Als Schlusschor der berühmten IX. Sinfonie von Beethoven ist sie zum Glanzstück aller chorsinfonischen Aufführungen geworden.

»Durch die Tonkunst Leben und Geselligkeit aller Schichten veredeln«

Chöre und Kantoreien in Leipzig

Gesungen wurde in Leipzig stets gern und viel. Im Jahre 1925 lebten über 14.000 Chorsänger in der Stadt! Heute gibt es Spitzenensembles von internationalem Rang und viele kleinere, in denen allein aus Freude an der Musik gesungen wird. Nicht zu vergessen die Kantoreien, denn auch in Leipzigs Kirchgemeinden lebt die Musiktradition der Stadt.

Von der Singakademie zu den heute so imposanten Leipziger Chören

Im 19. Jahrhundert blühte in Leipzig eine volkstümliche Musikpflege auf, die aus den gleichen Wurzeln wie die Verbreiterung des Konzertwesens entsprang: dem Eindringen des Kleinbürgertums und der Arbeiter in die Kulturszene, die bisher vom städtischen Patriziat und den Universitätsprofessoren beherrscht worden war. Neben dem Musikkonsum stieg das Bedürfnis nach musikalischer Selbstbetätigung. Da die Instrumentalmusik zunehmende technische Anforderungen stellte, die dem Laien nicht mehr erreichbar waren, ergab sich fast zwangsläufig eine Hinwendung zum Chorgesang.
Auch politische Ereignisse im 19. Jahrhundert begünstigten diese Entwicklung. An der 1848er Revolution beteiligten sich alle demokratischen Kräfte des Volkes, wenn auch mit unterschiedlichen Vorstellungen und Zielen. Keine zweite deutsche Volkserhebung hat einen so starken Niederschlag in Literatur und Musik gefunden: Revolutionär-demokratische Gedichte wurden vertont, Barrikadengesänge, Spottlieder und Revolutionshymnen entstanden in großer Zahl. Ihre Autoren waren bedeutende Dichter: Ferdinand Freiligrath, Georg Herwegh und Heinrich Heine ... Ihre Komponisten berühmte Musiker: Robert Schumann, Richard Wagner und Albert Lortzing ... Diese Namen seien hier stellvertretend für alle genannt.

Aus den Statuten der Singakademie, 3. September 1814:
§ 5 Eigenschaften, Anzahl und Wahl der Mitglieder... Es werden bei diesen Übungen nicht nur die Elementarkenntnisse der Musik überhaupt, Bekanntschaft mit den Schlüsseln, Noten, Intervallen, Takt, Tonarten usw., sondern auch eine reine, biegsame Stimme, ein richtiges Gehör und einige Übung im Treffen vorausgesetzt. Die Zahl der Mitglieder ist vorderhand auf 50 festgesetzt ...
Stadtarchiv Leipzig: Singakademie zu Leipzig, Nr. 1

Drei Singakademien

Aus den Statuten der Singakademie, 3. September 1814: **§ 7 Zusammenkünfte. Die sämtlichen Mitglieder versammeln sich wöchentlich einmal mit dem Schlage der festgesetzten Stunde in dem angewiesenen Lokal zu einer zweistündigen Übung. Außer den Eltern und Ehegatten der Mitglieder können den gewöhnlichen Übungen keine Zuhörer beiwohnen ...** Stadtarchiv Leipzig: Singakademie zu Leipzig, Nr. 1

Die bürgerlichen Chorvereine im 19. Jahrhundert orientierten sich organisatorisch und musikalisch-inhaltlich an zwei Vorbildern: Der elitären Berliner Liedertafel Carl Friedrich Zelters mit hohen Mitgliedsbeiträgen und eng begrenzter Mitgliederzahl und an den süddeutschen Gesangvereinen. Deren Initiator war Hans Georg Nägeli, ein Pestalozzi eng verbundener Mann, der vor allem volksbildnerische Ziele verfolgte. Über den Chorgesang wollte er das humanistische Ideal der harmonisch gebildeten Persönlichkeit erreichen.

1802 entstand die erste Leipziger Singakademie. Anreger war der als »Kaufmann und Handelsherr« bezeichnete Jakob Bernhard Limburger; ihr erster Leiter der Gewandhauskapellmeister Schicht. Die Zahl der Mitglieder begrenzte man auf fünfzig, der finanzielle Beitrag betrug monatlich einen Taler, für damalige Zeiten eine erhebliche Summe. Und als hätte man geradezu sehnsüchtig auf die Möglichkeit des Chorsingens gewartet, wurde 1805 eine zweite und 1811 eine dritte Singakademie gegründet. 1817 verschmolzen die erste und zweite Singakademie zu einem Chor von etwa hundertfünfzig Mitgliedern, der sehr leistungsfähig gewesen sein muss, denn er bestritt in den Gewandhauskonzerten die Chorpartien. Hector Berlioz lobte »die schöne Klangfarbe der Stimmen, die Intelligenz der Sänger«.[1]

Leipziger Liedertafeln und Riedels Chorverein

Zielten die Singakademien als gemischte Chöre auf die Darbietung großer oratorischer Werke, so pflegten die wesentlich kleineren Liedertafeln den Männergesang und die Geselligkeit. Die Leipziger Liedertafel geht ebenfalls auf eine Initiative Limburgers zurück und gab sich sehr exklusiv. Jedes Mitglied musste entweder Dichter oder Komponist sein. Diese Ansprüche beschieden der Vereinigung kein langes Leben.

1854 gründete der Klavierlehrer Carl Riedel ein gemischtes Vokalquartett, wie es deren in den großbürgerlichen Familien unter der Bezeichnung »Singkränzchen« oder »Singetee« viele gab. Aber Riedel wollte mehr: Ihm schwebte ein Chor zur Pflege der geistlichen Musik des 16. und 17. Jahrhunderts vor. Ein solches Ziel hatte sich noch niemand gesetzt. Mit bewundernswürdiger Energie verfolgte er seinen Plan: Sechsunddreißig Sängerinnen und Sänger gaben bereits 1855 ein Konzert mit Werken von Palestrina bis Bach. Die Arbeit ging zielstrebig weiter und bezog auch zeitgenössische Werke (Berlioz und vor allem Liszt) ein. Von 1863 bis zum Tode seines Gründers im Jahre 1888 umfasste der Riedel-Verein zweihundertfünfzig Mitglieder.

Um die Jahrhundertwende zum 20. Jahrhundert war Leipzig auf dem Weg zur Großstadt. 1910 gab es 589.850 Einwohner. 26 Dörfer waren bereits eingemeindet worden, weitere 16 sollten bis 1925 folgen.

Spektakuläre Aufführungen

Um die materielle Basis seiner Arbeit zu sichern, warb Riedel sogenannte inaktive Mitglieder, von Thomaskantor Hauptmann gutmütig-spottend »Blechinstrumente«[2] genannt, die mit ihren offensichtlich großzügigen Spenden beispielgebende Aufführungen ermöglichten. 1859 erklang durch diesen Chor in Leipzig Bachs h-Moll Messe, 1860 die Missa solemnis von Beethoven.

Die Alberthalle im Krystallpalast Leipzig

Um seinen Sängern und Zuhörern das Verständnis der alten Musik zu erleichtern, ließ Riedel statt der lateinischen ins Deutsche übersetzte Texte singen. Im Falle der Missa solemnis entschuldigte er sich, dass »eine sich an der Musik genau anschließende Übersetzung … sich zur Zeit nicht beschaffen ließ«, so dass »im Widerspruch mit dem sonst befolgten Prinzip die Messe mit lateinischem Text gesungen wird«[3]. 1872 sang der Riedel-Verein bei der Grundsteinlegung des Bayreuther Festspielhauses unter Wagners Leitung die Neunte Sinfonie von Beethoven.

Höhepunkt seiner Entwicklung muss die legendäre Leipziger Erstaufführung von Gustav Mahlers »Sinfonie der Tausend«, seiner 8. Sinfonie, gewesen sein. Am 1. und 2. März 1912 fanden sich in der Alberthalle neben dem Riedel-Verein mit 300 Sängern nochmals 300 »sangeskundige Damen und Herren sowie Mitglieder Leipziger Chor-

Die Stadt wuchs in die neuen Vororte hinein. Die rege Bautätigkeit kündete von ihrer wirtschaftlichen Stärke. Die fand sich auch in den neuen Repräsentationsbauten Leipzigs: Neues Rathaus, Reichsgericht, Dresdner Bank, Neues Gewandhaus, Zoologischer Garten, Markthalle, Hauptbahnhof – und nicht zuletzt der Krystallpalast.

Aufführung der 8. Sinfonie von Gustav Mahler, Alberthalle, Leipzig 1./2. 3. 1912

vereine« und 300 »Mädchen und Knaben aus verschiedenen Schulen Leipzigs«[4] zusammen, begleitet von 150 Orchestermusikern. Es waren also wirklich mehr als eintausend Mitwirkende.

Aus den Satzungen des Bach-Vereins, 29. März 1905:
§ 1 Der Zweck des im Jahre 1875 gegründeten Bachvereins ist die lebendige Pflege der musikalischen Schätze des 15.-18. Jahrhunderts. Unter diesen sind die Werke Johann Sebastian Bachs als des Meisters, von dem der Verein seinen Namen trägt, vor allen anderen zu berücksichtigen. Ausnahmsweise kann die Wiedergabe eines modernen, künstlerisch bedeutsamen Chorwerkes großer Form gestattet werden, dessen Aufführung in Leipzig sonst nicht zu erwarten ist.
Stadtarchiv Leipzig: Kapitel 35, Nr. 80g, Bd. 1, Bl. 16

Der Bach-Verein

Eine andere erfolgreiche Gründung fiel in das Jahr 1875. Am 23. Januar führten Philipp Spitta, Lehrer an der Nikolaischule, die Komponisten Franz von Holstein und Heinrich von Herzogenberg sowie der Dirigent der »Euterpe«, Alfred Volkland, mit einem Kreis musikbegeisterter Liebhaber drei Bach'sche Kantaten auf. Sie empfanden so viel Befriedigung bei dieser Arbeit und stießen auf so große Resonanz, dass sie beschlossen, als »Bach-Verein« zusammenzubleiben. Die Leitung übernahm zunächst Volkland, bald führte Herzogenberg sie weiter. Trotz dieser bewunderungswürdigen Aktivität der jeweiligen Leiter geriet das Unternehmen in eine Phase der Stagnation und drohte sich aufzulösen. Diese Gefahr bannte Karl Straube, der Thomasorganist, der 1903 an die Spitze des Chores trat. Sein Verdienst war es, dass der Bach-Verein binnen kurzem einen großen Aufschwung nahm und das Repertoire um die Oratorien Bachs erweitern konnte. Der Verein wurde unter Straube zu **dem** Bach-Interpreten in Leipzig.
Wesentlich volkstümlichere Vereine sind Karl Friedrich Zöllner zu danken, der die Schuljugend, Lehrlinge und Handwerksgesellen zum gemeinsamen Singen um sich sammelte. Sein Ziel war, »Musik in alle Schichten des Volkes hineinzubringen und durch Tonkunst Leben und Geselligkeit aller dieser Schichten zu veredeln«[5] . Obwohl

dies keineswegs aufrührerisch klingt, wurde der unter Zöllners Leitung stehende »Gesellenverein« 1854 auf eine Regierungsverordnung hin aufgelöst.

Carl Friedrich Zöllner, Gemälde eines unbekannten Künstlers

August Bebel sang im Arbeiter-Bildungsverein

Anderes geschah 1861, als sich in Leipzig ein »Gewerblicher Bildungsverein« gründete. Mit dieser vom Rat der Stadt sogar finanzierten Einrichtung, die Parallelen in anderen deutschen Städten hatte, glaubte man zwei Ziele zu erreichen: Man wollte den Arbeitenden eine höhere Bildung, die der technische Fortschritt erforderte, zukommen lassen und sie gleichzeitig von politischer Betätigung abhalten (Politik und Religion wurden als Diskussionsthema in den Bildungsvereinen ausdrücklich untersagt). Innerhalb dieses »Gewerblichen Bildungsvereines« entstand schon einen Monat nach seiner Gründung eine Gesangsabteilung, der August Bebel, 1860 nach Leipzig gekommen, angehörte. Als sich aber der »Gewerbliche Bildungsverein« 1865 mit dem »Arbeiterverein Vorwärts« zum »Arbeiter-Bildungsverein« zusammenschloss, wurden die städtischen Zuschüsse gestrichen, denn innerhalb der Chorarbeit fand nun verstärkt politische Tätigkeit statt.
Auch eine organisatorische Zentralisierung führte vielerorts zu einem Zusammenschluss der Arbeitergesangsvereine. In Leipzig kam es 1907 zur Vereinigung der Licht'schen Chöre, die in den folgenden sechsundzwanzig Jahren Niveau und Charakter der Leipziger Arbeiter-Musikkultur maßgeblich bestimmten.
Barnet Licht, 1874 in New York geboren, kam 1898 nach Leipzig, um am Konservatorium und an der Universität Musik und Musikwissenschaft zu studieren. Seine Tätigkeit als Chordirigent begann 1901 bei einem Plagwitzer Männerchor. 1907 wurde in Leipzig das Arbeiter-Bildungsinstitut gegründet, 1911 beauftragte dessen Leitung Licht, eine Musikabteilung aufzubauen. Im Rahmen dieser Tätigkeit öffnete Licht den Leipziger Arbeitern die Kultureinrichtungen der Stadt. (siehe S. 46).

1925: 14.000 Chorsänger in der Stadt

Bei all diesen Veranstaltungen waren die Arbeiter passive Bewunderer hoher interpretatorischer Kunst. Licht aber wollte mehr: Aktiv sollten sich seine Arbeitersänger das kulturelle Erbe erobern. Er begann mit der Einstudierung des ersten Oratoriums. Seine Wahl war auf Händels »Acis

1 Berlioz, Hector: *Memoiren, 1803-1865*
2 *Briefe von M. Hauptmann an F. Hauser,* Leipzig 1871, Bd. 2, S. 151
3 Programm- und Textheft zur Aufführung am 26. 4. 1860 in der Leipziger Thomaskirche
4 Programm- und Textheft zur Aufführung [am 1. und 2. 3. 1912 in der Leipziger Alberthalle
5 Zitiert nach: Lippold Eberhard: *Die Licht'schen Chöre,* Leipzig 1966

amici musicae e.V.
Chor- u. Orchester Leipzig
Kurt-Eisner-Str. 74
04275 Leipzig
Tel.: 0341/3 02 79 17

CANZONETTA-Kammerchor Leipzig e.V.
Benningsenstr. 20
04315 Leipzig

Chorgemeinschaft Gutenberg Leipzig e.V.
Scherlstr. 10
04103 Leipzig

Grünauer Chor Leipzig e.V.
Breisgaustr. 63
04209 Leipzig
Tel.: 0341/4 11 56 74

Männerchor Leipzig-Nord e.V.
Stockstr. 5
04155 Leipzig
Tel.: 0341/5 90 20 90

und Galathea« gefallen. 1923 fand die umjubelte erste Aufführung statt. 1925 folgte als zweites Händel-Oratorium »Herakles« und 1926 gab es ein Arbeiter-Händelfest. Eingebettet in die lebendige Musikpflege entwickelte sich nach dem Ersten Weltkrieg eine geradezu ausufernde Chorbewegung in Leipzig: Neben der bestehenden Singakademie bildete sich eine neue, der Riedel-Verein stand neben dem Volkschor. Auch Männerchöre gab es zuhauf: Der Lehrergesangverein, der Leipziger Männerchor und daneben der Neue Leipziger Männerchor. Um 1925 sollen sich rund 14.000 Chorsänger in der Stadt befunden haben! Die zwischen 1919 und 1933 neu gebildeten Volks- und Arbeiterchöre erreichten dabei eine bedeutende Ausstrahlungskraft. Der älteste der heute noch bestehenden, die Gutenberg-Chorgemeinschaft, wurde 1891, also ein Jahr nach der Aufhebung des Bismarck'schen »Sozialistengesetzes«, von Leipziger Schriftsetzern und Buchdruckern gegründet.

Eine Volkssingakademie

Theaterkapellmeister Otto Didam verzichtete auf seine dortige Laufbahn und widmete sich ganz der Chorleitung. Aus dem Leipziger Volkschor und anderen von ihm dirigierten Chören formierte er die Volkssingakademie, die für Aufführungen Händel'scher Oratorien große Sängerscharen vereinigte. Eine besondere Tat Didams und seiner

MännerChor Leipzig-Nord

Sänger war 1932 die Uraufführung des zehnteiligen Chorwerkes »Der Fluch des Krieges« von Wilhelm Rettich, der Text basiert auf altchinesischen Gedichten.
Neben Otto Didam und dem schon genannten Barnet Licht leiteten Paul Michael, Eduard Nietner, Paul Schlayer und andere Dirigenten mehrere Volks- und Arbeiterchöre, die sie auch zu Gemeinschaftskonzerten zusammenführten. Dass neben Volksliedern und Madrigalen auch Arbeiterkampflieder, die sogenannten Tendenzchöre des komponierenden Färbers Gustav Adolf Uthmann, sozial- und zeitkritische Chorwerke von Hanns Eisler, Ottmar Gerster, Erwin Lendvai und weiterer zeitgenössischer Komponisten gesungen wurden, veranlasste die 1933 zur Macht gekommenen Nationalsozialisten, nicht lediglich die Aufführung derartiger Werke, sondern auch die Chorgemeinschaften selbst zu verbieten. Barnet Licht wurde zugleich wegen seiner jüdischen Herkunft verfolgt und überstand die KZ-Haft nur unter großen Drangsalen.

Unter falschem Namen bis zum bitteren Ende

Unter anderem Namen oder innerhalb anderer, zahlenmäßig kleinerer Chöre, in denen Arbeitersänger dann die Mehrheit bildeten, gelang es, meist mit dem eigenen Dirigenten weiter zu arbeiten. Arbeiterlieder und sozialdemokratische Chöre sowie Chöre jüdischer Komponisten wie die beliebten von Felix Mendelssohn Bartholdy waren verboten. Der Leipziger Volkssingakademie als größtem dieser Chöre gelang es, geschlossen unter ihrem Dirigenten Otto Didam in die mitgliederschwache Neue Singakademie einzutreten und die Arbeit mit klassischen und für die Nationalsozialisten nicht anstößigen zeitgenössischen Werken fortzusetzen.
Nach dem Untergang Nazideutschlands fanden sich schon im Sommer 1945 die meisten Leipziger Chöre unter ihrem alten Namen und eigenständig wieder zusammen. Durch den Zweiten Weltkrieg waren sie in den Männerstimmen stark dezimiert. Trotz der schweren materiellen Bedingungen blühte ein vielgestaltiges Chorleben auf. Unter Otto Didam und später unter seinem Sohn Olaf Didam führte die Leipziger Volkssingakademie Oratorien und andere große Chorwerke auf, trat aber auch mit anspruchsvollen a-cappella-Konzerten hervor. Der Riedel-Verein, die »Singakademie 1802« in Gemeinschaft mit dem Leipziger Männerchor waren ebenfalls mit anspruchsvollen Konzerten zu hören.

Das Völkerschlachtdenkmal

Chor des Völkerschlachtdenkmals Leipzig e.V.
04277 Leipzig
Tel.: 0341/8 61 71 20

Kammerchor »Josquin des Prèz«
Lauchstädter Str. 42
04229 Leipzig
Tel.: 0341/4 79 85 84
Fax: 0341/4 79 85 84

Kammerchor Leipzig Nord e.V.
Arno-Nitzsche-Str. 3
04277 Leipzig

Kammerchor der Russischen Gedächtniskirche
Schulze-Boysen-Str. 6
04317 Leipzig
Tel.: 0341/9 11 39 04

Kammerchor Leipziger Volkssingakademien e.V.
Kapellenstr. 11
04315 Leipzig
Tel.: 0341/6 88 81 76

Kirschblüten
Schwuler Männerchor Leipzig
Tel.: 0341/9 01 12 24

Leipziger Chorverband e. V.
Titaniaweg 7/112
04205 Leipzig
Tel.: 0341/4 12 83 41

Der Synagogalchor

Leipziger Synagogalchor e.V.
Baumgarten-Crusius-Str. 3/5
04179 Leipzig
Tel.: 0341/4 51 27 28

Der jüdische Oberkantor Werner Sander, der leidvolle KZ-Jahre überlebt hatte, bildete mit Leipziger Bürgern einen Oratorienchor, der sich vor allem Händels alttestamentarischen Oratorien widmete. Nach Werner Sanders Tod übernahm der Opernsänger Helmut Klotz den nur noch wenige jüdische Bürger umfassenden Synagogalchor und gewann weitere Leipziger nichtjüdischer Herkunft zur Mitarbeit. Dieser zu großer Leistungsstärke entwickelte Chor widmet sich ausschließlich der Synagogalmusik sowie der jüdischen und jiddischen Folklore. Er errang inzwischen weithin internationale Anerkennung, auch in Israel.

Eterna-Aufnahmen jüdischer Lieder, gesungen vom Leipziger Synagogalchor

Die Chortradition wird fortgesetzt

Horst Kraus führte die Sänger der Michael'schen und Nietner'schen Chöre zusammen und leitete auch in Betrieben neu gebildete Chöre wie den des HO-Warenhauses und des Betriebes Bodenbearbeitungsgeräte. Der Musiklehrer Reinhold Wächter organisierte in allen Leipziger Schulen jährlich das »Fest des Liedes« mit Ausscheiden in allen Stadtbezirken und einem zentralen Konzert der Stadtbezirkssieger und der Oberschulchöre. In den letzten zweieinhalb Jahrzehnten vermochte der Musiklehrer Frank Hirsch Absolventen der Max-Klinger-Schule nach dem Abitur zur Weiterarbeit im Max-Klinger-Chor zu gewinnen, der inzwischen zu den leistungsfähigsten Chören Leipzigs gehört.

Leipziger Kinder- und Jugendchor e.V.
Am Krähenfeld 11
04416 Markkleeberg
Tel.: 034 229/7 78 12

Leipziger Lehrerchor e.V.
Leipziger Str. 109
04425 Taucha
Tel.: 034 298/6 93 74

Angesichts anderer volkskünstlerischer Wirkungsmöglichkeiten und veränderten Freizeitverhaltens seit den 1960er Jahren konnten auch die Leipziger Chöre altersbedingte Abgänge nicht ausreichend mit jungen Sängern ausgleichen. Chöre mit geschrumpftem Mitgliederbestand vereinigten sich oder schlossen sich anderen Chören an. Manche wie die »Singakademie 1802« und der Riedel-Verein lösten sich auf und empfahlen ihren verbliebenen Mitgliedern, in anderen Chören mitzusingen. So wirkt die Leipziger Volkssingakademie jetzt als Kammerchor.

Seniorenchor Leipzig-Südwest

In den letzten beiden Jahrzehnten schlossen sich junge Sänger, vor allem ehemalige

Thomaner, zu neuen Chören und auch kleineren Vokalensembles zusammen.
Der jetzige Thomaskantor Georg Christoph Biller gründete noch als Student das jetzt von David Timm geleitete Leipziger Vokalensemble.
Gotthold Schwarz entwickelte mit dem »Concerto vocale« einen ebenso leistungsfähigen Chor. In den letzten Jahren machte der vom ehemaligen Thomaner Martin Krumbiegel gebildete »Leipziger Oratorienchor« von sich reden, der ideell auf die Oratorien-Aufführungen Gothart Stiers mit der dazu herangezogenen Friedenskantorei Leipzig-Gohlis zurückgeht. Dirk Entleutner entwickelte mit dem Chor- und Instrumentalensemble »Amici musicae« eine ebenfalls beachtliche Formation. Als weitere Gruppen sind der Leipziger Kammerchor, der Kammerchor »Josquin des Prèz«, das Leipziger Saxtett und das Ensemble Amarcord hervorzuheben.

»Collegium vocale« Kammerchor der Hochschule für Musik und Theater, Fachrichtung Schulmusik, bei der Probe, Leitung: Dr. Michael Reuter

Sangeslust in Leipziger Kantoreien

Beachtliches wird zudem von Leipziger Kantoreien, auch in vom Zentrum abliegenden Stadtteilen geleistet. Schon 1936 erklang unter Leitung von Hans-Jürgen Thomm mit der Kantorei der Taborkirche das Bach'sche Weihnachtsoratorium in Leipzig-Kleinzschocher. Auch der jetzige Taborkantor Lothar Baumgärtel erweckt mit Oratorien-Aufführungen immer wieder Aufmerksamkeit. Und in Leipzigs Zentrum sind Bachs oratorische Werke nicht nur in der Thomaskirche zu hören, sondern sie wurden auch von der Nikolaikantorei unter Walter Hofmann und werden unter seinem Nachfolger Jürgen Wolf aufgeführt. Dass der Universitätschor (S. 115) und auch der Gewandhauschor regelmäßig zu hören sind, sei hier hinzugefügt.
Heute sind aber weniger Chöre mit großen Sängermassen am Werk, doch solche von großer Leistungsfähigkeit, für die zunehmend aufführungspraktische Erkenntnisse wichtig geworden sind.

Irene und Gunter Hempel, Werner Wolf

Leipziger Kammerchor e.V.
Uhlandstr. 35
04177 Leipzig
Tel.: 0341/4 41 25 06

Leipziger Oratorienchor e.V.
Jonny-Schehr-Str. 18
04157 Leipzig
Tel.: 0341/9 11 05 25

Studentenchor Vivat academia e.V.
Str. des 18. Oktober 25/102

»Löwenherz« Kinder- und Jugendchor e. V.
Prinz-Eugen-Str. 13
04277 Leipzig
Tel.: 0341/3 06 44 15

Max-Klinger-Chor Leipzig e.V.
Bamberger Str. 13
04207 Leipzig
Tel.: 0341/4 22 05 50

Spiritualchor Leipzig e.V.
Magdeburger Str. 14
04155 Leipzig
Tel.: 0341/5 64 84

Fassade der
Deutschen Bücherei

Autografen und Musikalien zur Ansicht für jedermann

Archive, Bibliotheken und Sammlungen in Leipzig

Die Buch- und Bibliotheksstadt Leipzig verfügt auch über einzigartige Sammlungen an Musikalien und musikhistorischer Literatur. Sie stehen sowohl für wissenschaftliche Arbeit bereit, wie auch für jeden Interessenten.

Bach-Archiv mit Bach-Museum und Bach-Veranstaltungen

Das Bach-Archiv Leipzig sammelt, bewahrt und verzeichnet alles dokumentarische und literarische Material zu Johann Sebastian Bach und seiner Familie. 1950 gegründet, wurde es nach der 1979 erfolgten administrativen Eingliederung in die »Nationalen Forschungs- und Gedenkstätten Johann Sebastian Bach in der DDR« im Jahre 1992 strukturell verändert und wieder rückbenannt in Bach-Archiv Leipzig. Direktor des Instituts wurde der Bach-Forscher Hans-Joachim Schulze. 1998 erfolgte die Umwandlung in eine Stiftung bürgerlichen Rechts. Das Bach-Archiv umfasst heute die Bereiche Forschung, Museum und Veranstaltungen.

Seminare, Publikationen und Bibliothek

Zu den Aufgaben des Instituts gehören die Erforschung von Leben und Werk Johann Sebastian Bachs und seiner Familie sowie die Vermittlung der Forschungsergebnisse an Wissenschaft und Praxis in Form von Veröffentlichungen, Vorlesungen, Seminaren und Konferenzen. Zu den editorischen Vorhaben zählen die Redaktion der Neuen Bach-Ausgabe gemeinsam mit dem Bach-Institut Göttingen, die Herausgabe der Leipziger Beiträge zur Bach-Forschung, die Mitarbeit am Bach-Jahrbuch sowie die Projekte »Bach Compendium« und »Bach Repertorium«.
Die wissenschaftliche Spezialbibliothek enthält derzeit rund 7.500 Bücher, 8.500 Musikalien, 4.000 Tonträger, 500 grafische Blätter, außerdem Münzen, Originalhandschriften und Drucke sowie über 90.000 Fotokopien von Bach-Quellen. Als Präsenzbibliothek ist sie öffentlich zugänglich.

BACH-ARCHIV-LEIPZIG
Forschungsinstitut, Museum
Thomaskirchhof 16
04109 Leipzig
Tel.: 0341/9 64 41-30/35
Fax: 0341/9 64 41 22
E-Mail: archiv@bach-leipzig.de
Internet: www.bach-leipzig.de

Öffnungszeiten des Leseraums:
Mo - Fr 10 - 16 Uhr
Tel.: 0341/9 64 41 18
Fax: 0341/9 64 41 58

Johann-Sebastian-Bach-Museum im Bach-Archiv Leipzig
Thomaskirchhof 16
04109 Leipzig

Öffnungszeiten:
Mo - So 10 - 17 Uhr
Führungen: 11 Uhr/ 15 Uhr sowie nach Voranmeldung
Tel.: 0341/9 64 41 35
Fax: 0341/9 64 41 22
E-Mail: archiv@bach-leipzig.de
Internet: www.bach-leipzig.de

BACH-ARCHIV LEIPZIG
FORSCHUNGSINSTITUT · MUSEUM · VERANSTALTUNGEN
Stiftung bürgerlichen Rechts

Das Johann-Sebastian-Bach-Museum

Vor allem Bachs Wirken als Thomaskantor und städtischer Musikdirektor steht im Mittelpunkt der Museumsarbeit. Zum Bachjahr 2000 wurde die Dauerausstellung völlig neu installiert. Durch Ausdehnung der Räumlichkeiten auf das Nachbargebäude Thomaskirchhof 15 vergrößerte sich die Ausstellungsfläche um etwa ein Drittel und schafft im Verein mit neuen technischen Ausrüstungen Möglichkeiten für eine moderne museumspädagogische Arbeit.

Eingang zum Bach-Archiv und Bach-Museum

Der Internationale Johann-Sebastian-Bach-Wettbewerb

Nun schon zum zwölften Male wurde der von der Leipziger Hochschule für Musik begründete, jetzt vom Bach-Archiv veranstaltete Johann-Sebastian-Bach-Wettbewerb für Nachwuchsmusiker ausgeschrieben. Er wird vom 9. - 19. Juli 2000 in den Fächern Cembalo und Orgel ausgetragen. Die Teilnehmer müssen zwischen 16 und 35 Jahre alt sein. Alle Finalisten im Orgelwettbewerb dürfen ihre Endrunde auf der neuen Bach-Orgel von Gerald Woehl in der traditionsreichen Thomaskirche bestreiten. Die Preisträgerkonzerte in beiden Fächern sind in das Bach-Fest 2000 integriert.

Bach-Pflege in Leipzig

Nach 1750 wurde Bachs Musik von seinen Schülern und Nachfolgern im Amt des Thomaskantors gepflegt. Eine breitere Öffentlichkeit erreichte die Bach-Pflege aber erst, als Felix Mendelssohn Bartholdy in Leipzig als Gewandhauskapellmeister wirkte (1835-47). Wichtigstes Datum ist der 4. April 1841, als in der Thomaskirche zum ersten Mal nach Bachs Tod die Matthäuspassion wieder aufgeführt wurde (zuvor 1829 in Berlin). Mit Gründung der älteren Bach-Gesellschaft 1850 und vor allem der Neuen Bach-Gesellschaft im Jahre 1900 gewann die Bach-Pflege eine Kontinuität, die sich bis in die Gegenwart fortsetzt und an der alle wichtigen Musikinstitute sowie Laienvereinigungen teilhaben.

Bach-Fest Leipzig

J. S. Bach, Kantate »Wär Gott nicht mit uns diese Zeit« Autografe Vokalstimme (Sopran), Leipzig 1735

Die Tradition der Bach-Feste fußt auf zwei Entwicklungslinien. Einerseits veranstaltete die neue Bach-Gesellschaft ihre innerhalb Deutschlands wandernden Bach-Feste immer wieder in Leipzig. Erstmals 1904, dann bis 1994 weitere 15 Male.
Andererseits versuchte die Stadt Leipzig selbst, ein jährliches Bach-Fest zu installieren. Anlass für das erste städtische Bach-Fest war die Einweihung des Bach-Denkmals auf dem Thomaskirchhof im Jahre 1908. Unter verschiedenen Titeln und in unregelmäßigen Abständen fanden diese Feste unter der künstlerischen Leitung des Thomaskantors bis in die sechziger Jahre statt.
Nach der politischen Wende von 1989 veranstaltete das Bach-Archiv Leipzig im Auftrag der Stadt Leipzig zum ersten Mal 1999 ein kommunales Bach-Fest, das von nun an jährlich zu Himmelfahrt stattfinden soll. Darüber hinaus vergibt die Neue Bach-Gesellschaft von 2000 an alle fünf Jahre ihr Bach-Fest nach Leipzig. Diese großen internationalen Bach-Feste werden – beginnend mit dem Bach-Fest Leipzig 2000 – gemeinsam veranstaltet. Der 250. Todestag Bachs am 28. Juli 2000 ist Anlass für das Bach-Jahr. *Jörg Clemen*

Die Musikbibliothek, ihre wechselvolle Geschichte und ihr wertvoller Bestand

Dass Leipzig als ausgewiesene Musikstadt von internationalem Rang auch über eine anerkannte und leistungsstarke Musikbibliothek verfügt, versteht sich von selbst. Dennoch zeigt der Werdegang dieser Einrichtung, welch unterschiedliche Entwicklungsrichtungen, -bedingungen und Förderungen es in den vielen Jahrzehnten ihrer Existenz gab.

Die zweitgrößte Musikbibliothek Deutschlands

Die Musikbibliothek der Leipziger Städtischen Bibliotheken besteht in ihrer jetzigen Gestalt seit fast einem halben Jahrhundert. Aufgrund ihrer Bestände und den aus ihnen erwachsenden Funktionen und Aufgaben nimmt sie neben den Musikabteilungen der Deutschen Staatsbibliothek Berlin, Preußischer Kulturbesitz und der Sächsischen

Leipziger Stadtbibliothek, Musikbibliothek
Wilhelm-Leuschner-Platz 10/11
04107 Leipzig
Tel.: 0341/1 23 53 46
Fax: 0341/1 23 53 05
E-Mail: Stadtbib@leipzig.de
Internet: http://www.leipzig.de/stadtbib.htm
Freihandbestand an Musikliteratur, Musikalien und Tonträgern, Präsenzbenutzung des historischen Bestandes im Lesesaal der Musikbibliothek, Hörplätze für Tonträger, Kopiergerät, Multimediastation mit Internetanschluss, PC zur Katalogrecherche

Öffnungszeiten:
Mo - Fr 9-19 Uhr
Sa 9-14 Uhr
Lesesaal ab 11 Uhr

Landes- und Universitätsbibliothek Dresden eine zentrale Stellung ein und ist die zweitgrößte öffentliche Musikbibliothek des vereinten Deutschlands.
Die Leipziger Musikbibliothek entstand 1954 aus der Vereinigung von drei Sammlungen:
1. der 1914 eröffneten Musikalischen Volksbibliothek,
2. der 1894 geschaffenen Musikbibliothek Peters und
3. der Musikabteilung der Leipziger Stadtbibliothek.
Letztgenannte ist der älteste Teil der Musikbibliothek; ihre Wurzeln reichen in die Zeit der Entstehung anderer bedeutender europäischer Musiksammlungen zurück.
Vor Mitte des 19. Jahrhunderts besaß die 1677 gegründete Leipziger Stadtbibliothek eine kleine Anzahl von Musiktheoretika, etliche liturgische Drucke und Handschriften sowie Gesangbücher.

Stiftungen: Die Sammlungen Pölitz und Becker

Ein erster geschlossener Musikalienbestand gelangte 1839 mit der rund 25.000 Bände umfassenden Privatbibliothek des Leipziger Universitätsprofessors Karl Heinrich Ludwig Pölitz an die Stadtbibliothek. Die Pölitz-Sammlung wird noch heute gemäß testamentarischer Verfügung des Stifters gesondert verwaltet und aufgestellt. Die zu ihr gehörenden 250 Drucke und 380 Handschriften geben Aufschluss über Repertoire und Geschmack eines die Hausmusik pflegenden Bürgers und Musikliebhabers.

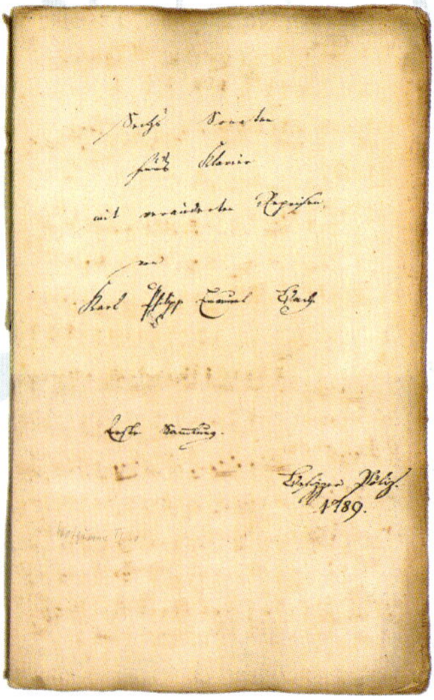
Pölitz; Titelblatt der Bach-Noten-Abschrift, 1789

Als eigentliche Gründung der Musikabteilung wird jedoch das Jahr 1856 angesehen: Damals gelang es, die Sammlung des Leipziger Organisten und Musikgelehrten Carl Ferdinand Becker zu erwerben. Damit war der Grundstock einer öffentlichen Musikbibliothek gelegt, die sich mehr und mehr zu einem musikalischen Zentrum entwickelte. Beckers Sammlung umfasst rund 3.000 Bücher und Schriften, Choralbücher, Kompositionen des 16. und 17. Jahrhunderts und Kompositionen des 18. Jahrhunderts. Sie ist eine Beispielsammlung zur Musikgeschichte. Besondere Exemplare, die auch heute noch die Fachwelt in ihren Bann ziehen, sind unter anderem das »Andreas-Bach-Buch« (Handschrift),

die Erstdrucke von Johann Sebastian Bachs »Musikalischem Opfer« und der »Klavierübung 1. Teil«.
Wie in seiner praktischen Tätigkeit als Organist und mit seinen Neuausgaben alter Musik suchte Becker auch in seiner Sammlertätigkeit, die Musik vergangener Epochen wieder zu beleben. In diesem Sinne legte er seine Sammlung universal an, berücksichtigte alle Epochen, Gattungen und Formen.

Die Bibliothek Peters

SPERONTES
Singende Muse
an der
Pleisse,
in
2. mahl 50 Oden,
Derer neuesten und besten musicalischen Stücke,
mit denen darzu gehörigen Melodien
zu beliebter
Clavier-Übung und Gemüths-Ergötzung,
anjetzo viel verändert und verbessert
auch vermehrter ans Licht gestellet
in
Leipzig.

Sperontes, »Singende Muse an der Pleiße« Leipzig 1745

Der weitere Ausbau der Musikabteilung der Stadtbibliothek wurde in den folgenden Jahrzehnten wenig gezielt betrieben, geschah eher sporadisch durch Schenkungen und Gelegenheitskäufe. Es fehlte weiterhin eine öffentliche Musikbibliothek für das sich zu einem wirklichen musikalischen Zentrum entwickelnde Leipzig.
1894 eröffnete der Inhaber des Musikverlages C. F. Peters in Leipzig, Max Abraham, mit den erworbenen Beständen der »Leihanstalt für musikalische Literatur« des Alfred Dörffel die Musikbibliothek Peters. Bereits zur Eröffnung lag ein gedruckter Katalog vor, der rund 8.000 Titel nachwies. Diese Sammlung entwickelte sich immer mehr zu einer musikwissenschaftlichen Studienbibliothek. Ganz dem Wirken Bachs in Leipzig verpflichtet wurden Bachiana zum Sammelschwerpunkt. So gehören heute zu diesem Bestand die einzigartige Sammlung Scheibner mit Sammelhandschriften vorwiegend Bach'scher Kompositionen, die Handschriftensammlung Mempell-Preller mit Abschriften von Klavier- und Orgelwerken Johann Sebastian Bachs und die Rudorff-Sammlung mit Autografen, Partituren und Originalstimmensätzen Bach'scher Kantaten, aber auch mit Einzelautografen Webers, Mendelssohn Bartholdys, Bruchs, Brahms' und anderer. Mit der Gründung der Musikbibliothek Peters entfiel für die Stadtbibliothek die Notwendigkeit, ihre Musikabteilung zu erweitern, da diese Einrichtung nach dem Willen des Gründers ständig in Leipzig verbleiben sollte. Die Stadtbibliothek konzentrierte sich lediglich auf die Ergänzung schon vorhandener Bestände und die Sammlung des wichtigsten Schrifttums zur Musikgeschichte Leipzigs.

Wichtige Nachlässe: Hagedorn und Gorke

1920 gelangte die Stadt durch testamentarische Verfügung in den Besitz der Richard-Wagner-Sammlung des verstorbenen Hamburger Kaufmanns Rudolf Hagedorn. Diese umfasste über 2.000 Bände des bis zur Zeit des Ersten Weltkrieges erschienenen in- und ausländischen Wagner-Schrifttums, Musikalien, Textbücher, Bildmaterial und Dokumente. Die Sammlung wurde geteilt; nur das Schrifttum kam in die Stadtbibliothek.

Als wichtiger Zugewinn für die Musikabteilung ist der Ankauf der Bach-Sammlung von Manfred Gorke 1935 anzusehen. Sie umfasst sehr unterschiedliches Noten- und Archivmaterial von Johann Sebastian Bach, seinen Schülern und Zeitgenossen. Sie befindet sich heute als Dauerleihgabe im Bach-Archiv Leipzig.

Wagner und seine Freunde, Bilddokument aus der Sammlung Hagedorn

Auch die 1939 erworbene Autografensammlung des zehn Jahre als Leiter der Musikbibliothek Peters wirkenden Musikwissenschaftlers Kurt Taut wurde leider aufgeteilt. Die Musikabteilung der Stadtbibliothek erhielt die Notenautografen und den musikalischen Teil der Sammlung von Widmungsexemplaren. Heute verfügt die Musikbibliothek aus dieser Sammlung über 850 Handschriften von Werken des 19. und des frühen 20. Jahrhunderts. Aber auch für die Musikwelt ganz einmalige Stücke gehören dazu: So die Partiturschrift Ferdinand Schuberts von der großen C-Dur-Sinfonie seines Bruders Franz, die auf Veranlassung Robert Schumanns nach Leipzig kam, dort 1839 im Gewandhaus durch Mendelssohn uraufgeführt und auch für die Erstausgabe bei Breitkopf & Härtel benutzt wurde.

Die Zerstörung der Stadtbibliothek durch einen Bombenangriff am 4. Dezember 1943, bei dem die Bestände der Musikabteilung glücklicherweise fast unversehrt geblieben sind, beendete die Bibliotheksarbeit für mehrere Jahre.

Vereinigung mit der Musikbücherei

Mit der räumlichen Zusammenführung der Musikabteilung der Stadtbibliothek und der Städtischen Musikbücherei in Barthels Hof begann ein neues Kapitel der Arbeit nach dem Zweiten Weltkrieg.
Die Städtische Musikbücherei war 1912 als musikalische Volksbibliothek als völlig selbstständige Einrichtung gegründet worden, um dem wachsenden Bedarf musikinteressierter Leipziger nach ausleihbarer Hausmusikliteratur zu entsprechen. 1929 ging diese Einrichtung aus den Händen des Vereins für Volkswohl in das Eigentum der Stadt Leipzig über.
Die Sammlungen der Musikabteilung der Stadtbibliothek und der Städtischen Musikbücherei ergänzten sich sehr günstig, waren doch die Bestände einerseits auf das gehobene Bildungsniveau und den professionellen Gebrauch und andererseits auf eine weit verzweigte Musikpflege, auf das Laienmusikwesen und die Vereinsarbeit ausgerichtet.
Anfang der fünfziger Jahre wurden Bemühungen um die Zusammenlegung der musikbibliothekarischen Sammlungen der Stadt zu einer Musikfachbibliothek immer konkreter.

Gründung der Musikbibliothek der Stadt Leipzig

1954 entstand die Musikbibliothek der Stadt Leipzig, die nun die Sammlungen der Musikabteilung der Stadtbibliothek Leipzig, der Städtischen Musikbücherei und der Musikbibliothek Peters vereinigte. Sie bezog mit ihren wertvollen musikalischen Beständen das Gebäude in der Ferdinand-Lassalle-Straße 21. Leipzig verfügte damit erstmals in der Geschichte seines Musikbibliothekswesens über eine Institution, die allen Anforderungen von Forschung und Lehre sowie den vielseitigen musikalischen Interessen der Leipziger Bevölkerung entsprach. Es war nicht einfach, die Traditionen der drei vereinten Musiksammlungen in dieser nun neuen geschlossenen Einrichtung zu bewahren und weiter zu führen. Es galt zum einen der Wissenschaft zu dienen und zum anderen die Musikpraxis und -bildung, den Bereich des Laienmusikwesens sowie die vielfältigen musikalischen Interessen im Freizeitbereich zu versorgen.

**Die Musikbibliothek der Stadt Leipzig fand schon in den 50er Jahren europaweite, gelegentlich auch weltweite Beachtung.
Da der historische Teil ihrer einmaligen Bestände in internationalen Katalogen verzeichnet war, kamen viele Anfragen aus dem Ausland.**

Der verhältnismäßig große historische Bestand der Musikbibliothek ist im internationalen Quellenlexikon der Musik (Repertoire International des Sources Musicales) beginnend Ende der sechziger Jahre verzeichnet und macht die gezielte Recherche über die Landesgrenzen hinaus möglich.

Bereits 1960 begann die Musikbibliothek mit der Herausgabe einer eigenen Publikationsreihe »Bibliographische Veröffentlichungen der Musikbibliothek der Stadt Leipzig« unter thematischen Gesichtspunkten. So sind Bibliografien zu Erst- und Frühdrucken Robert Schumanns, Zeitgenössische Drucke und Handschriften der Werke Joseph Haydns, Handschriften der Werke Johann Sebastian Bachs, Handschriften und ältere Drucke der Werke Georg Friedrich Händels, Originalausgaben und ältere Drucke der Werke Johann Sebastian Bachs, Autografe, Erstausgaben und Frühdrucke der Werke von Felix Mendelssohn Bartholdy in Leipziger Bibliotheken und Archiven, Musikperiodika, Zeitschriften, Jahrbücher, Almanache, Bestandsverzeichnisse, der Katalog der Sammlung Manfred Gorke sowie ein Katalog der vor 1800 gedruckten Opernlibretti bisher erschienen.

Die Musikbibliothek erfüllt viele Benutzerwünsche. Für den Wissenschaftler hält sie wertvolle Musikalien bereit. Dem vor allem hören wollenden Musikfreund steht ein umfangreicher CD- und Video-Bestand zur Verfügung, der alle Genres enthält, auch Schlager, Volksmusik, Jazz, Rock und Pop.

Seit Bestehen der Musikbibliothek wurde das Sammelgebiet der Tonträger aufgebaut und besonders entwickelt. Zunächst diente die Schallplattensammlung vor allem der Veranstaltungstätigkeit der Bibliothek. 1972 wurde sie in die Ausleihe einbezogen und berücksichtigt seitdem alle Genres der ernsten und populären Musik. Mittlerweile verfügt dieser Bereich natürlich über einen großen Bestand an Compact Disks, Musikkassetten und Musikvideos.

Die Musikbibliothek in der Stadtbibliothek

1973 wurde die Musikbibliothek der Stadt Leipzig in die Stadt- und Bezirksbibliothek, die heutigen Leipziger Städtischen Bibliotheken, integriert. Als die Leipziger Stadtbibliothek nach siebenjähriger Schließung am 24. Mai 1991 am Wilhelm-Leuschner-Platz wiedereröffnet werden konnte, fand auch die Musikbibliothek ein neues Domizil. Durch die zentrale Lage und die unmittelbare Verbindung mit den anderen Benutzerbereichen der Stadtbibliothek rückte sie noch stärker ins Blickfeld musikinteressierter Leipziger und Besucher der Stadt.

Gegenwärtig erfolgt die retrospektive und aktuelle Bestandsergänzung, einschließlich Erwerbung neuester Medien wie CD-ROM ebenso wie die Digitalisierung der Bestände. Die Bereitstellung eines Internetanschlusses erweitert die weltweite musikalische Recherche- und Informationsmöglichkeit.

Mitarbeiterinnen der Musikbibliothek in der Ausleihe

Und wieder: Schenkungen und Nachlässe

Eine besondere Fürsorge gilt der Nachlasspflege Leipziger Musikerpersönlichkeiten. So wurden Nachlässe des Komponisten Helmut Bräutigam, des Gesangspädagogen Paul Losse, des Musikwissenschaftlers Heinrich Besseler, der Komponisten und Hochschullehrer Wilhelm Weismann und Fred Lohse, sowie Teilnachlässe des ehemaligen Gewandhauskapellmeisters Franz Konwitschny und des Hochschullehrers Wilhelm Rettich und Autografe zeitgenössischer Leipziger Komponisten erworben. Als eine der jüngsten Schenkungen konnte die Musikbibliothek die umfangreichen Nachlässe der Thomaskantoren Erhard Mauersberger und Kurt Thomas aus den Händen der Familien entgegennehmen.

Als Institution mit einem so ausgebauten historischen Quellenbestand und einem breiten aktuellen Bestand an Musikliteratur und Musikalien ist die Musikbibliothek ein unverzichtbarer Partner der städtischen Musikeinrichtungen und der Musikinstitutionen der Region. Darüber hinaus gilt sie national wie international als anerkannter Partner in der Musikszene; sie ist Mitglied in der Internationalen Vereinigung der Musikbibliotheken (AIBM), der Georg-Friedrich-Händel-Gesellschaft, der Gesellschaft für Musikforschung und der Neuen Bach-Gesellschaft.

Die Musikbibliothek ist im Gebäude der Leipziger Stadtbibliothek im Erdgeschoss zu finden und kann von allen Bürgern und Gästen der Stadt Leipzig genutzt werden.

Brigitte Geyer

Die Musikalien- und Tonträgersammlung der Deutschen Bücherei

Verglichen mit den deutschen Universitäts- und Landesbibliotheken ist die Deutsche Bücherei eine relativ junge Bibliothek. Sie wurde am 3. Oktober 1912 als Gesamtarchiv des deutschsprachigen Schrifttums gegründet. Seit dem 1. Januar 1913 sammelt sie die gesamte Literatur des Inlandes sowie das deutschsprachige Schrifttum des Auslandes.

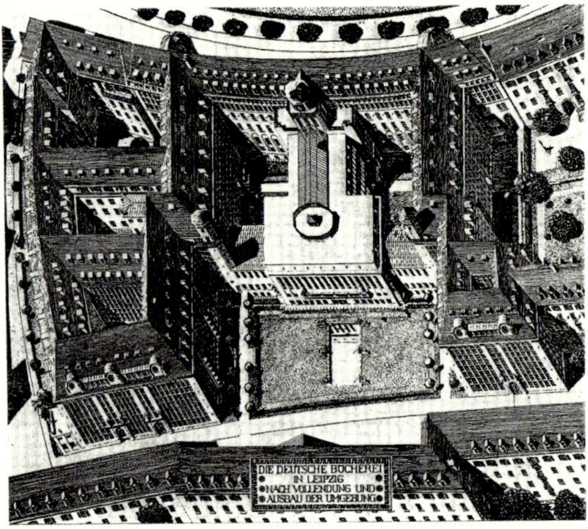

»Visionäre« Zeichnung aus dem Jahre 1916: So sollte die Deutsche Bücherei – nach dem Willen der Erbauer - in 200 Jahren einmal aussehen.

Musikalien und Musikbibliografien

Während Bücher und Zeitschriften über Musik von Anfang an zum Sammelgebiet der Deutschen Bücherei gehörten, waren Musikalien davon ausgeschlossen. Erst durch eine, für die Zeit bahnbrechende und mutige Entscheidung des damaligen Verwaltungsrates der Deutschen Bücherei wurden ab 1. Januar 1943 Musikdrucke (Noten) in die Sammlung einbezogen.

Die somit neu geschaffene Musikaliensammlung nahm mit allen bibliothekarischen Funktionen ihre Arbeit auf. Gleichzeitig wurde ihr die bibliografische Erschließung der musikalischen Neuerscheinungen übertragen, was übrigens erstmals in Deutschland durch eine wissenschaftliche Bibliothek geschehen sollte. Die Bearbeitung der grundlegenden musikalischen Nachschlagewerke auf diesem Gebiet, die seit 1829 vom Leipziger Musikverlag Friedrich Hofmeister mit den »Musikalisch-literarischen Monatsberichten« als Ergänzung des seit 1817 veröffentlichten »Handbuchs der musikalischen Literatur« (C. F. Whistling) erfolgte, konnte so lückenlos fortgesetzt werden. An die Stelle dieser, in der Praxis bewährten Nachschlagewerke, trat am 28. Februar 1943 das 1. Heft der »Deutschen Musikbibliographie« als 115. Jahrgang der Gesamtreihe. Die »Deutsche Musikbibliographie« ergänzte fortan das System der nationalen Allgemeinbibliografie. Sie berücksichtigt die Dokumente, die in den Reihen der »Deutschen Nationalbibliographie« nicht erfasst werden.

Auch neue Medien sind präsent

Den Erfordernissen der Zeit folgend, wurde seit dem Jahre 1959 das Sammelgebiet schrittweise um neue Medien erweitert.

So werden in der Deutschen Bücherei seit dem Jahre 1959

- Sprechplatten (Wortschallplatten) archiviert (es handelt sich dabei aber nur um solche Tonträger, die Wort und Sprache im Sinne des von der Deutschen Bücherei erfassten Schrifttums dokumentieren);
- Mikroformen (soweit sie in Deutschland oder deutschsprachig im Ausland erschienen sind);
- in der DDR erschienene Musikschallplatten;
- in der DDR erschienene Sprechkassetten (Wortkassetten),
- Dia- und Arbeitstransparent-Serien und Tonbildreihen (falls sie Textbeilagen enthalten);
- Videomaterialien (soweit sie in der DDR oder deutschsprachig im Ausland erschienen sind);
- Musikkassetten der DDR sowie körperlich verbreitete elektronische Veröffentlichungen (soweit in Deutschland oder deutschsprachig im Ausland erschienen);
- alle Musiktonträger, die ab 3. Oktober 1990 in Deutschland erschienen sind.

Im Jahre 1980 übernahm die neu gegründete Tonträgersammlung die Sammlung und Erschließung aller Tonträger. In der Reihe »Sonderbibliografien der Deutschen Bücherei«, Nr. 64 und 65 erschien das »Tonträgerverzeichnis der Deutschen Demokratischen Republik« für die Jahre 1975-1980 und 1981-1985. Leider konnte der Berichtszeitraum 1986-1990 bisher bibliografisch nicht mehr dokumentiert werden.

Neben der Herausgabe der bibliografischen Verzeichnisse werden mit den Titeldrucken für Musikalien und Tonträger anderen Bibliotheken bedeutende Dienstleistungen angeboten.

Veränderte Aufgaben seit 1990

Mit der Wiedervereinigung Deutschlands kam es 1990 zur Zusammenführung der Deutschen Bücherei Leipzig mit der Deutschen Bibliothek Frankfurt (gegründet 1946), zu der seit 1970 das Deutsche Musikarchiv Berlin gehört, unter dem gemeinsamen Namen »Die Deutsche Bibliothek«.

Durch den Einigungsvertrag vom 23. September 1990 wurde sichergestellt, dass die an den drei Standorten

Deutsche Bibliothek/ Deutsche Bücherei Leipzig
Musikalien- und Tonträgersammlung
Deutscher Platz 1
04103 Leipzig
Tel.: 0341/2 27 13 46 oder 0341/2 27 13 48
Fax: 0341/2 27 14 44
E-Mail: gessner@dbl.ddb.de oder beer@dbl. ddb.de
Internet: http://www.ddb.de

Öffnungszeiten:
Mo - Fr 8 - 18 Uhr
2. Etage, Westflügel
Auskunft im Leseraum:
Renate Geßner, Katharina Beer

Eine öffentlich weniger bekannte musik- und theaterwissenschaftliche Spezialbibliothek befindet sich in der Hochschule für Musik und Theater »Felix Mendelssohn Bartholdy«. Sie verfügt über 145.000 Medieneinheiten: Bücher, Noten, Tonträger, Stücktexte, Hochschulschriften, Zeitschriften, Sondersammlungen des historischen Archivs, Fotos, Plakate, Programmsammlungen sowie Chor- und Orchesterliteratur. Fremdnutzung ist über Fernleihe und innerhalb der Arbeitsräume möglich.

Tel.: 0341/2 14 46 30
Fax: 0341/ 2 14 46 34
E-Mail: bibliothek@hmt-leipzig.de

Öffnungszeiten:
Mo - Do 11 - 19 Uhr
Fr 11 - 14 Uhr

gesetzlich festgelegten Aufgaben gemeinsam fortgeführt werden können. Für die Musikalien- und Tonträgersammlung der Deutschen Bücherei bedeutete diese Zusammenführung jedoch eine fundamentale Veränderung. Seit 1990 ist (in Abweichung zur Bearbeitung des Allgemeinbestandes, der zwischen Leipzig und Frankfurt strikt arbeitsteilig erfolgt) das Deutsche Musikarchiv Berlin allein für die Bearbeitung und bibliographische Verzeichnung der Musikalien und Musiktonträger verantwortlich. Mit dem 162. Jg. 1990 wurde das Erscheinen der »Deutschen Musikbibliographie« zugunsten der Reihe M der »Deutschen Nationalbibliographie« eingestellt.
Das von der Deutschen Bücherei noch konventionell erarbeitete und im Friedrich Hofmeister Musikverlag verlegte »Jahresverzeichnis der Musikalien und Musikschriften« wird um die Jahrtausendwende letztmalig erscheinen (Jg. 139.1999).

Umfangreiche Bestände für die wissenschaftliche Arbeit

Für den Nutzer der Musikalien- und Tonträgersammlung stehen die umfangreichen Bestände nach wie vor zur Verfügung, da ein Exemplar jeder Neuerscheinung nicht nur im Deutschen Musikarchiv, sondern auch in der Deutschen Bücherei archiviert wird.
Der Bestand umfasst derzeit

- rund 267.000 Musikalien
- 206.000 Tonträger
- 2.400 Videokassetten
- 500 elektronische Publikationen
- 3.100 andere audiovisuelle Materialien.

Die Deutsche Bücherei ist eine Präsenzbibliothek. Für die formale und sachliche Recherche der Bestände stehen zur Verfügung:

- der Alphabetische Katalog für Musikalien,
- der Alphabetische Katalog für Tonträger,
- der Sachkatalog für Musikalien,
- der Sachkatalog für Musikschriften,
- der Verleger- und Institutionenkatalog für Musikalien und Musikschriften,
- CD-ROM Musik (DMA) für Musikalien und Musiktonträger,
- OPAC (z. Z. nur für Sprechtonträger).

Die Musikalienbestände der Sammlung können entsprechend der Benutzungsordnung der Deutschen Bücherei in

den Hauptlesesälen (auf Wunsch auch im Speziallesesaal der Musikalien- und Tonträgersammlung - dort steht für Studienzwecke ein Klavier zur Verfügung) von jedem eingesehen werden, der das 18. Lebensjahr vollendet hat und einen gültigen Benutzerausweis vorlegt. Zur Wiedergabe von Tonträgern steht im Speziallesesaal in der 2. Etage entsprechende Abspieltechnik zur Verfügung.
Die Handbibliothek ist in den Räumen der Musikalien- und Tonträgersammlung frei zugänglich. Sie enthält:

- Gesamtausgaben von bedeutenden Komponisten,
- Werkverzeichnisse von Komponisten,
- Allgemeine und spezielle Nachschlagewerke zur Musik.

Die Vervielfältigung und das Kopieren von Noten und Tonträgern unterliegen der Genehmigung durch den jeweiligen Verlag bzw. durch die Herstellerfirma. *Renate Geßner*

Die musik- und theatergeschichtliche Sammlung des Stadtgeschichtlichen Museums im Alten Rathaus

Diese vielfach untergliederte Spezialsammlung wird als Quelle wissenschaftlicher Forschungen, für die Gestaltung von Ausstellungen und als Fundus originaler Bildvorlagen genutzt. Mit Dokumenten und Sachzeugen zur lokalen Musik- und Theatertradition des 16. bis 20. Jahrhunderts trägt sie dazu bei, die Erinnerungen an historische Ereignisse und an die besonderen Verdienste einzelner Musiker und Bühnenkünstler zu bewahren.

Detail am Alten Rathaus

Die Sammlung umfasst:

Schriftdokumente: Drucksachen und Handschriften; beispielsweise Briefe (Autografe), Programme, Theaterzettel, Plakate, Musikalien, Textbücher, Rezensionen, Porträts von Komponisten, Interpreten, Musikschriftstellern, Bühnenkünstlern, bildliche Darstellungen des Musiklebens in Gemälden, Stichen, Originalgrafiken oder Fotos sowie Szenenbilder von Theateraufführungen. Tonträger: darunter sogenannte Musikrollen für das Elektrische Klavier, Schallplatten und CDs.

Bibliothek des Stadtgeschichtlichen Museums Leipzig
Altes Rathaus
Markt 1
04109 Leipzig
Tel.: 0341 / 9 65 13 – 0
E-Mail: stadtmuseum@leipzig-online.de
Internet: www.leipzig-online.de/stadtmuseum

Öffnungszeiten der Bibliothek:
Di 14 - 18 Uhr
Mi / Do 12 - 16 Uhr
(Benutzer der musik- und theatergeschichtlichen Sammlung werden um Voranmeldung gebeten)

Der für die Arbeit in einem Museum charakteristische enge Zusammenhang zwischen Sammlungstätigkeit, wissenschaftlicher Bearbeitung und Öffentlichkeitsarbeit, insbesondere bei der Gestaltung von Ausstellungen, bietet die Gewähr für eine zielgerichtete und planmäßige Ergänzung des Bestands. Schwerpunkte sind dabei: Die Geschichte des Thomanerchores, das bürgerliche Konzertleben und Musiktheater vom 18. bis 20. Jahrhundert, Mendelssohns Wirken in Leipzig, die Wagner-Pflege, das moderne Musiktheater und die Geschichte des Schauspiels in Leipzig.
Von besonderem kulturgeschichtlichen Wert sind die zum älteren Bestand zählenden Sammlungen der fast lückenlos bis in die Gegenwart erhaltenen Jahrgänge der Konzertprogramme des Gewandhausorchesters seit dem Jahre 1781 und der Theaterzettel, darunter die Premierenprogramme der Leipziger Ur- und Erstaufführungen von Opern Mozarts, Lortzings, Wagners, Kreneks, Weills und vieler anderer Komponisten. Die Richard-Wagner-Sammlung mit Dokumenten und Bildern zur Biografie und zur Aufführungsgeschichte seiner Musikdramen sowie die Musikaliensammlung, die seltene Frühdrucke und Autografe enthält, sind besonders zu erwähnen. Für Anfragen nach Porträtdarstellungen von Komponisten, Interpreten und Bühnenkünstlern erweist sich die umfangreiche Porträtsammlung zur Musik- und Theatergeschichte oft als verlässliche Quelle. Die Rapportbücher des Museums berichten über eine Vielzahl von Neuerwerbungen in jedem Jahr.

Eingangstor zum Stadtgeschichtlichen Museum im Alten Rathaus

Einer der spektakulärsten Ankäufe der vergangenen Jahrzehnte war im Jahre 1969 der Familiennachlass Mendelssohn-Wach. Dabei handelt es sich um Möbel, Bilder und Erinnerungsgegenstände zum Teil aus persönlichem Besitz Felix Mendelssohn Bartholdys. Diese Exponate, zunächst im ehemaligen Mendelssohn-Zimmer des Alten Rathauses ausgestellt, wurden 1997 als Leihgabe an die Internationale Mendelssohn-Stiftung e. V. übergeben und schmücken das Mendelssohn-Haus. Der Neuzugang eines gut erhaltenen Tafelklaviers, hergestellt in einer Leipziger Werkstatt 1846, des gesamten künstlerischen Nachlasses an Bühnenbildentwürfen, Rezensionen und Szenenfotos von Walter Brügmann (1896-1945) durch eine großzügige Stiftung der Familie Brügmann in München

Psalterium latinum, Pergamenthandschrift, Soignies Hennegau, 11. Jh.: Darstellung König Davids mit Lyra und Plektron/drei Musikanten mit Harfe, Horn, Geige; Universitätsbibliothek Leipzig

sowie die auch für die Biografie Clara und Robert Schumanns und Mendelssohns wichtigen kostbaren Handschriften, Drucksachen und Bilder aus dem Nachlass der Leipziger Kaufmannsfamilie Carl und Henriette Voigt sind als Beispiele der letzten Jahre hervorzuheben.

Brigitte Richter

Die Schätze der Universitätsbibliothek

In Leipzigs Musikviertel, in unmittelbarer Nachbarschaft zum zweiten, im Krieg zerstörten Gewandhausgebäude, wurde von 1888 bis 1891 ein neues Gebäude für die Universitätsbibliothek nach Entwürfen von Arwed Roßbach errichtet und zu Ehren des sächsischen Königs Albert «Bibliotheca Albertina« genannt. Zum ehemaligen Gebäudeensemble im repräsentativen Stil der Spätrenaissance gehörten auch das Reichsgericht, die Musikhochschule und die Hochschule für Graphik und Buchkunst.

Universitätsbibliothek Leipzig
Beethovenstr. 6
04107 Leipzig

Ausleihe in der Hauptbibliothek:
Tel.: 0341/9 73 05 31
Fax: 0341/9 73 05 96
E-Mail: ausleihe@ub.uni-leipzig.de

Öffnungszeiten:
Mo - Fr 9 - 18 Uhr
Sa 9 - 12 Uhr

Wertvolle Bestände, provisorische Räumlichkeiten

Alle Gebäude erlitten 1944/45 Bombenschäden; die Universitätsbibliothek wurde in den letzten Kriegstagen 1945 zu zwei Dritteln zerstört. Während der Bibliotheksbetrieb bald nach Rückführung der vorsorglich ausgelagerten und größtenteils unversehrten Bestände wieder aufgenommen werden konnte, verzögerte sich der Wiederaufbau mehrere Jahrzehnte.

Im Jahre 1992 konnte schließlich der umfangreiche Auf- und Umbau, der sich gegenwärtig in der dritten Bauphase befindet, begonnen werden. Zukünftig wird die

»Bibliotheca Albertina« die geisteswissenschaftliche Zentralbibliothek der Universität sein. Die heutige Universitätsbibliothek mit ihren zahlreichen Zweigstellen verwaltet derzeit insgesamt rund 4,7 Millionen Bestandseinheiten.

Leipzig um 1930, Gewandhaus und Universitätsbibliothek

Mehr als 500 Jahre Bibliotheksgeschichte

Die Geschichte der Sammlungen und Aufbewahrungsorte der Universitätsbibliothek reicht über 500 Jahre zurück und beginnt mit der Universitätsgründung im Jahre 1409. Über eigene Bibliotheken verfügten nachweislich die Collegien (Großes und Kleines Fürstencolleg in der Ritterstraße) und die Philosophische Fakultät. Im Zuge der Reformation, die 1539 durch Herzog Heinrich den Frommen in Sachsen eingeführt wurde, kamen etwa 4.000 Bände aus den aufgelösten sächsisch-thüringischen Klöstern hinzu. Der damalige Rektor Caspar Borner (1492-1547) sorgte dafür, dass diese 1543 in den Besitz der Universität übergingen. Borner gilt als Gründer der Universitätsbibliothek, die zu den ältesten wissenschaftlichen Universalbibliotheken der Welt gehört.

Die Sammlungen wurden im einstigen Dominikanerkloster St. Pauli (heute: Grimmaische Straße / Universitätsstraße), aufgestellt. Die »Bibliotheca Paulina« bildete so den Grundstock für die heutige »Schatzkammer«.

Apel-Codex von 1504 eine der ältesten Liederhandschriften

Aus dieser Zeit, nämlich von 1504, stammt eine berühmte Liederhandschrift in Mensuralnotation, die unter Nr. 800 im Katalog der Bibliothek des Großen Fürstencollegs als »Liber musicus« aufgeführt wurde. Sie gelangte 1537 aus dem Besitz des Magisters Nikolaus Apel, der 1514 und 1522 »Rector magnificus« der Universität war, in die Paulinerbibliothek.

Dieser Mensuralkodex (Ms 1494), auch Apel-Codex genannt, besteht aus 22 Faszikeln mit Kompositionen von Adam von Fulda (um 1445-1505), Heinrich Finck (1444/45 -1527), Heinrich Isaac (vor 1450-1517) und anderen, die zu den ältesten Quellen mehrstimmiger Musik deutscher Komponisten zählen. Musik gehörte in der mittelalter-

lichen Bildung zum Grundwissen, zu den »Artes liberales«. Die Leipziger »Artistenfakultät« beschloss daher 1410, Vorlesungen über die »Ars musica« zu halten. So erfährt man aus einer Handschrift des 15. Jahrhunderts zur Musik: »Musica est ars ex septem liberalibus una« (Die Musik ist eine der sieben freien Künste). (Ms 1236 fol. 142 r).
Aus dieser Zeit sind verschiedene Handschriften vorhanden, unter anderem die »Musica speculativa« des Musiktheoretikers Johannes de Muris (1230-1351) in Ms 1469.
Weiterhin bedeutsam ist das aus dem 13./14. Jahrhundert stammende mit Initialen reich verzierte Thomasgraduale (Ms Thomas 391; olim St. Thomaskirche 371). Dieses kam mit weiteren historischen, theologischen und liturgischen Beständen der Kirchenbibliotheken der beiden Hauptkirchen St. Nikolai und St. Thomas 1930 als Dauerleihgabe an die Universitätsbibliothek. Es überliefert neben den damals gebräuchlichen Gregorianischen Gesängen unter anderem auch eine musikalische Elementarlehre und wurde bis zur Reformation benutzt.[1]

Erste deutschsprachige Kirchenmusik

Aus dem 16. Jahrhundert geben die aus mehreren Faszikeln bestehenden Stimmbücher der Thomaskirche (Ms Thomas 49/50 und 51) Einblicke in die Vokalmusik jener Zeit. In diesen Sammelhandschriften sind neben lateinischer Kirchenmusik auch deutschsprachige Kompositionen enthalten, zum Beispiel von Johann Walter (1496-1570): »Sechs und Zwentzig Fugen auff die acht Tonos nach eines jeden art dreymal gesatzt«, Leipzig 1542.
Der Codex MS 49/50 besteht aus fünf Stimmbüchern (Diskantus, Altus, Tenor, Bassus, Vagans), während vom Codex Ms 51 nur noch Tenor- und Bassstimme existieren.

Mehrere historische Kataloge

Der gesamte Altbestand zur Musik vom Zeitraum 1501 bis zum Erwerbungsjahr 1939 befindet sich im systematischen Bandkatalog (Bd. 12, 6: Ästhetik und Kunstgeschichte), dessen 301 Groß-Foliobände Mitte des 19. Jahrhunderts angelegt wurden. Die Fachsystematik Musik umfasst sechs Gruppierungen:
1. Literatur und Einleitung;
2. Sammlungen, Zeitschriften, Lexika;
3. Geschichte;
4. Theoretische Schriften;
5. Kompositionen;
6. Texte zu Opern und Oratorien.

Während der Bestand aus dem 16./17. Jahrhundert nur 63 Titel zählt, sind es im 18./19. Jahrhundert bereits mehr als 1.400. Älteste Musikzeitschrift im Bestand ist die von Friedrich Rochlitz herausgegebene »Allgemeine Musikalische Zeitung« (Leipzig 1798-1841).
Bedeutende Quellenwerke für die musikbiografische Forschung sind die beiden Bände von Ernst Ludwig Gerber: »Historisch-biographisches Lexicon der Thonkünstler« (1790/92) und Hugo Riemanns »Musik-Lexikon« (1882 bzw. 1884) sowie für die Musikgeschichte Nikolaus Forkels »Allgemeine Geschichte der Musik« (Leipzig 1783-1801). Die meisten historischen Titel sind jedoch unter den musiktheoretischen Schriften sowie unter Harmonielehre und Ästhetik registriert.

Seit 1992: Musikalienkatalog auch elektronisch

In der Universitätsbibliothek werden jetzt auch nach und nach die Altbestände für den elektronischen Katalog erfasst und in die überregionalen Datenverbundnetze eingespeist.

Die über tausend Titel «Musica practia« machten bald die Aufstellung eines eigenen Musikalienkatalogs notwendig, der bis 1990 als Zettelkatalog geführt wurde und die Erwerbungen für die 1973 angegliederte Zweigstelle Musik einschließt.
Im Zuge der EDV-Umstellung ergab sich eine Änderung: Seit 1992 werden alle Buch- und Musikalienerwerbungen sowie die audiovisuellen Medien in den Online-Benutzerkatalog OPAC und in den Südwestdeutschen Bibliotheksverbund SWB eingespeist. Gegenwärtig laufen verschiedene Projekte, um auch die Altbestände der Universitätsbibliothek zu erfassen.

Bibliotheksschätze aus Nachlässen

Zu den musikgeschichtlich interessantesten Nachlässen gehört die Autographensammlung des Musikwissenschaftlers Kurt Taut (1888-1939), der als Bibliothekar in der Musikbibliothek Peters arbeitete. Im Jahre 1941 kam die Sammlung mit ca. 15.000 Schriftstücken des 19. und 20. Jahrhunderts (unter anderem von Johannes Brahms, Gustav Mahler, Arthur Nikisch, Hans Pfitzner, Karl Straube, Arnold Schönberg) an die «Bibliotheca Albertina«. Aus einer anderen Quelle stammt ein Brief Robert Schumanns an seinen Anwalt Einert, in dem er ihn bat, seine Eheschließung mit Clara Wieck zu befördern, die schließlich durch Gerichtsbeschluss am 28. 3. 1840 in Leipzig-Schönefeld erfolgte. (siehe S. 69ff.)
Eng mit der Geschichte des Gewandhauses ist der Nachlass des ersten Violoncellisten und Komponisten Julius Klengel

(1859-1933) verbunden, der mit verschiedenen Musikern und Komponisten, wie beispielsweise mit Max Reger, korrespondierte.

Zweigstelle im Musikwissenschaftlichen Institut

Handschriftliche Musikgeschichte Leipzigs von A. Grenser, 1840

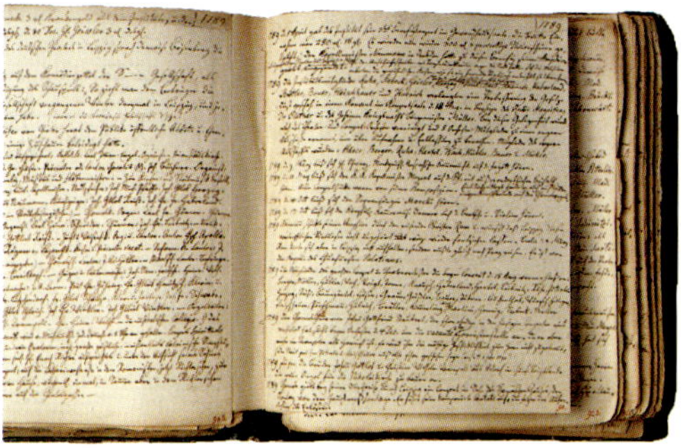

Die Zweigstelle Musik, die im Zuge der Hochschulreform 1973 der Universitätsbibliothek angegliedert wurde, hat ihren Ursprung in dem von Hugo Riemann 1908 gegründeten musikwissenschaftlichen Institut »Collegium musicum«.
Nach wechselvoller Geschichte fand sie 1997 ihren Standort in der Goldschmidtstrasse 12, dem Wohn- und Sterbehaus Felix Mendelssohn Bartholdys. Während im ersten Stock das Museum (siehe S. 67ff.) des Komponisten eingerichtet ist, befindet sich im Erdgeschoss (und in den Kellergewölben) die Bibliothek mit Forschungs- und Unterrichtsliteratur sowie Tonbeispielen auf CDs und Kassetten zur Musikwissenschaft, Musikgeschichte, Musikpädagogik. Die Sammlungen werden auch überregional genutzt. Zum wertvollsten Altbestand dort gehören über 400 Titel, Musikdrucke des 18. und 19. Jahrhunderts, die im internationalen Quellenkatalog RISM unter dem Sigel LEmi aufgeführt sind und oft nachgefragt werden.
Der Bestand der Zweigstelle ist in den letzten Jahren, besonders nach Wiedergründung des Instituts für Musikwissenschaft 1993, um jährlich 1.500 Titel (!) auf 60.000 Bände angewachsen.
Aufgrund zahlreicher Schenkungen und nicht zuletzt durch den Ankauf der Bibliothek aus dem Nachlass des Musikwissenschaftlers Eberhardt Klemm mit über 4.000 Bänden durch die »Stiftung Kulturfonds«, konnten Lücken im Altbestand geschlossen werden. Abgesehen von der Nutzung der Präsenzbestände im Leseraum der Zweigstelle, registriert man jährlich mehr als 14.000 Entleihungen.

Christine Korff

Universitätsbibliothek Leipzig, Zweigstelle Musik
Goldschmidtstr. 12
04103 Leipzig
Tel.: 0341/9 73 06 27
Fax: 0341/9 73 06 99
E-Mail: zbmus@ub.uni-leipzig.de
Internet: http://www.ub.uni-leipzig. de

Öffnungszeiten:

Mo	**9 - 12 Uhr**
	13 - 15.30 Uhr
Di - Do	**9 - 12 Uhr**
	13 - 18 Uhr
Fr	**9 - 14 Uhr**

1 Die Quellenbeschreibung von P. Wagner findet man in den Bänden 5 und 7 der *»Publikationen älterer Musik«*, Leipzig, 1930, Repr. Hildesheim 1967.

2 s. a. Orf, W.: Die Musikhandschriften der Thomaskirche, Leipzig 1977.

Kunst geschmiedetes Tor zum einstigen Stammhaus des traditionsreichen Musikverlags C. F. Peters in der Leipziger Talstr. 10

Vom Auf und Ab einer Branche

Ist Leipzig, die Stadt der Musik, auch noch die Stadt der Musikverlage?

Um es gleich vorwegzunehmen: Leipzig ist nicht mehr das deutsche Musikverlagszentrum, das es einmal war! Die Ursachen sind bekannt. Nach Aufschwung und Blüte stoppte bereits der Nationalsozialismus eine Weiterentwicklung, vor allem durch seine antisemitische Kulturpolitik und die Kriegswirtschaft.
Der Zweite Weltkrieg zerstörte dann fast das gesamte Leipziger grafische Viertel. Später ließ die jahrzehntelange deutsche Teilung auch Musikverlage getrennte Wege gehen.
Die in Leipzig verbliebenen Häuser der deutsch-deutschen Parallelverlage versuchten ihr Bestes und legten international beachtete Editionen auf vielfältigen Gebieten vor. Auch brachten der Export sowie der Dienstleistungs-Druck von Noten wichtige Valuta. Trotzdem folgte 1990 mit der deutschen Einheit für sie das Aus: Die juristischen Probleme schienen unlösbar zu sein, der Konkurrenzdruck zu groß, Deutschland zu klein für zwei Standorte. Doch in der 500-jährigen Tradition dieses Gewerbes und der lebendigen Musikpflege liegt eine Kraft, die neue Hoffnungen für den Standort Leipzig aufkeimen lässt.

Edition Peters Leipzig GmbH und C. F. Peters Leipzig Vertriebs GmbH
(innerhalb der Verlagsgruppe C. F. Peters Frankfurt/Main-Leipzig-London-New York)
Talstr. 10
04103 Leipzig
Tel.: 0341/9 60 47 07
Fax: 0341/9 60 31 20
Internet: www.editionpeters.de

Viel Tradition und etwas Hoffnung

In Leipzigs Musikverlagen lebt ein gutes Stück deutscher Buchhandelsgeschichte. Breitkopf und Röder gehörten beispielsweise zu den Pionieren des Notendrucks. Sie brachten revolutionierende technische Neuerungen ein. Andere Musikverleger wie Hofmeister, Peters oder Hinrichsen begründeten Sammelwerke oder Sammlungen, die noch heute unverzichtbar für die Musikpflege sind.

Edvard-Grieg-Gedenk- und Begegnungsstätte Leipzig e.V.
Ziel des Vereins ist neben der Traditionspflege und der Aufbereitung der Geschichte Griegs zu Leipzig die Errichtung einer Gedenkstätte in den ehemaligen Wohn- und Arbeitsräumen Griegs im alten Peters-Verlagshaus nach dessen denkmalpflegegerechter Restaurierung.
c/o Edition Peters
Talstr. 10
04103 Leipzig

Erfahrungsaustausch auf der Messe

Aus dem Zentrum des Musikalienhandels Italien fanden Drucker und Verleger – sie waren das meist in einer Person – sehr schnell den Weg auf die seit dem 16. Jahrhundert in Leipzig stattfindenden Buchhändlermessen. Vor allem die Oster- und Michaelismessen zwischen 1594 und 1860 waren Treffpunkte der internationalen Musikverleger.

Breitkopf & Härtel GmbH und Deutscher Verlag für Musik
Bauhofstr. 3-5
04103 Leipzig
Tel.: 0341/9 97 19-0
Fax: 0341/99719-30

Die sich seit dem 18. Jahrhundert abzeichnende massenhafte französische Musikalienproduktion bestimmte ebenso das Leipziger Geschäft wie die Ausgaben der bereits seit dem 16. Jahrhundert wirkenden Notendrucker in Würzburg, Nürnberg, Mainz, Wittenberg und Augsburg. All das begünstigte die Herausbildung einer eigenen Leipziger Musikverlegertradition.
Die Musikforschung weist auf Grund zahlreicher erhaltener Archivalien erste Leipziger Namen aus: Apel (ab 1597), Babst (ab 1542), Blum (ab 1525), Franck (ab 1634), Lamberg (ab 1587) und Lotter (ab 1495). Da die Drucktechnik dieser Musikverlage zum Teil noch zu äußerst unansehnlichen Ausgaben führte, war der Vertrieb handgeschriebener Noten an der Tagesordnung.

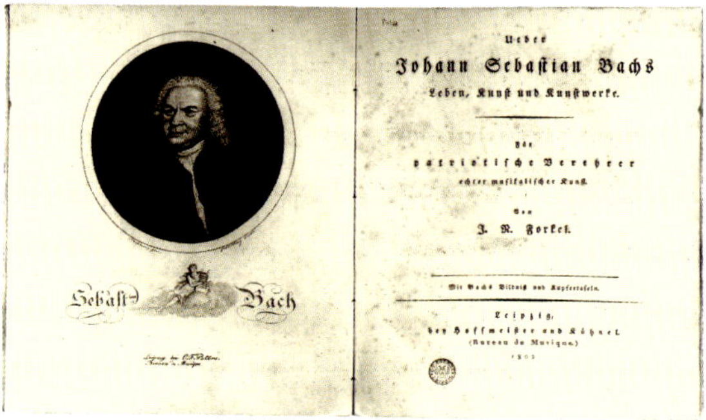

Doppelblatt: Titelseite und Titelkupfer der ersten Bach-Biografie von J. N. Forkel, 1802

Eine Erfindung brachte den Durchbruch

Ein in Leipzig besonders bekanntes Druckerzeugnis aus dem Breitkopf'schen Verlag ist Goethes 1770 erschienenes Leipziger »Liederbuch«. Einer der Breitkopfsöhne hatte die Verse des jungen Studiosus' vertont.

Grundlegend änderte sich die Situation 1756 mit der Erfindung Johann Gottlieb Immanuel Breitkopfs, auch Noten mit zerlegbaren Typen nahtlos sauber zu drucken. Das 1719 gegründete Druck- und Verlagshaus Breitkopf (später Breitkopf & Härtel) hatte mit seinen Editionen und technischen Neuheiten Sogwirkung.
So kam es zu zahlreichen Verlagsneugründungen (außerhalb Leipzigs: Schott, Mainz, 1770): Bureau de Musique (später C. F. Peters, 1800), Friedrich Hofmeister (1807), Kistner (später Kistner & Siegel, 1823). Vor allem Breitkopf, Peters und Hofmeister haben die Geschichte des deutschen Musikverlagswesens geprägt. In der ersten Hälfte des 19. Jahrhunderts wirkten sie maßstabsetzend durch hervorragende Notenausgaben (zum Beispiel die erfolgreichen Bach-Ausgaben im Bureau de Musique [Peters]), zum anderen zeigten sie ein großes Engagement für die Entwicklung des Berufsstandes.

Auch die Musikalienbranche wuchs rasant

Mit der industriellen Revolution in der zweiten Hälfte des 19. Jahrhunderts entwickelte sich die grafische Branche sprunghaft.
Gab es 1840 in Leipzig 108 Buchhandlungen und Verlage, sieben Schriftgießereien und 24 Druckereien, so waren es 1912 bereits 300 Druckereien, 982 Verlage und Buchhandlungen, 173 Buchbindereien und 298 grafische Anstalten. Die Titelproduktion der Musikverlage in Deutschland stieg von 4.208 Titeln 1850 über 6.155 Titel 1870 auf 12.272 Ausgaben im Jahr 1900. Sie kamen zumeist aus Leipzig. Kataloge der Leipziger Musikverlage Ende des 19., Anfang des 20. Jahrhunderts sind ein Kompendium der musikalischen Weltliteratur in spielpraktischen Instrumental- bzw. Gesangsausgaben ebenso wie in kompletten Orchesteraufführungsmaterialien. Neben den Großen des musikalischen Erbes – Bach, Beethoven, Händel, Haydn, Mozart, Schubert, Schumann … – fanden viele damalige Zeitgenossen ihre Heimstatt in den Leipziger Verlagen und Notenstechereien: Wagner, Grieg, Brahms, Bruckner, Mahler, Schönberg, Hindemith, Tschaikowski, Verdi, Puccini …

Signet des Verlages Breitkopf, 18. Jahrhundert, zeitgenössischer Stich, Faksimile

Nützliche Wechselwirkungen

Die Musikwissenschaft an der Universität Leipzig und das hiesige Verlagswesen beförderten sich gegenseitig: Zahlreiche musiktheoretische Werke und Veröffentlichungen in den Jahrbüchern der Peters-Bibliothek weisen den internationalen Standard der Musikforschung aus. Und nicht zuletzt gab es Wechselwirkungen mit der beginnenden Musikproduktion beim Mitteldeutschen Rundfunk, mit der Piano-Industrie Leipzigs, der Eröffnung des Musikinstrumenten-Museums der Universität Leipzig (maßgeblich vom Peters-Verleger Henri Hinrichsen ermöglicht) und einer modernen Entwicklung der Leipziger Oper.

Partitur der Sinfonie C-Dur für großes Orchester von Franz Schubert, Erstdruck 1849

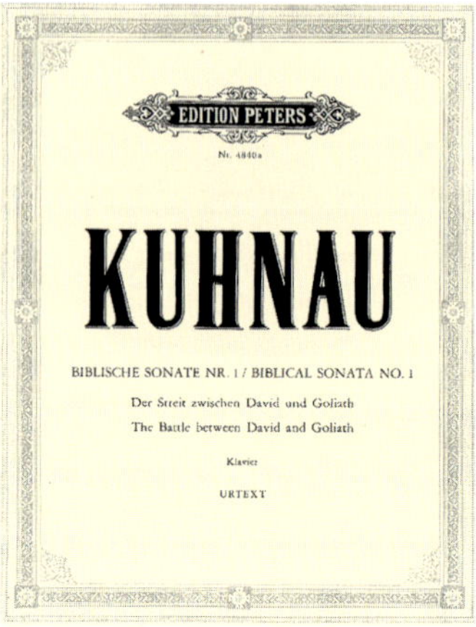

Johann Kuhnau, Biblische Sonate Nr. 1: »Der Streit zwischen David und Goliath«, Urtextausgabe, Edition Peters Leipzig

Käufer war jeder, der selbst spielte und sang, und das geschah zu Haus und im Salon, in Jugendvereinen, beim Wandern, in der Kirche, in vielen Vereinen, beim Militär und in der Schule.

Dank der engen Zusammenarbeit mit dem Leipziger Drucker Carl Gottlieb Röder, der maßgeblich die Notenschnelldruckpresse verbesserte, konnte 1867 die Universalbibliothek »Edition Peters« starten, die durch eine achthundertfach (!) höhere Druckproduktivität die Preise im wahrsten Sinne des Wortes volkstümlich gestalten ließ. Röder legte großen Wert auf die Ausbildung hochqualifizierter Notenstecher, so dass sein Notenbild rasch international Aufmerksamkeit fand.

Viele Verlage des In- und Auslandes ließen in Leipzig stechen und drucken, die Leipziger Musikverlage exportierten massenhaft in alle Welt. Der Name Leipzig als Musikverlagsstadt hatte seinen Zenit erreicht.

Berühmte Komponisten, Kupferstich aus der »Allgemeinen Musikalischen Zeitung«, 1800

Die Verluste sind schmerzlich

Erster Weltkrieg, Weltwirtschaftskrise, Nationalsozialismus – das neue, 20. Jahrhundert ließ die große kulturelle Tradition der Jahrhundertwende 1900 merklich stagnieren bis hin zu den Kriegszerstörungen durch Bombardierungen Leipzigs, denen fast alle Musikverlage und Druckereien zum Opfer fielen.

Eigentlich blieb nur das Peters-Haus und die von seinem Verleger Max Abraham geschaffene Peters-Bibliothek fast unversehrt, so dass deren archivarische Dokumente noch heute ein Kompendium Leipziger Musikgeschichte für zahlreiche Wissenschaftler sind.

Deutsch-deutscher Neubeginn

Nach 1945 verließen zahlreiche Verlage die sächsische Messestadt in Richtung Westdeutschland; auf dem Musikverlagssektor arbeiteten hier nur noch die nunmehr volkseigenen Betriebe Deutscher Verlag für Musik, Breitkopf & Härtel, Friedrich Hofmeister und Edition Peters, im Bereich der Tanz- und Unterhaltungsmusik der Harth-Musik Verlag/Pro Musica.

Ihre musikalischen Neuausgaben, Gesamtausgaben, wissenschaftlichen Standardwerke und Spielliteratur gingen in alle Welt.

Nach anfänglichen Boykotts konnten in den letzten Jahrzehnten die DDR-Musikverlage auf den internationalen Buch- und Musikmessen in Frankfurt ihre Neuentwicklungen vorstellen; ebenso auf analogen Veranstaltungen in Frankreich, England, den USA, Österreich, der Schweiz und vor allem in Japan. Zeitweilig gingen 70 Prozent der Produktion in das sogenannte »nichtsozialistische Wirtschaftsgebiet", was schmerzliche Lücken auf dem Binnenmarkt verspüren ließ. Die Gesamtausgaben des Deutschen Verlages für Musik (Bach, Händel, Mendelssohn Bartholdy), seine Musiker-Biografien, das Händel-Jahrbuch, Kongressberichte und vor allem die exzellente Musikgeschichte in Bildern wurden ebenso schnell weltweit verbreitet wie anspruchsvolle Chorliteratur des Hofmeister-Verlages oder die Eisler-Werkausgabe von Breitkopf sowie die Peters-Editionen: Klavierauszüge der gängigen Opernliteratur, das Bach-Compendium, die Reprints der Wissenschaftlichen Studienbibliothek, die Taschenpartitur-Bibliothek und diverse Spielliteratur. Und in allen Verlagen immer wieder Leipzigs Bach!

Ein »gedanklicher Rundgang« durch das alte grafische Viertel Leipzigs vor seiner Zerstörung:

Nürnberger Str. 36/38: Breitkopf & Härtel mit den Vertretungen Alsbach Amsterdam, Bord & Sohn Budapest, Bessel Paris, Edition Costallat Paris, Fazer Helsingfors, Gebethner & Wolff Warschau, Henn Genf, Kalnins Riga, Neyer Tallinn, Nakladni Zagreb, Neldner Riga, Okolo-Kulaks Liepaja, Musikforlag Kopenhagen, Svenska Tonsättare Stockholm, TMP und WTM Warschau, Vajna Budapest, Westlund Helsingfors, Williams London;

Talstr. 10: C. F. Peters und Rieter-Biedermann;

Dörrienstr. 13: M. P. Belaieff und Kistner & Siegel mit den Vertretungen Diana Kopenhagen, Norsk Musikforlag Oslo, VNM's Gravenhage;

Täubchenweg 20: Anton J. Benjamin (später Sikorski) und Simrock;

Königstr. 8 (heute Goldschmidtstr.): Ernst Eulenburg;

Talstr. 19: Robert Forberg;

Internationaler Zuspruch für Leipziger Musikverlage

Auf den Buchmessen in Moskau, Warschau, Prag, Budapest, Sofia und Havanna warben Leipzigs Musikverlage mit ihrer Produktion für das reiche musikalische Erbe. Und Komponisten wie Schostakowitsch, Schnittke, Denissow, Kabalewski, Prokofjew, Kantscheli, Autoren aus Polen, der CSSR oder Jugoslawien fanden über Leipzig ihren Weg in die Welt. Auch die Werke von DDR-Autoren wie Eisler, Katzer, Dittrich, Dessau, Goldmann, Schenker, Thiele, Zechlin, Matthus, Zimmermann, Weismann, Gerster, Meyer und Schwaen fanden durch solche verlegerischen Bemühungen internationale Verbreitung.

Kuriosa aus dem DDR-Alltag und Hinterlassenschaft

Von der Attraktivität der Leipziger Musikalien und Fachbücher in dieser Zeit künden zwei Kuriosa: Internationale Wissenschaftler und Herausgeber drängten sich regelrecht, um hier publizieren zu dürfen, was durch die begrenzten Valuta-Honorare manchmal schier unüberwindbare Probleme entstehen ließ. Und: Gastierten Klangkörper aus dem westlichen Ausland, legten die ihre, zum Teil ja in Mark der DDR gezahlten Gagen gern in Noten an! Reclam, Zentralantiquariat (Reprint-Verlag) und das Bibliographische Institut ergänzten den Markt mit qualitätvollen musikwissenschaftlichen Standard-Werken, so dass – trotz vieler materialwirtschaftlicher Probleme – mit dem Ende der DDR ein großes Gut ihrer Musikeditionen in das einheitliche Deutschland eingebracht werden konnte.

Wie sieht es heute in der Messestadt aus?

Hofmeister kam an seinen Ursprungsort zurück. Breitkopf und Peters haben Dependancen erhalten, der Deutsche Verlag für Musik (DDR-Neugründung) wurde von Breitkopf erworben und wird weitergeführt, der Harth-Verlag wurde einige Jahre nach seiner Privatisierung geschlossen. Einige wenige Einmann-Musikverlage sind entstanden und bemühen sich um die Propagierung zeitgenössischer Musik und um Kinderliteratur.

Kein gutes Resümee also. Doch vielleicht …? Die Branche hat sich in ihrer mehrhundertjährigen Geschichte schon manchmal aus einem Tief erholt. *Norbert Molkenbur*

Egelstr. 3: Otto Junne mit den Vertretungen Frères Nizza, Frères S. A. Lausanne, Durand Paris und F. E. C. Leuckart;

Dresdner Str. 11/13: Musikwissenschaftlicher Verlag;

Gerichtsweg 3: Fr. Portius;

Täubchenweg 20: D. Rahter;

Seeburgstr. 57: Steingräber;

Querstr. 28: Zimmermann;

Königstr. 10: Bosworth;

Karlstr. 10: Hofmeister mit den Vertretungen Curwen & Sons London, Gehrmann Stockholm, Nordiska Musikförlaget Stockholm, Novello London, Oxford University Press London und Wilhelm Hansen;

Roßplatz 16: Hug & Co;

Breitkopfstr. 26: Ricordi

An den Ursprung zurückgekehrt

Gespräch mit Stefanie Eva Schwarze, Mitinhaberin des Musikverlages Friedrich Hofmeister Leipzig / Hofheim

Stefanie Eva Schwarze

• Frau Schwarze, Ihr Haus ist einer der ältesten deutschen Verlage. Sein Gründer und Namensgeber Friedrich Hofmeister ist nicht nur als Verleger hervorgetreten, er wird auch mit Recht als Begründer der modernen Musikbibliographie bezeichnet, ebenso wie er für den Berufsstand – vor allem im urheberrechtlichen Bereich – fördernd hervorgetreten ist. Schaut der heutige Verlag mit Stolz auf diese Tradition?

Selbstverständlich. Gerade für einen Musikverlag, dessen Werkausgaben ja für Jahrzehnte (um nicht mit Blick auf unser sich am Horizont bereits abzeichnendes Zweihundertjähriges zu sagen Jahrhunderte) im Programm bleiben, ist die Einheit von Tradition und Gegenwart Lebenselexier. Das trifft auf unser heutiges verlegerisches Wirken zu, auch wenn wir auf die Leistungen unseres Gründers zwar nostalgisch, aber mit begründetem Stolz zurückblicken. Friedrich Hofmeister (1782-1864), der übrigens seine beruflichen Erfahrungen als Lehrling bei Breitkopf & Härtel und als Gehilfe beim Bureau de Musique (später C. F. Peters) erworben hatte, nutzte den Aufschwung des Verlagswesens zu Beginn des 19. Jahrhunderts und gründete mit großem Engagement am 19. März 1807 in der Grimmaischen Gasse 755, direkt gegenüber dem Fürstenhaus, seine eigene Musikalienhandlung, der er noch im gleichen Jahr ein Musikalien-Leihinstitut anschloss. Dank seines umfangreichen Wissens im Musikleben forcierte er die verlegerische Tätigkeit und nahm Werke von Dotzauer, Mozart, Cherubini, Gluck, Beethoven und vor allem Weber in das Verlagsprogramm auf. Ebenso betrieb er zeitweise einen Instrumenten- und Klavierhandel. Ich glaube aber, dass nicht nur wir als Verlag von seinem Wirken profitierten, sondern sein Einsatz für die Entwicklung des Berufsstandes ebenso bedeutsam ist. Sein Name bleibt untrennbar verknüpft mit der Herausbildung des deutschen Bibliografiewesens – seine Handbücher der musikalischen Literatur, die spätere Deutsche Musikbibliografie, waren eine glanzvolle wissenschaftliche Leistung. Wenn man bedenkt, dass es weder eine Pflichtabgabeverordnung noch ein Kommunikationssystem gab – eine Pionierleistung voller Akribie! Ebenso ist sein Wirken für das musikalische Urheberrecht hervorzugeben, Hofmeister war Mitinitiator des Vereins der Musikverleger gegen musikalischen

»Der Zupfgeigenhansl«, hrsg. von Hans Breuer, Verlag Friedrich Hofmeister Leipzig 1911

Nachdruck (1829), unserem heutigen Berufsverband. Und nicht vergessen sein sollte sein fast störrisches Nachstoßen, dass endlich 1834 die Musikverleger dem 1825 gegründeten Börsenverein der Deutschen Buchhändler zu Leipzig gleichberechtigt beitreten konnten.

- Leipzig galt bis in die beginnenden dreißiger Jahre des 20. Jahrhunderts als die Metropole des Buches und der Musikalien, als der zentrale Ort der Buchmessen. Wie andere Verlage auch hat Hofmeister nach dem Zweiten Weltkrieg das Schicksal eines deutsch-deutschen Verlages erfahren. Mit der Wende in der DDR war klar, dass der zentrale Buch- und Musikmesse-Marktplatz Frankfurt ist. Warum sind Sie als einziger dieser Parallel-Verlage dennoch an Ihren Ursprungsort zurückgekehrt, andere sind nur noch mit Dependancen vertreten?

Die Wende hat uns tatsächlich – wie andere deutsch-deutsche Verlage auch – vor eine grundlegende, sicher nicht einfach zu treffende Entscheidung gestellt. Zum einen hatte sich in vierzig Jahren Entwicklung in der Bundesrepublik ein eingespieltes Verlagssystem auch für den Hofmeister-Verlag Hofheim herausgebildet, zum anderen gab es da den Gründungsort, die Tradition und das (inzwischen rekonstruierte) Hofmeister-Haus in der Karlstraße. Ich muss gestehen, dass meine Bindungen an Leipzig damals mehr als locker waren, obwohl ich inzwischen meine Liebe für die Stadt entdeckt habe. Vor allem das Traditionsbewusstsein meines Vaters Karl Heinz Schwarze, der ja Leipzig noch »in alter Zeit« selbst erlebt hatte, gab 1996 den Ausschlag für unsere Entscheidung zur Rückkehr. Sie fiel uns leicht. 1992 war ja bereits die Rückgabe des Stammhauses erfolgt. Inzwischen haben wir viel Zeit und Kraft investiert, um den Namen Hofmeister wieder eng mit der Musikstadt Leipzig zu verbinden. Auch damit hoffen wir, als Verlag einen Beitrag zum kulturellen Leben hier leisten zu können.

- Im Wettbewerb zwischen den doch zahlreichen deutschen Musikverlagen ist Spezialisierung sicher groß geschrieben. Wie würden Sie das jetzige Verlagsprogramm von Hofmeister charakterisieren?

Einer der Schwerpunkte des Verlages war und ist noch immer die Unterrichtsliteratur. Sie wurde von unserem Verlag bereits Anfang dieses Jahrhunderts ausgebaut, so dass er von da an einer der führenden auf diesem Sektor ist. Auch während der VEB-Zeit wurde dieses Profil beibehalten. Heute und auch in Zukunft soll die Unterrichtsliteratur Schwerpunkt des Verlages sein, so dass der Musikschüler vom Beginn seiner Beschäftigung mit Musik an eine Beziehung zu dem Verlagsnamen aufbauen kann.

Ein weiterer Schwerpunkt waren in der Verlagsgeschichte die Orchesterstudien für alle Instrumente, die als »Hofmeister-Orchesterstudien« weltberühmt geworden sind. Zu VEB-Zeiten wurde mit dieser Tradition gebrochen. Erst seit der Wende versucht der Verlag wieder, diese Lücken zu schließen, so dass Hofmeisters Orchesterstudien wieder zu einem Inbegriff der Praxis werden können. Als neuestes Projekt erschien gerade eine chronologisch geordnete Sammlung von Orchesterstudien aus Werken der Weltliteratur von Bach bis zur Gegenwart für das Fagott, von Prof. Werner Seltmann und Günter Angerhöfer, die einzigartig in ihrer Konzeption und Vollständigkeit ist. Die Tradition der Musik für Blech- und Holzbläser wurde bewahrt, hinzu kam inzwischen der Kontrabass.

- Im Jahr 2000 wird man in Leipzig verstärkt über die historische und gegenwärtige Musikpflege nachdenken. Fühlt sich Ihr Verlag auch den zeitgenössischen Komponisten hier verbunden?

Selbstverständlich. Wir haben Werke einer immer größer werdenden Riege von zeitgenössischen Komponisten im Programm. Allein aus den neuen Bundesländern wären beispielsweise Siegfried Matthus und Siegfried Thiele, Bernd Franke, Thomas Heyn, Rainer Lischka und Jürgen Golle, Helge Jung, Johannes Reiche und Frank Hill zu nennen.

Mit der Verlegerin sprach Norbert Molkenbur

Friedrich Hofmeister Musikverlag GmbH
Karlstr. 10
04103 Leipzig
Tel.: 0341 / 4 21 38 20
oder 0341 / 9 60 07 50

Musikalienhandlung M. Oelsner
Schillerstr. 3
04109 Leipzig
Tel.: 0341 / 9 60 52 00
Fax: 0341 / 9 60 56 51

Jazz-Festival 1998 »LeipJAZZig«:
Günther Kiesant »Emmes«

Jazz im Kellergewölbe und auf der Opernbühne

In der Bachstadt gedeiht der Jazz

Was die Leipziger Bürgerkultur vergangener Jahrhunderte auszeichnete – Traditionen zu bewahren und sich zugleich dem Neuen aufzuschließen, hat auch den Jazz in der Stadt Fuß fassen lassen.

Swing und Big-Band in den 1950er Jahren

Bereits vor dem Zweiten Weltkrieg gab es in Leipzig zahlreiche Jazz-Aktivitäten und auch einen Fanclub für diese vitale Musik des 20. Jahrhunderts. In der Nachkriegszeit regten sich allenthalben Swing-Aktivitäten. Junge Musikerinnen und Musiker, die sich dem modernen Jazz zuwandten und international bekannt werden sollten, wie die Pianistin Jutta Hipp und der Klarinettist Rolf Kühn, begannen ihre musikalische Laufbahn in Leipzig. Die von Kurt Henkels geleiteten Big Band beim Mitteldeutschen Rundfunk erfreute sich bald überregionaler Popularität. Kursschwankungen und rigorose Eingriffe der DDR-Kulturpolitik in den fünfziger Jahren haben eine kontinuierliche Entfaltung der Leipziger Jazzszene zwar immer wieder unterbrochen, letztlich aber nicht verhindern können.

jazzclub leipzig e.V.
Elsterstr. 35
PF 10 05 43
04005 Leipzig
Tel.: 0341 / 9 80 63 78
Fax: 0341 / 9 80 63 81
E-Mail: jazzclub.leipzig@t-online.de

JazzKosmos e. V.
c/o Kosmos GmbH
Gottschedstr. 1
04109 Leipzig
Tel.: 0341 / 2 33 44 22

Initiative Leipziger Jazzmusiker e. V.
c/o Thomas Moritz
Linnéstr. 8
04109 Leipzig
Tel.: 0341 / 2 61 03 30
Fax: 0341 / 2 61 03 30

Berühmte Söhne der Stadt

Seit den sechziger Jahren hat sich die Szene konsolidiert und noch stärker an zeitgenössischen Stilrichtungen orientiert. Zu den Jazzmusikern aus Leipzig, die inzwischen weltweite Anerkennung gefunden haben, zählt der Pianist Joachim Kühn, der vom Anfang der sechziger Jahre mit einem eigenen, in innovative Spielbereiche aufbrechenden Trio in der Stadt wirkte und 1966, nach der Teilnahme an einem von Friedrich Gulda in Wien organisierten Wettbewerb für junge Jazzmusiker, nicht mehr in die DDR zurückkehrte.

Jazz als Studium und LeipJAZZig

Gegenwärtig spielen jüngere Musiker, die an der Hochschule für Musik und Theater nun auch Jazz studieren können, neben und mit bereits renommierten Jazzern wie Wolfram Dix oder Stephan König sowie vitalen Jazzveteranen wie Günter Kiesand, Harry Nicolai oder Henry Walter zusammen. Aus dem Umkreis von aktiven Leipziger Jazzmusikern wie Thomas Moritz ging die Initiative

LeipJAZZig hervor, die das Kulturleben der Stadt mit Jazzkonzerten und seit 1996, alljährlich in der Aula und dem Kultur-Café der Alten Nikolaischule mit dem Festival LeipJAZZig bereichert. Das 1998 gegründete, und von Stephan König geleitete LeipJAZZig-Orkester ist zum Ausdruck für die kollektive Energie und Kreativität der Leipziger Szene geworden.

Seit 1973: jazzclub leipzig

Seit den siebziger Jahren trägt der jazzclub leipzig wesentlich zu den Veranstalteraktivitäten in der Stadt bei. Der 1973 unter dem Dach des Kulturbundes gegründete und inzwischen als Verein organisierte jazzclub rief 1976 zum ersten Mal die Leipziger Jazztage ins Leben, die sich zu einem alljährlichen Ereignis von überregionaler Bedeutung entwickelten und von der Landkarte der europäischen Jazzfestivals nicht mehr wegzudenken sind. Die Geschichte des Festivals – zu DDR-Zeiten zugleich Treffpunkt für eine nicht an die Verhältnisse angepassten Jugendkultur – war über viele Jahre mit der Kongresshalle am Zoo verknüpft, führte dann 1988 über eine abenteuerliche Ausweichvariante unter dem Zelt des Zirkus Busch und eine Interims-Lösung während des heißen Herbstes 1989 im Leipziger Kino Capitol in ein vermeintliches Vakuum. Die Aufgeschlossenheit der Oper Leipzig und ihres Intendanten Professor Udo Zimmermann ermöglichten 1991 die Fortsetzung der Leipziger Jazztage auf der großen Opernbühne im Musentempel am Augustusplatz.

Jazz-Festival LeipJAZZig 1998 in der Alten Nikolaischule

Nach wie vor findet das vier- bis fünftägige, nun alljährlich auf Termine Ende September/Mitte Oktober gerückte Festival, an mehreren Spielorten der Stadt statt. Ergänzend zu den Konzerten in der Oper gibt es Veranstaltungen in innerstädtischen Kirchen, Jazznächte in der Moritzbastei und der naTo, Jazz für Kinder sowie Raum-Klangprojekte im Innenraum des Leipziger Völkerschlachtdenkmals mit seiner in Erstaunen versetzenden Akustik.

»LeipJAZZig« – Stephan König mit seinem LeipJAZZig-Orkester

Schwerpunkt: Zeitgenössischer Jazz

Der musikalische Akzent der Leipziger Jazztage liegt auf dem zeitgenössischen Jazz. Die Spannbreite der Programme reicht von talentierten Newcomern und innovativen, eigens für das Festival entstandenen Projekten bis hin zu Jazz-Legenden. Mit Bewusstsein für die Tradition des modernen Jazz und Aufgeschlossenheit für neue Strömungen präsentieren die Leipziger Jazztage in den neunziger Jahren unter anderen Gerry Mulligan, John McLaughlin, Tomasz Stanko, Jan Garbarek, Evan Parker, Nils Petter-Molvaer und spezielle, auch szenisch-musikalische Projekte wie »Survival Songs«. Neben dem Festival organisiert der jazzclub leipzig, der übrigens über keine eigenen Lokalitäten verfügt und mit verschiedenen Partnern kooperiert, auch eine Reihe von sehr speziellen, als Ergänzung zum allgemeinen Konzertangebot konzipierten Veranstaltungen mit dem Titel »Musik-Zeit«.

Leipziger Jazzfestivals:
Bundesweites Jazznachwuchsfestival in der Moritzbastei
Festival der Leipziger Jazzmusiker »LeipJAZZig«
Leipziger Jazztage

Festival für junge Jazzmusiker

Seit 1992, alljährlich im März, gibt es in Leipzig überdies ein Festival für junge Jazzmusiker und Jazzmusikerinnen. Das bundesweit ausgeschriebene Jazz-Nachwuchsfestival der Leipziger Moritzbastei – Kriterien für die Teilnahme sind Originalität und Qualität, die Altersgrenze liegt bei 30 Jahren – zeichnet sich durch eine besonders spielfreudige Atmosphäre aus. Die Zahl der Bewerberinnen und Bewerber wie auch das Niveau sind von Jahr zu Jahr gestiegen. Und auch von Seiten des Leipziger Jazzpublikums erfreut sich dieses Festival, bei dem keine großen Namen auf den Plakaten leuchten, wohl aber erstaunliche Entdeckungen zu machen sind, regen Zuspruchs. Zu den Förderungen des Leipziger Jazz-Nachwuchses zählt auch das seit 1997 von der Marion-Ermer-Stiftung bereitgestellte Jazz-Nachwuchsstipendium.

Jazztrio: Ecker Gleim, Günther Kiesant, Thomas Muritz

Jazz-Improvisationen zu Bach

Dass in einer Stadt, in der einst der große Thomaskantor improvisierte, eines Tages auch Verbindungslinien zwischen dem lebendigen Erbe der Musik Johann Sebastian Bachs und dem Jazz erwachsen würden, entbehrt nicht der inneren Logik. Kaum ein weltberühmter Jazzmusiker verlässt die Stadt, ohne Bach in der Thomaskirche seine Reverenz erwiesen zu haben. Joachim Kühn musizierte 1998 erstmals gemeinsam mit dem Leipziger Thomanerchor, geleitet von Georg Christoph Biller. »Bach Now! Motetten und Improvisationen«, so der Titel der von den Leipziger Jazztagen initiierten Begegnung. Und seit 1999 ist alljährlich beim großen Bach-Fest in Leipzig der Jazz mit mehreren Veranstaltungen in das Programm integriert.

Jazz lebt im Alltag der Stadt

Das allwöchentliche Jazzleben in Leipzig ergibt sich aus dem Konzert unterschiedlicher Veranstalteraktivitäten. Zu den wichtigsten zählen Moritzbastei, naTo, Spizz sowie die Konzertreihe LeipJAZZig in der Alten Nikolaischule. Im vielfältigen Programm der Moritzbastei gibt es immer wieder Jazzkonzerte, auch im Kalender der stärker experimentell orientierten naTo. Im Spizz sind die populäreren Spielarten, gelegentliche Konzerte mit Mainstream, Funk, Soul, Electric Jazz und Jazz-Discos zu Hause. Im Polnischen Institut am Markt kann man ab und an polnische Jazzmusiker hören. Markt Neun präsentiert »Außer der Reihe« Jazzmusiker, vornehmlich aus Osteuropa. Auch das Frauenkulturzentrum, der Kulturtreff Mühlstraße und der Anker, der übrigens ein eigenes Blues-Festival ausrichtet, präsentieren gelegentlich Jazzkonzerte.
1999 begann der Verein Jazzkosmos mit Veranstaltungen im Kosmos-Haus der Gottschedstraße. Etliche Hotels, Restaurants, Klubs und Kneipen leisten sich von Zeit zu Zeit nicht all that jazz, aber etwas davon. Diesbezüglich gibt es nur den Rat, die aktuellen Ankündigungen zu verfolgen. Zu den Plattenläden mit gutem Jazzsortiment zählen die großen: Saturn im Hauptbahnhof und WOM in der Petersstraße. *Bert Noglik*

Sabine Helmboldt (Gesang) und Thomas Stahr in der Alten Nikolaischule

Die romantischen Kellergewölbe des Kulturzentrums Moritzbastei, einst Teil der Stadtbefestigungsanlagen Leipzigs, sind heute begehrte Veranstaltungsräume – auch für Tanz und Unterhaltung.

Beat & Rock & Pop & Disco

Von den Beatlegenden bis zur aktuellen Szene

Leipzig galt als Provinz. Das hatte Vorteile: Fernab der DDR-Hauptstadt war manches möglich, was dort undenkbar schien. Das hatte aber auch Nachteile: Die Rundfunkjugendprogramme wurden in Berlin gemacht, dort saß auch mit AMIGA das einzige Schallplattenlabel für Unterhaltungsmusik, dort wurde über Auftrittsmöglichkeiten und internationale Gastspiele entschieden. Die Aufsteiger machten sich also auf den Weg. Hier blieben vor allem Aussteiger und Unangepasste. Doch Leipzig hat auch hier Geschichte geschrieben.

Beatkrawalle und Hinterhofmusik

Leipzig hatte auch im Bereich der Rock- und Popmusik schon immer einiges zu bieten. Von hier aus sollte 1959 gar mit einem neuen Tanz ein Bollwerk gegen die Rock 'n' Roll-Dekadenz aus dem Westen errichtet werden. Zu diesem Zwecke wurde der von dem Tanzlehrerehepaar Seifert erfundene »Lipsi« an die kulturelle Front des Kalten Krieges geschickt.
Zwei Jahre später, der »Lipsi« kämpfte noch immer seinen aussichtslosen Kampf gegen den Hüftschwung von Elvis und der Mörtel an der Berliner Mauer war noch nicht richtig trocken, da hatte ein Leipziger Musiker sein erstes Verbot schon hinter sich und musste überlegen, wie es weitergehen könnte.

MORITZBASTEI Betriebs-GmbH
Internationales Kulturzentrum mit täglich wechselndem Programm: Konzerte, Disco, Theater
Universitätsstr. 9
04109 Leipzig
Tel.: 0341 / 70 25 90
Fax: 0341 / 7 02 59 59
E-Mail: Info@moritzbastei.de
Internet: www.moritzbastei.de

Klaus Renft und seine Bandgründungen

Aber Klaus »Renft« Jentzsch verfügte über einen ausgeprägten Dickschädel und ließ sich nicht so einfach unterkriegen. Er gründete mit den »Butlers« seine zweite, vielumjubelte Band, deren Konzerte immer ausverkauft waren. Doch 1965 war auch sie und mit ihr eine Reihe anderer Leipziger Beat-Kapellen erneut fällig. Bezirksparteichef Fröhlich, alles andere als ein lustiger Zeitgenosse, hatte die neuen Klänge mit der gewohnt scharfen Analyse als »laute Yeah Yeah Musik« erkannt und befunden, dass die deutschen demokratischen FDJ-Jugendlichen so etwas weder bräuchten noch wollten. Einmal mehr lag er damit haarscharf neben den Realitäten, denn die Kids wollten den Beat durchaus. Einige Tausend versammelten sich am 31. Oktober 1965 auf dem Leuschnerplatz, um gegen die Verbote ihrer Lieblingsbands zu protestieren. Die Staatsmacht schlug mit ganzer Härte zurück. Hundestaffeln und Wasserwerfer kesselten die Menge ein, über 200 Protestierende wurden direkt auf LKW verladen und verschwanden zum Teil wochenlang in den Braunkohlerevieren der Gegend zur »Umerziehung durch Arbeit«. Die »Leipziger Beatkrawalle« wurden von der Presse zynisch als »Gammler-Aufstand« diffamiert und ausnahmsweise durften sich die Funktionäre hier der passiven Zustimmung des Normalverbrauchers sicher sein – in Ost wie West stand die Mehrheit der Bevölkerung sowohl der neuen Musik als auch den länger werdenden Haaren und lockeren Umgangsformen der Jugend ziemlich verständnislos gegenüber.

Die Gruppe »Renft« Anfang der 90er

»Die Butlers« überstanden die Straßenschlacht in ihrer Stammkneipe, dem Ratskeller. Hier schmiedeten sie bereits neue Pläne. Die »Klaus Renft Combo« spielte sich danach unauffällig durch entlegene Dorfsäle und allmählich wieder in das Bewusstsein der Fans. Zu Beginn der 70er, Honecker hatte die Macht übernommen, wurde im Vorfeld der X. Weltfestspiele der Jugend und Studenten Offenheit demonstriert. Das laue Lüftchen der Liberalisierung wehte die Renft-Combo in die Aufnahmestudios des staatlichen Rundfunks. Songs wie »Wer die Rose ehrt« oder »Gänselieschen« wurden sofort zu Osthits.

In seinem Roman »Es geht seinen Gang oder die Mühen der Ebene« hat Erich Loest auch der Leipziger Demonstration gegen das Verbot der Beatkapellen von 1965 ein literarisches Denkmal gesetzt.

In der DDR-Jugend, zumindest dem Teil, das sich für Ost-Rock interessierte, kam es zum Glaubenskrieg zwischen Renft-Fans und den Anhängern der zur gleichen Zeit populär werdenden »Puhdys«. Letztere kamen aus der in Sachsen ungeliebten Hauptstadt, waren musikalisch – zumindest anfangs – durchaus nicht uninteressant und im Übrigen nur mäßig aufmüpfig und gepflegt langhaarig. Die Renfts waren ein zügelloser, fast anarchistischer Haufen, ließen sich partout nicht den Mund oder gar das wilde Outfit verbieten und gaben offen zu, gelegentlich auch ordentlich zu feiern.

»Renft«, um 1990

Konflikte waren vorprogrammiert, besonders, da die Leipziger immer wieder den Liedermacher Gerulf Pannach in ihren Konzerten auftreten ließen. Im Herbst 1975 war es dann soweit, die »Klaus Renft Combo« wurde verboten – und eine Legende geboren. Die beiden bis dahin veröffentlichten Platten der Leipziger Band waren wohl die einzigen von AMIGA, die in den Folgejahren auf dem Plattenschwarzmarkt »Westpreise« erzielten.

»The Butlers«, eine der Bandgründungen von Klaus Renft

In seiner Autobiografie »Zwischen Liebe und Zorn« berichtet Klaus Renft über jene bewegten Jahre. Parallel zum Buch erschien eine CD »40 Jahre Klaus-Renft-Combo. Musikalische Dokumente einer wilden Zeit«. Die Auswahl der Titel besorgte Renft selbst. So wurden auch bisher unveröffentlichte Studioaufnahmen aufgenommen.

Von SET bis »Amor & die Kids« – Pleißepop nach Renft

Nach dem diesmal endgültigen Abgang der Renft-Kämpen von der ostdeutschen Bildfläche hatte Leipzig sein popmusikalisches Pulver längst nicht verschossen. In den DDR-Rundfunk-Hitlisten hatte sich zu dieser Zeit die Gruppe SET um den unverwüstlichen (und heute noch aktiven) Lutz Heinrich eingenistet. Mit unkompliziertem Geradeaus-Rock brachten sie in den bunten Siebzigern nicht weniger als 16 Titel in den Wertungssendungen unter. Und sie waren wohl die erste DDR-Band mit einem organisiertem Fanclub, dem »Set-Service-Club.«

Zum Schlagerstar mit Thomaner-geschulter Stimme avancierte ein ehemaliger Renft-Sänger - Hans Jürgen Beyer. Vor allem aber war es die Gruppe »Karussell«, die ab 1976 dank der Mitwirkung der Ex-Renftler Peter »Cäsar« Gläser (Gitarre, Gesang) und Jochen Hohl (Drums) zur Kultband in der ganzen DDR aufstieg. Mit Songs wie »Autostop« oder »Ehrlich will ich bleiben« knüpften sie erfolgreich, wenn auch deutlich abgemildert, an den subversiven Touch der Vorbilder an, was ihnen von Beginn an eine große Fangemeinde sicherte.

Bis zum Ende der DDR war die Band eine feste Größe, wurde musikalisch immer perfekter – und politisch immer angepasster.
Gitarrenlegende Cäsar wollte diesen Trend nicht mitmachen und stieg aus. Die Konzerte seiner Band waren der Leipziger Anlaufpunkt für die Langhaarigen, die ostdeutschen Alt-68er, die Stoffbeutelträger – alle die, die irgendwie anders sein wollten.

Die Säle der Vorstädte gaben den Rahmen für die alternative Musikszene der 80er Jahre. Als auch diese letzten Freiräume überwacht oder gesperrt waren, begann der Tanz auf den zerfallenden Hinterhöfen; es war gleichsam der Totentanz der sterbenden DDR.

Der musikalische Untergrund wurde nämlich ausgangs der 70er Jahre und bis weit in das nächste Jahrzehnt hinein vor allem vom Blues bestimmt. Lange Haare, (möglichst) West-Parkas und Kletterschuhe signalisierten die Abwendung von der »offiziellen« Jugendpolitik. In Leipzig waren Bands wie »Mama Basuto«, »Lilienthal« und »Zenit« angesagt. Die Szene traf sich am Sachsenplatz im Café »Moderna«, der Konzertblues ging aber vor allem in den Sälen der Vorstädte ab, etwa der »Sonne« in Schkeuditz oder dem »Schwarzen Jäger« in Leutzsch.
Neben den Blues-Untergrund trat zu Beginn der 80er Jahre mehr und mehr die Punkszene. Die Aktivisten lebten in der für den Osten typischen Variante aus Illegalität, Duldung und ständiger Überwachung in abbruchreifen Häusern. Leipzig hatte mit »Wutanfall« die nach den Erfurter »Schleim-Keim« vielleicht wichtigste ostdeutsche Punkband zu bieten. Texte wie »Leipzig in Trümmern« oder »Messestadtpunk« waren von vornherein die völlige Absage an alle Versuche, die Szene doch noch in den realen Sozialismus zu integrieren. Das war auch den staatlichen Organen bewusst, die massiv gegen die Punks vorgingen. Zur Wende waren die meisten Pioniere der Szene abgetaucht oder zur Ausreise gezwungen worden.

Hits aus Thomaner-geschulten Kehlen

Insgesamt war Leipzig in den 1980er Jahren (wie alle anderen ostdeutschen Städte auch) gegenüber (Ost)Berlin rockmusikalische Provinz. In der Hauptstadt saßen die Entscheider beim Rundfunk, das einzige Poplabel AMIGA und die wenigen relevanten Presseorgane, hierher zog es alle, die in der DDR Karriere machen wollten. Ein großer Hit kam dennoch aus Leipzig – 1987 schunkelte die halbe Republik behaglich zu »'nem Ritt auf dem Sofa«. »Amor & die Kids« (auch heute noch aktiv) zeichneten verantwortlich für diesen Gassenhauer, am Mikrofon überzeugte mit lausbubenhaftem Charme Tobias Künzel. Seine künftigen Sangeskollegen in der heute erfolgreichsten Leipziger Popgruppe »Die Prinzen« (siehe S. 228) waren zu dieser

Zeit eben den Thomanern entwachsen und sammelten erste Lorbeeren mit ihrer A-cappella-Band »Herzbuben«.

Trotzig-traurige Songs auf Hinterhöfen

Gegen Ende des sozialistischen Großversuchs am lebendigen Volk deutete sich in einigen Bereichen jedoch eine gewisse Lockerung an. Es war die Stunde der »anderen Bands«, denen mit dem Kinofilm »Flüstern & Schreien« und in diversen Rundfunksendungen eine gewisse Öffentlichkeit gegeben wurde. In Leipzig waren es Bands wie »neurot« und vor allem »Die Art« (die vorher »Die Zucht« hießen – aber soweit ging die Liberalität denn doch nicht), deren trotzig-traurige Songs wie »Sie sagte« oder »Wide Wide World« ganze Hinterhofkommunen rebellisch machten. Ein Geheimtipp waren ab Sommer ´89 auch »Messer Banzani« um die Cousins Topp mit ihrem wilden Ska, der erst in den kommenden Jahren allmählich zu gemäßigterem Reggae mutierte.

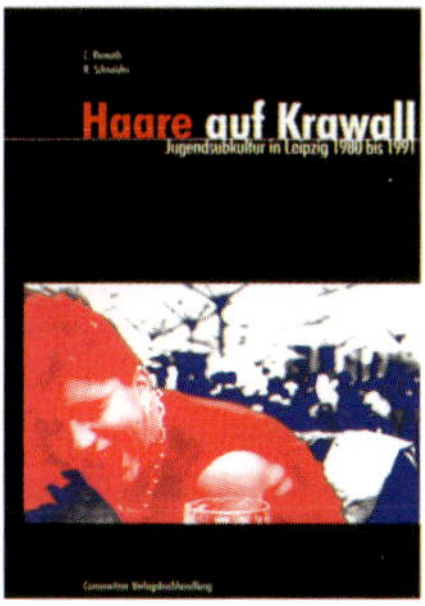

»Haare auf Krawall« heißt ein im Verlag der Connewitzer Verlagsbuchhandlung erschienenes Buch über die Jugendsubkultur in Leipzig zwischen 1980 bis 1991.

Rock-Boom & Gruftie-Treffen – die Nachwendezeit

»Die Art« um den Sänger und Texter Holger »Makarios« Oley gibt es heute noch; nach der Wende durften die Musiker auch Platten produzieren und können inzwischen auf acht CDs zurückblicken. Mit den neuen inhaltlichen und technischen Möglichkeiten war ein Rock- und Pop-Boom zu verzeichnen, eine Kreativitätswelle, die bis in die Mitte der 90er anhielt. Danach zogen die harten Realitäten des marktwirtschaftlichen Musikgeschäfts ein; mit Pop den Lebensunterhalt zu verdienen, gelingt nur den wenigsten derer, die mit diesem Ziel und viel Enthusiasmus in ihren Teenagerjahren aufbrechen. »Messer Banzani« warf 1999

»Die Art« 1999

das Handtuch. Neben »Die Art« waren es vor allem »Think About Mutation«, die mit ihrem zukunftsweisenden Stilmix für überregionale Furore sorgten. Gegenwärtig ist die Band beim Branchengiganten »Motor Music« unter Vertrag und steht, glaubt man den optimistischen Prognosen, vor dem endgültigen Durchbruch.

Momentan gibt es in Leipzig schätzungsweise 200 Bands und Projekte. Eine gewisse Bestandsaufnahme bietet alljährlich der »Große Preis«, wo von einer Fachjury und dem Publikum die »Leipziger Band der Jahres« gewählt wird.

Peter Matzke

Die CDs der »Prinzen«:
»Das Leben ist grausam« (1991), BMG/Hansa
»Das Leben ist grausam – A-cappella-Album« (1992), BMG/Hansa
»Küssen verboten« (1992), BMG/Hansa
»Küssen verboten – A-cappella-Album« (1993), BMG/Hansa
»Alles nur geklaut« (1993), BMG/Hansa
»Alles nur geklaut – A-cappella-Album« (1994), BMG/Hansa
»Schweine« (1995), BMG/Hansa
»Alles mit'm Mund« (1995), BMG/Hansa
Sampler: »Ganz oben Hits MCMXCI – MCMXCVII (1991-1997)« (1997), BMG/Hansa
»So viel Spass für wenig Geld“ (1999), Hansa/BMG

Die CD-ROM der Prinzen:
»Die Prinzen« (1995), BMG Interactive (Win)
Außerdem:
AMOR & DIE KIDS: »No More Bockwurst« (1987), Amiga
Sebastian Krumbiegel & CLUB GEHEIMRAT: »Kamma mache nix« (1999), Hansa

Thronbesteiger der Pop-Musik: Die Prinzen

Sebastian Krumbiegel war bester Stimmung an diesem Herbsttag. Zusammen mit Kumpel Mathias Dietrich hatte er es sich heimlich in einer großen Apfelkiste gemütlich gemacht. Während die anderen Studenten der Leipziger Musikhochschule Felix Mendelssohn Bartholdy beim Erntelager artig die Äpfel von den Bäumen pflückten, tranken sich die Freunde den Tag schön. Genüsslich räkelte sich Krumbiegel in der Kiste, stemmte die Hände in die Hüften und posaunte: »Eines Tages werde ich Popstar!« Dietrich konnte sich das Lachen nicht verkneifen, und der Sprücheklopfer prustete ebenfalls los.

Die »Comedian Harmonists der 90er Jahre«

Das war im Jahre 1987. Und so sehr sich die Zwei über die scheinbar absurde Prophezeiung amüsierten – Sebastian Krumbiegel sollte Recht behalten. Nur vier Jahre später tönte seine Stimme im noch frisch vereinten Deutschland immer wieder aus ungezählten Wohnzimmer-Boxen verzückter Hörer, die Radiosender dudelten den Gesang rauf und runter, landauf, landab: Die »Prinzen« feierten ihren ersten Hit: »Gabi und Klaus«.

Den Durchbruch hatten Sebastian Krumbiegel, Tobias Künzel, Wolfgang Lenk, Jens Sembdner und Henri Schmidt nicht zuletzt ihrer erstklassigen Ausbildung zu verdanken: Sembdner gehörte dem Dresdner Kreuzchor an, die Übrigen sangen bei den Thomanern in Leipzig. Bestes Training für die Stimmbänder also und Grundstein, um später zu den »Comedian Harmonists der 90er« aufzusteigen.

Gehörigen Anteil an dem unerwarteten Erfolg hatten zudem Manager Joachim Zetzmann und Anette Humpe. Die frühere Frontfrau der Neue-Deutsche-Welle-Band »Ideal« buchte wenige Tage nach dem gegenseitigen Kennenlernen ein Studio, um Songs mit der Band zu produzieren, die sich erst »Herzbuben«, kurzzeitig »Commerzbuben« und schließlich »Prinzen« nannte.

Als »Herzbuben« hatten sie noch zu DDR-Zeiten begonnen. In der Wendezeit nannten sie sich – dem Zug der Zeit stets verpflichtet – »Commerzbuben«. Dann hatten die ersten Erfolge sie geadelt. Als »Prinzen« riss die Sängerformation Tausende zu Jubelstürmen hin.

Professioneller A-cappella-Gesang und freche Texte

Der Stil des Quintetts war neu in der deutschen Pop-Szene. Professioneller A-cappella-Gesang, lockeres, unprätentiöses Auftreten und urkomisch-freche Texte machten den Charme der Leipziger aus – ein echter Coup. Und, so entrückt das über ein Jahrzehnt nach dem Mauerfall klingen mag, die Leipziger haben in den alten Bundesländern zunächst auch von einem gewissen Exotenbonus profitiert, den man den »schrägen Typen von drüben« einräumte. Hinzu kam ein Image, das scheinbare Widersprüche geschickt unter einen Hut brachte: Einerseits bediente die Formation durch bunt gefärbte Haare, gestreifte Hosen und lockeres Mundwerk das Bild der wüsten Wilden, andererseits machte sie ihre Natürlichkeit zu Muster-Schwiegersöhnen. Der Spagat war lupenrein, und so zogen die Fünf als eine von wenigen Bands sowohl Teenies als auch Angegraute an, wobei der Anteil von Kindern und Jugendlichen überwog.

Der Leipziger Liedermacher Wolfgang Vallentin musste seinerzeit als Mitglied der KA Nord die Band »Rockpool« einstufen, die Beatles- und Stones-Titel nachspielte. Sie hätten auch ein paar A-cappella-Sachen dabei und könnten die ja mal vorstellen, war zu hören. Aus »den paar a-cappella-Sachen« wurden die Herzbuben, aus den Herzbuben die Prinzen. Vallentin war daran nicht ganz unschuldig, als »Einstufer« fand er den Gesang »unbedingt ausbaufähig«.

Konzerttouren der Superlative

Auch das erste Album »Das Leben ist grausam« schlug ein, Songs wie »Millionär« oder »Mann im Mond« erreichten Hymnen-Status.

Nach einer Konzertreise als Vorband für Udo Lindenberg, zwei Club-Touren und dem Erscheinen der zweiten CD »Küssen verboten« stand die erste große Tournee für die »Prinzen« an. Wo sie auch spielten, sie wurden bejubelt und gefeiert. Die quirlige Live-Show mit Künzel und Krumbiegel als Hauptakteuren begeisterte.

Doch der Höhepunkt der Monarchen-Ära sollte erst noch kommen. Mit dem Titelsong ihrer nächsten Platte »Alles nur geklaut« landeten die Fünf den größten Hit. Die 94er Tour stellte neue Superlative auf. Zum ersten Mal reiste übrigens neben Drummer Ali Zieme auch Krumbiegels Freund aus Studententagen mit: Mathias Dietrich begleitete die Sänger auf der Bass-Gitarre.

Trotz Starrummel: Sie blieben bescheidene Leipziger

Trotz allen Starrummels verloren die Sachsen nie den Boden unter den Füßen. Alle behielten ihren Wohnsitz in Leipzig, verblüfften Fans wie Medien nach wie vor durch ihre Ungezwungen- und Bescheidenheit; '94 gaben sie in ihrer Heimatstadt ein kostenloses Konzert auf dem menschenüberfüllten Marktplatz.

Zunächst lief die Erfolgsmaschinerie weiter wie geschmiert. 1995 wurde »Schweine« ein neuerlich viel beachtetes Album. Der Knackpunkt kam ein Jahr später: Nach der Trennung von Anette Humpe arbeiteten die Prinzen mit Viva-Moderator und Musikproduzent Stefan Raab zusammen: »Alles mit'm Mund« rollte in die Plattenläden. Der Sound kam bassiger und rockiger daher, doch er stampfte am Nerv der Anhänger vorbei. Keiner der als Singles veröffentlichten Songs erklomm eine obere Chartplatzierung, und auch innerhalb der Gruppe grummelte es, die Nervenstränge wurden dünner. Das jahrelange ständige Zusammenhocken machte sich bemerkbar, die Musiker brauchten Abstand voneinander.

Zwei Jahre Pause und Solo-Projekte

Auch wenn sie nicht müde wurden, gebetsmühlenartig die aufkommenden Trennungsgerüchte zu dementieren – einige Zeit war es nicht klar, ob und wie es mit den »Prinzen« weiter gehen würde. Die Stars verordneten sich eine zweijährige Live-Pause, um durchzuatmen und Solo-Projekte verwirklichen zu können. »Eine Zeit, die uns gut getan hat«, wie Henri Schmidt später formulierte. Ende '97 erschien die Best-of-Platte – mit dem neuen Song »Ganz oben«, für den die »Prinzen« Wurzelpflege betrieben: Die ehemaligen Chorschüler spielten das Stück mit den Thomanern ein. Doch auch diese Single verschwand schnell aus der Wahrnehmung der Fans.

Im »Haus Dreilinden«, der zur Oper Leipzig gehörenden Musikalischen Komödie, erlebte das Musical »Elixier« 1998 seine Premiere und wurde ein Publikumserfolg. Die Musik stammt von »Prinz« Tobias Künzel und von Wolfgang Lenk; den Text schrieb Kati Naumann.

Musical »Elixier« wurde ein Publikumserfolg

Während der Auszeit machten vor allem die beiden Frontmänner auf sich aufmerksam. Tobias Künzel verwirklichte seinen lange gehegten Plan, ein Musical auf die Beine zu stellen. Er vertonte die Textvorlage seiner Frau Kati Naumann. Zusammen mit Wolfgang Lenk braute er das »Elixier« zusammen – uraufgeführt im März 1998 in Leipzigs Musikalischer Komödie. Das Märchen, bei dem Künzel selbst eine Hauptrolle übernahm, erntete teils zurückhal-

»Die Prinzen«

tende Kritiken, teils Verrisse. Dafür aber wurde die Geschichte um den Traum von ewiger Jugend ein großer Publikumserfolg.

Rezensentenlob, aber Flop

Umgekehrt erging es Sebastian Krumbiegel. Mit Drummer Ali Zieme zog er sich ins eigene Studio zurück und tüftelte an dem Projekt »Club Geheimrat«. Das Team stellte ein verspieltes Album auf die Beine, das sich vom Prinzen-Sound deutlich absetzt – trotz des typischen Krumbiegel'schen Gesangs. Der Mix aus Techno, Rap, Rock, Pop und Funk plus Klangschnörkel aus dem Computer bekam vielfach journalistische Anerkennung, wurde jedoch ein kommerzieller Flop. Der Titel der CD, Anfang 1999 erschienen, klingt wie ein vorweg genommenes Schulterzucken auf den Misserfolg: »Kamma mache nix«. Immerhin kürte die ARD einen Extrakt dieser Arbeit zum Titelsong ihrer »Lottoshow«.

Auch mit TV-Parodist und Musikproduzent Stefan Raab arbeiteten die Prinzen einst zusammen. Doch die dabei entstandene CD »Alles mit'm Mund« konnte nicht an frühere Erfolge anknüpfen.

Neue Songs, aber Prinzenherrschaft scheint vorüber

Im Herbst 1998 düsten die Prinzen nach Sizilien und arbeiteten weitab von massenmedialer Unruhe an neuen Songs. »In dieser Zeit haben wir ein neues Zusammengehörigkeits-Gefühl bekommen«, resümierte Sebastian Krumbiegel. Allerdings führte der Neubeginn auch zur Trennung von Manager Zetzmann – weil die Prinzen sich durch dessen Nachfolger Andreas Läsker frischen Wind

Dennoch sind die Prinzen eine der erfolgreichsten deutschen Bands. Ihre Traumbilanz: Über fünf Millionen verkaufte Tonträger, 14 Gold- und sechs Platinplatten!

und neue Ideen erhofften. Das Ergebnis des Kreativ-Trips an den italienischen Stiefel wurde im Frühjahr ´99 präsentiert. »So viel Spaß für wenig Geld« hieß die Hoffnung, mit der die »Blaublütigen« an frühere Erfolge anknüpfen wollten. Die stilistisch vielseitige Platte, erstmals von Wolfgang Lenk produziert, enthält zwar die berüchtigte Rotzigkeit der Gruppe, doch ihr gelang damit nur eine Stippvisite in die Top Ten der deutschen Album-Charts. Die folgenden Tournee-Auftritte spielten sich in deutlich kleineren Hallen ab als zur Hoch-Zeit der Band.

Doch: »Es geht immer weiter«

Zum letzten Weihnachtsfest vor der Jahrtausendwende erschien eine CD der fünf Musiker mit internationalen Weihnachts- und Neujahrsliedern. Von Arbeits- oder Motivationsmangel also keine Spur. Dennoch: Die Regentschaft der Prinzen in der Pop-Szene ist vorüber. Jener Überraschungseffekt von einst lässt sich nicht konservieren. In der Ex-und-hopp-Welt des Showmarketings, das Idole ebenso schnell aufbaut wie bei Nichtbedarf fallen lässt, haben sich die Leipziger vergleichsweise lange behauptet.
»Uns war immer klar, dass niemand auf einer endlosen Erfolgswelle reiten kann«, so Sebastian Krumbiegel. Seine Philosophie steckt in einem Song, der während des Produktions-Intermezzos mit Stefan Raab entstand. Der Titel: »Es geht immer weiter«. *Mark Daniel*

Am liebsten gehen die Leipziger in Kneipen aus. Zwei Meilen mit einer enorm hohen Kneipendichte haben sich in den letzten Jahren fest etabliert. Die eine nennt sich Drallewatsch und bevölkert das Barfußgässchen im Herzen der Stadt. Die andere, die Gottschedstraße, liegt im so genannten Schauspielviertel. Während der Drallewatsch vor allem Touristen anlockt, trifft sich in der Gottschedstraße etwas jüngeres und szenisches Publikum aus Leipzig und Umland, potenziell tanzfreudige Menschen also.

Szenekneipen und Discobetrieb: Leipzig zum Tanzen

So viele Jahrzehnte ist es noch gar nicht her, dass die heranwachsende Tochter sonntags ein Tanzbändchen erwarb und gemeinsam mit den Eltern erwartungsvoll das Gastlokal betrat. Saturday Night Fever im Landgasthof. Mit den Eltern geht längst keiner mehr tanzen, und der Wochentag ist im Jahr 2000 sowieso egal. Getanzt wird nach Lust, Laune und Durchhaltevermögen. Doch wer dem Alter von Minirock und Muskelshirt entwachsen ist, hat meist ausgetanzt und sitzt lieber vor dem Fernseher. Oder nicht?
Es gibt – wie immer im Leben – zwei Wahrheiten. Die eine heißt: Mit steigendem Alter lassen die Möglichkeiten zum Tanzvergnügen proportional nach. Und die andere: Zwischen Teenie- und Seniorentanz liegt ein weites Feld. Denn angeboten wird in Leipzig pauschal alles, vom seriösen Tanzlokal über die Glitzer-Disco bis zum alternativen Szeneclub.

Tanz ab 30 in gediegenem Ambiente

Manche Veranstalter, wie das Rabet in Neuschönefeld, versuchen gar grenzüberschreitende Projekte. Die frühere Diskothek wurde zum Freizeittreff umgebaut und lädt heute abwechselnd junge Menschen zum Konzert oder Senioren zum Tanz. In Mätzschkers Festsälen dagegen treffen Jung und Alt eher selten aufeinander, denn das Tanzlokal in Plagwitz spricht in erster Linie die reifere Jugend bis weit über 50 an. 1889 von Walter Mätzschker gegründet, etablierte sich das Bierrestaurant bald als Tanzsaal. 1950 geriet es als »Klubhaus Alfred Frank« unter Federführung der HO (Handelsorganisation) und nach der Wende zurück in Familienbesitz. Heute ist vor den gut besuchten Sälen der rote Teppich ausgerollt und eine Garderobiere nimmt die Mäntel in Empfang. Keinen schweren Pelz zwar, denn den Geldadel zieht es – wenn überhaupt – höchstens zum Opernball. Dafür leichte Popelinemäntel von Pärchen, die leidenschaftlich gern einen flotten Dreierschritt zu Wolfgang Petry aufs Parkett legen. Oder von allein stehenden Damen und Herren, die im schummrigen Licht den Ballsaal schon mal auf ein passendes Pendant absuchen.

»Der Pfingsttanz« in Leipzig, kolorierte Lithografie von G. E. Opiz, Leipzig um 1830

Ganz so dezent wird im Haus Leipzig nicht »bekannt« gemacht. Wenn für den Konzertsaal eine Oldie-Rock-Band gebucht ist, kleidet man sich praktischerweise in Jeans und Hemd, damit die Tanzpartnerin herumgewirbelt und das Bier standesgemäß getrunken werden kann. Und wenn bei »Yummie, Yummie, Yummie« der halbvolle Saal tobt, lässt sich mit einem Augenzwinkern auch manche noch »offene Frage« klären.

Unregelmäßig und erfolgreich laden verschiedene Gasthöfe zu diversen Oldie-Abenden ein, zum Beispiel der Gasthof Zweinaundorf in Mölkau oder die Miltitzer Rosensäle.

Abseits von Rex Gildo und Gary Glitter wird die Tanzluft in Leipzig dünner. Wer in Abendrobe und Frack einen Standard-Tanzabend bei Veuve Cliquot und Big Band verbringen möchte, muss auf Galaempfänge oder Bälle wie den

Die Brettl-Discothek im Antikhaus bietet ihren Besuchern das, was man sich nach einem ausgiebigen Mahl im ebenfalls dort ansässigen Kartoffelhaus wünscht: Kabarettistische Lachhäppchen und danach eine flotte Runde zu Howard Carpendale & Co.

Leipziger Brettl im Antikhaus, Große Fleischergasse 19
04109 Leipzig
Tel.: 0341/9 61 35 47
Fax: 0341/9 61 35 47

JAM-Dancehall
Große Fleischergasse 12
04109 Leipzig
Tel.: 0341/9 61 74 32

in der Oper warten. Doch solcherart Gelegenheiten sind rar. Leipzig mangelt es zwar nicht an amüsierfreudigem, dafür aber an finanzkräftigen Publikum. Ein nächtlicher Streifzug durch die Nachtbars der Stadt endet ebenfalls meist mit einer Enttäuschung. Während das Geschäft zu DDR-Zeiten dank westlicher Messegäste zumindest zeitweise florierte und sogar niveauvolle Tanz-, Striptease- oder Zaubershows darbot, hat Leipzig derzeit Nachholbedarf, um diesen Ansprüchen einer Großstadt zu genügen.

Tricks und Türsteher: Discotheken-Einerlei im Glitzerlicht

Einzig Discotheken bietet die Sachsenmetropole nahezu alters- und flächendeckend. Wenn auch unspektakulär und in immer wiederkehrender Ausstattung. Fast überall setzen CD-DJs auf Hitparadendauerbrenner wie Lou Begas »Mambo Nr. 5«, Chers »Believe« oder »Weiß der Geier«-Petry. Bunte Lichteffekte heizen die Discostimmung an, unabhängig vom Alter der Gäste. Im Glitzerlicht der Tanzbar Mephisto im Paunsdorfer Treff-Hotel beispielsweise drängen sich 30- bis 50-Jährige auf einer kleinen runden Tanzfläche, um sich hernach im Ambiente einer Gartenterrasse eine Verschnaufpause zu gönnen.

In der Disco JAM-Dancehall

Die erlaubt man sich im Markt 1 in gemusterten Sitzecken bei Kerzenlicht und Schampus. Die Discothek liegt unter dem Marktplatz, hinter dem monumentalen Entree des Untergrundmessehauses. Herren im Anzug nehmen hier nicht nur die Mäntel entgegen, sondern achten auch auf gepflegte Kleidung der Gäste. Denn das Markt 1 lädt besser situierte Discoqueens und Kongressgäste zum ausgelassenen Schwof bis weit nach Mitternacht. In Schale wirft man sich auch, um in den wenige Schritte entfernten College Club eingelassen zu werden. Stolze 25 Jahre gibt es die Disco bereits. Der Rotkäppchen-Absatz floriert, bis zu 500 Gäste ab 25 aufwärts können auf zwei Etagen ein Tänzchen zu Discohit und Evergreen wagen. Das Publikum des als »A & A-Club« gegründeten Etablissements ist dem College Club offenbar treu geblieben. A & A meinte schon 1974: für die Arbeiter und Angestellten der Universität.

Quirliges Disco-Treiben in den Kellergewölben der Moritzbastei

Ebenso traditionell aber mit jüngerem Publikum präsentiert sich die Discothek am Schauspielhaus, von Insidern kurz Schauhaus genannt. Die Großraumdisco am inneren Stadtring ist berühmt für gewaltig gewachsene Türsteher und Tricks, die das Publikum anlocken sollen: Flirtparties, Ladies-Night und nächtelange Cocktail-Hours gehören zum Schauhaus-Repertoire. Je nach Wochentag sind bis zu drei Tanzflächen geöffnet, im unteren Bereich mit Discoklassikern der 80er und 90er für das ältere Publikum zwischen 25 und 30. In der oberen Etage tummelt sich jüngeres Publikum und im Keller die Techno-Fraktion. Unabhängig von Alter und Musikvorlieben gilt jedoch: Junge Frauen tragen lange Beine und Jungs breite Schultern.

Noch größer und noch jünger (in Tradition und Alter der Gäste) trumpfen die Tanztempel auf. Was jede größere Stadt zu bieten hat, lässt sich auch Leipzig nicht nehmen. Hier heißen sie JAM-Dancehall, Sax oder Fun Lollipop. Ganz gleich ob im Zentrum oder im Gewerbepark am Rande der Stadt, auf der laserverstrahlten Tanzfläche trifft man sich zum Disco-Techno. Möchtegern-Yuppie-Teenies fahren, wenn denn schon möglich, im Auto vor. Hauseigene oder teuer eingekaufte DJs organisieren den Sound, und Stroboskopblitze zucken wie auf Raumschiff Enterprise.

Nur das eher intellektuell angehauchte, nämlich studentische Publikum, verirrt sich selten in diese Disco-Hallen. Ihr Treffpunkt Nummer Eins ist einer der größten Studentenclubs Europas. So mancher Gymnasialabsolvent soll

Die Distillery, der Club der ersten Stunde, wird in Insiderkreisen noch immer zu den zehn wichtigsten Techno-Clubs Deutschlands gezählt und gern auch mal von durchreisenden Stars wie Depeche Mode privat frequentiert, doch das Publikum wird immer jünger und kommt vorwiegend aus ländlichem Gebiet. So öffnet die »Tille« nur noch sonnabends ihre beiden Etagen.
(siehe auch S. 237)

Distillery
Kurt Eisner Str./Ecke Lößniger Str.
04275 Leipzig
Tel.: 0341/9 63 82 11
Fax: 0341/9 63 82-32/-22
Internet: http://www.distillery.de

In der JAM-Dancehall gehen die Lichter an, nun kommen auch gleich die Gäste ...

sich wegen der einzigartigen Gewölbe der Moritzbastei, kurz mb, für Leipzig als Studienort entschieden haben.

350.000 junge und ältere Menschen besuchen jährlich an die 600 Veranstaltungen in den unterirdischen Gemäuern, die 1973 wieder entdeckt wurden. 50.000 Studiosi schaufelten in den 70ern acht Jahre lang, um die 500 Jahre alte Stadtbefestigung auszugraben. Keine Frage, dass zwischen den Baggern bereits gefeiert wurde. Doch in den 80ern war der Club so überlaufen und politisch indoktriniert, dass nur noch Studenten mit jeweils einem Gast Zutritt hatten und sich fast allabendlich lange Schlangen bildeten.

Dieses Verfahren hat sich seit der Wende jedoch grundlegend geändert. Zu den Theateraufführungen, Lesungen, Empfängen, Semesterpartys, zahllosen Konzerten sowie berühmt-berüchtigten Mittwochs- und Samstags-Studentendiscos darf mittlerweile jeder, unabhängig von Bildung und Konfession.

Doch seit das Nachtcafé nur wenige Schritte entfernt eröffnete, hat die Moritzbastei ernsthaft Konkurrenz bekommen. In einem Mietshaus mit Stuckdecke, Parkettfußboden und hohen roten Wänden wurden die Nachtcafé-Licht- und Tonanlagen installiert. Auf mehreren Etagen verteilen sich Balkon, Billardzimmer, Bar, Bratwurstgrill und blutjunge Studenten. Das Amüsement im einzigartigen wie proppevollen Discohaus dauert vor allem mittwochs und an den Wochenenden bis in die frühen Morgenstunden. Nur: So außergewöhnlich wie das Ambiente präsentieren sich Publikum und Musik nicht. In den verschiedenen Tanzzimmern wirbeln die Akademiker der Zukunft zu den besten Hits der 80er und 90er, tanzt man zu Rock´n´Roll-Einlagen, Black Music oder Dancefloor-Hits. Musik, die nicht jeder mag, aber jeder kennt.

Das Haus Leipzig bietet neben Oldie-Abenden und Rock-Konzerten ein breitgefächertes musikalisches Programm. Ein Programmhöhepunkt ist dabei sicher der Ausscheid zum Großen Preis. Initiiert von der IG Pop wählt eine Jury die Leipziger Band des Jahres.

Haus Leipzig
Veranstaltungsort z. B. für das Theater der Jungen Welt, zur Verleihung des großen Preises der IG Pop, für das Wave Gothic Treffen
Elsterstr. 22 - 24
04109 Leipzig
Tel.: 0341/9 8219-0/-19
Fax: 0341/9 82 19 20

Keller-Clubs und Fabrik-Feten: trendy, jung und szenisch

Ganz anders präsentiert sich die Clubszene der Stadt. Während sich die Leipziger Tanzlokale und Discotheken in den letzten Jahren fest etabliert haben, ist die Clublandschaft in musikalischer wie räumlicher Hinsicht nach wie vor in Bewegung. Die Entwicklung begann mit der Wende vor zehn Jahren. Noch zu DDR-Zeiten entsprachen nur einzelne Klubhäuser (zum Beispiel der Studiokeller ABC im Haus Leipzig oder der Anker) alternativen Bedürfnissen, und auch das nur bedingt. Die Szene zog sich in den Untergrund zurück. Nach der Wende blieb man zwar erst einmal weiter im Untergrund, aber keinesfalls mehr von oben verordnet. Anfang der 90er entwickelte sich eine musikalische Landschaft weitab von den früheren DDR-Einstufungsvorschriften für Discjockeys und Bands.

In Connewitz, dem links-alternativen Süden Leipzigs, traten sich Anfang der 90er nicht nur Journalisten auf der Suche nach verfallenen Häusern und Hausbesetzern auf die Füße, sondern auch die Vorreiter der heutigen Club-Kultur. In Abrisshäusern und Kellern wurden provisorische Getränketresen, Bühnen und DJ-Pulte aufgebaut. In der verlassenen Kronen-Brauerei beispielsweise, kurz hinterm Connewitzer Kreuz, eröffnete 1992 die Distillery (der einzige Club aus damaliger Zeit, den es heute noch gibt). Techno und House, als Musik der frühen 90er, lebten in der Privatheit ihrer Pioniere. Junge Leute, die eine Alternative zum kommerziellen Musik-Einerlei suchten und sich zum szenischen Untergrund zählten, informierten sich untereinander über aktuelle Partys und Veranstaltungen. Eine Öffentlichkeit gab es kaum. Man wollte unter sich bleiben, und Clubs wie die Distillery verfolgten eine strikte Türpolitik. Wer nicht dazu gehörte, blieb draußen. In dieser Aus- oder besser Eingrenzung, aber auch durch die Wendewirren mit ihren Gesetzeslücken und unerfahrenen Behörden, entstanden Keimzellen der Musik- und Clubkultur. Leipzigs Jugendkultur blühte für kurze Zeit auf, alles schien möglich.

Doch die Stadt investierte stärker in die wirtschaftliche denn in die kulturelle Infrastruktur. Das kulturelle Leben erlebte Höhen und Tiefen. Und die Behörden nahmen zwangsläufig von dem regen, teils illegalen Treiben Notiz. 1995 musste auch die Distillery schließen. Mehrere Hundert Raver suchten dies zu verhindern und demonstrierten tanzend mit Techno und Nebel vor dem Neuen Rathaus. Mit einem Teilerfolg. Die Distillery eröffnete einige Monate später in der Südvorstadt neu. Diesmal legal.

Das Kakadu ist beliebter Treffpunkt für jene, die Musik nicht nur hören oder dazu tanzen wollen. Wer gern selbst ein Liedchen schmettert, kann dies in der Lokalität am Ringcafé ausgiebig tun. Karaoke, versteht sich.

Karaoke-Club
»Zum Kakadu«
Roßplatz 4
04109 Leipzig
Tel.: 0341/2 11 92 11

Signet der Distillery

La Estacion ist der interessanteste Salsa-Club der Stadt mit dem Charme eines mexikanischen Provinzbahnhofs. Das 250-Quadratmeter-Lokal in einer alten Güterhalle in der Nordvorstadt kommt allen gepflegt spanisch. Nicht nur mit Caipirinha, sondern ebenfalls mit Tango- und Merengue-Schnupperkursen, Live-Musik, Latino-Events oder Ausstellungen.

La Estacion
Salsathek & Musik Club
Theresienstr. 2
04105 Leipzig
Tel.: 0341/5 64 14 84

Die Aufbruchstimmung ist vorüber

Von solcher Aufbruchstimmung ist Ende der 90er wenig geblieben. Zwar ist die Szene beweglicher als in vergleichbaren Städten, Eröffnungen werden jedoch immer schwieriger, und Schließungen gibt es dank erprobtem Ordnungsamt immer häufiger. Leipzig bietet in Zentrumsnähe kaum Kerngebiete, die, im Gegensatz zu Wohngebieten, das Eröffnen von Tanzlokalen ermöglichen würden. Außerdem hat sich die Szene von Kellern ins gemütlichere Wohnzimmer- und elegant-futuristische Ambiente verabschiedet. Die Zeiten des Probierens sind für die meisten vorbei. Wer heute einen Club eröffnen will, braucht ein gutes Konzept und langen Atem gleichermaßen.

Beides hat das Conne Island. In dem ehemaligen Eiskeller mit Bierausschank und Freisitz an der Pleiße gingen schon Oma und Opa tanzen. Nach der Wende wurde aus dem Eiskeller die Connewitzer Konzerthalle mit Jugendfreizeitangebot, Skaterrampen, Kickertischen und stark linkspolitischer Orientierung. Sie ist seitdem der wichtigste Veranstalter von Konzerten und Partys außerhalb der genannten Mainstream-Kultur. Fast alle Stars der deutsch-alternativen Musikszene zum Beispiel Die Sterne (Pop), Freundeskreis (HipHop), Andreas Dorau (Disco-House) und Die Ärzte (Punk-Pop) hatten gefeierte Auftritte im CI.

Genauso gern stationieren ausländische DJs, Musikprojekte und Bands auf ihren Touren im Conne Island. Und für die Macher versteht es sich von selbst, dass sie mit ihren Räumen dem Leipziger Nachwuchs eine Plattform bieten, (fast) ohne musikalische Einschränkungen.

Mit einem ausgezeichneten Gespür für musikalische Entwicklungen von Techno über House, Hardcore, Oi-Punk, HipHop bis hin zu Brit Pop laden die Veranstalter jeweils Bands und DJs ein, die mitunter Jahre später in Radio-Chartlisten auftauchen. Kein Wunder, dass das Conne Island für junge Leute aus ganz Sachsen, die außerhalb des gleichförmigen Discoangebots Alternativen suchen, zu einer festen Adresse geworden ist. Und vor allem: Die Stadt Leipzig unterstützt den Jugendtreff nach wie vor. Nicht überschwänglich zwar, aber mit dem Wissen, dass eine lebendige Jugend- und Musikkultur die Attraktivität einer Stadt erhöht.

Das Krystallpalastvarieté

Der Luna Park hieß bis vor einem Jahr noch Haus Auensee. Das Konzept: Vergnügungspark für vergnügungssüchtiges Volk. Disco und Konzerte stehen im Programm des Tanztempels. Das Haus ist offen für alles, von Rock über Schlager bis Klassik.

Haus Luna Park am Auensee
Gustav-Esche-Str. 4
04159 Leipzig
Tel.: 0341/4 67 00 00

Die RosaLinde (Lindenau) **und die Blaue Trude** (City) **sind die einzigen Orte der Stadt, die sich tanzmäßig ausschließlich dem homosexuellen, vorwiegend schwulen Publikum zugewandt haben. Die Distillery und das Frauenkulturzentrum haben einzelne Veranstaltungen für Schwule und Lesben im Programm.**

RosaLinde e.V.
Lindenauer Markt 21
04177 Leipzig
Tel.: 0341/4 84 15 11
Fax:0341/4 84 15 20

Blaue Trude
Katharinenstr. 17
04107 Leipzig
Tel.: 0341/2 12 66 79

Tanz in der Kulturfabrik

Ähnlich fest eingebunden in die kulturellen Gefilde und Wünsche der Stadt ist das Werk II, die Kulturfabrik Leipzig. Knapp zehn Fußminuten vom Conne Island entfernt liegt das ehemalige Fabrikgelände direkt am Connewitzer Kreuz. 1899 als Gasmesserfabrik erbaut und in der DDR in VEB Werkzeugmaschinen umbenannt, wurden 1991 die Maschinen demontiert und rund 1000 Arbeiter entlassen. Heute bietet das Werk II das Leipzig-typische Fabrik-Flair, das Touristen aus dem Häuschen geraten und Leipziger stolz werden lässt.

Werk II Kulturfabrik Leipzig e. V.
Veranstaltungsort für Konzerte aller Art, Theater, Lesungen, Clubveranstaltungen für alle Altersstrukturen, Disco, Tanz
Kochstr. 132
04277 Leipzig
Tel.: 0341 / 30 80 10
Fax: 0341 / 3 08 01 44
E-Mail: jenslu@topmail.de
Internet: http: / / www.clubs.de / werk2

Stimmung in der Kulturfabrik beim Gastspiel der renommierten Gruppe »Les tambours de bronce«

Im September 1999 wurde eine dritte Halle für 800 Besucher neu eingeweiht, so dass sich nun noch mehr Raum für Teenie-Disco und Trommelkonzert bietet. Dort also, im soziokulturellen Zentrum des Südens, treffen sich Dreadlocks und Punks, Jung und Alt, Gymnasiasten und Mittelschüler zu einem Angebot, das vielfältiger kaum sein kann. Es gibt einen Jugendclub, Werkstätten und Ateliers, Trommel und Computerworkshops, Lesungen, Off-Theater, Skateboard-Wettkämpfe, eine Messe für Junge Kunst, die gemütliche Connstanze-Kneipe und regelmäßig Disco und Konzert. Das ZDF sendete 1995 seine ZDF-Nachtschicht aus dem Werk II. Und zu Pfingsten ist das Gelände seit 1992 Schaltzentrale des alljährlichen und mittlerweile europaweit berühmt gewordenen Wave Gothic-Wochenendes, zu dem sich Tausende schwarz gekleideter Anhänger der so genannten Grufti-Szene treffen, um sich über Mode und Musik austauschen.

Die Baumwollspinnerei im ehemaligen Leipziger Industrie- und Arbeiterviertel Plagwitz hat sich durch sporadische Veranstaltungen etabliert. Werkstätten, Ateliers und Wohnungen sind in Eigeninitiative in den Fabrikhallen entstanden. Und wenn auf dem Fabrikgelände etwas – sei es privat oder kommerziell – organisiert wird, besticht dies meist durch ein unwiderstehliches Flair.

Schwarz, ja schwarz sind alle meine Kleider ... Alljährlich findet in Leipzig das Wave Gothic Treffen statt.

Tipp für Insider: Ilses Erika

Ein Knotenpunkt ganz anderer musikalischer Couleur ist Ilses Erika. Der Kellerclub nennt sich Tanzlokal und ist wie die meisten Clubs der Stadt ebenfalls im Süden gelegen, nur 200 Meter vom Werk II entfernt. Für den Namen standen die Mütter der drei Betreiber Pate: Ilse, Erika und Gudrun (der Veranstaltungsplan heißt Gudrun Tipps). Kenner populärer Klänge dürften ahnen, welcher Richtung sich das Tanzcafé verschrieben hat: In Ilses Erika eröffnet sich das Universum des Pop: Von elektronischem Drum & Bass und 60er-Jahre-Synthesizer-Klängen über Hamburger Gitarrenschrammelei und Berliner Wohnzimmer-Bands bis zu Rockabilly und wohlarrangiertem Bombast-Pop. Die Konsequenz und Stilsicherheit, mit der die Betreiber Bands, DJs und Musikprojekte einladen, hat Ilses Erika zu dem Ruf verholfen, zu den bedeutendsten, schönsten und gemütlichsten (Blümchentapete, Fernsehsessel und Sofatische) Clubs der Republik zu gehören. So kommt es, dass manche Band nach ihrem offiziellen Konzert gern noch einmal inoffiziell und ohne Gage in Ilses Erika auftritt.

Tanzen kann man in Leipzig bis zum Sonnenaufgang. Doch nicht immer lassen sich die Leipziger dazu animieren. Schon mancher Disco-, Tanzlokal- oder Clubbetreiber ist mit großen und guten Ideen am Publikum gescheitert. Springt also der Funke vom Musiker nicht sofort auf das Publikum über, kann sich der Künstler mühen so sehr er will, die Leipziger sind stur und kleben an ihren Plätzen wie die Fliegen an der Wand. Da holt die sprichwörtliche

Wave Gothic Treffen Veranstaltungs-GmbH
Nordplatz 9
04105 Leipzig
Tel.: 0341/1 40 77 22
Fax: 0341/1 40 77 12
Internet:
http://www.wave-gotik-treffen.de

Ilses Erika
Bernhard-Göring-Str. 152
04277 Leipzig
Tel.: 0341/3 06 51 11

Wer ins Basa Mo geht, tut das wegen der gemütlichen Atmosphäre und den Tanzabenden im Keller. Die Afro-Kneipe für bunt gemischtes Publikum ist Spezialist auf dem Gebiet Reggae und Black Music.
Basa Mo
Nürnberger Str. 11
04103 Leipzig
Tel.: 0341/9 60 76 54

sächsische Gemütlichkeit den kreativen Geist munter wieder ein. So kommt es wohl auch, dass Leipzig bis auf eine Hand voll Bands kaum überregional Bedeutsames vorzuweisen hat. Es gibt keine Leipziger Schule (wie zum Beispiel den Pop aus Hamburg oder den HipHop aus Stuttgart) und keinen Leipziger Sound (wie die elektronische Musik aus Köln).

Rotwein statt Rumba

Problematisch aus Club-Betreibersicht ist, dass die meisten Messestädter lieber in Kneipen sitzen als Tanzen zu gehen: Sie wollen gepflegt einen Rotwein trinken, Spaghetti verzehren und über die Frisur oder das Theaterstück von gestern plaudern. Zwei Meilen mit einer enorm hohen Kneipendichte haben sich in den letzten zwei Jahren fest etabliert. Die eine nennt sich offiziell Drallewatsch und bevölkert das Barfußgässchen im Herzen der Stadt.
(Bewundernswert, dass das Markt Neun, Nachfolger des legendären St. Petersburg und Mutter aller Leipziger Szenekneipen, trotz inzwischen touristischem und eher schickem Publikum das alternative Kneipenkonzept mit DJs und Bands erfolgreich beibehalten hat.) Die andere, die Gottschedstraße, liegt im so genannten Schauspielviertel.

Neue Kneipenmeile im Schauspielviertel

Während der wahrlich nicht zu verfehlende Drallewatsch zumeist Touristen anlockt, trifft sich in der Gottschedstraße etwas jüngeres und szenisches Publikum aus Leipzig und Umland. Potenziell tanzfreudige Menschen also. Die Wirte haben die Zeichen der Zeit erkannt und DJs in

Der Anker wurde 1884 als Brauerei-Gasthaus gebaut und nach dem Zweiten Weltkrieg zum Jugendklubhaus umfunktioniert. Er ist (fast) unverändert, so dass einem ganz (n)ostalgisch ums Herz wird. Hier gibt es Konzerte mit national und international bekannten Bands. Dienstags 20 Uhr ist Livemusik mit Leipziger Musikern angesagt. Junge Bands aus der Umgebung präsentieren sich auch bei der Veranstaltungsreihe ROCKpART.

Anker
Knopstr. 1
04159 Leipzig
Tel.: 0341/9 12 83 27
Fax: 0341/912 39 10
E-Mail: info@anker-leipzig.de
Internet: www.anker-leipzig.de

Magapon und Straßenszene im Schauspielviertel

Das Honky Tonk ist kein einzelnes Lokal, sondern 100 Stück auf einmal. Zweimal jährlich (im Mai und November) ist mit 100 Bands in 100 Kneipen nicht nur das größte Kneipenfestival Europas in Leipzig angesagt, sondern wohl auch das größte Trinkgelage. 40.000 Honky Tonkler sind dann tanzend oder spazierend auf den Straßen unterwegs.

Honky Tonk
Leipziger Kneipenfestival
Honky Tonk Büro Leipzig
Kochstr. 132
04277 Leipzig
Tel.: 0341 / 39 13 33-0
Fax: 0341 / 3 08 01 11
Internet: www.honky-tonk.de

Logo Flower Power

die Kneipen geholt. In der Gottschedstraße fläzt man gepflegt im stilvollen Mobiliar des ehemaligen Hotel Astoria.

Live-Musik erklingt an manchen Abenden von einer kleinen Bühne, und das ehemalige Postgebäude hat zu seinem Ursprung zurück gefunden: zur Kommunikation.

Das Kosmophon ist die einzige Lokalität im Schauspielviertel, die statt der Kneipen-DJs den geradlinigeren Weg der Club-Atmosphäre geht. An mehreren Tagen der Woche öffnet der verwinkelte Keller zu elektronischer Musik, Reggae-Dancehall oder rockigeren Klängen. Lauf- und Stammkundschaft treffen durch die zentrale Lage aufeinander. Ein eher seltenes Phänomen in einer engen Stadt wie Leipzig, in der im Prinzip alles zu Fuß zu erreichen ist. Doch vielleicht ist es gerade diese Dichte, die den Leipziger glauben lässt, die Kneipe oder das Tanzlokal ein paar Straßen weiter entfernt seien schwer erreichbar. Wo der erstbeste Laden doch gleich vor der Haustür ist.

Musikkneipen auf der Südmeile

Besseres Beispiel für eine Musikkneipe ist jedoch das Flower Power in der Nähe der Karl-Liebknecht-Straße, der dritten, nicht ganz so stark frequentierten Südmeile. Dort dröhnen allnächtlich die Hits der Hippie-Zeit vom Plattenteller. Und wenn Wirt und Gäste gut gelaunt sind, wird schon mal zwischen und auf den Tischen gerockt. Tanzen kann man vereinzelt auch im Cortex, sofern sich die Anwohner nicht beschweren. Neue elektronische Musik, Live Projekte und junges Künstlerpublikum sind das Markenzeichen der schicken Café-Lounge-Bar. Im Letterman dagegen treffen sich aufstrebende Bevölkerungsschichten.

Die Südbrause in der Karl-Liebknecht-Straße

Die Löffelfamilie, eine Werbung aus fernen Zeiten, restauriert 1999

Blick auf die Karl-Liebknecht-Straße

Glanz und Glamour in Messehalle 7

Die größeren und glamourösen Konzerte finden im Lunapark am Auensee (bis 3.000 Besucher), in der Messehalle 7 des Alten sowie der Messehalle 1 des Neuen Messegeländes statt. Hier werden Konzerte für 5.000 und mehr Besucher geboten. Für Open-Air-Veranstaltungen steht mit der Festwiese vor dem Zentralstadion ein Areal zur Verfügung, das ohne große Mühe 100.000 Gäste aufnehmen könnte – wenn derartige Massen heute noch zu Rock- und Popkonzerten kämen. Da gegenwärtig nur noch eine handverlesene Schar von Künstlern solche Besucherzahlen erreicht, verwaiste die Festwiese in den vergangenen Jahren zusehends.

Alina Kanitz

Die Südmeile:

Das Bimbo Town war einst eine Adresse, um die Leipzig vielerorts beneidet wurde. Der Englische Künstler Jim Whiting hat aus Schrottteilen, Fundstücken und alter Kleidung einen spektakulären Erlebnispark zurecht gebastelt. Doch aus finanziellen und lärmtechnischen Gründen musste sich das Bimbo Town verabschieden. Jim Whiting hofft auf einen neuen Ort für seine einzigartige Inszenierung.

In der naTo auf der Karl-Liebknecht-Straße gibt es hinter der Kneipe einen Kino- und Konzertsaal. Die »Mutter aller Szeneclubs« hat sich einen Namen mit erlesenen Konzertreihen wie Ostwind gemacht. Hin und wieder steigen in dem schwarzen Raum fröhliche Partys.

naTo
Karl-Liebknecht Str. 46
04274 Leipzig
Tel.: 0341/3 91 55 39
Fax: 0341/1 23 65 74

Conne Island
Koburger Str. 3
04277 Leipzig
Tel.: 0341/3 01 30-28
Fax: 0341/3 02 65 03

Flower Power
Riemannstr. 42
04107 Leipzig
Tel.: 0341/9 61 34 41

KilliWilly
Karl-Liebknecht-Str. 44
04107 Leipzig
Tel.: 0341/2 13 13 16

Xylophonspieler
in der Grimmaischen Straße

Liedermacher und Straßenmusikanten

Die ungeliebten Alternativen

Sie waren im DDR-Alltag gleichermaßen verdächtig: das fahrende Volk der Straßenmusiker und die dichtenden Sänger, die nicht aus dem Liederbuch sangen, sondern selbst versuchten, die Realität jener DDR-Jahre einzufangen. Doch während die Straßenmusik heute viele Gründe zum Feiern hat, haben es die ehemaligen Liedermacher schwer. Die Szene ist tot. Es lebe die Szene?

Straßenmusik in Leipzig

Straßenmusiker lebten schon immer in einem starken Spannungsfeld. Einerseits war ihre Kunst heißbegehrt, denn die fahrenden Musikanten, die »Bierfiedler«, waren dem Volke am nächsten und trafen zumeist den richtigen Schwung, das richtige Lied. Andererseits reichte diese Kunst im Mittelalter nicht, um sich damit an einem Ort zu ernähren. So mussten sie wandern, waren nirgends Bürger einer Gemeinde und damit auch ziemlich rechtlos. So handeln denn auch die ersten Dokumente, die man im Leipziger Stadtarchiv finden kann, zuerst einmal von den behördlichen Maßnahmen gegen dieses unstete Volk.

Straßenmusikfestival Leipzig
PF 100 543
04005 Leipzig
Tel.: 0341 / 9 80 63 78

Schon vor Jahrhunderten kam das fahrende Volk

Leipzig war schon im Mittelalter eine wichtige Stadt mit florierendem Sinnesleben. Nach dem Messgeschäft das Vergnügen, da ging es in Leipzig heiß her; ein gutes Pflaster für den, der ein Instrument zu spielen und liederliche Lieder zu singen wusste. Der Paartanz, bei dem sich Mann und Frau umeinander drehten, bis es ihnen schwindlig wurde, galt lange als unsittlich. Er entstand aus den Tänzen, bei denen mehrere Paare im Kreis oder in der Gasse tanzten. Um die Reihenfolge der Paare zu verändern, tanzte ein Paar, »eng« umeinander gefasst, durch die Gasse. Dieser Teil wurde so vergnüglich »ausgewalzt« (Walzer!), dass die Obrigkeit misstrauisch wurde und dies bei Strafe verbot. Bald schon entrichtete man die »Strafe« gleich bei der Anmeldung des Tanzvergnügens, so wurde aus der Strafe die »Drehsteuer«. Heute tanzen die Leute solche Tänze während des Straßenmusikfestivals wieder – immer noch einfach auf der Straße.

Harfenmädchen auf der Leipziger Messe, zeitgenössischer Holzstich, Leipzig 1848

Wo man singt, da lass dich ruhig nieder, böse Menschen haben keine Lieder. Sprichwort

Schlechte Zeiten für Straßenmusiker

In dieser Stadt war das Musizieren eine so lohnende Sache, dass der Rat sich bald stadteigene Musiker hielt, die Stadtpfeifer (siehe S. 7 ff.). Schlechte Zeiten für fahrendes Volk! Die schlechtesten Zeiten hatten Straßenmusiker wohl in diesem Jahrhundert. Und dies weniger aus wirtschaftlichen Gründen. Es waren die deutschen Diktaturen des 20. Jahrhunderts, unter denen Leipzig leiden musste. Die jeweiligen Parteifunktionäre schätzten die Ausstrahlung eines Straßensängers nicht gering ein. Soviel freies Wort, wie da möglich war, erschien nicht geheuer und wurde erst einmal verboten.

Bergmännische Musikanten, kolorierter Stich von G. C. Opiz, 1825

Geht man heute durch Leipzigs Innenstadt voller Musik, kann man sich schwer noch vorstellen, wie leer und leise diese Straßen damals waren.
Erst in den 80er Jahren gelang es der agilen Folk-Szene der Stadt, den Funktionären nach zähem Verhandeln die Erlaubnis zur Straßenmusik abzuringen. Noch etwas länger brauchten dann die Polizisten (die stets schnell da waren, um spontane Musikdarbietungen zu unterbinden), ehe sie begriffen hatten, dass es nun eine höchst amtliche Erlaubnis, zur Messezeit sogar Spielverträge gab. Leipzig zeigte nun Straßenkultur und bewegtes Leben in einer Möchtegern-Weltstadt.

Ein Straßenmusikfestival war 1989 noch zu viel

Doch gleich ein ganzes Straßenmusikfestival, das war ein bisschen viel! Die Leipziger, die 1989 versuchten, mit einem großen Musikertreffen auf Leipzigs Straßen etwas Farbe in das sozialistische Alltagsgrau bringen, hatten keine große Chance auf eine solche Genehmigung.

Straßenmusiker mit Piccoloflöte auf dem Naschmarkt

Freilich waren die Organisatoren gewitzt: Die handgemalten oder mit Schreibmaschine geschriebenen Einladungen, Kopiertechnik gab es nicht, waren schnell in alle Winde verschickt worden. Man konnte das Festival zwar noch verbieten, nicht jedoch verhindern. Obwohl sich die Funktionäre Einiges einfallen ließen. Zum Beispiel luden sie alle Leipziger Musikgruppen vor (schließlich waren in der DDR alle registriert!) und verboten ihnen die Teilnahme. Die Festival-Organisatoren entzogen sich der drohenden Verhaftung und verließen die Stadt kurz vor dem Ereignis. Um zum Festival mit den Musikern aus den umliegenden Städten wiederzukommen.

»Warum ist es in der Stadt Leipzig nicht erlaubt, Straßenmusik zu machen? Ich habe jetzt schon zweimal miterleben müssen, wie Straßenmusikanten in der Mädlerpassage von unseren Ordnungshütern daran gehindert wurden, weiter zu spielen. Es wurden ihnen absurde Vergehen vorgeworfen, wie ungenehmigte Veranstaltung, Zusammenrottung und Ruhestörung ...«
Aus einem Brief von Uwe Schwabe an die Kulturdirektion Leipzig. 19. 9. 1988
Aus: Lieberwirth, Steffen: Wer einen Spielmann zu Tode schlägt, Leipzig, 1990, S. 21

Jagd auf Gitarren und Flöten

Vielleicht wären die knapp hundert jungen Musiker, meist mit nicht mehr als Gitarren und Flöten ausgerüstet, in der großen Stadt gar nicht so sehr aufgefallen. Aber das Vielfache an Polizei und Stasi, mit denen der Arbeiter-und-Bauern-Staat die Musiker gleich mitsamt ihrem Publikum durch die Stadt jagte, war unübersehbar. Über hundert Menschen wurden verhaftet und dabei ähnlich rechtlos behandelt wie einst im Mittelalter. Doch man schrieb das Jahr 1989! Sicher ahnte noch keiner, dass dieser Staat wenige Monate später sang- und klanglos zusammenbrechen würde. Die volkseigenen Sicherheitsorgane sahen sich einem ungeahnten Widerstand im Volke gegenüber, das polizeiliche Eingreifen machte dieses Festival erst so richtig wichtig. Die Leipziger standen zu ihrer Straßenmusik, und das hat sich bis heute erhalten. Im turbulenten 89er Sommer mussten die Behörden alle Ordnungsstrafen anlässlich des Festivals zurücknehmen. Leipzigs weltberühmtestes Konzerthaus, das Gewandhaus, öffnete sich dem Thema und veranstaltete im Herbst eine Podiumsdiskussion zur Straßenmusik. Das war in der DDR schon ungewöhnlich, denn dort gab es sogar Gelegenheit zu freier Rede. Ein letzter Versuch, freie Straßenmusiker und Sozialismus unter einem Hut zu bringen.

Wer einen Spielmann zu Tode schlägt ... hat mehr nicht zu zahlen als den Freispruch beim Stadtgerichte. Diesen Paragrafen aus Repgows mittelalterlichem Gesetzbuch »Der Sachsenspiegel« hat Steffen Lieberwirth zum Motto seiner Recherche über das erste Straßenmusikfestival 1989 in Leipzig gewählt. Das Buch erschien 1990 als Gemeinschaftswerk zweier Leipziger Verlage: Militzke und Edition Peters.

Wer einen Spielmann zu Tode schlägt ...

Unter diesem Titel dokumentiert ein Buch die Geschehnisse des ersten Leipziger Straßenmusikfestivals. Das Buch ist immer noch aufwühlend und beredtes Zeugnis einer Umbruchzeit, die vor allem in Leipzig stattgefunden hat. Obwohl der Untertitel »Generalprobe zur Wende« sicher auch eine Überschätzung der Auswirkung der Straßenmusik auf die Entwicklung in der zusammenbrechenden DDR ist. Doch auf Leipzigs Straßenkultur ist die Auswirkung dieses Festivals noch heute unübersehbar, unüberhörbar.

Während in vielen anderen deutschen Städten Straßenkunst reglementiert und genehmigungspflichtig ist, hat sich in Leipzig noch kein Bürokrat getraut, Regeln für etwas zu erlassen, was doch am besten spontan und ungeregelt lebt. Hier darf man noch, selbstbestimmt und unkontrolliert, seine Kunst ins Ohr der Menschen bringen. Nicht ganz uneingeschränkt zwar, denn die vielen Passagen in Leipzig sind wieder privat und von Security bewacht. Aber gerade so sind die Passagen reizvoll für manchen Musiker ...

Heute überwiegen Offenheit und Freude

Doch die fehlenden behördlichen Hindernisse sind es nicht allein, die Leipzigs Flair als Straßenmusikstadt ausmachen. Es sind die Menschen dieser Stadt, dieses Gemisch aus sächsischem Gemüt und – nun doch und angemessen so benannt – offenem Weltbürger. Straßenmusiker, die durch Deutschland ziehen und wissen, wovon sie reden, kommen schnell mal ins Schwärmen beim Thema Leipzig. Hier gehören sie dazu, hier sind sie richtig auf der Straße. Keiner wundert sich, dass da jemand steht und spielt. Erstaunlich wäre es nur, hörte man überhaupt nichts! In dieser Stadt überwiegt die Offenheit und die Freude an der Musik, ein gutes Pflaster also für Straßenmusiker. Die ungebrochene Akzeptanz der Leipziger kommt nunmehr nicht nur aus der positiven Erfahrung, die Leipzig mit der Straßenmusik im Juni 1989 gemacht hat. Es ist, als wäre mit diesem ersten Festival ein bis dato unbekannter Nerv der Stadt getroffen worden.
Seitdem gab es schon neun weitere Straßenmusikfestivals und dazwischen auf Leipzigs Straßen Musik zu jeder Jahreszeit.

Rund 300 Musiker aus ganz Europa kommen alljährlich zum Leipziger Straßenmusikfestival. Es gibt keine Verträge und keine Honorare, nur die Hoffnung, dass den Leipzigern das Geld locker in der Tasche sitzt.

Ein besonderes Festival der Straßenkunst

Das Festival hatte seine eigene Entstehungsgeschichte, eingebettet in gesellschaftliche Verhältnisse, die heute Geschichte sind. Dass es wichtige Merkmale seiner Entstehung bewahrt hat, macht es zu dem besonderen Festival auf Deutschlands Straßen. Denn noch immer funktioniert es nach dem gleichen Prinzip: Es wird eingeladen! Nicht engagiert, es gibt keine Verträge und kein Honorar, keine

Musiker aus Rußland zur Weihnachtszeit in Leipzig

Straßenmusik kann begeistern. Es haben schon Leute deswegen ihre Kinokarten verfallen lassen. Seriöse Herren stimmten auf der Straße in den Gesang mit ein, einander fremde Menschen begannen plötzlich zu tanzen.

Bühnen und keinen Zeitplan. Trotzdem kommen Jahr für Jahr rund 300 Künstler zum Festival, schon lange nicht mehr nur aus der Umgebung, sondern aus ganz Europa. Und einige davon kommen Jahr für Jahr wieder. Das Leipziger Straßenmusikfestival hat halt anderes zu bieten, ein gigantisches Durcheinander von Musikern, die sich so nirgends treffen können wie auf Leipzigs Straßen und in den Kellergewölben der Moritzbastei. Und die schon im letzten Abschnitt beschriebene Freundlichkeit der Leipziger, die die Musiker privat (und kostenlos) unterbringen, sie zu Partys und in Kneipen abschleppen. Und die soviel Kleingeld dabei haben, dass 300 Musiker an einem Wochenende das offizielle Honorar verschmerzen können. Kneipen der Leipziger Innenstadt spendieren das Mittagessen, eine Brauerei aus der Umgebung das Bier – wo hat's ein Straßenmensch sonst so gut?

Der flötende Harlekin wirbt für das 11. Straßenmusikfestival vom 23.-25. 6. 2000.

Der freieste Event der Stadt

Leipzigs Straßenmusikfestival ist wohl der freieste und ungezwungenste Event der Stadt. Nicht nur, dass die Straßenkünstler spontan und manchmal nur auf Mundpropaganda hin nach Leipzig kommen. Sie haben auch jede Freiheit für ihre Auftritte. Zeitplan und Spielorte machen sich die Künstler mit ihrem Publikum selber aus. Und dieses Publikum ist auch der einzige Maßstab für den Erfolg der Kunst, denn keine Jury bewertet die Musiker, keine Siege und Pokale sind zu vergeben. Wer gut ist, bekommt es am eigenen Leibe zu spüren. Klaus der Geiger, ein Kölner Straßenmusiker, der schon in den 68ern durch Europa fiedelte, erklärte Sonnabendnacht mit gebrochener Stimme, dass er nun fast ununterbrochen seit 12 Stunden singe – die Leute hätten ihn nicht weggelassen. Bei diesem Festival sind Gruppen entstanden, Projekte geboren worden, haben Freundschaften und Geschichten begonnen. In den ersten Jahren nach der »Wende« trafen sich hier Menschen, die lange durch die deutsche Grenze getrennt waren. Ein besonders berührendes Ereignis war, wie ein alter litauischer Musiker, in den Tagen seines Aufenthaltes verzweifelt versuchte, Spuren seiner deutschen Ahnen zu finden – die Sowjetunion hatte ihn aller seiner deutschen Wurzeln, seiner Geburtspapiere und Zeugnisse beraubt. Später fielen Musiker wie die französische Chansonette oder der amerikanische Uni-Chor auf, die das Festival zum Grund nahmen, endlich nach Leipzig zu kommen. Ungarn gaben schon richtige Tanz-Workshops auf Leipzigs Straßen, wohl weil Ungarn seit 1989 nicht mehr das Haupturlaubsziel der Leipziger ist …

Musik aller Qualitäten …

Die Motive für einen Künstler, sich auf der Straße zu produzieren, sind vielfältig. Manchen reizt der direkte Kontakt, die unkomplizierte Verfahrensweise. Einige wollen sich ausprobieren: vom Musikunterricht nehmenden Kind bis hin zum Profi, der ein neues Programm testet. Einige Musiker hatten schon so etwas wie ihren offenen Klub, jede Nacht traf man sie und ihre Zuhörerschaft.

Aber natürlich reizt auch das Geld, das man mit Glück und Ausstrahlung auf der Straße erhalten kann, zumal ohne Mehrwertsteuer (das legt sogar ein Urteil des Europäischen Gerichtshofes fest!) und ohne Finanzamt. Osteuropäische Musiker verdienen sich auf Leipzigs Straßen das Geld, das es ihnen zu Hause ermöglicht, in guten, aber schlecht zahlenden Orchestern zu spielen. Lateinamerikanische Musiker sind manchmal richtig aus ihren Dörfern weg nach Deutschland gelockt worden, mit dem Versprechen »Die Deutschen zahlen viel Geld für eure Musik!« Sie kamen schon durch die Überfahrt hoch verschuldet hier an. Auch manchen Deutschen treibt die Einsamkeit und die blanke Not auf die Straße. Nur irgend etwas machen, was das Leben verbessert!

Straßenmusik kann begeistern

So vielfältig also die Gründe für einen Straßenkünstler sind, sich dem Publikum zu stellen, so unterschiedlich sind nicht nur die Genres, sondern auch die Genüsse.

Straßenmusik kann nerven, wenn das Repertoire zu klein, die Fertigkeit zu gering ist. Die Händler, vor deren Geschäften es tönt, die Menschen, die durch die Stadt eilen, können ein hartes Publikum sein. Straßenmusik kann begeistern. Es haben schon Leute ihre Kinokarten verfallen lassen, seriöse Herren stimmten auf der Straße in den Gesang ein, fremde Menschen tanzten nach bretonischen Melodien miteinan-

Die Leipziger Leierkastenfrau Lydia Küchhold

der. Straßenmusik kann berühren. Weil Kinder singen. Oder weil Musiker so ehrlich und unverfälscht wirken. Weil die Musiker selbst berührt sind von ihrer Musik. Städte ohne Musik auf der Straße wirken manchmal ganz unheimlich, da fehlt etwas. In Leipzig passiert das selten. Jedes Jahr an einem Wochenende im Juni ein Festival der Straßenkunst. Hunderte von Musikern, über die Innenstadt verstreut. Menschen, die auf der Straße tanzen, jonglieren, trommeln. Ein spezieller, alternativer Markt auf dem alten Marktplatz der Messestadt. Freitag Nacht eine endlose Session in der Moritzbastei und am Sonntag ein erschöpftes und beseeltes Erwachen. Ein solches Straßenfest gibt es nirgends sonst als in dieser Stadt.

Jürgen Brehme

Liedermacher einst und jetzt

Die Szene ist tot - es lebe die Szene? Oder: »Ich bin traurig und trink' Tee.« Vor ein paar Jahren meinte Frau Ilona W., dass sie die Herren in weißen Hemden mit Gitarre vorm Bauch jetzt andauernd in Sozialarbeiterberufen antreffe, was ja auch nicht das Schlechteste sei, immerhin hätten die wohl, zum Teil jedenfalls, mit dem, was sie sangen, Ernst gemacht. Man könnte es für einen Spaß halten. Die einstige Hochburg der Liedermacherei, das »Gelbe vom Ei« des Landes, das sich vor rund zehn Jahren relativ tonlos verkrümelte, zeigt sich auf den ersten und auch den zweiten Blick reichlich ausgetrocknet.

Stegreifrapper statt Liedermacher?

Das Lied in der DDR-Vergangenheit war permanent politisch motiviert, für oder gegen. Was ist heute noch politisch? »Schließt euch an«, sang 1989 einer über die Lautsprecher auf dem damaligen Karl-Marx-Platz, und Tausende hörten ihm zu, und Hunderttausende schlossen sich tatsächlich an. Wo, bitte schön, soll sich heute einer noch anschließen?

Außer ein paar Namen, die aus der Ferne noch einen Klang haben oder zu haben scheinen, ist nichts mehr da. Junge Leute, so scheint's, greifen kaum noch zur Gitarre, die Spaßgeneration und MTV haben sich breit gemacht, Punk und alles was danach kam, übertönte locker das Genre. Lied und Stegreifrapper mit Knüttelreimen sorgten dafür, dass jeder Text, der nicht auf Anhieb als »lustig« oder »hart« zu erkennen war, gnadenlos durchfiel. Nur wenn Wenzel und Mensching mal wieder im Schauspielhaus auftauchten, war noch etwas Lied zu sehen und hören. Aber die sind ja bekanntermaßen nicht aus Leipzig, genau so wenig wie der »Chefliedermacher« Gerhard Schöne oder der leider viel zu früh verstorbene Gerhard Gundermann. Wo also war Leipzig, wo also ist Leipzig? Man könnte auch fragen: Wo ist die Nikolaikirche? Wo ist der Zulauf zu den Montagsgebeten? Wo sind die Heldenbürger? All diese scheinbar so provokanten Fragen weisen auf die Vergangenheit. Die Antwort ist simpel: Die Bedingungen haben sich geändert. Den Liedermachern wurde sozusagen der Boden unter den Füßen weggezogen. Ihre Funktion, Unbehagen auszudrücken, Wut, Hilflosigkeit und Trauer entfiel. »Ich bin traurig und trink' Tee«?

Ein Wachsboden für Lieder?

Das Lied in der DDR-Vergangenheit war permanent politisch motiviert, für oder gegen, von Perry Friedman bis Wolf Biermann. Was ist heute noch politisch? »Schließt euch an«, sang einer über die Lautsprecher auf dem damaligen Karl-Marx-Platz, und Tausende hörten ihm zu, und Hunderttausende schlossen sich tatsächlich an. Wo, bitte schön, soll sich heute einer noch anschließen?

So findet sich die Grundlage des Liedes, wie es aus der DDR-Vergangenheit bekannt ist, nicht mehr. Folglich muß die Frage nach der Liedermacherei in Leipzig 1999 etwas anders gestellt werden. Vielleicht so: Wo tauchen Elemente des Liedes auf? Andererseits: Ist, was nicht oder kaum öffentlich wird, nicht vorhanden? Hinzu kommt, dass der sattsam bekannte Liedermacher mit der Gitarre vorm Bauch auch zu DDR-Zeiten nur ein Teil der Szene war, der Geschichtenerzähler, der Bänkelsänger, wenn man so will. Verbindungen der Liedermacher zum Chanson gab es ohnehin, aber auch zur Folklore, zum Rock, Jazz und Blues (gerade in Leipzig), andererseits zur DDR-Singebewegung waren welche vorhanden, Verbindungen und Lager. Letztere wiederum lassen sich politisch in Pro und Contra zum System unterteilen. In Leipzig könnte man das vielleicht auch an den beiden Textern Kurt Demmler und Andreas Reimann deutlich machen. Diese Lager bestehen bis heute fort. Und das Jetzt ist ohne die Vergangenheit nicht zu erfassen, zumal es eine ungeheure Fülle von Informationen gibt.

Gibt es die Liedermacher von heute? Vier Biografien sollen für alle stehen: Wolfgang Vallentin, Susanne Grütz, Ines Krautwurst, Stephan König.

»Mit dem Lied muß ich was zu sagen haben, ursprüngliche Gefühle ausdrücken, Freude, Angst, Schmerz. Auch Träume meinetwegen. Ich brauche meine Träume, um meinen Frust zu verarbeiten. Mit Liedern kann man Bilder schaffen, von denen der Zuhörer etwas mitnimmt, auch ohne dass er diesen Zugewinn sofort benennen könnte.«
Susanne Grütz
im Interview

Lieder erfinden nur noch »nebenbei«?

Wolfgang Vallentin, 1961 in Machern geboren. Er besuchte acht Jahre die Blindenschule im damaligen Karl-Marx-Stadt, erhielt Klavierunterricht und fand sich schon in der 8. Klasse mit Freunden zusammen, um zu musizieren. Er nennt das heute Akustik-Band. Die EOS besuchte er in Königswusterhausen, schloss sich der dortigen Singegruppe an, erste Lieder am Klavier entstanden in Englisch: »Musste ja nicht jeder gleich mitkriegen, in wen ich da verliebt war.« Ab 1979 studierte er Kulturwissenschaften in Leipzig, musizierte in der Gruppe Tritonus, mit der es halboffizielle Auftritte gab. Wolfgang Vallentin gehörte zur Leipziger Singegruppe »X. Weltfestspiele«. Nach einem kurzen Zwischenspiel in Karl-Marx-Stadt fand er eine Anstellung im Kulturkabinett Nord, heute arbeitet er im Kulturamt der Stadt Leipzig.

Während seines Studiums entstanden erste deutschsprachige Lieder am Klavier, es gab sporadische Auftritte.

1985 wurde er Mitgründer der »Tramptour«, einer Straßenmusikgruppe, die mehrere Jahre halblegal sommers durch die DDR tourte. Vallentin fing an, Lieder mit politischen Texten zu schreiben. Dann kam die Wende, die »Tramptour« zerbrach in den darauf folgenden Jahren.

Heute ist Vallentin nur noch begrenzt aktiv. Es existieren zwei Gruppen, »Sundown« und »Rotfuchs«, von denen sich letztere mit dem deutschsprachigen und auch dem politischen Lied befasst. Wolfgang Vallentin schreibt nach wie vor, seine Produktivität ist aber eher gering. Inhaltlich setzt er sich mit der Wende und den Folgen für Land und Leute auseinander. Wie er selbst sagt, betrieb er die Liedermacherei immer nur nebenbei, er kommt auf ca. 20 Auftritte im Jahr.

Wolfgang Vallentin findet es gut, dass der Kreativ Kultur e.V. seit einiger Zeit eine Liedermacherreihe in der Stötteritzer »Scheune« eingerichtet hat. Leider findet dieser Versuch einer Bestandsaufnahme nur wenig Interesse.

Seine Meinung: Die Liedermacherei, so wie wir sie noch in den Köpfen haben, wird es nicht mehr geben. Es gibt wenig junge Leute, eine Szene ist nicht in Sicht, alle sind vereinzelt oder machen etwas anderes. Bedarf sähe er schon, aber es wären eben andere Zeiten, das könne man traurig finden oder auch lassen, an den Tatsachen ändere es nichts.

Auf der Suche nach dem Eigenen?

Susanne Grütz. Die 37-Jährige wurde in Halle geboren. Sie wollte schon immer tun, was sie jetzt macht, vielleicht auch, weil sie als Kind die TV-Sendung »Beatclub« aus Bremen schaute. Sie sang ständig, hatte Spaß daran, anderen etwas vorzuführen. Sie musste sich früh durchsetzen lernen, trainierte zu Hause »Boxen«, um sich wehren zu können. Noch heute ist es schlimm für sie, wenn Leute ihr nicht richtig zuhören. Es war immer schwer für sie, »etwas so zu machen, wie ich es möchte«. Und wenn dann jemand kam wie Hubertus Schmidt, hatte das neben dem Vorteil, von ihm lernen zu können, eben auch den Nachteil, dass abgeschwächt wurde, was in ihr »das Auslösende«, also das Kreative und Produktive ist.

Susanne Grütz

Mit 15 der Umzug nach Leipzig. Ein Bruch in der Biografie. Sie nahm Leipzig als kaputte Stadt wahr, in der sie interessante Leute kennen lernte. Sie kam ans Poetische Theater, war Souffleuse, übernahm kleine Rollen, wurde Regieassistentin. Das alles geschah neben ihrer Lehre als Schneiderin und der späteren Arbeit als Operatorin.
Susanne Grütz galt lange als zu still, zu leise. Sie kam übers Schauspiel zum Lied, zum Chanson. Hubertus Schmidt ebnete ihr den Weg in die Szene, nahm sie 1985 mit nach Kloster Michelstein, dem damaligen Treffpunkt von Liedermachern in der DDR. Sie lernte Leute wie Jens Paul Wollenberg, Jürgen Wolf (später Duo Sonnenschirm) und Hermann Nehring kennen. Es folgte das erste Programm, dann Werkstätten, Preise in Frankfurt. So kam sie 1986 zum Liedercirkus, Cirkus Lila. Heute sagt sie, damals sei sie eigentlich so weit gewesen, um sich von Hubertus Schmidt lösen zu können und Neues, Eigenes zu beginnen. Aber diese Jahre waren eben auch sehr erfolgreich.
Susanne Grütz hat kaum Lieder für sich geschrieben, dafür arbeitet sie gern für konkrete Projekte, für Bands zum Beispiel, deren Musik und Art sie mag. Den Autor Andreas Reimann lernte sie durch Hubertus Schmidt kennen. Beide waren DDR-Gefangene, Reimann wegen »Hetze gegen die DDR«, Schmidt wegen »versuchter Republikflucht«. Nach dem Gefängnis hatte Hubertus Schmidt TBC, Reimann besuchte ihn im Krankenhaus, kümmerte sich, so entstand der Kontakt. In der Folge vertonte Schmidt Reimanntexte. Beide, meint Susanne Grütz, haben damit die Leipziger Szene begründet. Aber bekannter war Kurt Demmler, dessen Texte politisch günstiger lagen.
Ihre Meinung: Jetzt ist eine andere Zeit und das, was gewesen ist, ging mit der Wende kaputt: Das Zusammengehörigkeitsgefühl beispielsweise, das gegenseitige Helfen trotz Konkurrenz ... Man hat sich verloren. Es gibt keine gemeinsamen Projekte mehr, auch keine Anfragen.
Die Liederreihe in der Leipziger »Scheune« bezeichnet sie

»Liedermachen jetzt, das ist: sich äußern über sich selbst. Anprangern kann jede Comedy-Show. Ich will mit Musik sagen, was am Leben schön ist, will andere mit hineinziehen in mein Gefühl. Gefühle bleiben in dieser Gesellschaft auf der Strecke. Selbst zehn Jahre nach der Wende kann ich damit nicht umgehen. Ich kann's höchstens ignorieren, mehr nicht.«
Susanne Grütz
im Interview

als Versuch. »Liedermachen jetzt, das ist eine ganz persönliche Äußerung. Ich will mit Musik sagen, was am Leben schön ist, andere mit hineinziehen in mein Gefühl.«

Ines Krautwurst

Zusammenarbeit auf Reimann-Text begründet?

Ines Krautwurst und Stephan König. Ines Krautwurst, zwar in Borna geboren, fühlt sich als Leipzigerin. Sie studierte acht Jahre Gesang, verbrachte den Großteil ihres Lebens hier. Stephan König, 1963 in Berlin zur Welt gekommen, kam über Magdeburg und Halle (Spezialmusikschulen) 1980 nach Leipzig, studierte hier Klavier, Komposition und Dirigieren. Krautwurst und König lernten sich 1985 an der Hochschule für Musik kennen, ein Reimann-Text kam in Königs Hände, und über diesen Text begann die Zusammenarbeit beider auf dem Sektor Lied/Chanson, die bis heute andauert.

Dieser Ausgangspunkt ließ beide in die »Liedermacherszene« mehr hineinrutschen als planvoll hineingehen. Inzwischen hat sich das geändert, es gibt sehr viel mehr und anderes: Musical und Konzertantes. So liest sich denn auch die Liste der Engagements und eigenen Programme gar nicht wie die einer Liedermacherin, was für ihren Partner ohnehin nie zugetroffen hat.

Stephan König

Im Gegensatz zur üblichen Dominanz des Wortes bei Liedermachern spielte und spielt die Musik als Sprache bei ihnen eine viel größere Rolle, wobei sich für die nähere Zukunft in Zusammenarbeit mit Andreas Reimann wieder eine Rückkehr zum Lied andeutet. Beide sind der Meinung, dass das Lied wieder im Kommen ist.

Für Krautwurst/König brachte die Wende keinen Bruch wie bei Leuten, die ausschließlich politische Sachen gemacht haben. König wünscht darüber hinaus, dass der Begriff Liedermacher nicht mehr so eng und nur politisch definiert wird.

»Vielleicht kann man auch in dieser Gesellschaft, die sich zum Großteil über Geld definiert, Nischen finden. Die Stadt Leipzig muss begreifen, dass mit Kunstförderung langfristig Geld zu verdienen ist: Die Stadt wird interessanter, es kommen mehr Leute und die bringen natürlich Geld mit.«
Königs Überlegung zeigt: Heute sind existenzielle Fragen anderer Art als zu DDR-Zeiten in den Vordergrund gerückt. Doch trotzdem bewegt sich vieles in Leipzig. Hier und dort tauchen neue Namen auf, wie der an Gundermann orientierte Christian Haase, der inzwischen schon bekanntere Johannes Kirchberg, die aus der Punkszene kommenden Straßenmusiker »Anti« und »Tess« oder auch ein Mädchen wie Sabrina Bornmann. Sie alle haben noch zu entscheiden, wie sie die Zerreißprobe zwischen Kommerz und Anspruch bestehen wollen.

Thomas Bachmann

»Das Bild vom ›Liedermacher‹ sollte nicht mehr über das Klischee aus der Vergangenheit definiert werden. Er produziert nicht ständig politische Texte, sondern einfach Lieder.«
Stephan König

»Manches hat aus der Vergangenheit überlebt. Wenn es gelingt, das nicht als Nachteil anzusehen, sondern als Vorteil, dann könnte die Szene neue Wurzeln schlagen.«
Ines Krautwurst

»Bewegte Klänge« – Improvisationen: Stephan König, Bewegung: Karen Schönemann, Klänge: Wolfram Dix (nicht zu sehen), Veranstaltungsreihe »Kunst unter der Kuppel« der Dresdner Bank, 1999

»Abendstimmung über dem Augustusplatz«

Chronik zur Geschichte der Musikstadt Leipzig

Um 1170 Leipzig erhält das Stadtrecht. Das seit etwa 400 Jahren bestehende sorbische »Libzi« (Linden-Ort) hat sich durch ständige deutsche Zuwanderung zu einer Handwerker- und Kaufmannssiedlung entwickelt. Der nachträglich ausgestellte Stadtbrief mit Marktprivileg datiert von 1165.

1212 Stiftung des Klosters St. Thomas durch den Markgrafen Dietrich. 1222 ist die gleichnamige Stiftskirche fertiggestellt. Sie stand am heutigen Platz, das Kloster nördlich davon, entlang der noch immer danach genannten Klostergasse. Betrieben wird das Kloster von Augustiner Chorherren, Weltgeistlichen also, die sich der Pflege der Wissenschaften verschrieben hatten. Bis zur Gründung der Universität beherrschen sie das geistige Leben der Stadt. Dem Kloster angeschlossen ist eine Schule, die 1254 zum ersten Mal urkundlich erwähnt wird.

Lied der Frau von Weißenburg, 13. Jh., nach späterer Aufzeichnung

1222 Der Minnesänger Heinrich von Morungen stirbt im Thomaskloster. Er ist in der berühmten Manessischen Liederhandschrift abgebildet und somit wohl der erste »prominente« Leipziger Musiker.

1409 Gründung der Leipziger Universität.

1479 Der Rat der Stadt stellt drei Stadtpfeifer fest an. Allein sie dürfen öffentlich musizieren. Leipzig hat um diese Zeit etwa 6.000 Einwohner.

1482 Am Neumarkt wird der Bau eines Gewandhauses, des Sitzes der Tuchmacher, fertiggestellt. In ihm wird später der erste Leipziger Konzertsaal eingerichtet. Im gleichen Jahr beginnt der Neubau der Thomaskirche am alten Ort; 1496 ist er beendet. Nach zahlreichen Veränderungen, deren größte der Anbau des Turmes war, entsteht nun eine moderne, spätgotische Hallenkirche. Der Baukörper blieb bis heute unverändert.

1485 Der Neubau der Paulinerkirche beginnt. Bereits 1229 war am heutigen Augustusplatz ein Dominikanerkloster, auch Paulinerkloster genannt, gegründet worden. Nach der Reformation erhält die Universität Kloster und Kirche als Geschenk vom Kurfürsten.

1489 In die Thomaskirche wird die erste Orgel eingebaut.

1515 Umbau der Nikolaikirche im spätgotischen Stil (bis 1525).

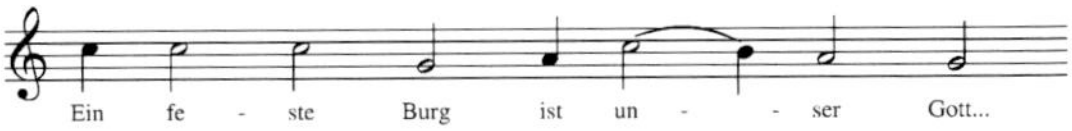

M. Luthers »Ein feste Burg«, in Leipzig 1530 erstmals gedruckt

1519 Am 24. Juni Gottesdienst zu Beginn der Leipziger Disputation zwischen Martin Luther und Johann Eck in der Thomaskirche unter Mitwirkung der Thomaner.

1539 Am 25. Mai wird die Reformation offiziell in Sachsen eingeführt. Martin Luther predigt aus diesem Anlass in der Thomaskirche.

1543 Am 1. Mai übernimmt der Rat der Stadt das Patronat über alle Kirchen und Schulen. Am 6. August erwirbt er die drei Klöster der Stadt, die Gebäude des Thomasklosters werden niedergelegt.

Georg Rhaw, Fastnachtskram, 1545

1553 Neubau des Thomasschulgebäudes, das bis Ende des 19. Jahrhunderts genutzt wird. 22 Alumnen und ca. 150 externe Schüler besuchen jetzt die Schule.

1556 Bau des Alten Rathauses nach Plänen von Hieronymus Lotter (bis 1577).

1599 Renovierung des Rathauses. Die Stadtpfeifer werden zum täglich zweimaligen »Abblasen« vom neu angebrachten Umgang am Turm verpflichtet, dem Bläserbalkon unter der Uhr.

S. Calvisius, Kanon für 6 Stimmen »Alles was Odem hat«, Leipzig 1609

1609 Veröffentlichung der Motettensammlung »Florilegium Portense«, die noch Bach benutzt hat.

1618 Beginn des Dreißigjährigen Krieges (bis 1648). 1631 wird Leipzig durch Tilly belagert, 1632 durch Wallensteins Truppen besetzt, was sich 1633 wiederholt.

J. H. Schein, »Viel schöner Blümelein« aus: »Musica boscareccia«, Leipzig 1626

1631 Pestepidemie; von den etwa 20.000 Einwohnern sterben mindestens 4.000. Die Stadtpfeifer und Kunstgeiger werden dem Thomaskantor unterstellt.

1639 Große Hungersnot.

1648 Heinrich Schütz widmet dem Rat der Stadt und dem Thomanerchor seine Motettensammlung »Geistliche Chormusik«.

1657 Bis Ende des Jahrhunderts ist ein Collegium musicum unter Leitung des Nikolaiorganisten Adam Krieger nachweisbar.

A. Krieger, »Auror' und Stell' erscheinen hell«, Leipzig 1667

1693 Eröffnung des ersten Leipziger Opernhauses am Brühl. Direktor ist Nikolaus Adam Strungk. Es ist das nach Hamburg zweitälteste deutsche Opernhaus und besteht bis 1720.

1699 Die frühere Franziskanerkirche am Matthäi-Kirchhof wird als dritte Stadtkirche (Neukirche) eingerichtet, in der die Thomaner zum Gottesdienst singen.

1702 Georg Philipp Telemann kommt nach Leipzig, um Jura zu studieren, wendet sich aber bald der Musik zu. Er gründet ein Collegium musicum und wird Musikdirektor der Oper. Zwei Jahre später, 1704, stellt die Stadt Telemann als Organist und Musikdirektor der Neukirche an. An den hohen Festtagen und zu den Messen musiziert er mit dem Collegium musicum.

J. Kuhnau, Biblische Sonate Nr. 1, »Der Streit zwischen David und Goliath«, Leipzig 1701

1708 Die Musikbegeisterung der Leipziger Studenten ist so groß, dass Johann Friedrich Fasch ein weiteres Collegium musicum gründen kann. Beide Collegia bestehen unter wechselnder Leitung mehrere Jahrzehnte.

1710 In der Universitätskirche St. Pauli wird öffentlicher Gottesdienst an Festtagen und bei vierteljährlichen Redeakten vor allem für die Akademiker eingerichtet. Für diese wird ein Organist fest angestellt; die Thomaner singen Choräle und einfache Motetten.

J. G. Reiche, Neue Quatricinia, Leipzig 1696

1712 Die Peterskirche wird zur vierten Stadtkirche mit regelmäßigem Gottesdienst erhoben. Die Thomaner müssen nun in vier »Sonntagskantoreien« aufgeteilt werden.

1717 In der Paulinerkirche wird von Johann Scheibe eine neue Orgel eingebaut; die Abnahme erfolgt durch Johann Sebastian Bach, damals noch Hofkapellmeister in Köthen.

1719 Christoph Bernhard Breitkopf übernimmt eine Leipziger Druckerei, in der zunächst nur gelegentlich Noten erscheinen (u.a. Schemellis »Musikalisches Gesangbuch«, an dem Bach mitgearbeitet hat).

1720 Ende des Opernbetriebes in Leipzig. Bis zuletzt hatte Telemann das Unternehmen noch mit eigenen Werken versorgt.

1721 Nachdem bereits 1717 in der Neukirche eine oratorische Passion aufgeführt worden war, folgt nun Thomaskantor Johann Kuhnau mit seiner Markuspassion.

1723 Elf Monate nach dem Tod seines Vorgängers Kuhnau wird Johann Sebastian Bach zum Thomaskantor und städtischen Musikdirektor berufen. Der Nikolai-Organist Johann Gottlieb Görner übernimmt die Leitung der Universitätsmusik, um die sich Bach vergeblich bemüht hatte. Görner leitet auch das zweite von Fasch gegründete Collegium musicum. Zu Weihnachten erklingt zum ersten Mal das »Magnificat« von Bach.

1724 Erste Aufführung der Johannespassion von Bach in der Nikolaikirche, 1727 folgt die Matthäuspassion in der Thomaskirche. Beide Werke werden noch mehrmals in veränderter Fassung zur Passionszeit aufgeführt.

J. S. Bach, Pfingstlied aus dem »Schemellischen Gesangbuch«, Leipzig 1736

1729 Bach übernimmt das von Telemann gegründete Collegium musicum (zunächst bis 1737, dann noch einmal von 1739 bis mindestens 1741) und vereinigt damit fast alle musikalischen Kräfte der Stadt in seiner Hand: Ratsmusiker, Thomaner, musizierende Studenten.

1730 Zwischen dem Rat der Stadt und Bach kommt es zu einer ersten Auseinandersetzung über seine Amtsführung, die als undisziplinieret und mangelhaft kritisiert wird. Bach wehrt sich mit einer detaillierten Darstellung der ihm zur Verfügung stehenden Musiker. In einem Brief an seinen Jugendfreund Erdmann fragt er nach einer Stelle außerhalb. Die Angelegenheit verläuft im Sande, zumal ein neuer Schulrektor ihm sehr gewogen ist und manche Diensterleichterung durchsetzt.

J. S. Bach, Weihnachtsoratorium, Leipzig 1734

1734/35 Zu Weihnachten und Neujahr erklingt zum ersten Mal das »Weihnachtsoratorium« von Bach in der Thomaskirche.

1736 Bach wird zum Königlich-Polnischen und Kurfürstlich-Sächsischen Hofkompositeur ernannt und erhofft sich dadurch eine Stärkung seiner Stellung gegenüber den Leipziger Vorgesetzten. Das ist nötig, da er im Streit mit dem neuen Schulrektor um seine Kompetenz liegt (Präfektenstreit).

1738 Lorenz Christoph Mizler gründet die erste musikwissenschaftliche Gesellschaft Deutschlands, die »Sozietät der Musikalischen Wissenschaften«, deren Mitglied Bach 1747 wird. Möglicherweise ließ er sich hierfür von Elias Gottlob Haussmann porträtieren und reichte auch Kompositionen ein (Canonische Veränderungen über »Vom Himmel hoch«). Von 1737 bis 1743 hielt Mizler Vorlesungen an der Universität.

1743 Gründung des »Großen Concerts« durch 16 Leipziger Kaufleute. Die Leitung hat Johann Friedrich Doles, ein Schüler Bachs und späterer Thomaskantor.

1744 Ab diesem Jahr gibt es Berichte, dass die reisende italienische Operntruppe der Brüder Mingotti im eigens errichteten Theater »am Rannischen Tor« Opern aufführt. Schon vorher hatte man in einer Theaterbude vor dem Peterstor gespielt. Das Orchester dürfte von den Stadtmusikern und Studenten bestritten worden sein.

1745 Johann Gottlob Immanuel Breitkopf tritt in die Firma seines Vaters ein und baut sie zu einem führenden Musikverlag aus. Er verbessert den Notentypendruck und führt ein großes Lager geschriebener wie gedruckter Musikalien, die in Katalogen angeboten werden.

1750 Am 31. Juli stirbt Johann Sebastian Bach und wird auf dem Johannisfriedhof begraben. Seine Frau Anna Magdalena überlebt ihn um zehn Jahre. Als »Almosenfrau« findet sie 1760 auf dem gleichen Friedhof ihre letzte Ruhestätte. Das Amt des Thomaskantors übernimmt Johann Gottlob Harrer, bisher Kapellmeister des Dresdner Ministers Graf Brühl.

1752 Der junge Theaterunternehmer Heinrich Gottfried Koch führt »Der Teufel ist los« von Christian Felix Weiße mit Musik von Georg Standfuß auf. Das war die Geburtsstunde des deutschen Singspiels.

Neubearbeitung von Johann Adam Hiller, Ariette aus:
»Die verwandelten Weiber oder Der Teufel ist los«, Leipzig 1770

1756 Der Siebenjährige Krieg (bis 1763) lässt fast alle musikalischen Aktivitäten zur Erliegen kommen. Leipzig wird mehrfach durch preußische Truppen besetzt.

1763 Nach Kriegsende beginnt wieder das »Große Concert«, auch »Kaufmannsconcert« genannt, unter Johann Adam Hillers Leitung; er gründet im gleichen Jahr »Liebhaberkonzerte«. 1765 richtet der Universitätsmusikdirektor und Thomasorganist Johann Gottlieb Görner »Gelehrten-Concerte«, auch »Universitäts-Concerte« genannt, ein.

1766 Auf der Rannischen Bastei baut Benedict Zehmisch, Vorsteher des »Großen Concerts«, das »Comoedienhaus«, später »Altes Theater« genannt. Bespielt wird es neben reisenden Theaterensembles vom Unternehmer Koch, der auf Singspiele, nun mit Musik von Johann Adam Hiller, zurückgreift.

1770 Erstmalig erscheinen in Leipzig vertonte Texte von Johann Wolfgang Goethe: »Neue Lieder in Melodien gesetzt« von Bernhard Theodor Breitkopf.

1773 Eine italienische Operntruppe unter Leitung von Giuseppe Bustelli kommt nach Leipzig und fordert ein qualifiziertes Orchester. Die Stadtpfeifer, bisher für die Theatermusik zuständig, sind den Anforderungen nicht mehr gewachsen und müssen die Musiker des Konzertorchesters um Mithilfe bitten; damit sind in Leipzig die Privilegien der Stadtpfeifer gebrochen.

1775 Im »Königshaus« am Markt finden die Konzerte der von Hiller neu gegründeten »Musikübenden Gesellschaft« statt, die dem »Großen Concert« so viel Konkurrenz machen, dass dieses drei Jahre später seine Tätigkeit einstellt.

1781 Im Gewandhaus, dem Messehaus der Tuchhändler, finden ab November 1781 die später so genannten »Gewandhauskonzerte« unter Hillers Leitung statt. Die von Bürgermeister Carl Wilhelm Müller neu gegründete Konzertdirektion übernimmt die Sänger und Musiker der Hillerschen »Musikübenden Gesellschaft«.

1785 Hiller legt alle musikalischen Ämter nieder und verlässt die Stadt. Als er ein Jahr später zurückkehrt, sind alle Positionen besetzt; er beginnt verschiedene Aktivitäten, bis er 1789 zum Thomaskantor berufen wird. Umbau der Nikolaikirche im klassizistischen Stil (bis 1797).

1786 21 Musiker des Theaterorchesters unterschreiben einen Gegenseitigkeits-Vertrag, der vor allem ihre Altersversorgung sichern soll. Deshalb heißt er auch »Orchester-Pensionsfonds«.

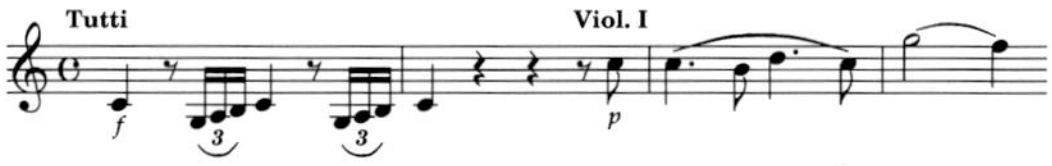

Wolfgang Amadeus Mozart, Sinfonie C-Dur KV 551, »Jupiter-Sinfonie«, 1. Satz

1789 Wolfgang Amadeus Mozart dirigiert eigene Werke in einem schlecht besuchten Sonderkonzert im Gewandhaus, spielt an der Orgel der Thomaskirche und besucht die Thomaner bei einer Chorprobe zu einer Bach-Motette. Der soeben neu ins Amt gekommene Thomaskantor Johann Adam Hiller veranlasst, dass die Stadt sieben Musiker des Konzertorchesters für die Kirchenmusik an St. Thomas verpflichtet.

1795 Gottfried Christoph Härtel tritt in den Verlag Breitkopf ein und wird im nächsten Jahr alleiniger Inhaber des Unternehmens. Seitdem trägt der Verlag den Namen Breitkopf & Härtel. 1798 beginnt der Verlag mit der Herausgabe der »Allgemeinen Musikalischen Zeitung«. Redakteur ist Friedrich Rochlitz. Sie erscheint bis 1848.

1796 Der Rat der Stadt kauft das Theater auf der Rannischen Bastei und verpachtet es.

Ludwig van Beethoven, 1.Sinfonie op. 21, 1.Satz

1800 Franz Anton Hoffmeister und Ambrosius Kühnel gründen einen Musikverlag, das »Bureau de Musique«. Er wird 1814 an Carl Friedrich Peters verkauft und erhält dadurch den noch heute bekannten Namen C. F. Peters.

1802 Das Mitglied der Gewandhausdirektion Jacob Bernhardt Limburger gründet eine Singakademie, den ersten bürgerlichen Laienchor in der Stadt. Schon 1805 folgt ein zweiter Chor und 1811 ein dritter. 1815 wird von Limburger eine Liedertafel ins Leben gerufen, der Beginn des hiesigen Männerchorwesens.

1803 Die Stadtmusik wird neu geordnet: Ein fest angestellter, gut besoldeter Stadtmusikus hat Gesellen und Lehrlinge zu halten und auszubilden. Diese spielen im Konzert, in der Oper und in der Thomaskirche.

1806 Breitkopf & Härtel beginnt mit dem Klavierbau. 1851 folgen Julius Feurich, 1853 Julius Blüthner, 1873 Hermann Rönisch, 1885 Wilhelm Schimmel.

1807 Friedrich Hofmeister gründet einen Musikverlag; ihm folgen noch weitere in den kommenden Jahren: 1809 Klemm, 1823 Probst, 1831 Kistner, 1849 Merseburger. Dadurch wird Leipzig deutschlandweit zu einem Zentrum des Musikverlagswesens.

1809 Einrichtung regelmäßiger Quartettabende im Gewandhaus; damit ist das spätere Gewandhausquartett gegründet.

1811 Erstmalig wird im »Leipziger Tageblatt« die Sonnabend-Motette in der Thomaskirche öffentlich angekündigt, eine bis heute bestehende Einrichtung. Uraufführung des 5. Klavierkonzertes Es-Dur von Ludwig van Beethoven im Gewandhaus, Solist ist Friedrich Schneider.

1813 Während und nach der Völkerschlacht kommt das Musikleben fast ganz zum Erliegen. Alle Säle und Kirchen sind mit Verwundeten und als Lagerräume belegt. Richard Wagner wird am 22. Mai in Leipzig geboren. Schon im darauf folgenden Jahr übersiedelt die Familie nach Dresden, kehrt aber 1828 nach Leipzig zurück.

Sachsenlied, nach Text von S. A. Mahlmann, Leipzig 1815; Mel.: God save the king, 18. Jh.

1817 Leipzig bekommt ein ständiges Theater. Nachdem verschiedene Ensembles aus Dessau, Dresden und Weimar auftraten, wird jetzt das Komödienhaus an Karl Theodor Küstner verpachtet, der auf eigene Rechnung Schauspiel und Oper aufführen lässt. Die Form des Pachttheaters wird 100 Jahre in Leipzig bestehen.

1819 Clara Wieck wird am 13. September in Leipzig geboren. Sie heiratet am 12. September 1840 Robert Schumann.

1822 Der Paulinerorganist Gotthelf Traugott Wagner gründet den studentischen Männerchor »Paulus«, der in der Universitätskirche zum Gottesdienst singt; 1849 entsteht mit dem »Arion« ein zweiter akademischer Männerchor.

Ludwig van Beethoven, 9. Sinfonie op. 125, Chorfinale

1825 Noch zu Lebzeiten Ludwig van Beethovens werden in der Saison 1825/26 alle Sinfonien im Gewandhaus gespielt, die »Neunte« zum ersten Mal am 6. März 1826 im Pensionsfondskonzert, drei Wochen später noch einmal im Abonnementkonzert.

1828 Gründung des Musikvereins »Euterpe« durch den Gewandhausgeiger Friedrich Robert Sipp. Der Verein veranstaltet Konzerte mit jungen Musikern für die mittleren Schichten des Bürgertums und zeigt durch sein langes Bestehen, bis 1886, dass Leipzig als wachsende Großstadt ein zweites Orchester neben dem Gewandhaus braucht. Nach dem Ausscheiden des Theaterpächters Küstner findet sich kein Nachfolger. Das Stadttheater muß dem Dresdner Königlichen Hoftheater angegliedert werden. Am 29. März findet die Uraufführung der Oper »Der Vampyr« von Heinrich Marschner statt.

1833 Albert Lortzing wird als Schauspieler und Sänger am Stadttheater engagiert, 1844/45 wirkt er als Kapellmeister. Zahlreiche seiner Erfolgsopern werden hier uraufgeführt.

1834 Robert Schumann, bereits seit 1828 in der Stadt, um Jura zu studieren, gründet die »Neue Zeitschrift für Musik«, die er bis 1844 redigiert und für die er zahlreiche Kritiken und Werkbesprechungen selbst schreibt. In Leipzig entstehen zahlreiche seiner Werke und werden hier uraufgeführt.

1835 Felix Mendelssohn Bartholdy wird Gewandhauskapellmeister. Das Amt bekleidet er mit Unterbrechungen bis zu seinem Tode 1847. Er übernimmt auch die Leitung aller Instrumentalwerke, die bisher durch den Konzertmeister vom Pult aus dirigiert wurden. In Leipzig werden zahlreiche seiner Werke uraufgeführt.

1836 Felix Mendelssohn Bartholdy erhält die Ehrendoktorwürde der Universität Leipzig.

1837 Uraufführung der Opern »Zar und Zimmermann« und »Die beiden Schützen« von Albert Lortzing. Uraufführung des Klavierkonzerts d-Moll von Felix Mendelssohn Bartholdy im Gewandhaus mit dem Komponisten als Solisten. Im September veranstaltet der Thomanerchor das erste von jährlich drei Konzerten, die die Kurrende-Einnahmen ersetzen sollen.

1838 Erstmals veranstaltet Mendelssohn vier »Historische Konzerte, nach der Reihenfolge der berühmten Meister von vor 100 Jahren bis auf die jetzige Zeit, angeordnet«. Bereits in seiner ersten Saison 1835 hatte er ein Werk Bachs gespielt.

Franz Schubert, Sinfonie C-Dur op. posth., 1.Satz

1839 Uraufführung der Sinfonie C-Dur von Franz Schubert im Gewandhaus.

1840 Alle in Europa berühmten Musiker treten im Gewandhaus auf, so in diesem Jahr erstmalig Franz Liszt, 1843 Hector Berlioz. Die Mitglieder des Orchester-Pensionsfonds werden vom Rat der Stadt zum Stadtorchester ernannt und spielen in gleicher Besetzung in den Gewandhauskonzerten, der Oper und der Thomaskirche.

1841 Uraufführung von Robert Schumanns »Frühlingssinfonie«, seiner Ersten. Noch im gleichen Jahr erfolgt die Uraufführung der 2. Sinfonie sowie der »Ouvertüre, Scherzo und Finale«. Erste Wiederaufführung der Matthäuspassion von Johann Sebastian Bach in Leipzig unter Mendelssohns Leitung.

Felix Mendelssohn Bartholdy, 3. Sinfonie op. 56, »Schottische«, 1. Satz

1842 In der Sommerpause wird der Konzertsaal im Gewandhaus nach Plänen des Stadtbaudirektors Albert Geutebrück umgebaut. Durch Aufsetzen eines Stockwerkes und die Schaffung einer durchgehenden Galerie gewinnt man zusätzliche Plätze. Außerdem wird eine Gasbeleuchtung installiert. Uraufführung der Oper »Der Wildschütz« von Albert Lortzing im Stadttheater. Uraufführung der »Schottischen Sinfonie« von Felix Mendelssohn Bartholdy.

1843 In einer »Morgenunterhaltung im Gewandhaus« werden Robert Schumanns Streichquartett a-Moll, op. 41, Nr.1 und sein bis heute sehr populäres Klavierquintett Es-Dur, op.44, uraufgeführt. Am 2. April wird das Leipziger Konservatorium in einem bescheidenen Neubau im Innenhof des Gewandhauses eröffnet. Gewandhausdirektion und Mendelssohn hatten sich dafür eingesetzt. Zunächst unterrichten sechs Lehrer 22 Studenten. Am 23. April erfolgt die feierliche Enthüllung des Bachdenkmals in den Promenaden, das auf Initiative und mit von Mendelssohn in Konzerten eingespielten Mitteln geschaffen wird. Am 30. Dezember wird Shakespeares »Sommernachtstraum« erstmals mit der Musik Felix Mendelssohn Bartholdys aufgeführt.

1844 Erste Wiederaufführung der »Johannespassion« von Johann Sebastian Bach unter Leitung von Thomaskantor Moritz Hauptmann.

Felix Mendelssohn Bartholdy, Violinkonzert e-Moll op. 64, 1. Satz

1845 Uraufführung des Violinkonzerts e-Moll von Felix Mendelssohn Bartholdy im Gewandhaus. Solist ist Ferdinand David; da Mendelssohn in Berlin gebunden ist, dirigiert Nils Wilhelm Gade.

1846 Die Firma C. G. Röder beginnt mit der Notenstecherei. 1863 setzt Röder die für den Buchdruck entwickelten Schnellpressen für den Notendruck ein und ermöglicht dadurch die volkstümlichen Klassikerausgaben bei den Musikverlagen. Eine zweite Voraussetzung dafür war der Wegfall des Urheberschutzes (damals 30 Jahre nach dem Tode eines Komponisten; heute 70 Jahre) bei Weber (1856), Beethoven (1857), Schubert (1858). Bach, Haydn und Mozart standen schon länger gebührenfrei zur

Verfügung. 1850 Uraufführung der Oper »Genoveva« von Robert Schumann im Stadttheater. Dirigent ist der Komponist. Im Gewandhaus findet die Gründung der Bach-Gesellschaft statt. Für ihr Ziel, eine vollständige und kritische Ausgabe Bach'scher Werke herzustellen, hatten sich u.a. Schumann, Brahms und der Verlag Breitkopf & Härtel eingesetzt.

1853 In einem »Abonnement-Quartett« des Gewandhauses spielt Johannes Brahms seine Sonate op. 1 und das Scherzo op. 4 als Uraufführung. Richard Wagners »Tannhäuser« wird als erste seiner Opern in Leipzig aufgeführt.

1854 Der Klavierlehrer Carl Riedel gründet ein Vokalquartett, die Keimzelle des bald sehr leistungsfähigen Riedel-Vereins. Schon 1859 kann er Bachs h-Moll Messe aufführen. 1872 singt der Verein unter Richard Wagners Leitung zur Grundsteinlegung des Bayreuther Festspielhauses.

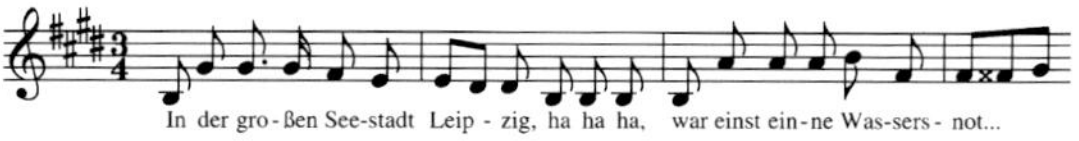

»Die Überschwemmung in Leipzig«, 1847

1855 Das persönliche Abonnement im Gewandhaus wird abgeschafft. Von nun an kann der Abonnent seine Karte an jede beliebige Person abtreten. Es gibt 703 Abonnenten.

1856 Die Stadtbibliothek erwirbt die Sammlung des Organisten und Musikhistorikers Carl Ferdinand Becker.

1858 Edvard Grieg beginnt ein Studium am Konservatorium (bis 1862). Wenig später knüpft er enge Beziehungen zu Max Abraham, seit 1863 Mitinhaber und Leiter des Musikverlages C. F. Peters, der viele Werke Griegs herausbringt.

1859 Mit der vom Publikum abgelehnten ersten Aufführung des d-Moll Klavierkonzertes von Johannes Brahms im Gewandhaus beginnt trotzdem eine jahrzehntelange Beziehung des Komponisten zu Leipzig.

Richard Wagner, Die Meistersinger von Nürnberg, Vorspiel

1862 In einem Extrakonzert von Wendelin Weissheimer im Gewandhaus dirigiert Richard Wagner u.a. sein »Meistersinger-Vorspiel« als Uraufführung. Auch in der zweiten Jahrhunderthälfte entwickelt sich Leipzig als Stadt der Musikverlage weiter: Jakob Melchior Rieter-Biedermann richtet 1862 eine Filiale ein, die 1918 an C. F. Peters übergeht. 1870 siedelt F. E. C. Leuckart nach Leipzig über; 1874 gründet Ernst Eulenburg, 1878 Theodor Lebrecht Steingräber und 1885 Mitrofan Belajew ein neues Unternehmen.

1867 Max Abraham begründet die »Edition Peters« mit Klassikerausgaben in hohen Auflagen zu mäßigen Preisen. Breitkopf & Härtel folgt bald mit ähnlichen Ausgaben.

1868 Am 28. Januar wird das Neue Theater eröffnet (Baubeginn war 1864). Es stand am Platz des heutigen Opernhauses. Das neue Haus diente vornehmlich der großen Oper, während im Alten Theater Schauspiel und Singspiel stattfanden.
Für das Orchester entstehen zusätzliche Belastungen durch vermehrte Proben und Aufführungen in großer Besetzung.

Johannes Brahms, Ein deutsches Requiem op. 45, Chor »Denn wir haben«

1869 »Ein Deutsches Requiem« von Johannes Brahms wird in seiner vollständigen Fassung im Gewandhaus uraufgeführt. Erstmalig wirkt der von Reinecke gegründete Gewandhaus-Chor mit.

1874 Die Stadtverordneten beschließen die Auflösung des Alumnates der Thomaner und ihre Unterbringung in Privatquartieren. Nach Protesten aus der Bevölkerung wird der Beschluss zurückgenommen und der Chor erhält neben der 1877 eröffneten neuen Schule in der Schreberstraße 1881 auch ein neues Alumnat in der Hillerstraße.

1875 Die Gewandhaus-Direktion beschließt, dass die Generalproben am Mittwoch Vormittag gegen Eintritt öffentlich zugänglich sein sollen. Das Leichensingen der Thomaner wird endgültig abgeschafft, nachdem schon ab 1836 die Kurrende-Umzüge nicht mehr stattfanden. Damit geht die Eigenfinanzierung des Thomanerchores zu Ende. Leipziger Musikenthusiasten gründen den »Bach-Verein«, einen gemischten Chor, mit dem Kantaten des Thomaskantors aufgeführt werden sollen. 1920 verschmilzt er mit dem Gewandhauschor.

Richard Wagner, Die Walküre, 1. Aufzug

1876 In diesem Jahr übernehmen August Förster als Theaterdirektor und Angelo Neumann als Operndirektor die Theater in Leipzig. Ein Mozart- und ein Gluck-Zyklus und 1878 Richard Wagners »Ring des Nibelungen«, die erste geschlossene Aufführung nach Bayreuth, setzen Maßstäbe. 1878 wird Arthur Nikisch engagiert und vom Publikum gefeiert. Episode bleibt die Kapellmeistertätigkeit Gustav Mahlers von 1886 bis 1888, der an Beliebtheit immer hinter Nikisch rangiert. Gründung des Leipziger Lehrer-Gesangvereins.

Johannes Brahms, Violinkonzert D-Dur op. 77, 3.Satz

1879 Im Neujahrskonzert des Gewandhauses findet die Uraufführung des Violinkonzertes von Johannes Brahms statt. Unter Leitung des Komponisten spielt Joseph Joachim. Thomaskantor Ernst Friedrich Richter stirbt. Die Stadt bemüht sich, Johannes Brahms für dieses Amt zu gewinnen, der aber ablehnt. Daraufhin wird der bisherige Thomasorganist Wilhelm Rust berufen.

1881 Am Konservatorium beginnt der – schon bei der Gründung angekündigte, aber nicht durchgeführte – Unterricht in Orchesterinstrumenten.

Anton Bruckner, 7. Sinfonie, 2. Satz

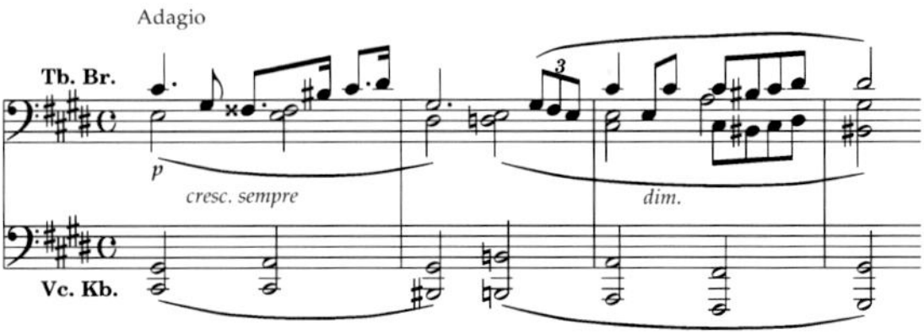

1884 Eröffnung des Neuen Gewandhauses am 11. Dezember in der inneren Südvorstadt, die bis heute »Musikviertel« genannt wird. 1944 brannte das Gebäude aus, 1968 wurde es abgerissen. Im Leipziger Stadttheater wurde die 7. Sinfonie von Anton Bruckner unter Nikischs Leitung uraufgeführt.

1885 Gründung des Liszt-Vereins (besteht bis 1902), der durch seinen Einsatz für die Neudeutsche Schule ein Gegengewicht zum konservativen Gewandhaus ist. Die Musiker kommen aus dem Stadtorchester, aus Militärkapellen und später dem Winderstein-Orchester.

1887 Am 10. April eröffnet die »Alberthalle« des Krystallpalastes, in der auch große musikalische Veranstaltungen stattfinden. Das neue Gebäude des Konservatoriums in der Grassistraße (Musikviertel) wird eingeweiht. Hermann Kretzschmar wird Universitätsmusikdirektor, ist Leiter des »Paulus« (1885-1895) und Dirigent des Riedel-Vereins. Von 1890 bis 1895 organisiert und leitet er »Akademische Konzerte«. Außerdem hält er Vorlesungen an der Universität.

Peter Tschaikowski, 6. Sinfonie op. 74, 2. Satz

1888 Peter I. Tschaikowski dirigiert im Gewandhaus ein eigenes Werk. Da Gewandhauskapellmeister Reinecke keine Neigung zu modernen Werken hat, lässt er diese oft von den Komponisten selbst dirigieren.
Beendigung der 1884 begonnenen neugotischen Umgestaltung der Thomaskirche mit dem Bau der Sauer-Orgel.

1890 Uraufführung des »Sinfonischen Konzertstücks für Klavier und Orchester« op. 31 a von Ferruccio Busoni.

1892 Enthüllung des Mendelssohn-Denkmals von Werner Stein vor dem Gewandhaus.

1893 Errichtung des Städtischen Kaufhauses als erstes Mustermesse-Haus der Welt, dem der alte Saal des Gewandhauses und das erste Gebäude des Konservatoriums zum Opfer fallen. Paul de Wit eröffnet im Leipziger Bose-Haus ein neues musikhistorisches Museum.

1894 Max Abraham gründet die Musikbibliothek Peters, indem er die Bestände der »Musikalischen Leihbibliothek« von Alfred Dörffel erwirbt. Ludwig Hupfeld beginnt mit dem Bau mechanischer Musikinstrumente.

1895 Der in Leipzig als Theaterkapellmeister sehr geschätzte Arthur Nikisch wird Gewandhauskapellmeister, fördert die Neudeutsche Schule und Sinfoniker der slawischen Nationen. Außerdem führt er musikalische Zyklen ein.

1896 Hans Winderstein gründet ein Orchester, das eigene »Philharmonische Konzerte« gibt und für den Liszt-Verein, Leipziger Chöre und volkstümliche Veranstaltungen zur Verfügung steht. Berühmte Gastdirigenten sind u.a. Mahler und Strauss. 1915 beendet das Orchester seine Tätigkeit in Leipzig.

1900 Gründung der Neuen Bach-Gesellschaft in Leipzig. Nach Fertigstellung der Bach-Gesamtausgabe will die neue Gesellschaft die Werke Bachs durch praktische Ausgaben und Bachfeste verbreiten. Am 27. September wird das »Gesellschaftshaus am Zoo« mit der Kongresshalle der Öffentlichkeit übergeben. Sie wird nach dem Zweiten Weltkrieg für mehrere Jahrzehnte der einzige Leipziger Konzertsaal sein.

1902 Abriss der Thomasschule am Thomaskirchhof. Mit ihr geht auch die Kantorenwohnung Bachs verloren.

1903 Karl Straube wird Thomasorganist und übernimmt die Leitung des Bach-Vereins. 1918 tritt er die Nachfolge Gustav Schrecks im Thomaskantorat an und gründet im Jahr darauf am Konservatorium das »Kirchenmusikalische Institut«.

1907 Max Reger, damals schon ein weithin bekannter, wenn auch umstrittener Komponist, wird Professor am Konservatorium und für kurze Zeit (1907/08) Universitätsmusikdirektor sowie Leiter des »Paulus«.

1908 Hugo Riemann gründet ein musikwissenschaftliches Institut an der Universität. Vorlesungen zu musikalischen Themen gibt es seit 1859 durch Hermann Langer und seit 1872 durch Oskar Paul, Hermann Kretzschmar, Arthur Prüfer und seit 1895 durch Hugo Riemann. Am 17. Mai wird das neue Bach-Denkmal von Carl Seffner an der Südseite der Thomaskirche enthüllt.

1910 Die Stadt trennt sich vom Prinzip des Pachttheaters und setzt einen Intendanten, Max Martersteig, als Leiter ein.

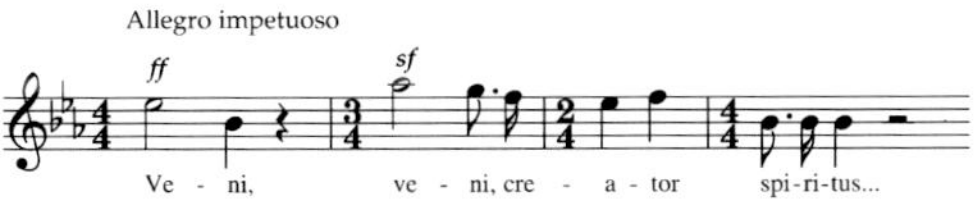

Gustav Mahler, 8.Sinfonie, Pfingsthymnus

1911 Innerhalb des Leipziger Arbeiter-Bildungsinstitutes wird eine Musikabteilung gegründet, deren Leitung der Chordirigent Barnet Licht übernimmt.

1914 Der Erste Weltkrieg hat auch Konsequenzen für das Musikleben: Das Winderstein-Orchester findet nicht mehr genügend Beschäftigung und verlässt 1915 die Stadt. 1917 wird aus Mangel an Heizmaterial die Generalprobe der Gewandhauskonzerte auf den Donnerstag Vormittag gelegt. Viele Musiker werden zum Wehrdienst eingezogen.

1918 In einer Friedens- und Freiheitsfeier zu Silvester des Jahres erklingt Beethovens 9. Sinfonie mit dem Gewandhausorchester unter Arthur Nikisch, allerdings in der Alberthalle. Nach dem Zweiten Weltkrieg wird dies wieder aufgegriffen und ist eine Gewandhaustradition bis heute.

1922 Unerwartet stirbt Gewandhauskapellmeister Arthur Nikisch. Die Nachfolge gestaltet sich problematisch, denn die Konzertdirektion will einen namhaften Dirigenten für alle Abonnementskonzerte, der auch in Leipzig wohnen soll. Sie kann ihren Wunsch nicht durchsetzen. Um den umworbenen deutschen Dirigenten Wilhelm Furtwängler engagieren zu können, muss sie Kompromisse machen. Furtwängler dirigiert nur 16 Konzerte und bleibt in Berlin wohnen, wo er ebenfalls in Nachfolge Nikischs die Leitung des Philharmonischen Orchesters übernimmt.

1920 Es gründen sich das Grotrian-Steinweg-Orchester (Leitung 1921/22 Hermann Scherchen) und das Philharmonische Orchester (Leitung Hans L'Hermet).

Kurt Weill, Mahagonny, 1. Akt

1923 Die Leipziger Orchestergesellschaft wird ins Leben gerufen, der u.a. die Oper, mehrere Chöre und das Arbeiter-Bildungsinstitut angehören.

Die Gesellschaft gründet das Leipziger Sinfonieorchester. Ab 1924 musiziert es auch im Rundfunk, dirigiert von Alfred Szendrei. Die MIRAG (Mittteldeutsche Rundfunk AG) ist Hauptauftraggeber des Klangkörpers.
Mit dem Engagement von Gustav Brecher als Generalmusikdirektor und Operndirektor, dem 1924 Walther Brügmann als Regisseur folgt, beginnt eine Blüte der Oper. Neben Neufassungen fremdsprachiger Opern führt er Wagners »Ring« auf und setzt sich für Uraufführungen von Krenek und Weill ein.

1925 Leipzig verfügt über zahlreiche leistungsfähige gemischte und Männerchöre. Ca. 14.000 Chorsänger gibt es in der Stadt.

1926 Aus staatlichen und Stiftungsmitteln (vor allem von Henri Hinrichsen, dem Besitzer von C. F. Peters) wird die Heyersche Instrumentensammlung in Köln angekauft. Damit ist der Grundstock des Musikinstrumentenmuseums gelegt, das 1929 im Neuen Grassimuseum eröffnet wird und bis heute dort besteht.

Dmitri Schostakowitsch, 1.Sinfonie op. 10, 2. Satz

1931 Beginn der Rundfunkübertragungen sämtlicher Bach-Kantaten mit dem Thomanerchor unter Leitung von Karl Straube (bis 1937). Im Herbst fusioniert eine Hauskapelle des Rundfunks mit dem Leipziger Sinfonieorchester. Mit 73 Musikern können jetzt die meisten sinfonischen Werke ohne Aushilfe gespielt werden. Berühmte Gastdirigenten wie Hermann Scherchen, Hans Knappertsbusch, Paul Hindemith, Richard Strauss treten auf.

1933 Die Machtübernahme der Nationalsozialisten hat auch für das Musikleben Leipzigs gravierende Folgen: Der seit 1929 tätige Gewandhauskapellmeister Bruno Walter wird aus dem Amt vertrieben, gleiches geschieht mit dem Operndirektor Gustav Brecher. Alfred Szendrei hatte schon 1932 beim Rundfunk gehen müssen. Die Musik Felix Mendelssohn Bartholdys wird verboten, sein Denkmal vor dem Gewandhaus 1936 beseitigt.
Friedrich Rabenschlag wird Kantor der Universitätskirche St. Pauli, und damit übernimmt der 1926 von ihm gegründete »Madrigalkreis Leipziger Studenten« die Funktion einer Kantorei. Das bleibt so bis zur Zerstörung der Kirche 1968.

1939 Der Musikverlag C. F. Peters wird »arisiert«, d.h. Henri Hinrichsen wird enteignet und stirbt im KZ Theresienstadt, seine Söhne Max und Walter O Hinrichsen gehen ins Ausland und gründen in London und New York eigene Verlage.

1940 Die Befugnisse der Gewandhausdirektion, die bisher Veranstalter der Konzerte und Vertragspartner von Kapellmeister und Konzertmeister waren, gehen an die Stadt über. Sie gründet eine Stiftung »Gewandhaus in Leipzig«, in die alles Vermögen samt Konzerthaus eingeht. Vorsitzender bleibt der Verleger Anton Kippenberg, Kurator wird der Oberbürgermeister, der dadurch wirtschaftlichen und politischen Einfluss erhält. Günther Ramin, seit 1918 Thomasorganist, wird vom Rat der Stadt zum Thomaskantor berufen.

1941 Das Leipziger Rundfunk-Sinfonieorchester wird aufgelöst.

1945 Dank des Einsatzes von Gewandhauskapellmeister Hermann Abendroth bleibt sein Orchester von den Auswirkungen des »totalen Krieges« verschont und spielt am 21. April das letzte Anrechtskonzert. Nach der Besetzung Leipzigs durch die Amerikaner finden »musikalische Gottesdienste« mit dem Orchester statt. Am 8. Juli veranstaltet das Kulturamt der Stadt im Capitol ein Konzert »Zur Begrüßung der Roten Armee«. Ab Oktober finden wieder Anrechtskonzerte statt. Auch die Oper spielt ab Juli und das Sinfonieorchester ab August. Nach der Zerstörung des Opernhauses am Augustusplatz wird der Opernbetrieb im ehemaligen Variete »Drei Linden« in Lindenau fortgeführt (bis 1960).

1946 Der Rundfunk nimmt das Leipziger Sinfonieorchester unter Vertrag (Dirigent bis 1948 Gerhart Wiesenhütter), gründet das Große Rundfunkorchester, das Rundfunk-Unterhaltungsorchester und ein Tanzorchester. Die Hochschule für Musik nimmt den Lehrbetrieb wieder auf.

1947 Nachdem am 19. 8. 1946 ein Eröffnungskonzert für die Kongresshalle am Zoo stattgefunden hatte, werden ab Januar 1947 alle Gewandhauskonzerte und die Sinfoniekonzerte des Rundfunks in diesem Saal durchgeführt (bis 1981). Vor der Ruine des Gewandhauses wird eine Büste Mendelssohns von dem Bildhauer Walter Arnold aufgestellt. Die Uraufführung der Kammeroper »Die Nachtschwalbe« von Boris Blacher, die mit seiner Oper »Die Flut« gekoppelt war, gerät zum Skandal. Die Aufführung muss wegen der Publikumsproteste unterbrochen werden.

1949 Der Sarg mit den Gebeinen Johann Sebastian Bachs wird am 28. Juli aus der zerstörten Johanniskirche in die Thomaskirche überführt und findet in deren Chorraum die letzte Ruhestätte.

1950 Zum 200. Todestag Johann Sebastian Bachs findet in Leipzig die »Deutsche Bach-Feier« in Verbindung mit dem Internationalen Bach-Wettbewerb statt. Im Gefolge des Bach-Festes wird das Bach-Archiv als Forschungsinstitut und zur Herausgabe der »Neuen Bach-Ausgabe« im Gohliser Schlösschen eingerichtet (Direktor Werner Neumann).

1952 Die noch in Leipzig existierenden Musikverlage Breitkopf & Härtel und Friedrich Hofmeister werden enteignet und in volkseigene Betriebe umgewandelt. Gleiches war schon im Jahr zuvor mit C. F. Peters geschehen. Die Besitzer gründeten in Westdeutschland neue Verlage unter dem alten Namen.

1954 Zusammenfassung der Bestände der Stadtbibliothek, der Volksbibliothek und der Musikbibliothek Peters zur »Leipziger Musikbibliothek«. Um die Gesamtausgaben von Bach, Händel und Mozart als Koproduktion mit einem westdeutschen Verlag (Bärenreiter-Kassel) veranstalten zu können, wird der Deutsche Verlag für Musik gegründet.

1957 Gründung der »Capella Fidicinia« durch Hans Grüß, die bis heute Konzerte auf historischen Instrumenten veranstaltet.

1960 Am 8. Oktober wird das Neue Opernhaus am Karl-Marx-Platz (heute Augustusplatz) eröffnet. Das bisherige Interimstheater »Drei Linden« bleibt für Operettenaufführungen erhalten.

W. Sander, »Dodi li« (Komm, sei mein), nach Text aus dem Hohen Lied, Leipzig 1968

1962 Gründung des Synagogalchores durch Oberkantor Werner Sander.

1963 Am Gewandhaus wird das »Bach-Orchester« unter Leitung von Konzertmeister Gerhard Bosse gegründet.

1964 Einrichtung eines regelmäßig alle vier Jahre stattfindenden Internationalen Bach-Wettbewerbs.

1968 Am 29. März Sprengung der Ruine des Gewandhauses. Am 30. Mai wird die intakte Universitätskirche St. Pauli beseitigt, um Baufreiheit für neue Universitätsgebäude zu schaffen.

1972 Den Krieg hatten die Klavierbaufirmen Blüthner, Feurich und Hupfeld überstanden. Jetzt erfolgt die Enteignung, nachdem Feurich schon 1958 den Betrieb nach Westdeutschland verlagert hatte.

1973 Gründung der »Gruppe Neue Musik Hanns Eisler« durch den Komponisten und Posaunisten Friedrich Schenker und den Oboisten Burkhardt Glätzner (besteht bis 1993).

1974 Einrichtung der »Nationalen Forschungs- und Gedenkstätten Johann Sebastian Bach«, unter deren Dach Bach-Archiv, Bach-Feste, Bach-Wettbewerbe und Öffentlichkeitsarbeit zusammengefasst werden.

Siegfried Thiele, Gesänge an die Sonne, »Preis dir«, 1981

1981 Am 8. Oktober Eröffnung des »Neuen Gewandhauses Leipzig«. Das Haus wird für die Gewandhauskonzerte und Konzerte der Rundfunkorchester genutzt. Am 25. November findet im neuen Haus ein Festkonzert »200 Jahre Gewandhauskonzerte« statt.

1985 Im restaurierten Bose-Haus am Thomaskirchhof wird ein Bach-Museum eingerichtet.

1989 Gewandhauskapellmeister Kurt Masur öffnet das Gewandhaus für zahlreiche politische Diskussionen und Foren.
Der Verbund der Städtischen Theater wird aufgelöst. Generalintendant Karl Kayser tritt zurück. Oper, Musikalische Komödie und Schauspiel erhalten wieder ihre Selbstständigkeit. Sachsen-Radio löst sich vom zentralistischen Rundfunk und Fernsehen der DDR.
Das Große Rundfunkorchester erhält einen neuen Namen: Radio Philharmonie Leipzig. Die anderen Klangkörper bleiben zunächst unter den bisherigen Namen bestehen.

1991 Neueröffnung der Leipziger Stadtbibliothek im Alten Grassi-Museum am Wilhelm-Leuschner-Platz; die Musikbibliothek wird in die Stadtbibliothek integriert. In den Folgejahren werden zahlreiche Nachlässe von Leipziger Musikern übernommen.
Udo Zimmermann wird Intendant der Leipziger Oper, einschließlich Musikalischer Komödie.
Thomaskantor Hans-Joachim Rotzsch scheidet aus dem Amt. Im Herbst 1992 wird Georg Christoph Biller zu seinem Nachfolger berufen.
Die enteigneten und in Leipzig als volkseigene Betriebe arbeitenden Musikverlage Breitkopf & Härtel, C. F. Peters und Friedrich Hofmeister werden in diesem und dem nächsten Jahr reprivatisiert und gehen an den Stammsitz zurück. Hofmeister verlegt diesen nach Leipzig, Peters und Breitkopf unterhalten hier Dependancen. Der Deutsche Verlag für Musik wird von Breitkopf gekauft, die Gesamtausgaben Bachs, Händels und Mozarts werden von Bärenreiter-Kassel allein weiter geführt.

Steffen Schleiermacher, Auf »B«, für Flöte solo, 1992

1992 Am 1. Januar nimmt der Mitteldeutsche Rundfunk als Dreiländeranstalt Thüringens, Sachsens und Sachsen-Anhalts seine Arbeit auf. Die sinfonischen Klangkörper fusionieren zum Sinfonieorchester des MDR, dem 160 Musiker angehören und aus dem die MDR-Kammerphilharmonie für spezielle Projekte herausgelöst werden kann. Chefdirigent ist Daniel Nazareth. Der Chor des MDR, Leitung Gerd Frischmuth, und der Kinderchor, Leitung Gunter Berger, bleiben erhalten. Das Unterhaltungsorchester und das Tanzorchester werden aufgelöst, das Rundfunkblasorchester, Leitung Jochen Wehner, arbeitet freischaffend. Das Kirchenmusikalische Institut der Musikhochschule wird wiedereröffnet. Leitung: Christoph Krummacher.

1993 Einrichtung des »MDR-Musiksommers« mit zahlreichen Konzerten an verschiedenen Orten des Sendegebietes.
Vor dem Neuen Gewandhaus steht ein neues Mendelssohn-Denkmal von Jo Jastram.

Georg Christoph Biller, Gewandhauskanon »Res severa«, Leipzig 1981

1997 Eröffnung des Mendelssohn-Hauses in der Goldschmidtstraße. Im Sterbehaus des Meisters wird eine Gedenkstätte eingerichtet. Außerdem finden hier das Institut für Musikwissenschaft der Universität und der Universitätsmusikdirektor ihr Domizil.

2000 Beendigung der 1991 begonnenen Gesamtrenovierung der Thomaskirche mit Aufstellung einer neuen Bach-Orgel. Vom 21. bis 30. Juli »Bach-Fest Leipzig 2000« in Verbindung mit dem 75. Bach-Fest der Neuen Bach-Gesellschaft.

Robert Köbler, »Mein Leipzig lob ich mir,«, 1965

Autorenverzeichnis

Thomas Bachmann
geb. 1961 in Erfurt, Arbeit als Ingenieur und Sozialarbeiter, von 1988 bis 1990 Liedermacher, Mitgründer des Leipziger Literaturkreises, z. Z. Regie und Leitung eines Theaterprojektes; literarische Veröffentlichungen: »Weiß hinterläßt Spuren», Hrsg., 1996; »Das Dagobert-Prinzip, 1996; »Auszug», 1998; »Hirnbrand» (gemeinsam mit Zander und Birnbaum), 1998; »Knastlochblues», 1999; »Stuhl im Café Maitre», 1999

Claudius Böhm
geb. 1960 in Leipzig, 1970-1978 Thomaner, Krankenpfleger, Mitarbeiter einer Grosso-Buchhandlung, philosophisch-theologisches Studium in Erfurt, Offsetdrucker, Bibliotheksfacharbeiter, Studium des wissenschaftlichen Bibliothekswesens in Leipzig, Bibliothekar an der Deutschen Bücherei Leipzig, seit 1991 wissenschaftlicher Mitarbeiter am Gewandhaus; Veröffentlichungen: »Das Leipziger Stadt- und Gewandhausorchester: Dokumente einer 250jährigen Geschichte / zus.gest. u. bearb. von Claudius Böhm u. Sven W. Staps. – Leipzig, 1993; zahlreiche Beiträge zur Gewandhausgeschichte für Zeitschriften, insbesondere fürs »Gewandhausmagazin«

Waltraud Brandl
geb. 1939 in Kapen, Sprachstudium in Leipzig; Gästeführerin im Verein Gästeführungen Leipzig und Umland e.V.

Jürgen Brehme
geb. 1959, seit 1992 Geschäftsführer des Vereins »Straßenmusikfestival» e. V., seit 1998 künstlerischer Leiter des Straßenmusikfestivals

Jörg Clemen
geb. 1967 in Zwickau, Studium in Leipzig (Violine und Pädagogik an der Musikhochschule, Musikwissenschaft an der Universität), seit 1993 freier Journalist und Musiklehrer, Lehrauftrag am Institut für Musikpädagogik der Universität Leipzig; Veröffentlichungen: »Mitteldeutscher Rundfunk. Die Geschichte des Sinfonieorchesters», 1999; zahlreiche Rezensionen, Interviews und Aufsätze

Mark Daniel
geb. 1967, Studium der Theaterwissenschaften in Bochum, 1993 Volontariat bei der Leipziger Volkszeitung; seit 1994 dort Kulturredakteur; zahlreiche Rezensionen und journalistische Beiträge

Petra Dießner
Dr. phil., geb. 1956 in Erfurt, Studium der Philosophie, Psychologie, Soziologie und Logik in Leipzig, Projektleiterin des Schumann-Hauses; Veröffentlichungen: Mitarbeit an zahlreichen Publikationen des Leipziger Verlages im Wissenschaftszentrum, Beiträge zur Musik- und Theatergeschichte und über die Arbeitsgemeinschaft Schumann-Haus

Michael Ernst
geb. 1962, musikalische und journalistische Ausbildung, Arbeit für Zeitungen und Agenturen, seit 1991 Pressereferent der Oper Leipzig; literarische Veröffentlichungen in Zeitschriften und Anthologien

Eszter Fontana
Dr. phil., geb. 1948 in Budapest, Ausbildung als Restauratorin am Musikinstrumenten-Museum der Universität Leipzig, 1970-1974 Restauratorin am Ungarischen Nationalmuseum, seit 1974 Sammlungsleiterin für Musikinstrumente und Uhren, 1993 Promotion an der Hochschule für Musik »Franz Liszt« in Budapest, seit 1995 Direktorin des Musikinstrumenten-Museums der Universität Leipzig,

seit 1998 Vorsitzende des Internationalen Komitees der Musikinstrumenten-Sammlungen und – Museen (CIMCIM) und des Instituts für Musikinstrumentenforschung »Georg Kinsky« e. V.;
zahlreiche wissenschaftliche Veröffentlichungen zur Geschichte des Musikinstrumentenbaus

Frank Gerdes
Magister, geb. 1971 in Leipzig, Studium der Musikwissenschaft, Germanistik und Journalistik an der Universität Leipzig und am University College Dublin, 1998 bis 1999 Redakteur bei der Leipziger Volkszeitung, seit November 1999 zuständig für Projektentwicklung bei EuroArts Entertainment, Leipzig;
Rezensionen und journalistische Beiträge

Klaus Gernhardt
geb. 1938 in Kahla, Ausbildung als Möbeltischler, Orgelbauer, Museumstechniker und Musikinstrumenten-Restaurator. Heute Chefrestaurator am Musikinstrumentenmuseum der Universität Leipzig.
Orgelsachverständiger im Auftrag der Institute für Denkmalpflege, Lehraufträge an Hochschulen und Fachhochschulen;
wissenschaftliche Vorträge und Veröffentlichungen zum historischen Musikinstrumentenbau

Renate Geßner
Diplom-Bibliothekarin, geb. 1937 in Breslau (Wroclaw, Polen), Studium an der Fachschule für wissenschaftliche Bibliothekare in Leipzig, seit 1958 Mitarbeiterin der Deutschen Bücherei, langjährige Sachgebietsleiterin der Musikalien- und Tonträgersammlung;
wissenschaftliche Veröffentlichungen in Zeitschriften

Brigitte Geyer
Diplom-Kulturwissenschaftlerin, Master of Science Libraries, geb. 1957 in Leipzig, Studium der Kulturwissenschaften und der Musikwissenschaft in Leipzig, Zusatzstudium der Bibliothekswissenschaften in Berlin, Sachgebietsleiterin Musikbibliothek an den Leipziger Städtischen Bibliotheken;
wissenschaftliche Arbeit zur Chorbewegung in Leipzig und zu bibliothekarischen Themen, zahlreiche Veröffentlichungen in Zeitschriften

Ulla Heise
geb. 1946, Studium der Germanistik und Niederlandistik in Leipzig, seit 1987 freie Autorin und Projektleiterin für kunst- und kulturgeschichtliche Museen, Expertin für die Kulturgeschichte des Kaffees und der Kaffeehäuser;
rund 25 Buchveröffentlichungen (auch mehrfach übersetzt) zum Thema;
dazu zahlreiche Zeitschriftenbeiträge

Irene Hempel
geb. 1930 in Heidenau/Sa., Studium der Musikwissenschaft in Leipzig, danach Lektorin bei Breitkopf & Härtel und dem Deutschen Verlag für Musik; zahlreiche Herausgaben, Autorin verschiedener Publikationen zur Musikgeschichte Leipzigs (zusammen mit Gunter Hempel)

Gunter Hempel
Dr. phil., geb. 1932 in Annaberg/Erzgebirge, Studium der Musikwissenschaft in Leipzig, Promotion über ein Thema zur Musikgeschichte Leipzigs.
Tätigkeit beim Leipziger Universitätschor, der Konzert- und Gastpieldirektion Leipzig, beim VEB Deutsche Schallplatten in Berlin und bis 1992 Direktor der Verlagsgruppe Breitkopf & Härtel, Deutscher Verlag für Musik und Friedrich Hofmeister;
zahlreiche Veröffentlichungen zur Leipziger Musikgeschichte und Musikkritiken

Alina Kanitz
geb. 1968 in Eilenburg, Studium für das Lehramt für Russisch und Englisch in Potsdam, 1995 Volontariat bei der Leipziger Volkszeitung, seit 1996 Redakteurin und verantwortlich für die Jugendseite

Udo Klement
Prof. Dr. phil. habil., geb. 1936 in Dresden, Studium der Musikpädagogik, Musikwissenschaft und Germanistik in Leipzig, tätig als Lehrer, 1966-1993 Lehrauftrag in Leipzig, ab 1980 ordentlicher Professor für Musikgeschichte, 1969 Promotion zur Musiktheorie Carl Orffs, 1976 Habilitation über Dramaturgie in der Instrumentalmusik; zahlreiche wissenschaftliche Veröffentlichungen

Hans Joachim Köhler
Prof. Dr. phil. habil., geb. 1936 in Leipzig, Studium der Musikerziehung und Anglistik in Halle, Lehrtätigkeit an den Universitäten Greifswald und Leipzig, Promotion 1966 zu Béla Bartóks »Mikrokosmos«, 1992-1999 Professor für Musikpädagogik an der Leipziger Universität; zahlreiche Veröffentlichungen, u. a. »Robert Schumann – sein Leben und Wirken in den Leipziger Jahren«, 1986, Herausgeber der 30bändigen Ausgabe der Klavierwerke Robert Schumanns bei Edition Peters

Christine Korff
Diplom-Bibliothekarin, Diplom-Pädagogin, geb. 1952 in Leipzig, Studium des Bibliothekswesens, Studium der Germanistik und Musikwissenschaft in Leipzig, Fachreferentin für Musik an der Universitätsbibliothek Leipzig; wissenschaftliche Beiträge in Fachzeitschriften

Peter Korfmacher
geb. 1966, Studium der Musikwissenschaft und Komposition in Köln, Florenz und Wuppertal, seit 1996 Musikkritiker der Leipziger Volkszeitung; zahlreiche Rezensionen und journalistische Beiträge

Hagen Kunze
geb. 1973, Studium der Musikwissenschaft, Philosophie und Journalistik in Leipzig, Halle und Graz, Musikjournalist, fester freier Mitarbeiter der Leipziger Volkszeitung; Veröffentlichungen: zahlreiche Rezensionen, Mitarbeit im Forschungsteam »Rheinsberger Musikgeschichte« der Musik-Akademie Rheinsberg, dort Veröffentlichungen über die Musik des 18. und 20. Jahrhunderts

Michael Märker
Dr. phil. habil., geb. 1956 in Radebeul, Studium der Musikwissenschaft in Leipzig, freischaffender Musikwissenschaftler; Veröffentlichungen: Bücher über die Arienkompositionen Johann Sebastian Bachs und über die Dialogkompositionen im Deutschland des 17. und 18. Jahrhunderts, dazu zahlreiche wissenschaftliche Aufsätze, Lexika-Artikel und Rezensionen

Peter Matzke
Diplom-Historiker, geb. 1963, Studium an der Leipziger Universität, 1990 Booker (Bereichsleiter Musik) in der Moritzbastei, 1993 Musikredakteur des Stadtmagazins »Blitz«, seit 1995 fester freier Mitarbeiter der Leipziger Volkszeitung, 1997 Geschäftsführer der Wave Gothic Treffen Veranstaltungs GmbH, seit 1998 fester freier Mitarbeiter der Deutschen Presseagentur sowie von MDR Info, seit 1999 Programmchef der Moritzbastei; Veröffentlichungen: zahlreiche Pressebeiträge, Herausgeber von »Leipzig zwischen Sekt und Selters«, einem alternativen Kneipenführer

Norbert Molkenbur
Dipl. phil., geb. 1938 in Frankfurt / Oder, Studium der Musikwissenschaft und Geschichte an der Karl-Marx-Universität Leipzig, seit 1983 Verlagsdirektor des VEB Edition Peters Leipzig, seit 1990 Geschäftsführer der Edition Peters Leipzig GmbH und der C. F. Peters Leipzig Vertriebs GmbH (Verlagsgruppe C. F. Peters Frankfurt / Main – Leipzig – London – New York); Veröffentlichungen: Sachbücher wie »Vom Hoppelrei zum Beat«, »Lexikon der Tanzkunst«, »Libretto im Tanz«, »Die Rolling Stones«, Mitarbeit am »Jugendlexikon Musik« sowie Beiträge über Tanz, Musik und Urheberrecht in Fachzeitschriften

Bert Noglik
Dr. phil., geb. 1948 in Leipzig, Studium der Kulturwissenschaft an der Universität Leipzig, Freier Autor mit den Themenschwerpunkten Jazz und improvisierte Musik, kontinuierliche Arbeit für Radiosender, seit 1992 künstlerischer Leiter der Leipziger Jazztage, Konzept und Regie musikalisch-szenischer Projekte: »Survival Songs« (mit David Moss), »Jazz Japan«, »Cape Town Traveller«;
Veröffentlichungen: Sachbücher wie »Jazz im Gespräch«, »Jazzwerkstatt international«, »Klangspuren-Wege improvisierter Musik«, dazu Zeitschriftenbeiträge

Brigitte Richter
Diplom-Musikwissenschaftlerin, geb. 1935 in Leipzig, Studium der Musikwissenschaft und Germanistik in Halle und Leipzig, bis 1998 wissenschaftliche Mitarbeiterin im Stadtgeschichtlichen Museums Leipzig; Veröffentlichungen und Ausstellungskonzeptionen unter anderem zur Geschichte des Gewandhausorchesters, des Thomanerchores, der Leipziger Oper, zu »Messemusik» und volkstümlichem Liedschaffen, »Leipziger Liederbuch«, 1996, »Frauen um Felix Mendelssohn Bartholdy«, 1997.

Kerstin Sieblist
geb. 1969 in Leipzig, Studium der Musikwissenschaft in Halle, Berlin und Ferrara (Italien), 1997 wissenschaftliche Mitarbeiterin der Internationalen Mendelssohn-Stiftung e.V., 1997-1999 Volontariat beim Sender Freies Berlin (SFB), 1999 freiberufliche Musikjournalistin, ab 2000 wissenschaftliche Mitarbeiterin im Stadtgeschichtlichen Museum Leipzig;
Veröffentlichungen: Rundfunk- und Zeitschriftenbeiträge

Christoph Sramek
Dr. phil., geb. 1950 in Chemnitz, Studium der Musikpädagogik und Germanistik in Leipzig, Promotion 1980, Lehrauftrag an der Leipziger Hochschule für Musik und Theater »Felix Mendelssohn Bartholdy«;
zahlreiche Publikationen zur zeitgenössischen Musik

Werner Wolf
Prof. Dr. phil. habil., geb. 1925, Studium der Musik (Klavier/Klarinette) und der Musikwissenschaft in Leipzig, seit 1953 Musikkritiker der Leipziger Volkszeitung, ab 1966 Lehrauftrag und von 1981 bis 1990 außerordentliche Professur für Musikgeschichte an der Universität Leipzig;
zahlreiche wissenschaftliche Veröffentlichungen, u. a. Herausgabe »Sämtlicher Briefe von Richard Wagner«, 1980 (gemeinsam mit Gertrud Strobel), zahlreiche Musikkritiken und Rezensionen

Bach-Jahr
2000
Herausragende Neuerscheinungen
des Laaber-Verlages
Das Lexikon der Superlative!
Das BACH Lexikon
Laaber
ARNO FORCHERT
JOHANN SEBASTIAN
BACH
UND SEINE ZEIT
LAABER
Die neue fundamentale
Bach-Monographie!
Laaber-Verlag
Regensburger Straße 19
93164 Laaber
Telefon (09498) 23 07
Telefax (09498) 25 43
E-Mail: Laaber-Verlag@donau.de
www.laaber.de

MDR MUSIKSOMMER
Programmübersicht, Informationen, Karten:
MDR Ticket-Galerie Leipzig
Telefon (0341) 14 14 14
Im Internet: www.mdr.de/musiksommer
1. Juli bis 3. September 2000
mdr
MITTELDEUTSCHER RUNDFUNK

LEIPZIG CARD

Ihre Vorteile: Freie Fahrt auf allen Straßenbahn- und Buslinien der LVB in Leipzig sowie auf der Stadtbahnlinie zur Neuen Messe. Preisvorteile im Gewandhaus, Opernhaus, Haus Dreilinden und Schauspielhaus sowie bei Stadtrundfahrten und Stadtspaziergängen, im Zoo und in den Museen.

Information und Verkauf: Tourist- Information, LVB Verkaufsstellen, Gewandhaus zu Leipzig, Hauptbahnhof, Hotels, Museen, Oper Leipzig, Reiseveranstalter, Schauspiel Leipzig.

Die Leipzig Card ist erhältlich als Tageskarte, Tagesgruppenkarte, 3-Tageskarte, 3-Tagesgruppenkarte.

LEIPZIG
TOURIST
SERVICE e.V.

erhältlich in der Tourist-Information, Richard-Wagner-Str. 1, D-04109 Leipzig

Leipziger Blätter 1
leipziger blätter
leipziger blätter
LEIPZIGER BLÄTTER 4
LEIPZIGER BLÄTTER 5 HERBST 1984
Leipziger Blätter 6
LEIPZIGER BLÄTTER 7
Leipziger Blätter 8
LEIPZIGER BLÄTTER 9
V60 145
Leipziger Blätter Nr. 10
LEIPZIGER BLÄTTER 17
Leipziger Blätter 18
Leipziger Blätter 19
Leipziger Blätter 20
Frühjahr 1992
leipziger blätter
LEIPZIGER BLÄTTER 22
LEIPZIGER BLÄTTER 23
Herbst 1993
HUMAN
mensch
człowiek
hito
Leipziger Blätter 24
LEIPZIGER BLÄTTER 26
LEIPZIGER BLÄTTER
LEIPZIGER BLÄTTER 28
LEIPZIGER BLÄTTER 29
LEIPZIGER BLÄTTER 30
LEIPZIGER BLÄTTER 31
LEIPZIGER BLÄTTER 32
LEIPZIGER BLÄTTER 33
LEIPZIGER BLÄTTER
HEFT 34
LEIPZIGER BLÄTTER
HEFT 35

Zoologischer Garten
Rosental
Johannapark
Hauptbahnhof
Markt
Nordplatz
Tröndlingring
Richard-Wagner-Platz
Sachsenplatz
Brühl
Augustus-Platz
Burgplatz
W. Leuschner platz
Nikischplatz
Dorotheenplatz
Roßplatz
E.-Weinert-Platz
Willi-Brandt-Platz
Schletterplatz
Gohliser Straße
Pfaffendorfer Straße
Eutritzscher Straße
Gerberstraße
Berliner Straße
Rudolf-Breitscheid-Straße
Emil-Fuchs-Straße
Ufer-Straße
Parthen-Straße
Gustav-Adolf-Straße
Jahnallee
Friedrich-Ebert-Straße
Käthe-Kollwitz-Straße
Goerdelerring
Dittrichring
Martin-Luther-Ring
Grimmaische Str.
Karl-Tauchnitz-Straße
Beethovenstraße
Riemannstraße
Harkortstraße
Peterssteinweg
Grünewaldstraße
Windmühlenstraße
Nürnberger Straße
Roscherstraße
Gutenbergstraße
Menckestr.
Poeten-weg
Primavesi-Straße
Lumumbastr.
Trufanowstr.
Kickerlingsberg
Springerstr.
Löhrstr.
Gneisenaustr.
Erich-Weinert-Str.
Kolonnadenstr.
Zentralstr.
Thomasiusstr.
Lessingstraße
Gottschedstraße
Elsterstraße
Bosestr.
Beethovenstraße
Wächterstr.
Grassistraße
Mozartstraße
Haydn-Straße
Wundt-Straße
Liebknecht-Straße
Schletterstraße
Emilienstr.
Härtelstraße
Dimitroffstr.
Bayerischer Platz
Güterstraße
Funkenburgstraße
Tschaikowskistr.
Leibnizstraße
Färberstraße
Humboldtstraße
Lortzingstr.
Keilstr.
Goethe-Straße
Ritter-Straße
Nikolai-Straße
Reichsstr.
Katharinenstr.
Hainstraße
Barfußgäßchen
Thomasgasse
Klosterg.
Burgstr.
Schulstr.
Markgrafenstr.
Lotterstr.
Petersstr.
Neumarkt
Universitätsstr.
Schillerstr.
Schloßgasse
Preußergäßchen
Kupferg.
Magazingasse
Gewandg.
Leplaystr.
Brüderstraße
Turnerstr.
Sternwartenstr.
Seeburgstr.
Goldschmidtstr.
Schreber-Str.
Hiller-Str.
G.-Mahler-Str.
Lassalle-Str.
Harkortstraße
Wilh.-Seyfferth-Str.
Schwägrichenstr.
Rhode-Str.
Simsonstraße
Rudolphstr.
Manetstr.
Reichelstr.
Herrenallee
Leibnizweg
Preller-Str.
Ehrenstein-Str.
Kommandant-Str.
Fricke-Str.
Richter-Str.
Balzacstraße
Nord-Str.
Naundörfchen
Fleischerg.
Kl. Fleischerg.
Großer Dittrichring
Apels Garten
Salzg.
Schuhmachergasse
Hohe Str.
Karl-Liebknecht-Straße
1
2
3
4
5
6
7
8
9
10
11
12
15
17
18
19
20
21
22
23
24
25
26
27
28

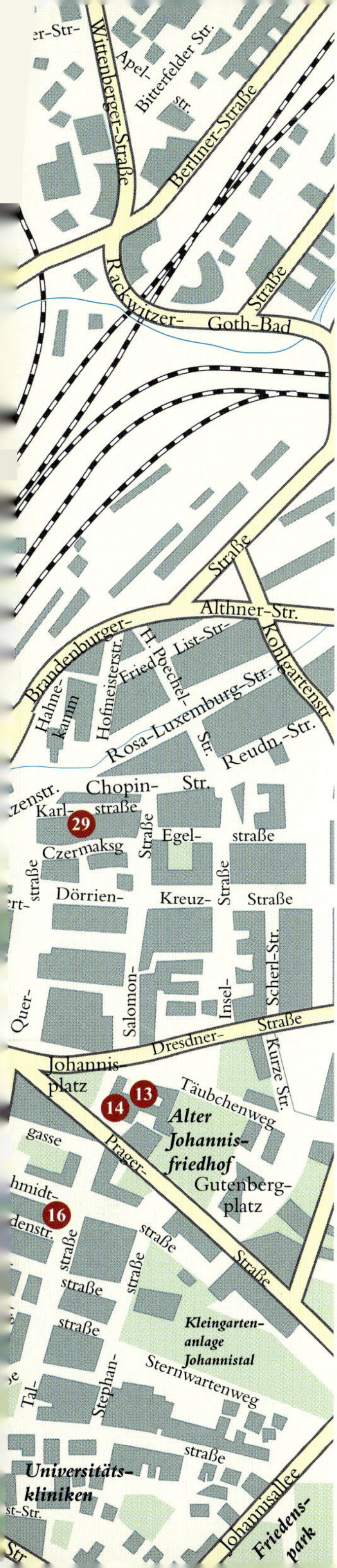

Legende zum Stadtplan

1. Opernhaus, Augustusplatz
2. Gewandhaus, Augustusplatz
3. Konzert- und Probenräume der MDR-Orchester (in Bau), Augustusplatz
4. Moritzbastei, Augustusplatz / Universitätsstraße
5. Neues Rathaus, Martin-Luther-Ring;
6. Bacharchiv im Bosehaus, Thomaskirchhof 16
7. Thomaskirche, Thomaskirchhof
8. Filmtheater Capitol, Peterstr. 20
9. Altes Rathaus, Markt
10. Alte Handelsbörse, Naschmarkt
11. Nikolaikirche, Nikolaikirchhof
12. Alte Nikolaischule, Nikolaikirchhof 2
13. Musikinstrumen-Museum, Täubchenweg 2c
14. Grassimuseum (Innenhof), Johannisplatz
15. Mendelssohn-Haus, Goldschmidtstr. 12
16. Edition Peters, Talstr. 10
17. Deutscher Verlag für Musik, Breitkopf & Härtel, Bauhofstr. 3-5 (Nürnberger Straße)
18. Stadtbibliothek, Wilhelm-Leuschner-Platz 10-11
19. Peterskirche, Schletterstr. 5
20. Universitätsbibliothek, Beethovenstr. 6
21. Hochschule für Musik und Theater, Grassistr. 8
22. Schauspielhaus, Bosestr. 1
23. Neue Szene, Gottschedstr. 16
24. Synagoge, Keilstraße
25. Kongresshalle (z. Zt. Rekonstruktion), Paffendorfer Str. 29
26. Nordkirche, Nordplatz
27. Institut Français, Lumumbastr. 11-13
28. Gohliser Schlößchen, Menckestr. 23
29. Hofmeister Verlag, Karlstr. 10

Bildnachweis

Bachhaus Eisenach: S. 22;
Bartholdt: S.188;
Förderverein BlickPunktBuch: S. 45, 118, 124, 184, 221, 225, 238;
Andreas Birkigt: S. 89, 90, 92, 93;
Fa. Blüthner: S. 139;
Viola Boden: S. 182;
Connewitzer Verlagsbuchhandlung: S. 227;
Deutsche Bibliothek/Deutsche Bücherei: S. 196
Werner Drescher: S. 150, 159, 185
Edition Peters: S. 210;
Detlev Endruhn: S. 234, 235, 236;
Uwe Frauendorf: S. 256;
Gewandhausarchiv: Titel r., S. 55, 145, 163;
Silvia Hauptmann: S. 216, 218-220;
Olaf Heine: S. 231;
Heyphot: S. 27;
Lothar B. Hoppe: S. 32, 258/259;
Alina Kanitz: S. 241;
Gustav Kiepenheuer Verlag: S. 56;
Gert Kiermeyer: Titel l., S. 160;
Armin Kühne: S. 120;
Jürgen Kunstmann: S. 56, 57;
Christina Kurby: S. 224;
Leipziger Stadtbibliothek/ Musikbibliothek: S. 171, 190, 191, 192, 208, 209;
Sabine Lenkeit: S. 55;
Peter Matzke: S. 227;
MDR-Bildarchiv: S. 96, 100, 102, 107, 109;
MDR-Hopf: S. 111, 112, 113;
Mendelssohn-Stiftung: S. 67;
Militzke Verlag: S. 248;
Moosdorf: S. 146;
Gerd Mothes: S. 146, 162, 166f., 173;
Musikinstrumenten-Museum der Universität Leipzig / Janos Stekovics: S. 114, 128, 129, 130-134, 137, 139;
Andreas Peter: S. 16f., 28, 81-84, 127, 140, 143, 150, 176, 222, 239f., 242f., 257;
Privat: S. 254, 255, 256;
Punctum / Peter Franke: S. 6;
Punctum / Gerhard Gäbler: S. 244;
Brigitte Richter: S. 7f., 19, 68, 70, 72, 149, 163, 165, 183f., 195f., 199f., 214f., 247, 249, 251;
Evelyn Richter: S. 170, 171;
Rex Schober: S. 171;
Robert u. Clara Schumann-Verein: S. 69;
Staatsbibliothek Berlin / Stiftung Preuß. Kulturbesitz: S. 24;
Stadtgeschichtliches Museum: S. 7-10, 12-18, 21, 37-39, 41-45, 47-49, 51, 64, 66, 73, 75-77, 79, 86- 88, 99, 101, 105, 106, 116f., 125, 142f., 144, 152-154, 157, 179, 180f., 189, 209f., 212f., 233, 246;
Wolfgang Unger: S. 123;
Universitätsbibliothek Leipzig: S. 88, 201, 202, 205;
Gudrun Vogel: S. 53, 187, 206
Helga Wallmüller: S. 88, 91;
Zentralbibliothek Zürich: S. 9

Notensatz: Albrecht Richter, Chemnitz
Auswahl der Notenbeispiele: Brigitte Richter, Leipzig

Textnachweis

Der Beitrag »Das Credo hat viele Teile« – Interview mit Gewandhauskapellmeister Herbert Blomstedt von Claudius Böhm ist eine für »Leipzig musikalisch« erstellte, aktualisierte Kurzfassung des im Gewandhausmagazin Nr. 14 / 1997 veröffentlichten Interviews.

Der Beitrag »Eine Leipziger Kaufmannsfamilie als Musikförderer « – von Brigitte Richter ist eine für »Leipzig musikalisch« überarbeitete Fassung des im Gewandhausmagazin Nr. 24 / 1999 veröffentlichten Textes.